Gabriele Sorgo | Abendmahl in Teufels Küche

Viel Genuss
beim Lesen

Gabriele Sorgo

Gabriele Sorgo

ABENDMAHL IN TEUFELS KÜCHE

Über die Mysterien der Warenwelt

BIBLIOTHEK DER UNRUHE UND DES BEWAHRENS · BAND 12

:STYRIA

Internet: www.styriaverlag.at

Umschlaggestaltung und Layout: Stefan Fuhrer.
Logo-Entwurf: Peter Strasser.
Produktion: Helmut Lenhart.
Druck und Bindung: Druckerei Theiss GmbH, A-9431 St. Stefan.
ISBN-10: 3-222-13200-3
ISBN-13: 978-3-222-13200-1

Für jene geliebten Menschen,
die mir helfen,
die vermeintlichen Banalitäten
des Lebens zu ehren.

Besonderen Dank an

Adolf Holl

«Es ist nicht leicht,
seine eigenen Zwecke zu betreiben,
wenn man dazu einer Bewegung
folgen muss,
die über diese Zwecke hinausgeht.»

George Bataille,
Die Aufhebung der Ökonomie, 45

Inhaltsverzeichnis

Einleitung:
Die Gestaltung des Verzehrs ... 11

1 Teufelspakt und weiße Messe ... 19
1.1 Zauberei ohne Täter ... 19
1.2 Geld statt Blut ... 27

2 Ressourcenteilung und soziale Ordnung ... 33
2.1 Nahrung verbindet ... 34
2.2 Innen und Außen ... 37
2.3 Körpergrenzen ... 39
2.4 Soziale Grenzen ... 44
2.5 Grenzverschiebungen ... 46
2.6 Verteilen und Herrschen ... 48

3 Der Ursprung des Religiösen in der Konsumation ... 55
3.1 Der Körper als Trophäe ... 56
3.2 Handel mit dem Jenseits ... 61
3.3 Konsumation und Fruchtbarkeit ... 66
3.4 Die «rebounding violence» im Christentum ... 70

4 Chaos und Ordnung ... 73
4.1 Liminalität ... 74
4.2 Communitas ... 75
4.3 Individualisierung und beschleunigte Transformation 78
4.4 Flüchtige Communitas und dauerhafte Strukturen ... 82
4.5 Communitas und religiöse Erneuerungsbewegungen 85
4.6 Individualisierung und Verinnerlichung ... 90

5	Messen und Märkte	97
5.1	Kult und Kauf	98
5.2	Aspekte der Verschwendung	102
6	Heilige Gegenstände	113
6.1	Die richtige und die verkehrte Welt	113
6.2	Verkäufliches und Unverkäufliches	120
6.3	Liebe und Prostitution	129
6.4	Reliquien, Andenken, Waren	138
6.5	Magie und Monstranz	145
6.6	Aus der Dunkelheit ans Licht	150
7	Der Hausaltar	157
7.1	Gabenströme und sozialer Sinn	157
7.2	Die Individualisierung des Heiligen	165
7.3	Hauswirtschaft und Sparsamkeit	171
7.4	Transsubstantiation am häuslichen Herd	176
7.5	Die Herstellung von heiligen Objekten	180
7.6	Kontingenz und Konkurrenz	183
7.7	Einkaufen als Tempeldienst	189
7.8	Mangelhafte Reliquien	205
8	Mysterien des Konsums	209
8.1	Kasse, Kiste und (Einkaufs-)Korb	209
8.2	Opferstock und Sparbüchse	214
8.3	Kirche, Küche und Konsum	222
8.4	Ritual statt Religion	230
8.5	Devotes Einkaufen	239
8.6	Fürsorgliche Distributoren	244
9	Dionysische Erlebnisse	249
9.1	Das käufliche Wir-Erlebnis	250
9.2	Erlebnisse ohne Erfahrung	255
9.3	Dionysos und die Frauen	260
9.4	Wiedergeburt aus der Masse	268

10 Himmel, Hölle und Schlaraffenland ... 277
10.1 Unterwelten und Zwischenwelten ... 278
10.2 In Teufels Küche ... 288
10.3 Brot allein ... 299
10.4 Der Konsum der Träume ... 304
10.5 Traum und Wirklichkeit ... 309

11 Gelungener Verzehr ... 315

Anmerkungen ... 321
Bibliographie ... 347

Einleitung: Die Gestaltung des Verzehrs

Als in Österreich in den 60er-Jahren die ersten Selbstbedienungsautomaten in Betrieb genommen wurden, erschien dies als großer Fortschritt. Automatische Distribution und Teilhabe am Konsum erweckten Vorstellungen vom Paradies. Die eisernen Kästen mit den Warenschätzen in ihrem Innern hingen an der Wand und verteilten ihre Gaben nach dem Münzeinwurf. Die Faszination lag in der Anordnung von Warenkonzentration und Streuungseffekt: ein Füllhorn.

Damals gingen noch viele Menschen zur heiligen Messe und erhielten vom Priester eine Hostie, die er in einem kostbaren Tabernakel aufbewahrte. Diesem entnahm er sie nach der Durchführung der vorgeschriebenen Zeremonien, um sie dann unter die Gläubigen zu verteilen. Die Ähnlichkeiten zwischen den beiden Distributionsarten scheinen weit hergeholt und rein zufällig. Doch selbst ein so seriöser Beobachter wie Walter Benjamin wollte bereits vor beinahe 100 Jahren eine Verwandtschaft der religiösen Sphäre mit jener des Konsums erkennen. Denn die Devotion gegenüber begehrten Konsumgütern lässt sich vortrefflich mit den Verehrungsformeln christlicher Frömmigkeit beschreiben.[1] Waren und Allerheiligstes präsentieren sich in einer geheimnisvollen Aura. Je teurer und luxuriöser die Gegenstände, desto größer ihre Distanz zu den Bewunderern. Aber mit der Parallelsetzung der devoten Handlungsmuster – Ehrfurcht, Sehnsucht und Selbsterniedrigung – taucht zugleich die Blasphemie auf: Denn das Heilige und das Profane[2] werden bei dem Vergleich vermischt. Im Unterschied zum Allerheiligsten sind die begehrten profanen Objekte käuflich, und zwar für jeden, der Geld hat. Eine andere Tugend spielt da keine Rolle. Während der biblische Jesus den Tempel eigenhändig von Händlern reinigte, ziehen die Konsumtempel Geldgeschäfte nicht nur an, sondern führen sie sogar als wichtigste Handlungen am «Altar», nämlich der Kassa durch, an welcher die Waren ihre Besitzer wechseln und das Geld in Materie «transsubstantiiert» wird. Der Akt der Verwandlung von Fremdem in Eigenes, die Grenzüberschreitung, wird einmal zelebriert, das andere Mal schnell erledigt. Unter Religionswissenschaftlern besteht Konsens darüber, dass Heiligkeit von den Menschen selbst hergestellt wird. Hat sich in den Konsumgesellschaften die Aufmerksamkeit von den Kirchen auf die «Konsumtempel» verschoben? Schließlich beruht der Vergleich des Messrituals mit dem Einkaufsakt auf einem gemeinsamen Nenner: der Konsumption. In beiden Fällen geht es um Verteilung und Verzehr sowie um das, was dabei unter den Menschen entsteht.

Verfolgt man aus diesem Blickwinkel die Entwicklung der Konsumgesellschaft und der Kirche im vorwiegend katholischen Österreich, so stellt man fest, dass nicht nur der Kleinhandel, sondern auch die Gottesdienste sich in den Jahrzehnten des Wirtschaftsaufschwungs gewissen Rationalisierungen unterzogen. Die Seelsorger verzichteten auf alte Rituale, zelebrierten die Gottesdienste in der Landessprache und spielten moderne Musik. Auch ihre Messzeiten versuchten die Pfarrer den Bedürfnissen der arbeitenden Bevölkerung anzupassen, um dem modernen Lebensstil gerecht zu werden. Der Sonntag sollte frei von allen Pflichten bleiben. Doch vergebens: Die Zahl der Kirchenbesucher schrumpfte ständig.[3] Selbstbedienungsläden und Großkaufhäuser hingegen boomten und werden demnächst vielleicht auch am Sonntag offen bleiben dürfen.

Waren scheinen den Mitgliedern der Konsumgesellschaft größere Befriedigung zu verschaffen als die geweihten Brote, die nicht rund um die Uhr erhältlich sein müssen. Geld scheint ihre Tugenden verständlicher zu formulieren als ein unsichtbarer Gnadenschatz ohne Kontoeinsicht. Wer zahlen kann, der ist dabei. Die Gefühle beim Kauf eines prestigeträchtigen Markenprodukts lassen offenbar viele das Leben intensiver schmecken als die Gefühle beim Empfang der Sakramente. Ein Shopping-Trip und der Kauf von schönen Geschenken befreien zuverlässiger von lästigen Schuldgefühlen als die Gewissenserforschung und die Absolution.

Doch die Warenwelt gilt gemeinhin nicht als heilig, sondern in Zusammenhang mit sinnlichen Entgleisungen eher als das Gegenteil. Sieht man genauer hin, so handelt es sich bei den Inszenierungen der Warendistribution jedoch nicht um eine Verkehrung des spirituellen christlichen Kultes in plumpen Materialismus, sondern nur um eine Vermischung des guten mit dem schlechten Heiligen. Schließlich zählt auch im Christentum der Teufel nicht zu den normalen Sterblichen, sondern er ist ein Bewohner des Jenseits, des vom Alltag ausgegrenzten gefährlichen Bereichs. Nichts anderes aber umschreibt das Attribut «heilig». Die Christen haben den gefallenen Engel jedoch nicht mehr, wie etwa Hel oder Hades, unter die Götter gereiht, sondern der eine Gott absorbierte alle positive Heiligkeit, während der dunkle Rest mit Schmutz und Unrat in der Hölle landete. Aber halten sich die Bewohner der reichen westlichen Hemisphäre zum Schmutz nicht ähnlich auf Distanz wie zu den verehrungswürdigen Dingen? Das lateinische Attribut *sacer* brachte diese Doppeldeutigkeit des Heiligen noch zum Ausdruck, denn es war sittlich indifferent. Das Verehrungswürdige und das Verruchte galten gleichermaßen als heilig und gefährlich. Der Religionswissenschaftler Rudolf Otto versuchte noch Anfang des 20. Jahrhunderts, die Heiligkeit Gottes vor einer Verharmlosung zu retten, indem er auf die einst erschütternde und Furcht einflößende Gegenwart des christlichen Gottes aufmerksam machte. Die Faszinationskraft der Ware, das Göttlich-Teuflische an ihr, hat daher mit dem religiösen Schauer zu tun, den sie als Devotionalobjekt hervorruft. Das Erhabene kommt ohne körperliche «Niederungen» nicht aus. Die Praxis, Gegenstände mittels geschickter Arrangements mit einer Aura des Heiligen und Außerordentlichen zu umgeben, reicht wohl in unvordenkliche Zeiten zurück. Dennoch bleibt die Frage offen, ob der Umgang mit Waren die Funktionen religiöser Institutionen übernehmen kann. Ist die Erfahrung realer Gegenwart, der heilige Schauer des Lebens, käuflich geworden?

Im ersten Kapitel des vorliegenden Buches lasse ich den Soziologen Jean Baudrillard zu Wort kommen, der diese Frage negativ beantwortet. Denn er hält die Inszenierungen des Konsums für eine Nachahmung der christlichen Magie im Sinne eines doppelt falschen Zaubers: Statt der heiligen Messe, die bereits ein Schwindel war, handle es sich eben um eine säkulare weiße Messe, einen Kult ohne Gott und Religion, der auch nicht hält, was er verspricht, der aber zumindest unterhält. Damit beantwortet er aber nicht, woher die Bedürfnisse nach einem solchen Kult stammen.

Die folgenden drei Kapitel befassen sich daher mit anthropologischen Thesen zur sozialen und religiösen Dimension der Ressourcenteilung, die als Basis für den Vergleich zwischen dem Messritual und der Warendistribution dient. Die Anthropologen Maurice Bloch und Victor Turner betrachten rituelle Prozesse als Dramatisierungen menschlicher Grunderfahrungen. Die Herstellung von Ordnung und Zusammenhalt hängt in menschlichen Gemeinschaften vom geregelten Umgang mit lebenswichtigen oder hoch geschätzten Gütern ab. Nicht dass Menschen konsumieren, sondern wie sie es tun, führt zu dauerhaften sozialen Strukturen. Ressourcenteilung und soziale Ordnung sind daher gleichzeitig entstanden. Nahrung war einst das Wertvollste, das Menschen der ungeordneten und gefährlichen Umwelt entreißen und in den befriedeten Bereich der Gemeinschaft hereinführen mussten. Die Ritualisierung dieses Aktes verdankt sich dem Bewusstsein der Differenz zwischen Chaos und Ordnung, Jenseits und Diesseits. Verzehr oder Verbrauch, denn nichts anderes bedeutet das Wort «Konsum», hat also grundsätzlich eine soziale Dimension, die von der religiösen nicht zu trennen ist. Daher oblag einst der Umgang mit dem Jenseits, dem die Dauer sozialer Einrichtungen abzutrotzen war, den Schamanen und Priestern.

Vormoderne Marktveranstaltungen nahmen auf diese religiöse Dimension des Gütererwerbs und der Güterteilung noch Bezug.

Das fünfte Kapitel führt vor Augen, dass auch im europäischen Mittelalter der Gütertausch und die religiösen Zeremonien oft am selben Ort neben- oder nacheinander stattfanden. So wie die Jagd einen Handel mit der Wildnis darstellt und der Krieg einen Austausch der Gewalttätigkeiten formuliert, kann auch der Handel mit Gütern ein Treffen mit der anderen Welt außerhalb gewohnter Erfahrungsbereiche sein. Kapitel sechs und sieben beschreiben daher die Verwandtschaft des «heiligen Austausches»[4] zwischen Menschen und der Gottheit mit dem profanen Tausch unter Fremden. Stets werden Grenzen überschritten, und die heiligen Objekte oder käuflichen Güter stellen Bindungen zwischen den Tauschenden her, die gewahrt oder wieder gebrochen werden müssen. Geld spielt dabei eine besondere Rolle, weil es im Unterschied zu den Objekten niemals in die Welt seines Besitzers eingegliedert und substanziell verbraucht wird, sondern ein Medium der Grenzüberschreitung bleibt.

Kann also der Konsum in modernen Gesellschaften eine Art säkularer Frömmigkeitspraxis darstellen, die über Waren ständig die soziale Verknüpfung mit fremden Menschen und fremden Kulturen verhandelt? Die Globalisierung erzeugt dringende Bedürfnisse der Integration von unbekannten Weltbildern und Lebensmustern. Konsumption hat aber auch einen aggressiven und zerstörerischen Aspekt. Die vielen privaten Kulte des Verzehrs der irdischen Reichtümer sind auf die vielen unterschiedlichen Weltanschauungen zurückzuführen, die seit der Freisetzung aus der alleinigen Deutungsmacht der christlichen Kirche in Europa entstanden sind. Individuen und Haushalte versuchen nun, die Güter dieser Welt in den eigenen Entwurf eines heiligen Kosmos einzufügen. Je weniger es ihnen gelingt, umso mehr müssen sie konsumieren. Diese ideologische Selbstbehauptung mittels Waren ist eine anstrengende Arbeit, die den Begriff der «Spaßgesellschaft» relativiert. Die einen sind Trendsetter, die anderen nur Nachahmer, Neid und Konkurrenz herrschen vor. Kapitel acht befasst sich mit den privaten Mysterien des Haushalts, die als weitgehend individualistische Bemühungen einzustufen sind, die Fülle der Waren konstruktiv für das Zusammenleben einzusetzen. Bei den antiken Mysterien ging es um Geheimnis und Einweihung, um Zugehörigkeit und Ausschluss in kleinen Gruppen. Der Religionshistoriker Walter Burkert bemerkte über die Mysterienkulte der Antike, dass sie zwar den Sinn des Lebens bei Mahlgemeinschaften sinnlich erfahrbar zu machen versuchten, jedoch kein dauerhaftes weltanschauliches Gebäude zu errichten imstande gewesen waren.[5] Das neunte Kapitel vergleicht die derzeitige Eventkultur daher mit der Funktion dionysischer Riten. Dionysos als Gott des Übergangs und der Grenzüberschreitung löste seine Anhänger für die Zeit seiner Feste aus ihren engen lebensweltlichen Strukturen, aber die Gemeinschaft, die er bot, war chaotisch und konnte im geordneten Alltag nicht fortgeführt werden. Das Bedürfnis der Menschen nach körperhafter Kommunikation und «situativer Gemeinschaftlichkeit, die Standesgrenzen, Klassen- und Schichtunterschiede für ihre Dauer ignoriert»[6], scheint eine anthropologische Universalie zu sein, der Erlebnisparks, Popkonzerte und andere multimedial inszenierte Spektakel zu entsprechen versuchen. Erfahrung bedarf jedoch der Verarbeitung von Ereignissen in einem weltanschaulichen Kontext. Die Paradiese des Konsums bieten Letzteren nicht. Erfahrungen sind im Unterschied zu Erlebnissen nicht käuflich, weil sie auf der individuellen Verbindung des kulturellen Erbes mit dem Selbstentwurf beruhen. Warum aber sind die Bedürfnisse nach dionysischen Erlebnissen so angewachsen?

Das zehnte Kapitel untersucht den Zusammenhang der Entwicklung von Konsumgesellschaft und Sozialdisziplinierung. Eine Steigerung der Produktion erforderte disziplinierte Menschen. Mit der Warenmenge nahmen aber auch die Fähigkeiten zu, raffinierter zu genießen und die verfügbaren Güter letztlich weniger sinnlich als symbolisch einzusetzen. Konsumwelten sind mittlerweile Traumwelten geworden, die ihren Besuchern kurze Ausstiege aus der oft unerfreulichen Realität bieten können. Menschen sind darauf angewiesen, ihre Träume in real lebbare Strukturen zu verwandeln, um dauerhaften sozialen Zusammenhalt zu garantieren. Sie müssen die Träume vom Schlaraffenland mit dem täglichen Brot verknüpfen können, damit die Welten nicht auseinander fallen. Die Konsumsphären bieten dieses Bindeglied vom Jenseits der Träume zum Diesseits jedoch nicht zum Verkauf an. Der Vollzug dieser Aufgabe der Konsumption obliegt immer noch den Konsumenten selbst.

Das vorliegende Buch fügt sich keineswegs in die lange Reihe der Konsumkritiken, sondern präzisiert den viel beachteten, aber auch verachteten Akt der Überführung käuflicher Objekte in einen lebendigen Zusammenhang. Wählen die Konsumentinnen und Konsumenten nicht ununterbrochen seelenlose Dinge aus dem Meer der Fließbandprodukte, um ihnen durch die Hereinnahme ins Leben eine Seele einzuhauchen? Daher wäre es zu kurz gegriffen, den so genannten Endverbrauch einfach nur als materialistischen Kult einzustufen, der als notwendiges Laster die Produktion ankurbelt. Gelungener Konsum führt Leib und Seele wieder auf geordnete Weise zusammen. Nur nutzloser Verzehr jenseits der Zweckrationalität, meinte Georges Bataille[7] daher, sei ein wahrhaft heiliger Akt, der das Leben ehre, indem er es konsumiere: reale Gegenwart. Das Religiöse, das Soziale und die Konsumation sind hier verbunden.

Könnte folglich das Wachsen der Warenberge in den reichen modernen Gesellschaften damit zusammenhängen, dass die Menschen verlernt haben, Konsumglück befriedigend herzustellen? Denn nicht dass Menschen konsumieren, sondern wie sie es tun, führt zum gewünschten Ergebnis. Zufriedenheit erwächst nicht nur aus der reinen In-Besitz-Nahme oder Einverleibung eines Dinges.

Das Schlaraffenland der Waren bleibt Teufels Küche, solange die Maßlosigkeit der Wünsche, welche die Warenberge verkörpern, nicht mit einer sozialen Ordnung in Einklang gebracht wird und dadurch Genuss erzeugt.

1
Teufelspakt und weisse Messe

1.1 Zauberei ohne Täter

In seinem viel beachteten Essay über die Konsumgesellschaft verwendete Jean Baudrillard 1970 religionswissenschaftliche Begriffe, um die gesellschaftlichen Verhältnisse zu beschreiben. Er sprach von einer «Liturgie der Objekte», von einer «Heilserwartung» der Konsumenten, von einem Pakt mit dem Teufel und letztlich von einer weißen Messe[8] ohne Gott oder Teufel. Aber über religiöse Funktionen des Konsums oder die Spuren christlicher Rituale in der Warengesellschaft findet sich bei ihm kein Wort. Wie schon sein Zeitgenosse Michel Foucault, so überlässt auch der französische Soziologe den theologischen Diskurs den Theologen, ihre Begriffe borgt er sich jedoch gerne aus. «Für keine andere Aktivität, sei sie religiös, politisch oder moralisch, wird das Individuum derart eingehend und aufwendig, mit so viel Wissen und Kosten vorbereitet, als dafür, zu konsumieren»[9], lautet der einzige Hinweis, mit dem Baudrillard seine Leser en passant darüber informiert, dass der Konsum alles andere ablöst. Politik, Religion und Moral treten vor diesem neuen historischen Ereignis der Konsumgesellschaft zurück. Werden sie verdrängt, vergessen, unbrauchbar? Wir können es seinen Ausführungen nicht direkt entnehmen. Indirekt legt der Soziologe aber mit seiner Wortwahl und der Übertragung christlicher Termini auf Konsumptionsprozesse dar, dass das Religiöse nicht verschwindet. Dabei darf nicht vergessen werden, dass die Verwendung religiöser Bezeichnungen für säkulare Prozesse aus der Feder eines französischen Intellektuellen außerdem als subtile Abwertung gelesen werden kann. Den Konsumenten, die diese Messe zelebrieren, werden die Unmündigkeit sowie die Abhängigkeit noch nicht aufgeklärter Individuen unterstellt. Diese

Einschätzung setzt jedoch eine neue, bessere Weltanschauung als Basis voraus, von der aus sie getroffen werden kann. Baudrillard beurteilt die Ereignisse nicht neutral, er wertet. Seiner Meinung nach schwelt eine diffuse Religiosität christlicher Provenienz in den Verhaltensweisen und Hoffnungen der Marktteilnehmer. Konsumkritik existierte schon vor dem Christentum in asketischen Sekten und philosophischen Strömungen. Die christliche Lehre sprach sich ebenfalls von Anfang an gegen materialistische Lebenshaltungen aus und verurteilte Geldgier, Völlerei und ungezügelte Sexualität. In Europa lebte diese weltablehnende Haltung je nach den wirtschaftlichen und politischen Umständen, etwa im Spätmittelalter oder nach den Religionskriegen, immer wieder neu auf. Die Gegenwart wurde dann, so wie sie war, abgelehnt. Die eingeübten und in der Bevölkerung verbreiteten Verhaltensweisen seien nicht gut, nicht wahrhaftig, müssten geändert werden, die Welt sei eitel und verdorben. Glauben wir Baudrillards Ausführungen, so werden Politik und Moral wohl letztlich im Wachstumsprozess der Konsumbeziehungen und Warenströme aufgelöst. Der bewusste Umgang mit diesen objektzentrierten Austauschhandlungen werde unmöglich, wenn keine Insel im Meer der Waren mehr aufragt, von der aus man das Geschehen unbeteiligt überblicken könne. Aber er kann es. Hier spricht ein Asket vom Rest der Welt. Dennoch sind seine Einwände ernst zu nehmen, wenn auch nicht als Prophetie.

Die Kritik der Asketen und Mahner sollte nicht getrennt von dem untersucht werden, was sie kritisieren. Sie sind ein Teil der gesamtgesellschaftlichen Veranstaltung. Baudrillard weiß um seine Rolle als provokanter und erbarmungslos desillusionierender Intellektueller, er kennt sein Publikum. Eine vergnügungssüchtige und lustvoll sündige Konsumgesellschaft bezieht ihr Selbstverständnis aus einem ideologischen Gegenkonstrukt, das auf Bewusstsein, Selbstbeschränkung und Verantwortung für die Umwelt und die Nachwelt beruht. Ohne die Anerkennung solcher Werte könnte eine Sünde gar keinen Spaß machen. Die Intellektuellen haben in weitgehend säkularen Gesellschaften, wenn die Priester an Einfluss verloren haben, das Gegengewicht zum materialistischen Lebenswandel zu bilden.

Die grundlegende These Baudrillards lautet, dass die Spannung zwischen Gott und Teufel, die das alte Weltbild des Mittelalters stabilisierte, heute nicht mehr existiert. Denn heute, so der Soziologe, gäbe es kein Außen dieser Gesellschaft mehr, die sich als homogene Konsumgesellschaft versteht. Konsum akzeptiert keine nationalen, territorialen oder kulturellen Grenzen, sondern ist per se grenzüberschreitend. Sushi erobert Europa, Japaner kaufen sich europäische Trachtenmode, Afrikaner trinken Coca Cola usw. Daher gäbe es für die echten Konsumenten (er meint die wohlhabenden westeuropäischen) auch keine Sünde, keine Häresie, keine Furcht vor der ewigen Verdammnis mehr. All diese Zuschreibungen seien nicht mehr am Widerspruch zwischen den kosmischen Kontrahenten festzumachen, sondern sie seien zu Elementen eines möglichst risikolosen Spiels geworden, das unterhalten soll, damit es konsumierbar ist. Tatsächlich finden sich die Figuren des Teufels und der höllischen Dämonen ebenso wie jene der Engel, Nonnen und Priester im Repertoire jeder Werbeagentur, die sie als Archetypen auf Etiketten und Plakaten abdruckt. Über das Jüngste Gericht wurden längst schon Komödien geschrieben. Tragödien über Verdammung mit und ohne Erlösung liefern ebenfalls beste Unterhaltung. Sogar die alpenländischen Passionsspiele gelten als Touristenattraktion ersten Ranges. Jesus und Hitler werden in der Konsumgesellschaft zu verkaufsfördernden Stars. Dennoch trägt kein Zuschauer mehr die Angst vor der Hölle nach Hause, wenn das Spektakel vorbei ist. Laster muss man genießen, damit Tugend Sinn macht. Beide sind verkäuflich. Das Drogen schnupfende Supermodel «zieht» ebenso wie der asketische Leistungssportler. Die medial aufbereiteten Untaten von Serienmördern oder Attentätern werden unablässig via Fernsehen konsumiert, jede Perversion, und sei sie noch so abgründig, kann ebenso vermarktet werden wie die Geschwister Scholl. Ein Blick ins Internet beweist das.

Was wir heute erleben sei, so Baudrillard, eine weiße Messe ohne Kirche oder Heilsökonomie, aber mit der stets aufflackernden Hoffnung auf das magische Glück beim Kauf des nächsten begehrten Objekts. Der Soziologe wird aber in seinen weiteren Ausführungen, wenn schon nicht moralisch, so doch zumindest hygienisch. Es geht ihm um Seelenhygiene, um eine Art seelischen Gleichgewichts auf der Basis psychoanalytischer Erkenntnisse. So nimmt er Bezug auf die phantastische Erzählung vom verkauften Schatten, der wiederkehrt, seinen einstigen Besitzer bedrängt und letztlich in den Tod treibt. Dieses Schicksal, meint der Soziologe, bedrohe in übertragener Form auch jene Konsumenten und Konsumentinnen, die ihre Lebenszeit bei ihrer Arbeit verkaufen, um am Konsum teilnehmen zu können. Das Abgelegte kehre wieder, weil es als Negatives an seinen Ursprung gebunden bleibe. Gibt es also doch ein Außen oder zumindest ein Anderes dieser Konsumwelt, das sich feindselig gegen sie verhält und aus dem Verborgenen droht? Das konsumbestimmte System funktioniert laut dieser Auslegung nur aufgrund der Tatsache, dass die Konsumenten sich das, worauf sie bei ihrer täglichen Mühe und Plage verzichten, wieder aneignen wollen. Allerdings kommt es ihnen nach vollbrachter Selbstüberwindung in einer neuen Gestalt entgegen: als Wiedergänger. Die abgelegten vitalen Energien haben ein Eigenleben angenommen, das den arbeitenden Konsumenten im Kaufhaus als Fremdes entgegentritt. Fremde Objekte, zu deren Herstellung die Käufer selbst beigetragen haben, wollen ins Leben aufgenommen und integriert werden. Sie fordern das hart verdiente Geld wieder ein, um ins Leben zurückkehren zu können. Gleichzeitig soll sich aus ihnen jene Lebensfreude schöpfen lassen, auf die man vorher verzichten musste. Die Wiederaneignung des Schattens findet aber auf diese Weise nicht statt. Das Entfremdete bleibt, so vermutet Baudrillard, auch nach dem Kauf eine zum Zeichen geronnene Energie, es wird nicht mehr einverleibt und genüsslich verzehrt, sondern funktioniert nur als Code für Genuss, der als solcher ein Verzicht ist. Die Waren haben keinen materiellen Gebrauchswert mehr, sondern dienen nur mehr der Kommunikation und der Demonstration jener Rolle, die man mittels warenförmiger Requisiten einzunehmen fähig wird. Es ist also wie in dem alten Wiener Witz, wo zwei passionierte Witzerzähler sich im Kaffeehaus die Lachgeschichten gar nicht mehr erzählen, sondern sie haben ihr Repertoire an Witzen durchnummeriert und nennen in ihrer Unterhaltung nur mehr die Nummern, um dann darüber zu lachen. Die Pointe an dem Witz liegt darin, dass die zwei Männer immer noch lachen können, obwohl sie praktisch kein Gespräch mehr führen. Die Konsumenten und Konsumentinnen tragen ihre Waren mit sich umher wie codierte Botschaften über das, was sie sind oder sein wollen. Anders als die Witzerzähler können sie jedoch nicht einmal sicher sein, dass ihre Botschaften auch ankommen. Vor allem Marken eignen sich für eine schnelle Einschätzung der Person: Chanel-Brille, Ralph-Lauren-Shirt, Diesel-Jeans, Esprit-Schuhe. Mit sinnlichen Erfahrungen hat das nicht mehr viel zu tun. Wenn man mit einem Porsche täglich im Stau steckt, dann genießt man nicht eben die Beschleunigungskapazität dieses Sportwagens. Je weniger das Abgespaltene integriert und wieder im Verzehr inkarniert werden kann, umso mehr muss jedoch konsumiert werden und umso mehr wächst die Zahl der Zeichen für den unerreichbaren konkreten Genuss, meint Baudrillard.

«Es ist der Körper Christi, der sich am Kreuz in eine Frau verwandelt, um den Mönch zu verfolgen, der Keuschheit geschworen hat.»[10] Um die Aggressivität dieser Waren-Zeichen vor Augen zu führen, zitiert Baudrillard ein Beispiel aus dem christlichen Legendenschatz. Die abgelegte, gekreuzigte Vitalität verwandelt sich in ein begehrenswertes Objekt, das in einer patriarchalen Gesellschaft am deutlichsten von einer Frau verkörpert wird. Das Verdrängte erlebt solchermaßen im Akt der Verdrängung selbst seine Auferstehung. Der Kunde wird in diesem Denkbild zum asketischen Mönch, die Frau zum Vampir. Baudrillard wischt dieses Gleichnis jedoch nach kurzem Gebrauch wieder weg, ohne es vollends auszuschöpfen. Denn die Konsumgesellschaft wäre, wie er meint, dennoch eine mütterliche Versorgungsgesellschaft, die allerdings auf jede Transzendenz verzichtet hat. (Für das Geistige waren Mütter bisher selten zuständig.[11]) Sie biete mit ihrer sinnlichen Fülle eine regressive Verschmelzung an. Das wäre ein Rückfall, den Sigmund Freud als Gefahr für ein stabiles Ich betrachtete. Der Begründer der Psychoanalyse sah Religion dort angesiedelt, wo Erwachsene wünschten, die «ozeanischen Gefühle»[12] des Kleinkindes, seine positiven Gefühle umfassender Eingebundenheit während seiner Symbiose mit dem mütterlichen Körper, wieder zu erleben.[13] Es stand für Freud außer Frage, dass solche Wünsche möglichst abzuwehren seien und dass die Grenzen des Ichs gewahrt bleiben müssten. Das Ich soll sich verhalten wie ein Mönch, der sich ständigen Verlockungen ausgesetzt sieht. Psychoanalyse und christlicher Legendenschatz vermitteln dem männlich vorgestellten Ich hier dieselben Richtlinien: fortgesetzten Verzicht auf das Weibliche. Die Konsumgesellschaft bietet jedoch glückliche Selbstvergessenheit, wenn man auf den Verzicht verzichtet. Hält sie das Versprechen nun?

Baudrillard konstruiert in seiner Darstellung einen Widerspruch, den er nicht auflöst. Denn wenn die Menschen nicht mehr fähig oder willens sind, zwischen Sein und Schein zu unterscheiden, und daher die Zeichen für den Genuss sammeln anstatt konkret zu genießen, so bleibt der grundsätzliche Hunger bestehen. Die sinnstiftende[14] Regression, welche der körperliche Genuss zur Verfügung stellt, gelingt in einer Welt individualisierter und disziplinierter Leistungsmenschen selten vollends.[15] Der Genuss von Symbolen allein stellt zudem immer nur einen Bruchteil dessen dar, was Menschen Befriedigung verschafft. Die Aggressivität des unterdrückten Hungers nach Vollständigkeit schreibt sich daher in die Waren ein, weil sie Anlass zur und Produkt der Verdrängung der Sinnlichkeit sind. Die käuflichen Güter werden aufdringlicher und wachsen an der Zahl, sie werden unübersichtlicher und immer undifferenzierter in ihren Zumutungen, sie verwandeln sich in eine unbewältigbare, bedrohliche Masse im Megamarkt. Sie werden zur bösen Mutter.

So bleibt der Begriff der «weißen Messe» im Text eines völlig säkular denkenden Sozialwissenschaftlers weiterhin zu klären. Im dualistischen Spannungsfeld der Kirche und ihrer Gegner gab es keine weiße Messe. Sondern es gab die heilige Messe mit der Transsubstantiation und als Pendant dazu die Praxis der Verkehrung dieses Messrituals durch Teufelsanbeter, das war die «schwarze Messe», bei der schwarze Magie betrieben wurde.[16] Der Begriff der «weißen Messe» kann nicht mit der zentralen christlichen Kulthandlung gleichgesetzt werden, sondern er wäre als weitere Verkehrung des Verkehrten zu verstehen. Den zerstörerischen Absichten der Hexen und Satanspriester wird ein neues Ritual entgegengestellt oder hinzugefügt. Vielleicht eines der Produktion statt der befürchteten Destruktion, die von den Hexenjägern über Jahrhunderte hinweg ausführlich beschrieben worden ist? Bei historischen Prozessen führt, im Unterschied zu mathematischen, eine Negation der Negation jedoch nicht zum Ausgangspunkt zurück.

Den Ausführungen Jean Baudrillards ist nicht zu entnehmen, inwieweit er diesen Begriff der «weißen Messe» bewusst so einsetzen wollte. Es gibt in seinen Schriften keinen Hinweis darauf, dass er sich mit dem rituellen Erbe der christlichen Mahlgemeinschaft in der modernen Konsumgesellschaft beschäftigt hätte. Kirchliche Traditionen und Begriffe dienen ihm einfach als Fundus für griffige Metaphern. Dass sie aber greifen, erfordert eine Erklärung.

Die bei den Produktionsprozessen eingesetzten Energien vergegenständlichen sich in käuflichen Objekten und anderen materiellen Ergebnissen der Arbeit, die gegen Geld benützt werden dürfen. Die weiße Messe des Konsums müsste laut Baudrillard dazu dienen, die abgespaltenen Energien wieder an- und aufzunehmen, die Anspannung des Verzichts in eine Entspannung des Genusses umschlagen zu lassen, damit all diese Objekte nicht als böser Schatten das glückliche Leben bedrohen. Der Pakt mit dem Teufel, der Verkauf der Seele, wird aber nicht wieder rückgängig gemacht, weil die Konsumgüter nicht mehr so verbraucht werden, dass dabei das aufgesparte Leben wieder verzehrt würde. Sie dienen dem träumerischen Spiel (z. B. Window-Shopping) und der Unterhaltung mit ständig wechselnden Codes. Und wenn die Waren auf dem Abfall landen, dann nicht als Relikte des gelebten Lebens, sondern als Missverständnisse, unliebsame Andenken an eine misslungene Kommunikation. Neue Produkte lassen sofort vergessen, wie enttäuschend die alten waren. Diese weiße Messe wird anscheinend ohne Kommunion zelebriert. Das ist auch die einzige Möglichkeit, um niemanden auszuschließen. Allerdings mangelt es dann auch an Zugehörigkeitsgefühlen.

Baudrillard verrät nicht, wo oder wann der Pakt mit dem Teufel unterzeichnet wurde. Es sei die ganze Gesellschaft, so vermutet er, die die Transzendenz und ebenso jeden Sinn um den Preis des materiellen Überflusses an den Teufel verkauft habe. Mit dieser Vermutung wirft der Soziologe den Schleier des Nichtwissens und der Unbewusstheit über die Konsumenten. Sie hätten sich demnach nicht entschieden, sondern gesellschaftliche Prozesse, die den meisten Individuen nicht bewusst werden, hätten diesen Teufelspakt erwirkt, der nun auf den Menschen laste. Aber verlangt ein Pakt nicht mündige und bewusste Unterzeichner, damit der Handel gültig ist? Wer trifft die Entscheidungen? Wirkt diese weiße Magie nicht so zerstörerisch wie angeblich die schwarze, weil sie die Mündigkeit der Konsumenten und Konsumentinnen von vornherein untergräbt? Baudrillard stellt die Existenz souveräner Subjekte grundsätzlich in Frage und beschreibt die Konsumgesellschaft als eine der Täuschung, des Rausches und des Spiels. Von welchem Standpunkt aus er diese Analyse durchführt, bleibt verborgen. Im Grunde agiert er wie jene Kirchenlehrer, die den Hexen nicht einmal zutrauten, bewusst einen Pakt zu schließen, sondern meinten, dass sie sich bei Beschwörungen gänzlich unwissend den Dämonen auslieferten.[17] Da in Baudrillards Sichtweise weder Gott noch eine andere unsichtbare Hand die Fäden zieht, bleiben die Gründe des Geschehens letztlich ungenannt. Die Leserinnen und

Leser mögen vermuten, dass eine allgemein menschliche psychische Verfasstheit sich hier durchsetze, der die gesamte Menschheit verhängnisvoll ausgeliefert sei. Der letzte Schluss wäre überhaupt, dass die Menschen der Moderne wie schon ihre vormodernen Ahnen geleitet und gelenkt werden wollen. Statt feudaler Ständegesellschaft oder kirchlicher Lehrsätze bestimmt nun eben der Konsum als Handlanger der Produktion, was zu tun sei, und niemand vermag sich seinem System zu entziehen, zumal er nicht einmal Dogmen publiziert hat, die man umstürzen könnte. Abstrakte Begriffe, unbewusste Menschen, undurchschaubare Prozesse.

1.2 Geld statt Blut

Die Seele zu verkaufen hieß einst, ohne Rücksicht auf spirituelle Verluste all sein Begehren auf weltliche Reichtümer und weltliche Macht zu richten. Die christliche Lehre meint, dass das Wort Gottes als Seelenfunke im Herzen der Christen wohne. Im Hochmittelalter entstand in diesem verborgenen Seelengrund der Menschen durch die fleißige Seelsorge der Priester das Gewissen.[18] Die Vorstellung von einem freiwilligen Pakt mit dem Teufel war erst möglich, nachdem die Christen die Idee eines autonomen Selbst entwickelt hatten. Dass man nicht nur in kollektiven Ritualen seine Zugehörigkeit zu Gott pflegte, sondern daheim in aller Ruhe und womöglich sogar lautlos innerlich mit seinem Gott sprach, war eine Neuerung, die sich erst mit der zunehmenden Alphabetisierung und der selbstständigen Aneignung der Glaubenswahrheiten ausbreitete. Als Antwort auf die vielen Unsicherheiten der Gläubigen im Umgang mit neuartigen ökonomischen Angelegenheiten wie Zins und Profit «erfanden» die mittelalterlichen Theologen das Fegefeuer.[19] Dort konnte selbst nach dem Tode mittels Buße noch ein wenig um das Himmelreich gefeilscht werden. Die wachsende Bedeutung ökonomischer Prozesse zeichnete sich also ab dem 13. Jahrhundert deutlich in der religiösen Praxis ab.[20] Die ältesten gedruckten Erzählungen des Doktor Faustus[21] stammen aus der zweiten Hälfte des 16. Jahrhunderts. Der Wirtschaftshistoriker Immanuel Wallerstein[22] spricht von dieser Epoche bereits als vom «langen 17. Jahrhundert», das er von etwa 1550 bis 1750 dauern lässt und in dem, wie er zeigt, die Grundlagen des westeuropäischen kapitalistischen Systems und damit auch jene der Konsumgesellschaft geschaffen worden sind. Der Vertrag des Dr. Faustus spiegelt daher die rationalen Überlegungen eines gelehrten und juristisch gebildeten Mannes wider, der sich vom Kontrakt mit dem Höllenfürsten Gewinn verspricht wie von einem Handelspartner aus Übersee.

Ein solcher strategisch konzipierter Pakt mit dem Teufel konnte erst als persönlicher Willensakt vollzogen werden, nachdem der Widerspruch zwischen den guten und bösen Mächten in die Innerlichkeit der Menschen versenkt worden war. Das Gewissen ankerte zwar als verinnerlichte Instanz der Kirche in den Herzen der Individuen, dort hatte es aber in seiner Verborgenheit begonnen, selbstständig und unkontrollierbar zu werden. Diese geistige Instanz im Menschen konnte nun sogar beschließen, dessen Seelenkapital in riskante Geschäfte zu investieren. Die Seele stellte aber jene Kraft dar, welche die Menschen «nach oben» ziehen sollte. Sie war das Bindeglied zur kosmischen Ordnung und lieferte daher die Motive zur Überwindung chaotischer Triebkräfte. Eine geistige Instanz ohne diese kosmische Anknüpfung ähnelte bereits der neuzeitlichen Vernunft, die ökonomische Strategien ausheckt, ohne an die sozialen Folgen zu denken. Bündnispartner des Teufels, die ihre Seele aufs Spiel setzten, zeichneten sich daher durch ihre lieblose Rechenhaftigkeit und ihre rücksichtslosen Pläne aus, mit welchen sie ihre irdischen Ziele erreichen wollten. Zwar hilft der Teufel in der Legende dabei, die Naturkräfte zu beherrschen und zu besiegen (was in den Augen der Theologen sogar gut sein mag), aber er tut dies nur, damit der Begünstigte letztlich seinen Trieben umso freieren Lauf lassen kann. Der altruistische und an der irdischen und kosmischen Gemeinschaft orientierte Teil des

Menschen kommt dabei nicht zum Zug. Die christliche Theologie spricht in Anlehnung an Platon von einem höheren und einem niederen Eros.[23] Der Teufelsbund förderte ohne Zweifel nur den niederen Eros, das heißt vergängliche, weltliche Belange. Eine Folge des Teufelspaktes war daher oft, dass die Unterzeichner ihre materiellen Erfolge gar nicht genießen konnten. Sie blieben unerfüllt und daher rastlos unersättlich, weil ihnen etwas fehlte, das zu erlangen ihnen auch die teuflischen Begünstigungen nicht halfen. So wollen es die Legenden.

Sobald die Christen im Verlauf der neuzeitlichen Ausdifferenzierungsprozesse sich aus den starren Lebensmustern ihrer Dörfer und Sippen lösen konnten und ihre individuelle Verantwortung zur Kenntnis nahmen, entstand das Problem der notwendigen Selbstbeschränkung, die nun nicht mehr vom sozialen Umfeld auferlegt wurde. Weder Priester noch Dorfgemeinschaft konnten dem anonymisierten Stadtbewohner noch vorhalten, dass er zu viel aß, zu selten in die Kirche ging oder am Sonntag arbeitete. Er musste sich selbst sein Maß auferlegen. Die Menschen wurden sich selbst und ihrem geheimen Triebleben überlassen, das auch die Beichtväter nie völlig erforschen konnten. Die Erzählungen vom Teufelspakt zeigen Getriebene, die ihren Willen gegen die starren Konventionen ihrer Zeit durchsetzen wollten. Sie hatten ihre ganze Lebensenergie zumeist auf materielle Ziele ausgerichtet, welche aber letztlich nicht das erhoffte Glück verschafften. Dem Märchen nach deshalb, weil die Zeit der Sünder um war und sie in die Hölle kamen. Der Psychoanalyse nach wohl deshalb, weil unbearbeitete psychische Verletzungen Mangelgefühle erzeugen, die durch Ersatzobjekte nicht kompensiert werden können. Der verdrängte und abgespaltene Seelenteil, der dem Herrn der Unterwelt überlassen wurde, hinterließ eine innere Leere. Diese Tatsache des unabänderlichen Mangelgefühls, dem nicht beizukommen ist, kann bereits in den Märchen als eine Vorform der Hölle begriffen werden, die langsam Macht über den Unglücklichen gewinnt. Solange die Frist läuft, bleibt es eine diesseitige Hölle, in der trotz aller Genüsse der

Mangel herrscht und die Gier nach Reichtum und Macht anheizt. Doch jede Ware, die zum lustvollen Vergessen einlädt, trägt diesen Mangel in sich. Der Pakt mit dem Teufel ist daher, so legen diese christlichen Erzählungen nahe, ein Betrug. Doch auch die weiße Messe, wie Baudrillard sie beschreibt, behebt den grundlegenden Mangel nicht. Die Konsumgesellschaft Baudrillards erinnert an Aldous Huxleys «schöne neue Welt». Mangelgefühle werden durch Drogen überdeckt. In der Welt des Konsums funktionieren die Waren wie Drogen, manchmal erfüllt bereits das Geld allein diese Funktion. Denn dieses immaterielle Medium ist der Treibstoff der modernen Konsumwelten, die nicht mehr im alten Sinne materialistisch sind. Es geht nicht mehr um den Genuss und Gebrauch der Dinge. Eine Legende aus dem Leben des Antonius von Padua entwirft dieses Verhältnis zum Geld in deutlichen Bildern. Als der Heilige gebeten wurde, die Leichenpredigt für einen reichen Wucherer zu halten, wählte er den Spruch aus dem Evangelium: «Denn, wo dein Schatz ist, da ist auch dein Herz.» (Matth. 6,21) – «Und zu Ende der Predigt sagte er zu denen Gefreunden des Abgeleibten: sie sollten hingehen/ und die Kiste dieses Geitz=Halses durchsuchen/ allwo sie dessen Hertze finden wurden. Sie thaten es/ und durch gerechtes Urteil Gottes fanden sie sein Hertz noch ganz warmer in mitte des zusam gescharrten Gelds.»[24] Das Herz, der Sitz der Seele, schlägt bei kapitalistisch orientierten Menschen also nicht mehr im fleischlichen Körper, sondern im Geldkörper. Dem Geldgierigen ging es nicht mehr um weltliche Genüsse, sondern um den Besitz und die Vermehrung der Zeichen möglicher weltlicher Genüsse: So starb der Wucherer als Asket, aber Herz und Seele ans Geld gebunden, das weder sterben noch auferstehen kann. Konsumenten und Konsumentinnen geben zwar das Geld aus, aber auch sie streben letztlich nach einem dauerhaften Aufenthalt im Zwischenreich des Geldes ohne Tod und Auferstehung, das heißt ohne Transformation.

Die christliche Messe in der Kirche, bei der das Göttliche in einem einfachen Brot vergegenwärtigt wird, steht dieser Form des lebenden Todes gegenüber. Beim Abendmahl geht es um die Erfahrung der kosmischen Ordnung und Vollständigkeit im Hier und Jetzt, die den Gläubigen vermittelt, dass eben nichts fehlt. Wenn Gott, die vollkommene Ergänzung des Profanen, anwesend ist, dann hat der Teufel keinen Platz. Dies ist es auch, was die Legende des heiligen Antonius von Padua sagen will. Der Teufel findet bei gläubig ins Universum eingebetteten Menschen kein Bedürfnis, das ihm die Tür in ihr Herz öffnete, keine Möglichkeit, diese Menschen durch ihr Begehren an sich zu ketten. Daraus folgt, dass Dr. Faustus und andere, die mit dem Fürst der Welt einen Handel abschlossen, das Göttliche nicht genügend spüren und nicht erfassen konnten. Der Glaube scheint vor der Verführung durch Geld zu schützen.[25] Nur Menschen mit schwachem Glauben fühlten sich in den Legenden unerfüllt und unvollständig und versuchten, über materielle Reichtümer statt über spirituelle Einbindung ein vollständiges Glücksgefühl herzustellen. Magische Handlungsweisen gehen davon aus, dass Ereignisse manipuliert werden können. Magier greifen in die natürlichen Abläufe ein und verändern sie zum eigenen Vorteil. Ein guter Christ soll jedoch versuchen, den Willen Gottes zu erkennen und ihm zu folgen, er soll bestrebt sein, sich dem Ratschluss Gottes zu fügen. Ein Magier versucht dagegen, die Geheimnisse und Gesetzmäßigkeiten des Kosmos zu erkennen, um sie für seine Zwecke zu nutzen. Baudrillard betont, dass die weiße Messe des Konsums im Unterschied zum Satanskult keine Häresie darstellt, sie ist nicht als Sekte oder Gegenkult organisiert. Vielmehr zelebriere die satte Gesellschaft ihren Überfluss, damit es eben nur Anhänger und keine Gegner gäbe. Der Soziologe bemüht die Vorstellungen vom mittelalterlichen christlichen Kosmos, der den ganzen Globus (damals eine Scheibe) umschloss und mit dem göttlichen Gesetz durchdrang. Die Konsumgesellschaft entwirft also, nach Baudrillard, jene altchristliche Vorstellung vom Kosmos in Gottes Hand neu, jedoch ohne Gott und ohne seine regelnde Hand. Statt Dogmen und moralischen Richtlinien, statt Exkommunikation und Heiligsprechung, statt Himmel und Hölle biete sie nur eine weiße Messe, an der alle teilhaben sollen. Der Soziologe vermeidet es, Konsum mit einer Religion zu vergleichen. Vielmehr löse der Konsum solche Widersprüche wie zwischen Kirche und Sekte, zwischen Kult und Gegenkult auf. Der Konsum verfolge keine Moral, sondern biete allen eine materielle Bedürfnisbefriedigung, sofern sie zahlen. Aber der Vergleich des Konsums mit dem Teufelspakt und die Beschreibung als weiße Messe reihen die Konsumgesellschaft dennoch in den Ablauf historischer Prozesse der Neuzeit ein. Bei der Magie stehen das Dominieren und Manipulieren der Ereignisse im Vordergrund. Satan verkörperte einst alles, wovon die christliche Religion ihren Kosmos gerne gesäubert hätte: Exzess, anarchische Triebe und Chaos. Die Hexen wurden daher für die Unberechenbarkeit und Unausgeglichenheit der Witterung und andere unerwünschte natürliche Vorgänge wie etwa für schlechte Ernten und Unfruchtbarkeit zur Verantwortung gezogen. Der moderne Massenkonsum beruht nicht nur auf der Industrialisierung, sondern er kurbelt auch die Produktion weiter an. Indem die weiße Magie des Konsums den destruktiven Satanskult ins positiv bewertete Produktive wendet, so könnte man schließen, wäre sie aber ebenso wenig wie der Satanismus eine Religion, sondern bliebe wie jener eine Verkehrung des christlichen Ritus. Denn die Produktivitätssteigerung auf Kosten natürlicher und sozialer Ressourcen klammert Gewalt und Triebhaftigkeit nicht aus, sondern lenkt sie nur in rationalere Bahnen. Diesen letzten Schluss, dass die Konsumgesellschaft eine weitere Spiegelung des altchristlichen Kosmos sein könnte, zieht Baudrillard aber nicht. Es ist jedoch meine Absicht, einen solchen Zusammenhang in den folgenden Kapiteln in Betracht zu ziehen.

2
Ressourcenteilung und soziale Ordnung

In seinem «Passagen-Werk» verglich Walter Benjamin die Konsumsphären der modernen Großstädte mit der Hölle.[26] In Weiterführung der Thesen zum Neid von René Girard sprachen auch Jean-Pierre Dupuy und Paul Dumouchel von einer «Hölle der Dinge»[27] in den reichen westlichen Gesellschaften. Es ist auffällig, dass gerade in Zeiten, in denen die Kirchen (zumindest in Europa) es eher vermeiden, mit der ewigen Verdammnis zu drohen, genau diese christlichen Schreckensbilder herangezogen werden, um die moderne Konsumgesellschaft zu charakterisieren. Statt ein Paradies zu sein, wie die Werbung behauptet, wären Konsumwelten eine Hölle. Sowohl die Marketing-Experten als auch die Kritiker ziehen bisher für das Jenseits verwendete Begriffe heran, um das käufliche Diesseits zu beschreiben. Warenparadiese stehen den Konsumhöllen gegenüber. Aber wo bleibt die profane Welt zwischen Erlösung und Verdammnis?

Abendländische Jenseitsvorstellungen speisen sich aus altorientalischen, griechischen, germanischen und keltischen Quellen. Die Gesellschaften, die diese Vorstellungen entwickelten, hatten ein völlig anderes Weltbild als die modernen Konsumgesellschaften. Versucht man die Bedeutung der Konzeption des Jenseits für das Leben der Menschen zu verstehen, so ist es notwendig, auf das ein wenig spekulative Feld der Sozialanthropologie zu wechseln. Zuerst also die Frage: Woher kommen die Vorstellungen einer anderen Welt? Dann erst: Wie sahen diese im Christentum aus? Und zuletzt: Was hätte die Konsumgesellschaft also mit einer Hölle oder einem Himmel gemeinsam? Dieses Kapitel widmet sich der ersten Frage, die anderen beiden werden im Kapitel zehn behandelt.

Grabbeigaben und kunstvoll geschlichtete Tierknochen haben die Archäologen dazu bewogen, schon bei den Menschen des Paläolithikums religiöse Vorstellungen für wahrscheinlich zu halten. Die Verstorbenen wurden nicht einfach der Verwesung überlassen, sondern man bettete sie, kleidete sie, schmückte sie und, vor allem: Man nährte sie. Die Toten oder auch Geister, Götter und Dämonen aßen mit. Das Unsichtbare, das Vergangene, das Körperlose oder Geträumte verschwand nicht einfach, sondern blieb in einer Traumwelt existent, die für ebenso real gehalten wurde wie die fühlbare, sichtbare und sinnliche Welt. Sozialanthropologen sehen in der Entwicklung eines auf Altruismus beruhenden Gruppenzusammenhalts der frühen Menschen die Voraussetzung für die besondere Überlebensfähigkeit dieser Spezies. Der Zusammenhalt beruhte auf der besonderen Pflege der Kinder und wohl auch der Alten und Verstorbenen. Während in Schimpansengruppen das Alpha-Tier dem Weibchen, das noch dazu meist sein Junges zu füttern hat, die Nahrung einfach aus der Hand reißt[28], scheint die menschliche Kooperation schwächeren Mitgliedern eine Nische geboten zu haben. Menschen lernten, ihre Nahrung zu teilen. Die Teilung von Nahrung stellt unter Menschen eine der grundlegendsten Formen zur Erzeugung sozialen Zusammenhalts dar.[29] Sie schließt ein und damit gleichzeitig auch aus. Damit eine Gruppe zusammenhält, braucht es aber Regeln, Mittel der Verständigung und Disziplin. Individuelle spontane Impulse müssen dem Überleben der Gruppe untergeordnet werden. Vertrauen in die Gruppe kann sich nur entwickeln, wenn die Vergangenheit erinnert und die Zukunft antizipiert werden kann. Denn nur so ist es möglich, die Vorteile des Gruppenschutzes zu erkennen und die unangenehmen Folgen der Herrschaft über den Körper auf sich zu nehmen. Bewusste Selbstbeherrschung erforderte eine minimale Form der Reflexion, um aus reaktivem ein kreatives Handeln zu machen. Diese Fähigkeit zur bewussten Körperausschaltung lieferte daher auch einen Anknüpfungspunkt zur Transzendenz. Denn die Vergangenheit oder die Zukunft existieren für die Sinne nicht. Das Bewusstsein, das sich von den naturgegebenen Handlungsabläufen distanzierte, ermöglichte den Zugang zu einer abstrakten Welt, einer Traumwelt. Nur weil sie sich von ihren Instinkten und Fluchtreflexen zu distanzieren vermochten, konnten die Menschen sich vermutlich aus verletzlichen, flüchtenden Beutetieren in eine neue Art Raubtiere verwandeln.[30] Die Welt der Gedanken, Erinnerungen und Träume unterstützte das Überleben der Gruppe vermutlich auch dadurch, dass sie letzterer «Unsterblichkeit» verlieh, denn Erinnerungen können Generationen überdauern. Die Gruppe lebte länger als ein Individuum, daher wurde der Ursprung des Zusammenhalts selbst im Jenseits verankert. Die Mythen erzählen oft, dass ein göttliches Wesen die Ordnung gewährt hat, aufgrund deren die Menschen nun zusammenleben. Der Ethnologe Maurice Godelier[31] hat diesen Vorgang als Verschleierung der eigenen Verantwortlichkeit bezeichnet. Die Menschen ziehen hinsichtlich ihrer Souveränität das Nichtwissen vor oder schreiben sie übermenschlichen Mächten zu.[32] Der Religionssoziologe Emile Durkheim[33] erklärte das Religiöse als eine Auswirkung der Gruppe selbst. Die Tatsache, dass die menschliche Ordnung das Überleben sichert und dass ein Einzelner niemals allein überleben und sich kulturell entwickeln könnte, macht die Gruppe für die einzelnen Mitglieder heilig. Bewusstsein, soziale Regeln und eine abstrakte Welt hängen daher für die Menschen zusammen. Aus der anderen Welt schöpfen sie neues Leben, wenn sie der Wildnis ihre Nahrung entnehmen, so wie sie die Ordnung dem Chaos entnommen haben. Bewusstsein und Reflexionen sind nicht ohne freiwillig auf sich zu nehmende Formen des Todes herstellbar. Der Körper muss beherrscht, eben zeitweilig abgetötet werden, um der Gedankenwelt Raum zu lassen. Die Grenze zur anderen Welt verläuft nicht nur zwischen der sozialen Gruppe und ihrem Außen, sondern sie wiederholt sich in jedem Gruppenmitglied. Selbst der Schlaf stellt eine Abart des Todes dar, weil die meisten Sinne ruhen, während der Geist auf Wanderschaft geht. Träume ereignen sich außerhalb der körperlichen Welt. In ihnen kann man den Toten oder wundersamen Geschöpfen begegnen, die in der Körperwelt nicht existieren. Diese andere Welt beherbergt schöpferische Kräfte und Hilfsmittel, insofern sie planen und in gewisser Weise die Zukunft vorhersehen und manipulieren hilft. Aber sie kann auch gefährlich sein. Denn alles, was aus dem Gruppenleben verdrängt wird, weil es die Ordnung gefährdet, wird ebenfalls ins Jenseits geschoben. Alle asozialen Impulse, Gewalttätigkeit, Neid, sexuelle Aggression, Chaos und Zerstörungswut, Blutgier und Mordlust, sie werden aus dem Inneren der Gemeinschaft über die Grenzen nach außen gedrängt. Gemeinschaftsgrenzen entstehen durch die Unterteilung von innen und außen. Das Innere wird vor allem durch die Teilung von Nahrung und Lebensraum unter den Gruppenmitgliedern erzeugt. Mit dem Außen wird nicht geteilt, es bleibt ausgeschlossen, wild, unbeherrschbar, feindselig und ungeordnet. So zeigt sich die Welt des Abstrakten zwiespältig. Sie ist der Urgrund, aus dem die Gemeinschaft ihre Konstruktion schöpft, aber sie ist auch der Rest außerhalb des geordneten Bereiches und beherbergt Gewalt und Tod.

Eine Möglichkeit, mit diesem bedrohlichen Außen umzugehen, war daher immer auch, sein Wohlwollen und seine Freundschaft zu suchen. Die Mächte außerhalb der geordneten Welt nahmen Gestalt an und man versuchte, sie nicht zu beleidigen, sondern für sich zu gewinnen. So reisten Schamanen in todähnlichen Trancen ins Jenseits, um geheimes Wissen zu sammeln. Die Grenzgänger zwischen den Welten spezialisierten sich auf die Kommunikation der unterschiedenen Bereiche. Diese Kontakte wurden sowohl mit Geschenken als auch mit Tauschhandel gepflegt. Die Wesen der anderen Welt, die Götter, Dämonen oder Geister der Toten, konnten eingeladen und mit Speisen erfreut werden, welche in vorindustriellen Kulturen wertvolle Geschenke darstellten. Man konnte sich auch die Verstorbenen im Jenseits nicht anders vorstellen als hungernd oder speisend. Die Sitten der Versorgung von Verstorbenen mit Speise und Trank waren auch zur Zeit Christi Geburt im mediterranen Raum noch weit verbreitet.

Auch die Stammeskulturen in Europa versorgten ihre Toten mit Nahrung. Auf diese Weise blieben die verstorbenen Angehörigen noch einige Generationen hindurch Mitglieder ihrer sozialen Gruppe, die positive Kontakte mit dem Jenseits auch zum Selbstschutz unterhielt. Denn man fürchtete sich vor der Rache schlecht betreuter Toter. Reste dieses Denkens bestehen bis heute im Allerheiligen- und Allerseelenfest fort.

2.2 Innen und Außen

Nach hellenistischen Auffassungen umfasste der Kosmos sowohl die Gemeinschaften der Menschen als auch die anderen Welten. Diesseits und Jenseits befanden sich innerhalb der kosmischen Ordnung. Die griechischen Stadtstaaten teilten gemeinsame Vorstellungen von einer Unterwelt, wo die Schatten der Verstorbenen nach Opferblut dürsteten. Die Götter speisten zusammen in den luftigen Höhen des Olymps. Auch die Römer verehrten ihre Ahnen und Hausgötter, welche die Familie beschützten.

Germanen und Kelten kannten ebenfalls ein Totenreich. Dort erwartete die Verstorbenen aber keine Strafe, sondern womöglich ihre eigene Sippe. Speisen spielten eine bedeutende Rolle im Umgang mit dem Jenseits. Die Nahrung, die der Wildnis und der Erde abgerungen wurde, um die Gemeinschaft der Menschen am Leben zu erhalten, diente auch dazu, die Kontakte zum Jenseits zu pflegen. Daher gab man den Toten Nahrungsmittel und Geld mit auf die Reise ins Jenseits. Für den Grenzübertritt in die andere Welt bedurfte es des Proviants und auch der Gastgeschenke, um gut aufgenommen zu werden. Die geregelte Verteilung der Ressourcen ist innerhalb einer Gruppierung notwendig, um Frieden herzustellen und soziale Bande zu erzeugen.[34] Wer aus der Gruppe verstoßen wird, der erleidet einen sozialen Tod, der meist auch den realen

Tod nach sich zieht. Auch in unserer modernen Gesellschaft sterben unangepasste Outsider früher als ihre Mitmenschen, bereits Arbeitslose werden in einer Leistungsgesellschaft häufiger krank. Ohne Nahrung, Wohnung und Schutz kann ein Einzelner nur schwer überleben. Im vorindustriellen Zeitalter drohten jenseits der menschlichen Gemeinschaften Hunger und Kälte oder sengende Hitze und Gewalt. Die andere Welt beherbergte gute und böse Wesen sowie gute und schlechte Aufenthaltsorte. Moderne Europäer kennen diese Ängste vor der Wildnis und der Verdammnis in dieser Form nicht mehr, sondern sie fürchten sich davor, ihre sozialen Positionen zu verlieren. Bis zur Aufklärung trug der christliche Gott als Repräsentant der anderen Welt ihre Zwiespältigkeit noch in sich. So konnte sich der mildtätige Jesus in einen zornigen und rachsüchtigen Vatergott verwandeln, der die Sünder zu ewiger Verdammnis verurteilte.[35]

Die Ambivalenz des Heiligen kommt auch im Lateinischen Wort *sacer* zum Ausdruck: Es bedeutet einerseits heilig, so wie wir es auch heute verstehen, im Sinne von rein, erhaben und wohltätig, andererseits trägt es aber auch die Bedeutung des Gegenteils in sich und bezeichnet auch das Verruchte, Gefährliche und Unberührbare. Der Ursprung dieses Doppelsinnes liegt in der Grenzziehung zwischen innen und außen, zwischen der Ordnung und ihrem Gegenteil, dem sie entrissen wird. Ohne Ordnung gibt es keinen sozialen Zusammenhalt, daher ist die Ordnung, wie Durkheim erkannte, ebenso heilig wie das soziale Ganze, das aus ihr erwächst. Begriffe des Heiligen bezeichneten daher in den alten Gesellschaften sowohl die Grenze als auch die sozialen Gestaltungen, die durch die Grenzziehung ihre Form annehmen.[36] Ein Gott wäre demnach im Durkheim'schen Sinn ein ontologisiertes Nebenprodukt[37] dieser Ordnung. Gottheiten sind Repräsentanten der Grenzziehung zwischen dem Innen und dem Außen, zwischen Freund und Feind, zwischen Kultur und dem Unkultivierten. Götter sind sowohl Freunde als auch die schrecklichsten Feinde der Menschen, je nachdem, welchen Aspekt des Außerordentlichen sie vertreten. Deswegen konnte der christliche Gott sowohl ein Abgrund an Güte sein als auch, mit den Worten Luthers, «greulicher denn der Teufel»[38] selbst.

Auch Georges Bataille thematisiert den Zwiespalt der Grenze von innen und außen, er vermeidet aber die christlich belasteten Begriffe des Heiligen und unterscheidet die homogene von der heterogenen Welt.[39] Homogen wäre der geregelte, gewaltfreie und produktive gesellschaftliche Raum. Das Heterogene umfasst jene Elemente, die weder durch soziale Einbindung noch durch wissenschaftliche Forschung zu assimilieren sind.[40] Es kommt dem psychoanalytischen Begriff des «Unbewussten» recht nahe, das ebenso einen Teil des Heterogenen darzustellen scheint wie das Sakrale. Beim Heterogenen handelt es sich also um «alles, was die homogene Welt von sich abstößt, sei es als Abfall, sei es als höheren transzendenten Wert».[41] Das Außergewöhnliche, das den gewohnten Lauf der Dinge durchbricht, hebt sich vom Alltag ab. In den modernen Gesellschaften sind es laut Bataille die bürgerlichen Schichten, welche die Homogenität repräsentieren, während die unteren Schichten, besonders aber die so genannten asozialen Existenzen oder aber die extrem herausgehobenen mächtigen Personengruppen bereits zum Heterogenen zählen können.

2.3 Körpergrenzen

Der Sozialanthropologe Dieter Claessens sieht die entscheidende Etappe der Menschheitsentwicklung in der Herausbildung von Gruppen als Überlebensnischen. Die Vergrößerung des menschlichen Gehirns erforderte frühere Geburten. Die hilflosen Kleinkinder mussten aber länger getragen werden und stellten für ihre Mütter ein großes Sicherheitsrisiko dar. Nur weil es bereits schützende Gruppierungen gab, so folgert Claessens daher, konnte sich das Gehirn so weit vergrößern. Die Kinder wurden von ihren

Müttern schon sehr früh geboren, um dann noch weitere Jahre im künstlichen Uterus der Kleingruppe heranzureifen. Die Gruppe bildete einen sozialen Körper mit einem geschützten Innenraum, in dem die Kinder aufwachsen konnten. In den heute noch existierenden Stammesgesellschaften bleibt diese Form der Zugehörigkeit und des Eingebundenseins in einen überschaubaren sozialen Körper den Gruppenmitgliedern zeit ihres Lebens bewusst. Sie pflegen diese Zugehörigkeit durch entsprechende Rituale. Der Ethnopsychoanalytiker Paul Parin[42] beschreibt, dass die Dogon ein Gruppen-Ich mit einer geringeren Autonomie der Persönlichkeit besitzen als Europäer. Sie neigen zeitlebens dazu, Beziehungen der Identifikation mit ihren Mitmenschen einzugehen, die sie Objektbeziehungen vorziehen. Stimmungsübertragung, kinästhetisches Mitempfinden, körperliche Nähe und die Lust der Mitbewegung im Rhythmus des Tanzes und der Arbeit stabilisieren das Ich und sorgen für Spannungsausgleich. In Beziehungen fixieren sie sich weniger auf bestimmte Personen oder Objekte, sondern bleiben flexibler. Mangels einer Warenkultur werden die Kinder auch nicht mit Objekten getröstet, sondern bleiben in den ersten Lebensjahren sinnlich und emotional auf die Mutter verwiesen. Parin führt die Entstehung des Gruppen-Ichs unter anderem darauf zurück, dass die Kinder mehr als drei Jahre von der Mutter am Körper getragen und umfassend versorgt werden. Von der Mutter wechseln sie dann zur mütterlichen Gruppe. Da sie in einem dichten Netz von Beziehungen geborgen bleiben, können sie Frustrationen leichter ausgleichen. Bedrohliche Autoritäten werden nicht ins Ich hereingenommen, wo sie sich, wie etwa in Europa, zu einem Gewissen verfestigen könnten. Bei Erwachsenen können konfliktartige Beziehungen ohne Schuldgefühle fallen gelassen werden, da sich immer auch viele andere Identifikationsmöglichkeiten bieten. Der Psychoanalytiker Mario Erdheim führt andererseits die kriegerischen Aktivitäten und die Grausamkeit der Azteken auf eine ähnliche Kindererziehung zurück, die jedoch dann durch eine besonders harte, fast sadistische Erziehung der Knaben jäh unterbrochen wurde.[43] Im Unterschied zu den Dogon, die nach der Trennung von der Mutter in ihre Gruppe Gleichaltriger emotional eingebettet bleiben, stand bei den Azteken die Tatsache des schmerzlichen Verlustes der glücklichen Kindheit im Vordergrund. Den Kriegern wurde vom Jugendalter an ein hohes Maß an Selbstbeherrschung und Triebverzicht abverlangt. Als die Ängste vor einem bedrohlichen Kontrollverlust daher anwuchsen, fanden sie in religiösen Praktiken ihren Ausdruck, die das Leben streng reglementierten. Nur religiöse Feste erlaubten eine rituell betriebene Regression, während der Alltag des kriegerischen Volkes von der Abwehr der unterdrückten Völker und von der Unterwerfung des eigenen Körpers bestimmt blieb. Diese beiden außereuropäischen Beispiele zeigen, wie orale Bestrebungen in der Beziehung zur Gemeinschaft eingesetzt werden können. Die Hoffnung auf umfassende Versorgung wird auf ein Kollektiv übertragen, das sie mehr oder weniger erfüllt. Jedenfalls bleibt das Individuum fest eingebunden.

Säuglinge kommen völlig hilflos und abhängig auf die Welt und bleiben vorerst in einer Symbiose mit der mütterlichen Betreuungsperson geborgen, die sich ihrerseits im Idealfall ebenfalls in einem geschützten sozialen Raum befindet. Nahrung und soziale Zugehörigkeit bedingen einander. Das Kind muss von Anfang an auch von einer sozialen Gemeinschaft aufgenommen werden, um zu einem vollwertigen Mitglied der Gesellschaft heranreifen zu können. Indem es seine erste Nahrung erhält, nimmt es nicht nur eine soziale Beziehung auf und bindet sich über den Milchfluss der Mutter an die Menschengruppe, in der es geboren wurde. Diese soziale Einheit hat vielmehr bereits das Ungeborene in sich verwahrt und aufgenommen und erst recht verleibt es sich das geborene Wesen durch diese Nahrungsteilung ein. Die erste soziale Beziehung, die ein Mensch eingeht, wird daher über Nahrung hergestellt. Dennoch ist es eine sehr umfassende und keineswegs nur materielle Beziehung, weil über Nahrung und durch sie vermittelt auch die kulturelle Befindlichkeit der Gruppe auf das Kind einwirkt und es umschließt. Betrachtet man die vielfältigen Sitten und Vorschriften, die Menschen bei der Behandlung von Kleinkindern in Betracht gezogen haben und ziehen, so zeigt sich deutlich, dass bereits diese frühkindliche Phase von der Gesellschaft mit höchster Aufmerksamkeit überwacht wird.[44] Der Sozialanthropologe Pasi Falk[45] begreift daher den Prozess der Herauslösung des kindlichen Körpers aus dem mütterlichen und sein Hineinwachsen in den sozialen Raum als bedeutsames Unterscheidungsmerkmal zwischen vorindustriellen kollektivistischen und industriellen individualistischen Kulturen. In seiner Untersuchung der Grundlagen der modernen Konsumgesellschaft sieht er den Körper und seine Grenzen als Basismodell jeglicher menschlichen Ordnung. Die Anthropologin Mary Douglas[46], auf die er Bezug nimmt, stellte einen schlüssigen Zusammenhang zwischen der Behandlung und Disziplinierung des Körpers und den sozialen Beziehungen in einer Gesellschaft her. Ihr zufolge nimmt, wer den Körper betrachtet, immer auch seine soziale Dimension wahr.[47] Der Körper wird von den gesellschaftlichen Regeln geprägt und geformt und spiegelt sie wider, denn er ist es, der die Ordnung tragen muss, er ist der Ort ihres Wirkens. Grundlegend für diese hohe Bedeutung des Körpers sei nach Falk die Tatsache seiner doppelten Anwesenheit als Subjekt und Objekt. Der Körper ist sowohl Sitz des Bewusstseins als auch gleichzeitig das, wovon dieses sich trennt, um es in Besitz zu nehmen. Die Grenzziehungen zwischen dem Inneren und dem Äußeren einer Gemeinschaft verlaufen auch durch die Individuen, die ein Innen und Außen haben. Damit eignete sich der Körper seit Jahrtausenden als Modell für ein kosmologisches Schema.[48] Er gleicht dem Kosmos, der das Geordnete und das Chaotische umfasst.

Kommt ein Mensch auf die Welt, so erfährt er am eigenen Leib, wie Äußeres – Luft und Nahrung – eindringt und Inneres – die Luft, die Exkremente und andere Absonderungen – wieder heraustritt. Auch die Gefühle äußern sich in Konvulsionen, Jauchzen, Plappern, Weinen, später in Worten. Zu Beginn des Lebens lassen die Körperöffnungen diesen Austausch und diese Kommunikation noch unkontrolliert zu. Der kindliche Körper ist offen, weil noch nicht abgetrennt von seinem Ursprung. Die Ordnung beginnt erst zu wirken.

In seiner Erklärung des psychischen Apparats bezeichnet Sigmund Freud das Ich als eine Vermittlungsinstanz zwischen Es und Außenwelt, als eine Rindenschicht des Es. Damit entwirft er das Bild einer sich im Verlauf der ersten Lebensjahre bildenden psychischen Verkrustung, die das Es teilweise umhüllt und die Reize von außen aufnimmt oder auch abwehrt.[49] Freud sieht das Ich sowohl von innen durch das Es als auch von außen durch die Realität bedroht. Denn ebenso wie Störungen des Seelenlebens können auch die von ihm so genannten «ozeanischen Gefühle», die er von ihrem Ursprung her als libidinös interpretiert, die Grenzen des Ichs auflösen. Der Naturwissenschaftler Freud hielt Zustände der Verschmelzung, wie sie bei Verliebtheit oder der Entdeckung mystischer Innenwelten bei Erwachsenen auftauchen, für pathologisch.[50] Es stand für ihn außer Frage, dass diese Bedrohungen abzuwehren seien und dass die Grenzen wieder hergestellt werden müssten. Laut Freud animiert der Schmerz, auch solcher, der aus der Abwesenheit der Betreuungsperson erwächst, das frühkindliche Triebbündel dazu, sich zunehmend abzugrenzen und innen von außen zu unterscheiden.[51] Er bezeichnete das Ich vor allem als ein körperliches[52], ein Oberflächenwesen oder als die Projektion einer Oberfläche. Denn die Oberfläche des Körpers sei ein Ort, «von dem gleichzeitig äußere und innere Wahrnehmungen ausgehen können»[53], und ebenso habe das Ich zwischen dem Es und den Reizen von außen zu vermitteln. Fasst man diese psychoanalytischen Auffassungen von Ich und Schmerz zusammen, so kann man sagen, dass diese Oberfläche, die dem Selbst Form und später Ich-Bewusstsein verleiht, aus Schmerzerfahrungen und Frustrationen entsteht. Die ozeanischen Gefühle des Kleinkindes mit seinem offenen Körper weichen während des Heranwachsens zusehends dem Erlebnis des Abgetrennt-Seins von der Umwelt.

Erst dieses Bewusstsein der Abgegrenztheit verbindet sich mit der Vorstellung des eigenen Körpers als ein durch die Haut abgeschlossenes Objekt.

2.4 Soziale Grenzen

Auch eine soziale Gruppierung muss sich Grenzen setzen, um Form anzunehmen. Der Religionswissenschaftler Veikko Anttonen betrachtet die Innen/Außen-Trennung des menschlichen Körpers als das Basismuster für jene Gestaltungen, die soziale Gruppierungen in der Vorstellung annehmen.[54] Deshalb verkörperte sich die Kirche im auferstandenen Christus und ebenso konnte der Körper des Königs im Mittelalter den Staat repräsentieren.[55] Noch heute verwenden die Medien die Figuren der Germania, der Marianne oder der Europa, wenn Staatengebilde wie bewusste Handlungsträger erscheinen sollen.

Ein Körper ohne Raum ist ebenso wenig möglich wie ein Körper ohne Grenzen. Raum und Grenze bestimmen die Körper in gleicher Weise wie die staatlichen Gebilde. Allerdings verhält es sich beim sozialen Körper zwischen innen und außen umgekehrt als beim menschlichen. Auf der symbolischen Ebene entspricht die sichtbare Außenseite des Körpers dem sichtbaren territorialen Innenraum, während die unsichtbare Innenseite des lebenden Körpers der unsichtbaren und unbekannten Außenseite des Territoriums gleichkommt.[56] In diesem Sinn versuchen sittliche Vorschriften, indem sie z. B. die Kleidung und die Haartracht der Gruppenmitglieder, eben ihr Äußeres, regeln, den sozialen Innenraum zu ordnen. Wenn es jedoch um die Kontrolle und Bezähmung der Begierden geht, die auf geheimnisvolle Weise vom dunklen Inneren des Leibes ausgehen, dann schützen die Verhaltensrichtlinien, wie z. B. im Fall der Verurteilung bestimmter Sexualpraktiken, die Außenseite des festgelegten sozialen Territoriums. Denn soziale Systeme unterscheiden sich von anderen durch ihre Verhaltensvorschriften. Wer sie nicht einhält, wird asozial und somit dem Außen zugezählt. So wird das unsichtbare Innere, nach Freud das Es, zum asozialen Ort. Im antiken Griechenland waren z. B. sogar innere Gebete den Flüchen und schändlichen Wünschen gleichzusetzen und galten als gefährlich.[57] Nur das öffentliche rituelle Beten war üblich und erwünscht und – im Gegensatz zur unsichtbaren Innerlichkeit der Personen – sozial unbedenklich, weil kontrollierbar.

Nach Anttonen bedrohen jene Situationen die Ordnung, in denen der Fokus einer Gemeinschaft oder einer Person sich von der Innenseite zur Außenseite oder von der Außenseite zur Innenseite bewegt. Krieg, Handel oder sexuelle Begegnungen bergen ebenso Gefahr in sich wie die Nahrungsaufnahme. Daher unterliegen sie in allen Gesellschaften einer strengen Überwachung und einem umfangreichen Normenkodex. Dass es die Vorstellung einer sozialen und einer asozialen Welt gibt, beruht also laut Anttonen auf der im Kognitiven verankerten Trennung zwischen Innenseite und Außenseite des Körpers und zwischen dem gemeinsam bewohnten Territorium sozialer Gebilde sowie dem, was jenseits dieses bewohnten Raumes liegt.[58] Die Grenzziehung entspricht immer auch einem Akt der inneren Bindung an das, was als sozial gilt. Da aber das unsichtbare Innere im Menschen dem asozialen Außen der Gemeinschaft entspricht, kann es in Widerspruch zu den erlernten Verhaltensmustern treten. Georges Bataille nennt in seiner Religionstheorie diesen unsichtbaren inneren Bereich, der an die Tiefe des ungeteilten Seins ohne Grenzen anschließt, daher «l'intimité».[59] Um seine Gotteserfahrung zu beschreiben, wählte Aurelius Augustinus in seinen «Bekenntnissen» das Bild eines göttlichen Liebespfeils[60], der sein Innerstes durchbohrte. Das Wort Gottes, das Gesetz, drang aus dem transzendenten Raum in die Dunkelheit seines Leibes und der Triebe und brachte Ordnung. Tausend Jahre vor den religiösen Bewegungen des europäischen Mittelalters hatte Augustinus bereits den Wunsch, Gott als ordnende Instanz in sich zu wissen anstatt sich nur ohne besondere

Reflexion den Regeln seiner sozialen Gruppe unterzuordnen. Seine Texte gelten als erste Zeugnisse abendländischer selbstreflexiver Individualität. Augustinus suchte Trost und Halt nicht mehr so sehr in einem mütterlichen Sozialkörper, als viel mehr in sich selbst. Wie konnte das geschehen?

2.5 Grenzverschiebungen

Die Ausführungen Pasi Falks über den Zusammenhang von Nahrungsteilung und sozialem Zusammenhalt liefern einen körperorientierten Erklärungsansatz für die Entstehung eines reflexiven Selbst. Im Wesentlichen unterscheidet er in Anlehnung an Norbert Elias zwischen Gesellschaften, die einen offenen, und solchen, die einen geschlossenen Körper erfordern. Norbert Elias[61] geht davon aus, dass sich in Europa im Verlauf der Neuzeit die Verhaltensnormen für alle Menschen, auch jene der untersten Schichten, verdichtet haben und dass das moderne Leben nunmehr ein komplexes Wissen über die Anwendung und Gültigkeit bestimmter Normen und Richtlinien erfordert. Allerdings müsse jedes Individuum je nach Situation selber erkennen, welches Verhalten angemessen sei. Es müsse viele verschiedene soziale Rollen übernehmen können und daher über eine ausgezeichnete Körperbeherrschung verfügen. Individualität und Handlungsfreiheit gegenüber dem Kollektiv müssen, laut Elias, mit einer hohen Sozialdisziplinierung einhergehen, die durch verinnerlichte Kontrollen ausgeübt wird. In Stammesgesellschaften hingegen, die wesentlich weniger soziale Rollen entwickelt haben und deren Arbeitsteilung für die Einzelnen nachvollziehbar geblieben ist, herrscht der Typ eines offenen Körpers vor. Die Rollenvielfalt ist gering, die Wechsel von einem alten Status zu einem neuen werden meist rituell vom Kollektiv begleitet. Der oder die Einzelne muss sich nicht selbst beobachten, weil er oder sie körperlich eng mit anderen zusammenlebt, sodass Abweichungen im Verhalten wenig Raum haben. Ein Individuum kann in kaum unterbrochenen Gruppenprozessen nicht plötzlich etwas falsch machen, weil Spannungen schon früh erkannt und vom Kollektiv aufgefangen werden. Auch wird es selten auf unvorhergesehene soziale Situationen treffen. Wenn aber doch, dann kann es die Expertinnen oder Experten der Gruppe befragen, die das Problem mit traditionellen Mitteln unter Miteinbeziehung des Kollektivs zu lösen versuchen. Kein individueller Heldenweg muss gefunden werden, sondern die Erfahrung der Ahnen liefert einen Fundus, aus dem stets geschöpft werden kann. Wie Paul Parin bei den Dogon festgestellt hat, pflegen solche Gesellschaften ihren Zusammenhalt mit Tänzen, Ritualen und Festmählern, bei denen die Individuen mit der Gruppe verschmelzen. Sie neigen dazu, sich nicht isoliert, sondern als Teil des Kollektivs zu fühlen. Die gemeinsame Nahrungsaufnahme unter Erwachsenen setzt die kindliche Einverleibung der mütterlichen und sozialen Welt fort. Die «Eating-community»[62] nimmt ihrerseits dabei die Essenden in sich auf. Die Körper sind in zweifacher Richtung offen: Sie nehmen herein, aber sie lassen sich auch nehmen. Der Verlust der Symbiose mit der Mutter kann durch regelmäßige Rituale der Verschmelzung mit dem Kollektiv ausgeglichen werden. Die Außengrenze der Gemeinschaft bietet genügend Schutz, sodass sich die Einzelnen im sozialen Innenraum nicht allzu sehr gegeneinander abgrenzen müssen. Der Vorteil eines offenen Körpers liegt laut Falk in der Tatsache, dass kein Gefühl der inneren Leere droht. Denn die Offenheit erschließt sich den anderen zu einem gemeinsamen emotionalen Raum, der nicht leer, sondern von der Gemeinsamkeit erfüllt erscheint. Wie das Essen, so werden auch Emotionen und Erlebnisse geteilt, sodass (im Idealfall) keine Mangelgefühle entstehen.

Bei der Kommunikation mit geschlossenen Körpern können dagegen wesentlich mehr Missverständnisse auftreten, sei es, dass der andere nicht «verdauen» kann, was man ihm erzählt, sei es, dass er gar nicht «offen» ist, um das Mitgeteilte aufzunehmen. Der Vorteil des geschlossenen Körpers liegt in seiner Autonomie gegenüber dem Kollektiv und jedem anderen Individuum. Auf einen geschlossenen Körper wirken die Gefühle der Mitmenschen weniger ansteckend und er kann auch die eigenen besser verbergen. Allerdings müssen die Individuen auf die Schutzfunktion der Gemeinschaftsgrenzen verzichten und den inneren Mangel, den die Ablösung aus dem symbiotischen Zustand in der Psyche hinterlassen hat, ertragen lernen. Daher können viel leichter Gefühle der inneren Leere und des Ausgeschlossenseins auftreten.

2.6 Verteilen und Herrschen

Pasi Falk bezeichnet die Praxis der Essgemeinschaften als typisch für Gesellschaften, in denen ein offener Körper und körpergeleitete Sozialbeziehungen üblich sind. In seinen Ausführungen zu diesen Essgemeinschaften, die auch in den modernen marktindustriellen Gesellschaften eine Rolle spielen, verknüpft er die Bildung sozialen Zusammenhalts mit der Bedeutung der Nahrungsaufnahme für die Entwicklung der menschlichen Psyche. Mit dem ersten Angenommensein ist der Grundstein für die soziale Integration gelegt. Aus der Nahrungsaufnahme des Kleinkindes entwickeln psychoanalytische Theorien alle weiteren sozialen Fähigkeiten. Das Essen bleibt unter Menschen ein soziales Phänomen, in das die individuellen Wünsche und Bedürfnisse ebenso einfließen, wie sich die ökonomische und kulturelle Situation der Beteiligten in den verwendeten Substanzen und ihrer Anordnung abbildet.[63] Beim Gemeinschaftsmahl mehrerer Personen wird die soziale Realität der Betreffenden in die Tat des Essens umgesetzt. Die Nahrungsaufnahme ist nach dem Atmen die erste Handlung des Neugeborenen, mit der es sich auf die Welt einlässt und sie aufnimmt. Menschen müssen essen, um zu überleben. Bis heute stellen Nahrungsmittel die wichtigsten Ressourcen der Menschen dar. Wer über sie verfügt, hat Macht. Die reichen Industrienationen haben die Macht, den hungernden Nationen der Erde Getreide zu schenken oder nicht. Nach wie vor herrscht jedoch Hunger auf der Welt, weil die Reichtümer eben nicht geteilt, sondern gehortet werden. Kooperation ist unter Menschen nicht selbstverständlich.

Aber gerade die Fähigkeit zu Kooperation und gegenseitiger Hilfe war für die Entwicklung und das Überleben der frühen Menschen von überragender Bedeutung. Anthropologische Studien verorten den Ursprung der Kultur überhaupt in der Mahlgemeinschaft, im geregelten Umgang mit Nahrung, der wichtigsten aller Ressourcen.

Der Historiker Walter Burkert ist der Auffassung, dass der Ursprung der Gemeinschaftsbildung von Menschen in den Opfermahlzeiten der Antike noch zu erkennen sei. Ausgehend von seinen Untersuchungen der griechischen Opferbräuche entwickelt er die These, dass alle Arten von Mahlgemeinschaften und Festen immer von der Opfermahlzeit, das heißt von der Tötung eines Tieres, abgeleitet zu verstehen seien.[64] Damit legt er das Hauptaugenmerk auf Fleischnahrung, die er, wie so viele Anthropologen, für die wichtigste Nahrung der Kulturmenschen schlechthin hält, weil sie proteinreich und wohlschmeckend sei. Dies ist ein eurozentristischer Standpunkt, der mittlerweile schon in verschiedensten Forschungsrichtungen hinterfragt worden ist.[65] Laut Burkert erforderten gemeinsames Jagen, Töten und Essen in menschlicher Frühzeit, als noch kein Ackerbau betrieben wurde, bestimmte Regeln, die dem Erhalt der Gemeinschaft dienten und ihrer Entstehung womöglich überhaupt zugrunde lagen. Denn die Jagd wird durch Zusammenarbeit viel erfolgreicher, erfordert aber Planung und Kommunikation. Für Burkert stellt sich die Gemeinschaft in der geteilten Erfahrung der Angst und des ausströmenden Blutes von selbst her. Nicht Fürsorge und Zuneigung, sondern tödliche Bedrohung und euphorische Gefühle des Überlebens hätten die Jägergruppe zusammengeschweißt. Der Historiker anerkennt nur eine Mahlzeit mit Fleisch als richtiges Essen und wertet das organisierte Töten als männliche Tätigkeit und als eine Kulturleistung, welche die Frauen beim Sammeln der Nahrung nicht hervorbringen hätten können. Der soziale Zusammenhalt entstammt laut Burkert der in der Natur vorherrschenden Gewalt, welche die Männer zur Kooperation gezwungen hätte. Nach der Jagd hätten die Jäger ihre Beute dann in autoritärer Weise verteilt, wie es angeblich auch Schimpansen tun.[66] Nur in einem Nebensatz erwähnt er allerdings die Tatsache, dass auch bei der Brutpflege Nahrung zwischen Mutter und Kind geteilt wird.

Aufgrund der Überbewertung der Jagd und der Rolle der Männer als Kulturbringer muss die These Burkerts heute wohl als überholt gelten[67], nicht jedoch in der Bedeutung der Nahrungsteilung zur Erzeugung sozialer Kohäsion. Auch die Anthropologin Nancy M. Tanner[68] und der Soziologe Dieter Claessens[69] beurteilen die Jagd als ein Ergebnis menschlicher Kooperation. Allerdings sehen sie diese organisierte Nahrungsbeschaffung nicht als Ursprung, sondern als Ergebnis bereits vorher entwickelter Fähigkeiten zur Zusammenarbeit. In seiner Erklärung, wie es zu einem Gruppenzusammenhalt gekommen sein könnte, hält Claessens die besonders lange Betreuung der Kleinkinder, die die Menschen von den meisten anderen Säugetieren unterscheidet, bereits für ein Ergebnis sehr tiefer Motivation und eben nicht für naturgegeben.[70] Ein Gruppenzusammenhalt und die Herstellung künstlicher Innenklimata, die eine Art sozialen Uterus[71] darstellten, waren seiner Meinung nach bereits gegeben, bevor männliche Jäger sich in Jagdgruppen organisierten. Auch die Anthropologin Tanner betrachtet eher die Mütter als verantwortlich für die Sozialisation. Ihrer Meinung nach war die Bindung zwischen Mutter und Kind und zwischen den Geschwistern ausschlaggebend für die Stabilisierung von Gruppen.[72] Das gemeinsame Finden und die Teilung der Nahrung spielten dabei vermutlich eine wichtige Rolle. Beide Wissenschaftler sehen den Ursprung des Gruppenzusammenhalts daher in der Mutter-Kind-Dyade, die auf andere Personen erweitert wurde. Männliche Erwachsene lebten, so Claessens und Tanner, in dieser Phase der Sozialisation nur lose verbunden mit der Gemeinschaft. Für Tanner steht fest, dass das regelmäßige Teilen von Nahrung durch die Mütter einen großen Selektionsvorteil geboten haben muss.[73] Mütter mit Kindern überlebten in Gruppen besser, so dass sie mehr Kinder zur Welt bringen und ihnen ein bestimmtes soziales Verhalten beibringen konnten. Der Jagderfolg männlicher Hominiden, die sich nicht um den Nachwuchs kümmerten und die Beute nicht teilten, hatte auf das Überleben der Kinder keinen Einfluss. Wer seine mühsam errungene Nahrung teilt, muss sich selbst disziplinieren und darauf verzichten, sofort seinen Hunger zu stillen. Das «luxurierende Innenklima»[74] einer Kleingruppe mag eine ausreichende Belohnung für diese Selbstbeschränkung gewesen sein. Um Tiere zu jagen begibt man sich jedoch aus dem geschützten Innenraum der Gruppe, einem Lager oder einem Dorf, heraus. Bei der Jagd wird auch das andere Lebewesen, das zur Beute werden soll, aus seinem Lebenszusammenhang, eventuell einer Herde oder einem Rudel, herausgerissen und getötet. Jägerin oder Jäger bringen dieses tote Tier dann in ihre Gemeinschaft ein. Das Teilen der Nahrung und der gemeinsame Genuss bestätigen die soziale Ordnung. Die Jagd fügt der «Natur» einen Verlust zu, der dem Fortbestand der «Kultur» der Menschen dient. Dieser Verlust spiegelt sich noch einmal in der Unterdrückung der Impulse der Jagenden, das erlegte Tier sofort zu essen, zugunsten einer Nahrungsteilung mit der Gruppe. Gemeinschaftliches Zusammenleben erfordert Selbstdisziplinierung. Man fügt sich selbst einen Verlust zu, den das geschützte Innenklima, das so der Natur abgerungen wird, durch seine Überlebensvorteile ausgleicht.

Die Religionswissenschaftler Gerhard J. Baudy und Burkhard Gladigow tendieren in ihren Untersuchungen möglicher Ursprünge des Gruppenzusammenhalts eher dazu, Walter Burkerts These zu stützen.[75] Gladigow vergleicht das Teilen von Nahrung und das gemeinsame Verzehren zwar einerseits mit der Brutpflege (damit bezeichnet er das seiner Meinung nach rein hormonell gesteuerte Stillen und Füttern der Nachkommen durch die weiblichen Hominiden), andererseits aber betrachtet er die Nachahmung des «Gebens von Nahrung»[76] zur Herstellung einer Sozialbeziehung als kulturelle Leistung und mithin sogar als Ursprung späterer Staatenbildung. Nicht das Vorbild, die nährende Mutter, sondern die bewusste Nachahmung des mütterlichen Verhaltens erscheint Gladigow als Ursprung der Sozialisation. Seiner Meinung nach ahmte ein zumeist männlicher Jäger, der seine Beute in der Kleingruppe verteilte, zwar die Tätigkeit einer Mutter nach, die ihre Milch und ihr gesammeltes Essen ihrem Kind schenkte, aber er war nicht hormonell gesteuert, sondern übertrug ein Verhaltensmuster kreativ auf einen anderen Bereich. Im Gegensatz zur Mütterlichkeit sei das Verhalten des Jägers nicht angeboren gewesen und wäre die Verteilung der Beute daher nicht mit dem instinktgeleiteten Brutpflegeverhalten von Säugetieren zu vergleichen. Außerdem stellt nach den Thesen von Gerard Baudy[77] die Verteilung der Gabe, die ursprünglich wohl Nahrung gewesen sein wird, hierarchische Verhältnisse her: Der Gebende hat Macht über den Nehmenden. Der Nehmende ist dem Gebenden etwas schuldig. Die politische Hierarchie in griechischen Stadtstaaten zeigte und bestätigte sich daher z. B. bei religiösen Festen durch die Verteilung des Fleisches rituell getöteter Tiere, die von den obersten Priestern und Würdenträgern der Stadtgemeinde an die Haushaltsvorstände vorgenommen wurde.[78]

In den angeführten Thesen wird das menschliche Brutpflegeverhalten aus der vergleichenden Betrachtung ausgeschieden, weil es eben nicht als frei gewählt, sondern als naturgegeben zu interpretieren sei[79] und weil daher die Kinder ihren Eltern gegenüber keine Schuld abzutragen hätten. Somit zählen diese Religionswissenschaftler die Mutter-Kind-Beziehung zur Natur und nicht zur Kultur. Obwohl die Mutter-Kind-Beziehung zur geordneten Nahrungsverteilung und damit eventuell zur Entstehung von Kultur angeregt hat, wird sie selbst als natürlich gegeben betrachtet.

Es ist Claessens hoch anzurechnen, dass er solche Grenzen zwischen Natur und Kultur, die außerdem die westeuropäische Geschlechterhierarchie auf die Prähistorie projizieren, nicht zieht.[80] Festzuhalten bleibt jedoch, dass auch religionswissenschaftliche und ethologische Forschungen darauf schließen lassen, dass das Verteilen von Nahrung von Anbeginn an im Zentrum von Kultur und Gemeinschaft stand. Nahrungsteilung erzeugt Zusammenhalt. Laut Burkert hätte die Mahlgemeinschaft außerdem religiöse Signifikation. Denn, gleich ob sie sich nun, wie er meint, vom Zerlegen des getöteten Tieres oder, wie Tanner meint, eher vom Aufteilen gesammelter Früchte und Samen herleitet, so stellt sie auch in ihrer einfachsten Form ein Mahl dar, das die Trennung zwischen innen und außen, zwischen konkret und abstrakt, zwischen Freund und Feind nachvollzieht. Im gemeinsamen Mahl versichert sich die Gemeinschaft ihrer Grenzen und ihres Zusammenhaltes, das Diesseits wird vom Jenseits geschieden. Das Verhältnis von Lebensgenuss zu einem möglichen Tod zeigt sich in besonders klarer Konstellation, wenn man an den Knochen eines Tieres nagt, das sich noch vor kurzem seines Lebens erfreute. Die bewusste Trennung in Überlebende und Tote beinhaltet bereits ein Begreifen der Gegenwart als Ergebnis der Vergangenheit und ermöglicht die Entwicklung von Zukunftsentwürfen. Geteilte Nahrung schafft deswegen Gemeinschaft, weil die Menschen sich bereits beim Teilen durch ihre Selbstdisziplinierung zur natürlichen Umwelt auf Distanz bringen. Diese Distanz ist dieselbe, die die Gruppe entstehen lässt, indem sie innen von außen unterscheidet. Im Inneren der Gruppe wird auch weiterhin Selbstdisziplinierung notwendig sein, wird richtiges von falschem Verhalten getrennt werden müssen. Mit diesem Unterscheiden, das von den Mitgliedern verlangt, zu ihren Impulsen auf Distanz zu gehen, wächst aber auch die Solidarität als Ersatz für die Instinkte.[81] In der Mahlgemeinschaft treten alle grundlegenden Verhaltensweisen, die menschlichen Zusammenhalt möglich machen, deutlich zutage. Die geteilte Nahrung stellt ein Bindeglied dar, das zwischen dem Innen und dem Außen der Gruppe, aber auch zwischen den Gruppenmitgliedern vermittelt. Sie repräsentiert nicht nur den gelungenen Gewaltakt des Herausreißens aus dem Jenseits der Gruppe, sondern auch die der Gruppenbildung zugrunde liegende Bewältigung der instinktgeleiteten Natur. So gesehen mag Burkerts These vom Töten und Essen als der Grundlage der Kultur Bestand haben. Ein Verzicht ist beim Gemeinschaftsmahl immer gegeben. Die religiöse Signifikation erwächst der Nahrungsteilung aus der Tatsache, dass die Distanz zum Jenseits und zur Wildnis, eben zur Kontingenz, zugleich überbrückt und bewahrt wird. Überbrückt durch das gelungene Hereinholen der Nahrung, die als geteilte Substanz Gemeinschaft erzeugt und dadurch die Kontingenz weiterhin auf Distanz halten hilft. Die Grenzüberschreitung hilft, so gesehen, die Grenze zu erhalten.

Selbst in unseren modernen Gesellschaften ist dem gemeinsamen Verzehr trotz aller Entritualisierungen der Mahlgemeinschaften durch die industrielle Nahrungsmittelerzeugung und die immer schwieriger koordinierbaren Lebensrhythmen eine starke sozialintegrative Kraft nicht abzusprechen. Wer mit wem was isst, hat immer noch sehr viel über die Menschen, ihre soziale Zugehörigkeit und ihre persönlichen Grenzziehungen zu anderen Menschen zu sagen. Besonders Fleisch[82] stellt in den marktindustriellen westlichen Kulturen eine hoch geschätzte und symbolisch vieldeutige Nahrung dar. Der symbolische Mehrwert des Fleisches beruht vermutlich darauf, dass es immer noch deutlicher als der Verzehr von pflanzlicher Nahrung jene Vitalität zu repräsentieren scheint, die aus dem überwältigten Leben von «außen» aufgenommen werden muss.

3
Der Ursprung des Religiösen in der Konsumation

Dieter Claessens erhebt in seinen Ausführungen über menschliche Gruppenbildung die Tatsache, dass Menschen ihre Impulse bewusst überwinden lernten, zum ausschlaggebenden Wendepunkt in der Menschheitsentwicklung. Denn mit dieser Fähigkeit baute das relativ schutzlose und verletzliche Säugetier Mensch sich eine Überlebensnische. Erst durch dieses Innehalten im Fluss des reflexartigen, naturgeleiteten Lebens entsteht ein Freiraum, in dem neue Handlungsmöglichkeiten auftauchen. Um Gewalt über Objekte oder über Lebewesen ihrer Umgebung ausüben zu können – eine Gewaltausübung, die ihnen ursprünglich als Anlage so nicht mitgegeben worden war –, mussten die Menschen sich zuerst selbst Gewalt antun: den Körper ausschalten lernen.[83] Sie mussten trotz Todesangst stehen bleiben und vorausdenkend den zweiten Schritt schon vor dem ersten in ihre Handlungsweisen mit einbeziehen. Dazu gehörte es z. B., einen Stein zu nehmen und ihn mit der Gewissheit gegen Angreifer zu schleudern, dass die Verteidigung das Verhältnis von Angreifer und Verteidiger sogar umkehren und die Beute in einen Jäger verwandeln kann. Als Ergebnis der freiwilligen Körperausschaltung können wir das Auftauchen euphorischer Gefühle vermuten. Vor allem nach einer überstandenen Todesgefahr schmeckt das Leben intensiver. Konnte mit der willentlichen Abtötung der eigenen Reflexe nicht auch symbolisch der Tod manipuliert werden? Das Bewusstsein, das sich vom Körper abspaltet, sieht ihn von außen wie ein totes Objekt. Irgendwann haben die Menschen begonnen, von sich aus zu jagen und die Todesgefahr aufzusuchen, um danach das Leben zu schmecken, vor allem in Form einer Fleischmahlzeit, wie Walter Burkert vermutet. Das sind viele

Vermutungen und wenig gesichertes Wissen. Die Geschichte der frühen Menschen bleibt dunkel.

3.1 Der Körper als Trophäe

Der Ethnologe Maurice Bloch[84] stellte bei seinen Forschungen über Initiations- und Heiratsriten das Auftreten eines dreiteiligen Grundmusters fest, das sich seiner Meinung nach bei allen uns bekannten Kulturen nachweisen lässt. Bloch baut seine These auf den Ausführungen des Anthropologen Arnold van Gennep[85] auf. Letzterer erkannte am Anfang des 20. Jahrhunderts, dass beim Übertritt von einer gesellschaftlich gesicherten Position in eine andere Momente der Unordnung und Unsicherheit zutage treten, die in allen von ihm untersuchten Stammeskulturen mit Riten begleitet wurden. Bei diesem Übergang handelt es sich um eine Zeitspanne, während der man weder die alte noch die neue Position einnimmt, sich also dazwischen, in einem undefinierbaren Zustand, befindet. Diese Zeit der Unsicherheit, so stellte van Gennep fest, wird durch Übergangsrituale überbrückt und gesichert, die sich in drei Phasen gliedern lassen. Die Trennungs-, die Schwellen- und die Angliederungsphase beschreiben die Abfolge der Bewegung von einem alten stabilen Zustand, z. B. dem Junggesellentum, zu einem neuen, in diesem Beispiel zum Stand des Ehemannes. Ein Begräbnisritual würde dann die Transformation des Ehemannes zu einem Witwer begleiten. Arbeitslosigkeit wäre ein modernes Beispiel für einen Schwellenzustand zwischen einem alten Arbeitsplatz, den man verloren hat, und einem neuen, den man zu finden gedenkt. Allerdings sind in unseren modernen westeuropäischen Gesellschaften kaum noch allgemein anerkannte Übergangsrituale in Gebrauch. Geblieben ist jedoch, wie man an der Stigmatisierung der Arbeitslosen ablesen kann, das Gefühl für die «Gefährdung» jener Personen, die sich zwischen zwei gesicherten Zuständen befinden. In Anlehnung an die Begriffe von Georges Bataille wäre der Schwellenzustand außerhalb struktureller Regelungen oder sozialer Positionen als heterogen einzustufen, die Phasen gesicherter Positionen hingegen als homogen.

Bloch betont in seinen Ausführungen die Bedeutung der Gewalt sowohl in der Phase der Trennung vom gesicherten Status als auch in jener der Angliederung. Vor allem aber hebt er hervor, dass die Wiederangliederung nach der Übergangsphase eine wesentliche Veränderung mit sich bringt, die van Gennep außer Acht gelassen hat. Bloch meint in den von ihm untersuchten Riten deutlich erkennen zu können, dass es bei der Loslösungsphase zu einer Spaltung innerhalb der Körper der Beteiligten kommt. Die ursprüngliche, ungezähmte Vitalität wird von dem abgespalten, was er als transzendentes Element bezeichnet. Nur um den Preis der gewaltsamen Entfremdung von der eigenen, angeborenen Vitalität ist es möglich, dass Menschen zu Mitgliedern lang dauernder, «ewiger» Institutionen, homogener Bereiche werden können. «Ewig» heißt hier nur, den Rahmen eines oder mehrerer Menschenleben überschreitend. Allerdings müssen die Menschen vom transzendenten Bereich aus, wo Geister, Dämonen und Götter vermutet werden, die in der ersten Phase abgelegte Vitalität wieder erobern. Auf diese Weise wird das körperliche Leben geplündert[86], konsumiert und unterworfen. Somit handelt es sich seiner Meinung nach bei der dritten Phase nicht um eine schlichte Wiederangliederung, sondern um eine Vereinnahmung, die zu einer Veränderung des sozialen Lebens führt. Bloch verortet also in der dritten Phase ein mindestens ebenso hohes Ausmaß an Gewalt wie in der ersten. Das Verlassen der Schwellenphase kann nur stattfinden, wenn man sich wieder ins Leben eingliedert. Das ist aber nur möglich, wenn man sich der Lebenskraft bemächtigt, der man vorher entsagt hat. Jemand, der seinen Arbeitsplatz aufgibt, verliert zumeist auch alle gewohnten Kontakte zu den Arbeitskollegen. Die zeitlichen Regelungen, die Pausen, Betriebsfeiern und gemeinsamen Mittagessen oder Kaffeejausen haben für ihn oder sie keine Gültigkeit mehr.

Vielleicht ziehen sich auch Freunde von ihm oder ihr zurück, vielleicht lassen sich die Ehepartner scheiden.

Moderne Gesellschaften verlangen von Arbeitslosen daher, dass sie sich wieder eingliedern. Um ihren gefährlichen, von Produktionsprozessen kaum strukturierten Zustand wieder zu verlassen, legt man ihnen nahe, sich weiterzubilden. Erwünscht ist, dass der oder die besser Ausgebildete dann mit neuen Fertigkeiten wieder eine gesicherte Position findet und sein oder ihr Leben wieder strukturiert. Die Rückkehr zur «normalen» Ordnung erfolgt unter der Vorherrschaft des Transzendenten, das nun, da man in der Schwellenzeit Kontakt mit ihm hatte, einen größeren Einfluss auf das Leben besitzt als vor dem Ereignis. Das in der Schwellenzeit aufgenommene Wissen kann bei der neuen Arbeit nun umgesetzt werden.

Nach Bloch haben die Menschen, als sie bewusst mit der Ordnung umzugehen lernten, sich ein Stück Transzendenz erobert. Was in der Phase der Loslösung von der Vitalität verlassen wurde, das wird bei der Wiederangliederung konsumiert. Konsumieren bedeutet nicht nur integrieren, sondern es setzt ein Machtverhältnis der Konsumierenden zum Objekt des Verbrauchs voraus. Letzteres muss zur Verfügung stehen, um auf ganz bestimmte Weise dem Transzendentalen Leben schenken zu können. Diese Form der Integration, das Verbrauchen, ist eine Unterordnung oder eine Eroberung. Sowohl in der Loslösungsphase als auch in jener der Wiedereingliederung wendet sich die Gewalt gegen die ungezähmte, ursprüngliche Vitalität. In der ersten Phase wird sie verlassen und verstoßen, in der dritten vergewaltigt. Natürlich kann man unter dieser transzendentalen Gewalt auch die Macht des Todes verstehen, der im Ungewissen lauert. Weil der Tod außerdem tatsächlich in diese andere Welt zu führen scheint, so ist das Abstrakte auch das Reich des Todes und der Verstorbenen. Die Verstorbenen kehren dorthin zurück. Bei Pubertätsriten stirbt das Kind, aber die Person kommt aus dem Jenseits des Zwischenzustandes zurück, um das alte Leben wieder zu ergreifen, aber als eine andere, nämlich in diesem Fall als erwachsene Person, die ganz andere Regeln befolgen muss als das «verstorbene» Kind. Somit bemächtigt sich der Tod vom Jenseits aus wieder des Lebens. Es tut dies ebenso durch die Macht des vorausschauenden Handelns, das die zeitweilige Abtötung des Körpers erfordert, um im Jenseits der Gedanken entstehen und dann als strategische Tat ins Leben treten zu können. Denn jede Erinnerung und jede Planung vollziehen sich nur im Abstrakten, sie haben keine Substanz, sondern gehören zur Traumwelt, zum Jenseits. Von dorther, wo ganz andere Gesetze herrschen, als der Körper nachvollziehen kann, kommen jedoch Ideen für Verhaltensweisen, die dann neue Wege beschreiten lassen. Doch um mit dem Abstrakten Kontakt aufzunehmen, muss der Körper zurückgestellt werden. In diesem Sinne nehmen Schamanen anstrengende asketische Prozeduren auf sich, um mit den Geistern kommunizieren zu können. Oft scheint ihr Körper tot, während sie Trancereisen unternehmen.

«Diese Repräsentation der fortgesetzten Konsumption des Vitalen durch das Transzendentale ist der Weg, durch den das geistige Element sich in einer ständig transformierenden, lebenden Gemeinschaft den Anschein von Dauer verschaffen kann und solche sozialen Institutionen, die aus transzendentalen Personen bestehen, daher als gegenwärtig und lebendig erscheinen können.»[87] Alle sozialen Systeme, schreibt Bloch, die auf einem Gefüge von Institutionen aufbauen, die Individuen transzendieren, müssen ihren einzelnen Mitgliedern einen Teil der überpersönlichen, transzendentalen Ordnung aufzwingen. So wird jedem Subjekt, das sich als solches erst von der transzendentalen Instanz herleitet und legitimiert, der eigene Körper mit seinen vitalen Impulsen zur Beute. Dieses Subjekt erkennt sich als solches erst, indem es sich gleichzeitig als Objekt, nämlich als Beute des Transzendentalen versteht, in dessen Namen es sich selbst unterwirft. So versuchen die Menschen eben diesen transzendentalen Mächten, die ebenso in der erbarmungslosen Wildnis und der völligen Unberechenbarkeit des Daseins zugegen sind, durch Nachahmung zu widerstehen und ihnen ein gesichertes Terrain zu entreißen. Sie unterwerfen sich selbst, statt völlig von der Wildnis verzehrt zu werden. Die Gesetze der Menschen kommen scheinbar aus diesem Jenseits, weil sie abstrakt sind, aber von den Menschen durch ihre gehorsame Befolgung ins Leben gebracht werden und dem Zusammenhalt dienen. So gesehen erheben sich die Menschen selber zu Raubtieren und blutgierigen Göttern, sie übernehmen beide Rollen, sowohl die des Jägers als auch jene des Wildes. Mit dem geistigen Element aus dem Jenseits erobern sie sich selbst und verleihen ihren Sozialstrukturen Dauer. Der Körper des Sozialwesens Mensch zeigt dann die Spuren dieser Eroberung durch abstrakte Mächte. Wer in der Arbeits- und Konsumgesellschaft seine Arbeit verliert, der muss auch das damit verbundene Leben aufgeben. Kommt die betroffene Person jedoch nach einer Weiterbildung wieder in die Arbeitswelt zurück, so benötigt sie wieder ihre alte Einsatzkraft, die nun auch die neu gelernten Fertigkeiten durchzuführen hilft. Selbst wenn inzwischen nichts gelernt wurde, so versetzt die abstrakte Planung der arbeitsteiligen Gesellschaft die Person an eine Stelle, an der nun die Lebenskraft im Sinne der Sozialordnung neu eingesetzt werden muss. Sozialisation überhaupt bedeutet im Sinne Blochs, einen Bezug zu den dauerhaften Strukturen der Gemeinschaft zu entwickeln und die eigene Vitalität in diese Strukturen einzuschleusen.

Im Schwellenzustand ist vieles erlaubt, was im normalen Leben verboten ist. Pubertätsriten gestatten den Initianden Handlungen, die sonst Strafen nach sich ziehen würden. Andererseits schützt die Gemeinschaft die Initianden auch nicht vor den Gefahren des Aufenthaltes in der Wildnis. Im Falle eines Krieges gelten auch Soldaten als außerhalb der normalen Ordnung stehend, sie dürfen töten, obwohl diese Handlungen sonst streng verboten sind. Aber sie setzen sich auch selbst den Gefahren des Schlachtfeldes aus. Das Verbot des Tötens ist dort aufgehoben. Ähnliches gilt in den Jäger-und-Sammler/-innen-Gesellschaften für die Jäger, welche sich außerhalb des Dorfes in der Wildnis befinden. Sie nehmen

Gefahren auf sich und verhalten sich in einer Form aggressiv, die in der sozialen Gemeinschaft nicht erlaubt wäre. Auch die Jagd ist ein Ausnahmezustand. Solange die Jugendlichen den Ritus der Initiation nicht beendet haben, gelten sie zumeist als unberührbar. In modernen Gesellschaften sieht man den Pubertierenden mehr Gesetzesübertretungen nach als sonst. Sie setzen sich freiwillig Mutproben aus, die auch in modernen Gesellschaften manchmal tödliche Folgen haben können. Neben den Ausnahmezuständen wie Jagd und Krieg, die eindeutig mit Gewalt verbunden sind, existieren auch zahlreiche lustige und komische Varianten dieser Schwellenzustände. Aber selbst harmlose Silvester- oder Karnevalsfeiern, welche den Übergang vom alten zum neuen Kalenderjahr oder Kirchenjahr markieren, haben in der Moderne die Momente der Gefahr nicht abgelegt. Die Spitäler verzeichnen Jahr für Jahr zahlreiche Verletzungen und kleinere Unfälle, Alkoholvergiftungen, Körperverletzungen im Rauschzustand und ähnliche Vorfälle. Auf diese Zeit der Unordnung folgt jedoch der Wiedereintritt in die neue Ordnung, in das neue Jahr oder in die neue Lebensphase mit der zugehörigen Ernsthaftigkeit und Selbstbeherrschung.

3.2 Handel mit dem Jenseits

Bloch erläutert diese, wie er meint, allgemein unter Menschen verbreiteten Verhaltensweisen bei Übergängen anhand von Initiations-, Opfer- und Heiratsriten. Die Bewegung der Loslösung von den ungeordneten vitalen Kräften, die vor allem der Körper repräsentiert, gleicht dabei einer Abschiednahme ähnlich den Loslösungsprozessen, die Bestattungen vollziehen. Daher begleitet Askese, wie Initianden oder Opferwillige sie oft üben, auch viele Trauerrituale um Verstorbene. Denn in all den angeführten Situationen geht es um die Abspaltung des geistigen Teiles vom Körper, um einen Übertritt in die transzendenten Bereiche. Bloch betont, dass dieser geistige Teil durch den Verzicht auf den vitalen erst geschaffen wird.[88] Initiation bedeutet, dass das alte, bisher geführte Leben stirbt und dass die Einzuweihenden neu geboren werden müssen, um in die Gemeinschaft, die sie für die Zeit der Einweihung verlassen haben, zurückkehren zu können. Als Zurückkehrende sind sie aber nicht mehr dieselben, sondern sie sind Teil einer «unsterblichen» Institution geworden, in die sie nun das vergängliche Leben einfließen lassen, um sie zu «verewigen». So stellt das Sterben einen Übergang dar, der bei Initiationen angestrebt wird, allerdings kehrt der tatsächlich Verstorbene nicht mehr in seinen Körper zurück. Nach dem gleichen Muster unterteilen Opfernde ihre Gabe in das, was ins Transzendente hinübertreten soll, und in das, was als Vitalität bleibt[89] und dann beim Opfermahl konsumiert wird. So gesehen können Verstorbene wie Opfer behandelt werden und die Opfernden sind zum Teil Sterbende. Denn was sie geben, haben sie zuvor mit sich identifiziert, ist ein Teil ihrer selbst, den sie durch Verzicht abtöten, damit die innewohnende Transzendenz ihren Weg in die zeitlosen Bereiche findet. Bei Mahlgemeinschaften, welche den Opferungen von Nahrungsmitteln oft folgen, werden nach der Trennungs- und Schwellenphase die Reste der Opfer, so sie nicht völlig verbrannt oder auf andere Art vernichtet worden sind, wieder angeeignet, um nach erfolgreichem Kontakt mit der Transzendenz den vitalen Teil der Gabe wieder einzuholen.

Der Osterschinken wird daher im katholischen Christentum nach der Fastenzeit gesegnet und mit dieser immateriellen Beifügung beziehungsweise nach der symbolischen Verwandlung in Opferfleisch verspeist. Er repräsentiert den genießbaren Teil des Opfers Christi. Bei der Wiederaneignung der Vitalität tritt das Fest an die Stelle des Fastens und Verzichtens. Aber es dient nur dann dem Zusammenhalt des Sicherheit gewährenden Gesellschaftsgefüges, wenn es das Verzichtsverhalten insofern in sich trägt, als es ihm notwendig folgt, aber nicht vorausgeht. Die Loslösungsphase setzt chaotischen Festen mit Statusumkehrungen, die ein Abbild der ungeordneten vitalen Kräfte darstellen, ein Ende. Der

Fasching markiert das Ende des alten Kirchenjahres und führt in die Schwellenphase der Fastenzeit, die dann mit dem Kreuzopfer endet. Dadurch wird eine Zäsur zwischen dem Vergänglichen und dem Bleibenden gezogen. Als Bleibendes gelten jene Institutionen, Traditionen und Sitten, die den Alltag einer Gesellschaft bestimmen. Nachdem also das Vergängliche vom Unvergänglichen getrennt worden ist, kann wieder Ordnung einkehren, die sich aus dem Übergriff von Institutionen auf die ungeordnete Vitalität ergibt. Der Eintritt dieser Ordnung, die sozialen Systemen Sicherheit und Dauer gewährt, wird ebenfalls mit Festen markiert. Solche Feste sollen jedoch zur Ordnung überleiten statt zu chaotischen Schwellenzuständen. Ein klar strukturiertes Gemeinschaftsmahl – etwa das Hochamt zum Osterfest oder die Verspeisung des Osterschinkens – ist keine Orgie, sondern es führt das transzendentale Element vor.

Das Fest zur Wiederaneignung der Vitalität kann aber nicht nur in Form eines Mahles zelebriert werden. Wichtig ist laut Bloch nämlich die Gewalttätigkeit des Zugriffs auf die Vitalität, weil sie allein die Bemeisterung des vorhergehenden, chaotischen Zustandes signalisiert.[90] Essen und Verdauen sind ein Ausdruck der völligen Herrschaft über die Nahrungsmittel, die eindeutig den Essenden zugute kommen. Es gibt aber noch andere Möglichkeiten der Vereinnahmung und des Verbrauchs, etwa durch Eroberung mit Waffen oder durch die Ausbeutung der materiellen Ressourcen des eroberten Gebietes und der dort lebenden Menschen und Tiere. Blochs Interpretation ließe sich aber auch auf die moderne Form der Lohnarbeit übertragen. Denn bei der Arbeit werden die vitalen Impulse unterdrückt, weil man sie den von außen herangetragenen Anforderungen unterordnet. Die Arbeitenden fügen sich mehr oder weniger einer gesellschaftlich geforderten Entfremdung von ihren vitalen Impulsen. Der Lohn, den sie dafür erhalten, verbindet sie auf der Geldebene mit dem Transzendentalen, dessen Gesetze sie dann nach vollbrachter Arbeit insofern auf die Realität übertragen, als sie sich die vorher abgelegte Vitalität nur nach den

Gesetzen des Geldes wieder aneignen können. Da Geld jedoch keine Ethik mehr transportiert, besteht der Effekt des Gelderwerbs in den Konsumgesellschaften darin, dass die zu konsumierende Vitalität beim Ausgeben des Geldes keineswegs mehr selbstverständlich zu einem sozialen Konstrukt zusammengefügt wird.

Blochs Werk suggeriert bereits mit dem Titel die Annahme, dass die Jagd die Kulturleistung der Menschen schlechthin sei, die sie erst zu Menschen machte. Aber sie ist nur das deutlichste Beispiel für die Wendung, welche die Menschheitsentwicklung durch Bewusstwerdung und Körperausschaltung nahm. Frauen, die weniger jagten, hatten ebenso ihren Anteil daran. Anthropologinnen und Anthropologen sind sich darüber einig, dass vor der Sesshaftwerdung menschlicher Gruppierungen Frauen mit Kleinkindern kaum an großen Jagdunternehmungen teilnehmen konnten, sodass im Lauf der Jahrtausende sich die Jagd zu einer prestigeträchtigen Männerdomäne entwickelte.[91] Wenn die Jagd tatsächlich die ausschlaggebende Tätigkeit gewesen wäre, dann müsste man daraus schließen, dass Männer wesentlich mehr zum kulturellen Fortschritt der Menschheit beigetragen hätten als Frauen. Dies wäre jedoch nur der Fall, wenn man die Arbeit der Frauen, die vor allem in Jäger-und-Sammler/-innen-Gesellschaften den Großteil der Nahrung herbeischafften, außer Acht ließe. In der anthropologischen Forschung war man bis in die 70er-Jahre des vergangenen Jahrhunderts dieser Auffassung. Neueren Forschungsergebnissen zufolge betrug der Anteil von Fleisch an der Gesamtnahrung bei Jäger-und-Sammler/-innen-Gesellschaften vor der Sesshaftwerdung jedoch nur etwa zwischen zehn und 20 Prozent.[92] Der größte Teil der Nahrungsmittel wurde also von Frauen beschafft. Woher kommt aber das hohe Prestige der Jagd, das sich bis heute erhalten hat? Mario Erdheim und Brigitta Hug[93] erklären die Überbewertung des männlichen Beitrages zur Ernährung aus dem Bemühen der Männer, sich gegenüber den gebärenden und nährenden Frauen als ebenso produktiv zu erweisen. Diese Überbewertung scheint bis heute anzuhalten und ist, wie ich in den folgenden Kapiteln noch ausführen werde, auch noch in den modernen Konsumgesellschaften wirksam.[94]

«... der Mann zumindest kann es sich nicht leisten, ‚kein Blut sehen' zu können», schreibt Walter Burkert, der in seinem Standardwerk zur Interpretation griechischer Opferriten[95] Jäger trotz der zahlreichen kontroversiell argumentierenden Studien zu Jäger-und-Sammler/-innen-Kulturen mit Familienernährern gleichsetzt.[96] Er scheint völlig übersehen zu haben, dass Frauen, die doch menstruieren und gebären, sich Angst vor dem Blut noch weniger leisten können als Männer. Laut Erdheim und Hug haben die eindrucksvollen «Performances» der Männergruppen und ihre imaginären Schöpfungen die alltägliche Plackerei, die weltweit den Frauen in viel größerem Ausmaß zufällt als den Männern, entwertet und ihren tatsächlichen Wert für das Überleben der Menschen ins Unbewusste verdrängt. Wenn man Blochs These von der Dialektik von Beute und Jäger auf den geschlechtsneutraleren Begriff der Arbeit überträgt, die ebenfalls Werkzeug, Planung und Triebaufschub verlangt, dann kommt diese Dialektik beiden Geschlechtern zugute. Die Jagd ist nur eine spezielle Form von Arbeit.

Festzuhalten bleibt, dass Blochs «rebounding violence», die nach der Enthaltsamkeit bei Sammeltätigkeit und Jagd oder anstrengendem Ackerbau zurückschnellende Gewalt, zwei Gesichter trägt: Sie zeigt sich einmal als freudiges Fest, bei dem die Früchte der Anstrengung bewusst und oft rituell konsumiert werden. Denn Liturgien proportionieren den Umgang mit dem Transzendentalen und bewahren die Teilnehmenden vor ansteckendem Kontrollverlust innerhalb der Gemeinschaft. Die zweite Erscheinungsweise der zurückschnellenden Gewalt findet sich als aggressive Vereinnahmung der Vitalität durch Organisation und Disziplin. Statt sich in einem Fest zu verbrauchen, das die soziale Struktur bestätigt, kann sich daher das transzendentale Element ebenso als neue Ordnungsstruktur manifestieren oder als Aggression nach außen in die Kriegsführung abgeleitet werden, um sich die Vitalität der besiegten Feinde anzueignen.

Jener abgelegte Teil, der bei der Rückkehr aus dem Schwellenstadium konsumiert wird, kann sich in der Jagdbeute, in Haustieren oder anderen konsumierbaren Wesen und Gegenständen verkörpern, von denen nicht erwartet wird, dass sie den Zugriff abwehren oder die Gewalt wieder umkehren. Der Osterschinken verkörpert im katholischen Christentum die überwundene chaotische Körperlichkeit. Je nach der gesellschaftlichen Wertehierarchie, die vorherrscht, können auch unterdrückte Schichten, Frauen oder Kriegsgefangene «konsumiert» werden. Hier erkennt Bloch den politischen Effekt der zurückschnellenden Gewalt. Eine Kriegerkaste konsumiert dann die Produkte der Bauern und damit indirekt die Bauern selbst, denen kaum eine Gegenleistung geboten wird. Ebenso können erbeutete Sklaven durch die Arbeit, die man ihnen zumutet, «verzehrt» werden. Entsprechend dieser Logik erklärt Bloch die Ähnlichkeit von Heirats- mit Bestattungs- und Opferriten dadurch, dass in exogamen patrilinearen (und deswegen zumeist auch patrilokalen) Gesellschaften die Braut ihre Herkunftsfamilie verlässt und daher als Opfergabe der Herkunftsfamilie, aber als Beute der neuen Familie betrachtet wird. Verlassen Männer ihre Familien, um zur Frau zu ziehen, dann gilt das für sie ebenfalls. Dadurch kommt nicht nur die Komponente der materiellen, sondern auch der kulturellen Fruchtbarkeit zur Geltung. Der Aufschub direkter Triebbefriedigung durch das Inzestverbot[97] und der entbehrungsreiche Einsatz von Ressourcen und Kräften, welche das erwachsene Mitglied in sich versammelt, kommen der Kontinuität der Gemeinschaft zugute, die durch dauerhafte Institutionen repräsentiert wird. Denn symbolisch bedeutet das Weggehen der Braut oder des Bräutigams für deren Herkunftsfamilie ein Sterben, während die aufnehmende Familie sie als Beute entgegennimmt, deren Vitalität nun in die eigenen Strukturen eingeschleust wird. In patriarchalen Strukturen wird die Braut vom transzendentalen Element «verzehrt», welches sich über männliche Handlungsweisen den Weg bahnt. Gleichzeitig werden durch Verlust auf der einen und Gewinn auf der anderen Seite soziale Beziehungen geknüpft und gefestigt, welche die Stabilität der bestehenden Ordnung untermauern. Der Brautpreis stellt einen Versuch dar, den Verlust zu kompensieren, umgekehrt scheint die Mitgift den Absichten der Herkunftsfamilie zu entstammen, die Braut nicht völlig aus ihrem Einflussbereich zu entlassen.[98] In diesem Fall bleibt sie eher eine Fremde in der Sippe des Mannes. Die in zahlreichen Kulturen bekannte Gleichsetzung von Nahrung mit der Frau[99] verweist auf die Feminisierung des Opfers oder der Beute, welche ebenfalls für patriarchal organisierte Kulturen typisch ist. Frauen gelten als konsumierbare passive Objekte, Geschlechtsverkehr wird oft mit Jagd, Krieg und Konsumation verglichen. Die von Jägern oder Kriegern überwundenen Gegner oder das Wild werden feminisiert und daher auch kastriert[100], weil sie jene abgelegte Vitalität verkörpern, die nun in die Institutionen eingeschleust werden kann. Aus der Sicht von Walter Burkert stellen Mädchenopfer, von denen die griechischen Mythen oft berichten, eher ein Voropfer für die darauf folgenden Hauptopfer dar.[101] Opferung, Vergewaltigung oder Raub von Jungfrauen leiten dann weitere Tötungen, zumeist in der Form von Jagd oder Krieg, ein und entschuldigen sie im Voraus.[102] In diesem Fall repräsentieren sie die Opfer jener Gewalt, die beim Eintritt in die Schwellenphase nötig ist, um sich von der chaotischen Vitalität loszusagen. Ein Jungfrauenopfer repräsentiert den Verzicht auf die Sexualität, den eine Schwellenphase oft erfordert.

Diese Interpretation eignet sich für die Erzählung vom Opfer der Iphigenie für das Kriegsglück ihres Vaters ebenso wie für die Opferung von Jephtas Tochter im Alten Testament. Nach Jephtas siegreicher Heimkehr aus dem Krieg muss er das vorher versprochene Opfer darbringen. Der Tod der Jungfrau dient der Aufrechterhaltung männlicher Ehre und männlicher Sozialbeziehungen[103], die in einer patriarchal organisierten Gesellschaft die dominanten Strukturen und damit eine Repräsentation des transzendentalen

Elements darstellen. In Europa kennen wir das Märchen von der Schönen und dem Tier. Auch in dieser Erzählung muss sich die Tochter aufgrund eines Versprechens des Vaters «opfern». Allerdings wird ihr dafür dann ein großes Glück zuteil: Eine Tochter, die an der Schwelle zum Erwachsenwerden lernt, sich dem Gesetz des Vaters zu beugen und ihm das eigene Begehren sowie die eigene körperliche Vitalität zu opfern, erhält eine gesicherte soziale Position. Vorerst aber gibt sie sich dem wilden Tier als Braut hin, sie stirbt einen symbolischen Tod, welcher jedoch der Ehre ihres Vaters, der patriarchalen Sozialstruktur, Dauer verleiht. In diesen verschiedenen Varianten des Jungfrauenopfers überlagern sich Tod, Initiation und Heirat. Denn die geschlechtsreife Tochter verlässt den Vater, um ihrem Mann zu folgen. Sie wechselt aus der Macht des Vaters in jene des Ehemannes, was dem einen Verlust, dem anderen Gewinn bringen mag, sie aber auch ehrenvoll verbindet. Als Jungfrau hat sie jedenfalls beim Eintritt in die Ehe zu «sterben».

Der Verzicht auf eine Frau im Voropfer symbolisiert für Jäger und Krieger aber auch die sexuellen Frustrationen, die auf längeren Jagd- und Beutezügen zu ertragen sind, und erhöht die Aggression, die dann auf das zu jagende Wild oder gegen Feinde gelenkt wird. So gesehen könnte der Tod einer Jungfrau die Loslösungsphase der Männer von der Gemeinschaft mit den Frauen markieren, sie aber auch im Verzicht vereinen. Sie entsagen ihren vitalen Trieben, um jenseits des bewohnten Territoriums, wo Götter und Geister vermutet werden, Beute zu finden, die sie dann bei ihrer Rückkehr festlich verspeisen werden. Ehefrauen, die bereits einem bestimmten Mann und seiner Familie «gehören», könnten diese Opferrolle für eine Männergruppe nicht so leicht spielen, weil ihre Verheiratung sie schon einem Opferritual unterzogen hat. Ehefrauen sind in patriarchalen Strukturen die Opfer ihrer Herkunftsfamilie und die Beute ihrer Ehemänner. In Westeuropa zeugen umgangssprachliche Ausdrücke, die den Penis mit verschiedenartigen Waffen, die Vagina mit einer Wunde und den Geschlechtsverkehr mit oraler Konsumption vergleichen, von der Gleichstellung von Frauen mit konsumierbaren Beutetieren.[104] Es ist der Schwellenzustand der Jungfrauen – sie sind schon fruchtbar, aber noch unberührt und stehen zwischen zwei Männern, dem Vater und dem Bräutigam –, der sie zur idealen Opfergabe macht, zur Braut des gefährlichen Tieres[105], das draußen, außerhalb der Grenzen lebt, dessen Fleisch aber (neben Vegetabilien) den Fortbestand der Gemeinschaft garantiert. So ersetzt die Opferung die Hochzeit, für die das Mädchen bestimmt gewesen wäre, und statt der Gemeinschaft Kinder zu gebären, hat es als Opfer für Jagd- oder Kriegsglück oder für eine gute Ernte zu sorgen. Denn die Zukunft liegt in den Händen der Götter, mit welchen die Menschen in positiven Kontakt treten wollen, um die Kontinuität der Sozialstrukturen zu erhalten. Der materielle Niederschlag des Jagd- und Ernteglückes entstammt ebenso dem Außen, der Transzendenz, wie die Gesetze, die helfen, den Ertrag zu verteilen. Dem Voropfer folgt nach entsagungsreichen Jagd- oder Kriegszügen oder nach schwerer Feldarbeit eine zurückschnellende, aber als segensreich empfundene Gewalt: Die Ordnung wird nach reicher Beute oder Ernte beim geregelten Verzehr erneuert. Maurice Bloch betrachtet Tod, Opferung und Fruchtbarkeit als Formen der Grenzüberschreitung. Dass diese gefährliche Grenzüberschreitung sich positiv auswirke, dafür haben die entsprechenden Riten und Vorsichtsmaßnamen zu sorgen. Ein dionysischer, ekstatischer und chaotischer Zustand kann Bloch zufolge kein dauerhafter sein, sondern immer nur die Einleitung zu einem Ritus der zurückschnellenden Gewalt. Religiöse Erfahrungen, die in wenig differenzierten Gesellschaften immer auch politische Konsequenzen haben, erwachsen seinen Ausführungen zufolge aus Grenzerfahrungen. Die Gesellschaften verhandeln mit der Transzendenz über den Fortbestand ihrer Strukturen, die sie dem Jenseits zu entreißen meinen.

3.4 Die «rebounding violence» im Christentum

Auch das Christentum kennt die Dialektik von Beute und Jäger, die Feminisierung des Opfers als Ergebnis der patriarchalen Geschlechterhierarchie und die euphorisch-heroische Wiederaneignung der Vitalität von außen her. Leo Steinberg belegt mit seiner kunsthistorischen Untersuchung der Jesusdarstellungen indirekt die Bearbeitung des «rebounding-violence»-Themas im Abendland. Seine Vergleiche der Kreuzigungs- und Auferstehungsdarstellungen zeigen, dass Jesus durch die Jahrhunderte auf den Gemälden als Opfer feminisiert und andeutungsweise kastriert wurde.[106] Als Auferstandener jedoch präsentieren ihn die Künstler phallisch-männlich, oft sogar mit einer kaum verhüllten Erektion als Hinweis.[107] Denn am Kreuz musste er sein Leben hingeben, zur Beute und zur Nahrung werden. Nach der überstandenen Schwellenphase des Todes, während der sein Geist vom Körper getrennt war, kehrte er triumphierend in seinen neuen, erhöhten Leib wieder zurück. Die Erektion des siegreichen überirdischen Christus verweist auf den höheren Eros[108] und die daraus resultierenden aggressiven geistigen Kräfte. Sie ist ein Symbol für die spirituelle Fruchtbarkeit des Christentums durch den Geist. Denn die Christen vermehren sich durch Predigt und Taufe, aber nicht durch Zeugung. Der Aufruf zur Nachfolge Christi wird daher als Aufruf zur Initiation in ein neues Leben verstanden. Die Loslösung vom alten Adam und dem niederen Eros erfordert Opfer. Bei der Rückkehr vom Tod, der Schwellenphase, erwarten die Gläubigen aber bei ihrer Auferstehung die Früchte ihrer Anstrengung, und zwar eine neue, völlig vom transzendentalen Element, dem hl. Geist, durchdrungene Welt ohne Makel: das Paradies. Die Einschränkung irdischer Genüsse und die Verachtung der Welt galten als Voropfer für den Lebenskampf des *miles Christi* oder des *athleta Christi*. Auch die griechischen Athleten mussten vor den olympischen Spielen fasten und sexuelle Abstinenz üben. Burkert beschreibt auch die Wettkämpfe in ihrem Ablauf dreiteilig. Den asketischen Vorbereitungen folgte die Schwellenphase der Wettkämpfe, die in einer Sphäre des Außerordentlichen stattfanden, um daraufhin zu den Festessen und Festzügen überzugehen, wo auch die gestaute Sexualität hervorbrechen durfte.[109] Während der Wettkämpfe galten besondere Friedensgebote für die Teilnehmer aus den verschiedenen, ansonsten verfeindeten Regionen der griechischen Halbinsel. In der heiligen Zeit, einem Ausnahmezustand, waren die politischen Widersprüche außer Kraft gesetzt.

Die Christen wollten die zurückschnellende Gewalt jedoch nicht mehr als sinnliches Fest gestaltet wissen, sondern die Vorherrschaft transzendentaler Kräfte im Erdenleben demonstrieren. Die christliche Mahlgemeinschaft dient nicht mehr der Sättigung, sondern benützt nur mehr die Struktur des Teilungsrituals. So verweist sie auf die neue Ordnung ohne die Gefahr, dass das Mahl ins Dionysische abgleiten könnte. Die Christen zogen Disziplin und eine strenge Moral den Festen vor. Vielleicht ist dies der Grund dafür, dass das Opfer statt der Auferstehung in das Zentrum des christlichen Kultes gerückt ist, oder dass das Opferritual im christlichen Kult die Schwellenphase und die Wiederaneignungsphase, die auf die Passion Jesu folgen, zu überdecken neigt. Die christliche Moral zeugt jedenfalls von der Wiederaneignung der Vitalität durch aggressive Ordnungstendenzen. Asketinnen und Asketen, die Virtuosen der christlichen Religion, verzichteten zum Beispiel auf Sexualität und harmlose sinnliche Freuden zumeist gänzlich, obwohl die christlichen Gebote zur Bewältigung des Alltags solche Genüsse nur einschränken, aber nicht völlig untersagen. Religiöse Virtuosen und Virtuosinnen haben seit dem Spätmittelalter den Gläubigen vor Augen geführt, wie das Wort Gottes auf den Körper übergreifen und ihn konsumieren kann.[110] In den religiösen Strömungen des lateinischen Christentums hat sich im Abendland immer wieder die Ambivalenz zwischen einer Neigung zu weltentsagender extremer Askese einerseits und einer aggressiven Bemeisterung und produktiven Ausbeutung der Vitalität andererseits gezeigt. Extreme Asketen wirkten aus ihrem jenseitigen Bereich, den Wüsten, Felsenhöhlen und Waldklausen ordnend und mahnend auf die Gesellschaft, die sie verlassen hatten, zurück. Die aggressive Bemeisterung der Vitalität drückt sich am deutlichsten in der christlichen Forderung nach Arbeit aus, die als Pflicht gilt. Zieht man die Thesen von Georges Bataille heran, so wäre die bürgerliche Arbeitsdisziplin jene Praxis, die heute in den westlichen marktindustriellen Gesellschaften den homogenen Bereich kennzeichnet. Die «rebounding violence» wird nicht mehr im nutzlosen Verzehr bei Festen vergeudet, sondern dient der beständigen Ausweitung der Produktion.

4
Chaos und Ordnung

Bloch stellt die These auf, dass alle von ihm untersuchten Übergangsrituale die Aufgabe haben, das transzendentale Element in die Lebenswelt hereinzuholen. Die Träume, die Totengeister, die Götter, aber auch sprachliche Gebilde und Vorstellungen erhalten auf diese Weise Macht über die sinnlich wahrnehmbare Welt. Objekte, Gegenstände und die menschlichen Körper müssen nach der Rückkehr aus der anderen Welt einer Ordnung dienen, der sie dadurch Dauer verleihen. Obwohl Lebewesen und Dinge vergehen, gewähren nur sie der Ordnung eine Kontinuität, die viele Menschenleben währen kann.

Auch der Kulturanthropologe Viktor Turner griff die Dreiteilung von Arnold van Gennep (Loslösung von der bestehenden Ordnung, Phase des Losgelöst-Seins, Rückkehr in die geordnete Welt) auf und setzte sie in Beziehung zu menschlichen Ordnungsstrukturen. Er sah insbesondere in der Schwellenphase ein hohes schöpferisches Potential, das der Erneuerung der Gesellschaft dient. Doch während Bloch zu zeigen versucht, dass bei der Rückkehr zur Ordnung die ursprüngliche, abgelegte Körperlichkeit gewaltsam konsumiert wird, richtet sich Turners Hauptaugenmerk auf die Erneuerung und den kulturellen Zugewinn nach Übergangszeiten. Allerdings versuchte er, die Bedeutung des Schwellenstadiums, für das er den Begriff der «Liminalität» (von lateinisch *limen* – «Schwelle») verwendete, umfassender zu beschreiben und mehr moderne europäische Beispiele heranzuziehen. Die Ausführungen von Maurice Bloch und Victor Turner stehen daher nicht in Widerspruch zueinander, sondern ergänzen sich bei der Beschreibung von Schwellenzuständen in komplexen Sozialstrukturen. In Bezug auf die Konsumgesellschaft sind seine Ausführungen deshalb so interessant, weil er auch die Konsumsphären der Schwellenphase zuordnet.

4.1 Liminalität

In seiner Abhandlung über das Ritual[111] entwickelte Victor Turner den Begriff der «Anti-Struktur» als dialektischen Gegenpol zu Ordnung und Struktur in Gesellschaftssystemen. «Der Mensch wächst mit Hilfe der Antistruktur und konserviert mit Hilfe der Struktur.»[112] Einerseits gibt es laut Turner eine Ordnung, die auf Differenzierung, auf Hierarchisierung und Moral aufbaut und welche die Individuen im sozialen Raum verankert. Andererseits benötigen Gesellschaftssysteme zum Ausgleich für die anstrengende Ordnung dann Techniken und Rituale, in denen die bestehenden Strukturen gelockert oder gänzlich aufgehoben werden. Anti-Struktur unterbreche die Ordnung oder wechsle sich mit ihr ab. Bloch spricht diesbezüglich von der ständigen Transformation des Vitalen durch das Transzendentale, die eine lebendige Gesellschaft durchzuführen hat, um sich Dauer zu verleihen.[113]

Es gibt also einerseits eine Ordnung, die den Individuen Sicherheiten liefert, damit sie sich im sozialen Raum verankern und ihre Identität festigen. Auch wenn dieser Prozess der sozialen Ein- und Anpassung schmerzhaft und die in den Hierarchien erreichte Position für das Individuum oft nur eine relativ untergeordnete ist, so bildet er dennoch eine Welt, in der sich leben lässt und auf deren Kontinuität man vertrauen kann. Zur Sicherung ihrer Stabilität benötigen Gesellschaftssysteme laut Turner jedoch andererseits Rituale des Ausgleichs zur anstrengenden Ordnung, in denen die bestehenden Strukturen in Frage gestellt, aufgehoben oder verkehrt werden. Dem europäischen Karneval wurden zum Beispiel diese Funktionen zugesprochen.[114] Aber auch die römischen Saturnalien entsprechen dieser Beschreibung. Das Verbotene wird erlaubt, Gesetze werden absichtlich, zeremoniell und befristet übertreten, die Menschen wechseln ihre Rollen, die sozialen Schichten und die Geschlechter. Die Rollendifferenzierungen treten zugunsten eines Gefühles der umfassenden Verwandtschaft und der hierarchielosen Eingebundenheit ins Geschehen zurück. Zeiten, in denen Anti-Struktur regelrecht gesucht und rituell inszeniert wird, dienen der Entlastung und damit auf Dauer gesehen der Stabilität der im Alltag fortbestehenden Regelsysteme.

In den Übergangsriten, die in vielen Gesellschaften Übergänge von einem sozialen Status zum anderen begleiten, werde, so Turner, das gefährliche Potential an Unordnung wie die Büchse der Pandora zwar geöffnet, aber gleichzeitig rituell in einen Rahmen gefasst und überwacht.[115] Sodann diene es als Quelle der bereichernden Veränderung und führe zu geordnetem Wachstum.[116]

Statusverkehrungen und die Aufhebung sonst gültiger Tabus und Normen ermöglichen nicht nur Entspannung, sondern auch wichtige Lernprozesse. Im erlaubten Ausnahmezustand kann die «normale» Welt von außen betrachtet werden. Um zu reifen oder eine neue soziale Rolle zu lernen, müssen Menschen manchmal etwas ausprobieren, das verboten ist, damit sie aus eigener Erfahrung lernen, welchen Wert die Gesetze haben, denen sie im Alltag gehorchen oder gehorchen sollten. In traditionalen Gesellschaften ermöglichen Übergangsrituale, das kreative Potential von Liminalität zu nützen, ohne dabei Sanktionen aufgrund der Regelüberschreitungen fürchten zu müssen.

4.2 Communitas

Turner verwendet zusätzlich den Begriff «Communitas» für eine ganz spezifische Form von kosmologischem Gemeinschaftsgefühl und beglückender, Widersprüche überwindender Intimität mit den Menschen der näheren Umgebung. Solche Gefühle treten spontan in kleineren, überschaubaren Gemeinschaften auf und gehen sehr oft mit Anti-Struktur, das heißt mit sozialer Unordnung einher. Communitas stellt sich in Situationen der Außeralltäglichkeit als eine Art menschlicher Verbundenheit ein, als ein Ganzheitsgefühl, das strukturelle Differenzierungen, wie sie in geordneten Gesellschaften üblich sind, überspringt und aufhebt.

Turner unterscheidet also einerseits zwischen Gesellschaft, die sich auf Rituale und Normen stützt, und andererseits spontaner, gefühlsbezogener Gemeinschaft[117], die regellos «von selbst», ohne Zwang, aber auch ohne Geschichte auftrete. Zwar entstehe Communitas in den Lücken des von Ver- und Geboten errichteten sozialen Gebäudes, stelle aber dennoch die tragende und erfüllende Substanz des sozialen Ganzen dar. Turner weist dem Schwellenzustand grundlegende erneuernde Bedeutung zu und achtet bei seinen Ausführungen weitaus weniger als Bloch auf die Bedeutung von Gewalt bei der Loslösung von der alten Position oder bei der Rückkehr in die neue.

Bei Communitas handelt es sich meist um ein kurzfristiges Gruppenerlebnis aufgrund geteilter sinnlicher Eindrücke, die die Teilnehmenden veranlassen, sich emotional für ein breiteres Spektrum zwischenmenschlicher Kommunikation zu öffnen, als das im Alltag sinnvoll oder üblich ist. Eine Situation, die Communitas begünstigt, kann zwar zumeist innerhalb eines bestimmten Settings hergestellt werden, aber mit Sicherheit abrufbar ist sie nicht. In den modernen westeuropäischen Gesellschaften finden wir Communitas-Angebote in den verschiedensten Bereichen. Sie reichen vom Chorsingen über Sportveranstaltungen bis zur Gruppendynamik oder zu Tanzveranstaltungen. Auch Selbsterfahrungsgruppen mit spirituellem oder therapeutischem Hintergrund ermöglichen solche Ausnahmezustände. In den 1970er- und 1980er-Jahren konnten etwa Gruppenveranstaltungen, die vom indischen Philosophen Osho Rajneesh initiiert worden waren, tausende Europäer und US-Amerikaner in den Bann ziehen und zu neuen Formen des Zusammenlebens beziehungsweise zum Überdenken westlicher Lebensmodelle animieren.

Turner hebt hervor, dass Communitas der Ausgangspunkt für neue Strukturbildung und Regelverfestigung sein kann, dass sie es ist, die überhaupt den Wunsch entstehen lässt, einen Zustand positiv empfundener Gemeinschaft durch die Setzung von Normen zu stabilisieren. Anti-Struktur mit der in ihr beherbergten

Communitas ist somit die Antithese zu Max Webers «stählernem Gehäuse», in dem die Individuen isoliert den Gesetzen unterworfen sind.

Allerdings nennt Turner in seiner Beschreibung hauptsächlich die positiven, befreienden und kreativen Aspekte des Chaos. Wie Bloch hingegen zu zeigen versucht, enthält der ungeordnete Ausnahmezustand nicht nur Liebe und Harmonie, sondern auch Gewalt. Communitas kann daher ebenso zerstörerische Zustände umfassen, weil sie jenseits von Moral und jenseits kultureller Wertungen entsteht. Während frühchristliche Mahlfeiern mit ihren euphorischen Zuständen als positive Beispiele von Communitas gelten können, wären die weniger friedlichen Formen in der Einmütigkeit jener Gruppen zu erkennen, die sich z. B. zur Lynchjustiz einfinden. René Girard sieht in den Formen ansteckender affektiver Erregung rund um eine Tötung sogar den Ursprung des sozialen Zusammenhalts[118], da diese Einmütigkeit, wie Georges Bataille[119] ebenfalls erklärt, letztlich zur Durchsetzung einer Autorität eingesetzt werden kann. Das gemeinsame Bewusstsein der Beteiligten kann sich in der Person eines Führers akkumulieren und der Erregung darin Form und Dauer verleihen. Aber auch hier hat die Einmütigkeit keinen Bestand, sondern muss immer wieder an der sichtbaren Manifestation entzündet werden. Michel Foucault beschreibt in «Überwachen und Strafen»[120] anschaulich, wie sich die Volksmassen des 17. und 18. Jahrhunderts an den Spektakeln der Hinrichtungen berauschten. Ziel der Herrscher war es, Autorität zu demonstrieren und die destruktiven, ungeformten Energien der aufgewühlten Menge gegen bereitgestellte Opfer zu lenken. Die Masse vereinte sich anlässlich eines außeralltäglichen Ereignisses, das eine Kontaktaufnahme mit dem Transzendentalen ermöglichte, welches von kirchlich legitimierten Herrschern verwaltet wurde. Bei einer Hinrichtung greift das Gesetz deutlich sichtbar auf die Körper der Untertanen, um sie zu konsumieren. Das Miterleben des Todes vereint die Zuschauenden unter der Autorität desjenigen, der über ihn verfügt. Es fällt nicht schwer, diese Formen bedrohlicher Vergemeinschaftung auch in nationalsozialistischen Veranstaltungen wieder zu erkennen. Die Autorität des Führers wird zum dauernden Ausdruck der Einmütigkeit, die individuelle Regungen nicht mehr zulässt. Diese Negation der Individualität war jedoch den Anhängern des Nationalsozialismus erwünscht, weil sie aus der Unerträglichkeit des selbst verantworteten Daseins befreite.[121] Communitas kann also auf vielen Zwischenstufen zwischen rücksichtsvoller, allumfassender kosmischer Einfühlung und rauschähnlicher Selbstvergessenheit der Individuen angesiedelt sein. Turner spricht jedoch nur bei jener Form von Communitas, bei der trotz der Verbundenheit mit den anderen das Ich-Bewusstsein nicht völlig verloren geht, sondern mit dem glücklichen Gefühl der kosmischen Einbindung fortbesteht.

4.3 Individualisierung und beschleunigte Transformation

In der Moderne unterscheidet Turner zwischen liminalen und liminoiden Praktiken. Dabei zählt er die rituell und kollektiv betriebenen Normverstöße und gefährlichen Feste zu liminalen Ereignissen, weil sie in einem von der Gesellschaft zur Verfügung gestellten, begrenzten und kontrollierten Raum stattfinden. Je mehr diese Räume (bestimmt durch Zeit, Ort und ausgewählte Mitgliedschaft) sich im Verlauf der Neuzeit in Westeuropa aufsplitterten und zu unterschiedlichsten Zeiten für unterschiedlichste Personengruppen einen Schwellenzustand ermöglichten, desto mehr spricht er von liminoiden Ereignissen und Praktiken.

Turner setzt gesellschaftliche Veränderungen, die in der Soziologie als Prozesse der Individualisierung und der Ausdifferenzierung verschiedener Gesellschaftsbereiche (z. B. Medizin, Religion, Wissenschaft, Wirtschaft etc.) sowie als Säkularisierung bezeichnet werden, zu einem Übergang parallel, der von Praktiken der Erzeugung und Kontrolle von Liminalität zu Praktiken der

Erzeugung beliebiger liminoider Zustände führte. In modernen arbeitsteiligen Gesellschaften wacht das Kollektiv nicht mehr über Ausnahmezustände, welche sich daher derart vervielfältigt haben, dass sie jederzeit an jedem Ort auftreten können. Das Liminoide geht mit Statusinkonsistenz der Individuen einher, deren Biographien unberechenbar werden. Die sozialen Positionen müssen oft gewechselt werden, Übergänge häufen sich. Sigmund Freud konnte vielleicht noch den Großteil seines Lebens, Tag für Tag 24 Stunden, als «Herr Professor» verbringen, weil selbst seine Frau, seine Tochter und seine Kollegen ihn als solchen behandelten. Ein moderner Universitätslehrer am Beginn des dritten Jahrtausends wird neben dem Wissenschaftler wahrscheinlich noch etliche andere Rollen spielen müssen: zärtlicher Vater, aufmerksamer Beziehungsmensch, anonymer Alkoholiker, Bezirksrat, Kollege im Fußballclub, Chatpartner im Internet, Kunde im Versandhaus, Händler auf der Briefmarkenmesse, Mitglied im Alpenverein und vieles mehr. Dabei muss er alle Übergänge allein meistern, die Rituale dafür selbst erfinden, die unterschiedlichen Eindrücke zum größten Teil allein verbuchen und auswerten.

Wenn man diese neuzeitlichen Veränderungen mit systemtheoretischen Erklärungsmodellen beschreibt, dann könnte man sogar behaupten, dass die Herauslösung der Individuen aus den traditionalen Strukturen des alten christlichen Kosmos nunmehr Liminalität für die Menschen zum Alltag gemacht hat. Der Soziologe Niklas Luhmann interpretiert die Gesellschaftsordnung der Moderne dahingehend, dass die Individuen nicht mehr grundsätzlich in die verschiedenen Bereiche einer Gesellschaft wie etwa in Bildungssysteme, ins Gesundheitswesen oder in die Sozialversicherungssysteme eingebunden seien. Vielmehr wären sie außerhalb und müssten sich diese Integration selbst mühevoll erarbeiten.[122] So gesehen wäre der Schwellenzustand ein Dasein zwischen den strukturierten Bereichen einer Gesellschaft, daher heute der dominierende Zustand für die Menschen überhaupt. Was Maurice Bloch als ständige Transformation des Vitalen durch das Transzendentale umschreibt, hat sich nunmehr derart beschleunigt, dass liminale Situationen im Leben moderner Individuen überhand nehmen. Der flexible Mensch schleust zwar seine Lebensenergie in die Systeme ein, schafft es aber dennoch nicht mehr, sich eine dauerhaft gesicherte soziale Position zu verschaffen. Ganz so extrem sieht der Alltag aber vorerst nicht für alle Gesellschaftsmitglieder aus. Der Soziologe Norbert Elias weist die Vorstellungen eines derartig sozial ungebundenen und in die Autonomie gezwungenen Individuums, das sich außerhalb der gesellschaftlichen Systeme befinde, in die Schranken und betont, dass zwar die «Freiheit» der Individuen in den westlichen Gesellschaften im Vordergrund stehe, tatsächlich aber eine Gesellschaft ohne Wir-Identitäten nicht existieren könne. Luhmann hat diese Freiheit der Individuen ohnehin dadurch aufgehoben gesehen, dass sie gezwungen sind, den Systemen zuzuarbeiten. Ohne Bildung, Lohnarbeit oder Krankenversicherung etc. kann wohl niemand so leicht sein Leben fristen. Wir-Identitäten äußern sich, so Elias, nach wie vor als Weltanschauungen oder kulturelle Skripts, für die man sich nicht bewusst entscheidet und die man daher nicht so einfach mit einem Willensakt verlassen kann. Die westlichen Gesellschaften haben neben der wirtschaftlichen Logik, die sie auf der Ebene der Vernunft verbindet, auch noch andere Wertehierarchien, religiöse oder weltanschauliche Traditionen, Mythen und Symbole. Deshalb konnten die Ökonomen Michel Aglietta und André Orléan[123] in ihren wirtschaftsanthropologischen Studien nachweisen, dass sich eine Marktwirtschaft ohne solche über viele Jahrhunderte gewachsenen Vertrauensgrundlagen gar nicht entwickeln hätte können.

Für die Gegenwart konstatiert Turner jedenfalls[124] den Verlust ritueller Darstellungsmacht der christlichen Religion. Das heißt, die umfassende religiöse Gestalt der Kirche, die die Rituale autoritär verwahrt hatte, ist zerbrochen und übt nun seit der Aufklärung immer weniger Zwang zur Integration aus. Sie liefert keine starke Wir-Identität mehr. Aber aus ihrer untergehenden Herrschaftsgestalt, so Turner, konnten sich die modernen Mußegattungen herauslösen:[125] Theater, Oper, Dichtkunst, sportlicher Wettkampf bis hin zur modernen Rock- und Popmusik sind seiner Ansicht nach dem Schoß der Kirche entsprungen und tragen ihr Erbe in sich.

Dieses Erbe beruht nicht in einer fortgesetzten Verbreitung der christlichen Lehre, sondern in einer Übernahme von Praktiken zur Aufrechterhaltung, Erneuerung und kreativen Veränderung des Gesellschaftsgefüges. Die Mußegattungen pflegen den Umgang mit dem Heterogenen, sie entwickeln und verwalten Rituale des Ausstiegs aus dem Alltag und der ansteckenden Einbindung in sinnliche Erfahrungsbereiche außerhalb der Zweckrationalität.

So entstanden dramatische Inszenierungen der Passion Christi als Teile des Gottesdienstes in den Kirchen des Mittelalters und entwickelten sich zu umfassenderen Darstellungen von Mirakeln und erbaulichen Ereignissen, die dann auf den Kirchhöfen und bald auch auf den Marktplätzen aufgeführt wurden. In jenen marktindustriell organisierten Gesellschaften, in denen die religiösen Organisationen keine politische Macht mehr ausüben, waren und sind die Menschen gezwungen, individuelle Zugänge zur Liminalität zu finden. Der Künstlerkult des 19. und 20. Jahrhunderts belegt zum Beispiel, dass die Kunstgattungen die christlichen Leitbilder übernommen haben.[126] Seit der Entmachtung der christlichen Religion als einzige Deutungsmacht einer möglichen kosmischen Ordnung übernahmen die Künstler das Schema der idealen asketischen Heiligen oder Ketzer. Denn beide Figuren repräsentieren das Außergewöhnliche im Gegensatz zur Alltagsnorm. Während Gustav Klimt in Priestergewändern reiche bürgerliche Frauen malte, zeichnete sich Egon Schiele als heiligen Sebastian. Kokoschka sah sich als Leichnam Christi in Umschlingung mit der Pietà.[127] Der Religionswissenschaftler Klaus Heinrich erläutert in seinen Studien über die Fortdauer religiöser Traditionen in Kunst und Wissenschaft z. B. die Überlagerung antiker mit christlichen Kulturheroen und die Auferstehungsmächtigkeit, die sich für den abendländischen Künstler als Kulturheros nach dem Vorbild Christi daraus ableiten ließ.[128] Der Künstler, immer männlich vorgestellt, nimmt wie Jesus die Rolle des stellvertretenden Opfers ein.[129] Seine Werke haben dann, wie die Eucharistie und die Reliquien der Heiligen, einen unschätzbaren integrativen Wert für das Publikum. Im schöpferischen Akt des Künstlers geht es, so verstanden, um das «Stirb und Werde», um Hingabe, Verlust, Tod und Auferstehung im Werk, das er aus diesem Übergangsprozess gewinnt, sozusagen aus dem Heterogenen ins Homogene hereinnimmt. Der Künstler lässt nach der asketischen oder chaotischen liminalen Phase das Transzendentale in seinen Werken Gestalt annehmen. Tatsächlich treten im 19. Jahrhundert die Kunstgegenstände in den Museen an die Stelle der heiligen Gegenstände in mittelalterlichen Sakralbauten. Künstler wurden zu modernen Priestern, die Brücken zwischen Ordnung und Chaos schlagen, deren man sich in der Freizeit für einen kurzen Ausflug in die Liminalität bedient.[130] Vom Museum ist es dann nicht mehr weit ins Kaufhaus.[131]

4.4 Flüchtige Communitas und dauerhafte Strukturen

Die Erzählungen des Lebens Jesu, seiner Predigten, seiner Wunder und vor allem seines Verhaltens im Umgang mit anderen Menschen geben schöne Beispiele für das Bedürfnis nach und die Wirkungen von tatsächlich erlebter Communitas zu Beginn der christlichen Ära. Die ersten christlichen Gemeinden versuchten diese *vita communis*[132], ein glückliches Zusammenleben ohne Hierarchie, zu verwirklichen. Ihr Wunsch speiste sich zusätzlich aus mythologischen Quellen über das goldene Zeitalter, aus der griechischen Philosophie und aus Motiven der jüdischen Prophetie. Die Apostelgeschichte berichtet von wohltätiger Liebe, Brüderlichkeit[133] und Gemeinbesitz. Wenn man den Erzählungen der Evangelien folgt, so teilte Jesus beim letzten Abendmahl nach mediterraner Tradition das Brot nicht mit Frauen. Die christliche Vorstellung von Communitas trägt deshalb, weil sie aus der Tradition der Symposien[134] erwachsen ist, grundsätzlich einen männerbündischen Aspekt, der vor allem in den klösterlichen Gemeinschaften deutlich zum Ausdruck kam. Er zeigt sich aber auch darin, dass bis heute wesentlich mehr Männer heilig gesprochen wurden als Frauen. Somit wäre die jenseitige Gemeinschaft der Heiligen stark vom männlichen Geschlecht dominiert.

Die ersten christlichen Gemeinden trafen sich zum gemeinsamen Mahl meist in Privathäusern, wo jedoch Männer und Frauen das Brot untereinander teilten. Der Überlieferung zufolge erzeugten die geteilten Speisen und die großzügige Hilfe für getaufte Freunde unter den Christen eine Art von Gleichheit, die wohl des Öfteren Communitas im Sinne Turners entstehen ließ. Die kleinen christlichen Gruppen pflegten eine «Religiosität der Ekstase»[135], Mitglieder fielen in Trance und empfingen prophetische Eingebungen. Nach Auffassung der Anthropologin Mary Douglas findet die Unartikuliertheit einer sozialen Situation in solchen Zuständen körperlicher Dissoziation ihren Ausdruck.[136] Noch hatte sich die Liturgie im ersten Jahrhundert nicht verfestigt und in dem Klima des Außerordentlichen durften Status- und Geschlechterschranken vernachlässigt werden, sodass auch unvorhergesehene Ereignisse, Eingebungen und Visionen stattfinden konnten. Der große Zustrom der Frauen zu den christlichen Gemeinschaften erklärt sich aus der Tatsache, dass viele dieser Gruppierungen den Frauen Rechte und Positionen zubilligten, die ihnen im öffentlichen, profanen Leben, wenn überhaupt, dann nur in Ausnahmefällen erreichbar waren. Zusätzlich scheint die Tatsache, dass diese urchristlichen Gruppierungen ihre Mitglieder aus bestimmten Schichten rekrutierten, freiere Umgangsweisen begünstigt zu haben.[137] Erst die soziale Mobilität in der hellenischen Welt ermöglichte es, nicht nur von einer Stadt in die andere, sondern auch von einer religiösen Gruppierung in die andere zu wechseln. Dafür war es notwendig, das eigene Verhalten der neuen Situation anzupassen und die Verhaltensweisen der anderen Mitglieder nicht so streng zu beurteilen. Soziale und religiöse Mobilität war vermutlich vor allem Menschen aus mittleren Schichten möglich, und zwar Stadtbewohnern viel eher als Landbewohnern. Diese «mittlere» Schicht[138] umfasste daher im weiteren Sinn sowohl reiche Unternehmer als auch kleinere Handwerker und verfügte über eine größere Bandbreite an möglichen Umgangsweisen als die untersten und obersten Schichten der Bevölkerung.

Die Religionswissenschaftlerin Shepard Kraemer weist darauf hin, dass weibliches Zusammenleben in den von Männern abgeschirmten Haushalten weniger sozial differenziert war als das öffentlichere, politisch wirksamere Leben der Männer. Christliche Treffen, die von und für Haushalte organisiert wurden, boten vielleicht eine ähnliche Intimität wie die Zusammenkünfte von Frauen, sodass man daher von einer «weiblichen Prägung» dieser ersten christlichen Gruppen sprechen kann. Communitas, wie Turner sie darlegt, hebt Geschlechterschranken auf.

Sobald sich herausstellte, dass die Wiederkehr des Herrn noch auf sich warten ließ und zusätzlich zur Bekehrung von Ungläubigen auch die Fortpflanzung weiterhin Bedeutung für die Christenheit haben würde, begannen die Christen Frauen auf ihre traditionellen Rollen als schweigsame Jungfrauen oder Mütter zu beschränken. Der männerbündische Charakter der Gemeinden trat deutlicher hervor. Die Frauen sollten wieder schweigen. Die Vertretung der christlichen Gemeinschaften nach außen, die Verhandlungen über ihre innere Struktur, ihre Gesetze oder gar Dogmen, die Überwachung und Ausformung der Liturgie und das politische Taktieren im Umgang mit den römischen Magistraten wurden Männersache. Communitas blieb nur als Erinnerung und Ausgangspunkt von Hoffnungen im innersten Kern erhalten.

Paulus wird die Fähigkeit zugeschrieben, Communitas als vergängliche Erscheinung begriffen zu haben, die keine Basis für eine stabile Kirchenstruktur darstellen, sondern nur eine Ahnung vom zukünftigen Reich bieten konnte. Er hatte erkannt, dass Communitas sich in ungeordneten, familiären Kleingruppen herstellte, und dass gerade diese informellen Umgangsweisen zwar für großen

Zustrom sorgten, aber bei der Bildung einer verlässlichen Institution hinderlich waren. Deshalb erhob Paulus in seinen Briefen und Reden das Gesetz, die neue Ordnung im Sinne der christlichen Gebote, über die Versammlungen. Die als asketisch zu interpretierenden Anweisungen des Apostels sollten sich als strategisch überaus klug erweisen. Denn die Urkirche trug im ersten Jahrhundert alle Merkmale einer Sekte und hätte ohne ordnungspolitische Maßnahmen, die Communitas einschränkten, niemals überlebt. Der geniale Schachzug der Kirchenväter lag in der Einsetzung eines Communitas-Ideals als anzustrebende Lebensform, die erst im Jenseits zu verwirklichen war. Diese Communitas-Ideologie blieb im Christentum als Keim seiner Erneuerungsfähigkeit und seiner Wandelbarkeit bestehen. Ab dem 4. Jahrhundert begann sich die Kirche auch auf politische Strukturen zu stützen und auf sie Einfluss zu nehmen, wobei die Atmosphäre des Mysteriums, der Prophetie und der Wunder sich bald verflüchtigte und religiösen Eliten überlassen blieb. Das Christentum wurde im vierten Jahrhundert Staatsreligion. Dennoch blieben Spuren sinnlicher Vergemeinschaftung, wenn auch in gereinigter Form, im Christentum erhalten und bilden bis zur Gegenwart den vitalen Kern dieser Religion. Mit Turners Begriff der «Communitas» lässt sich daher erklären, warum jede Kirchenreform, aber auch jede innerkirchliche Abspaltung und Sektenbildung stets aus dieser Hoffnung an die Wiederherstellung urchristlicher Verbundenheit geschöpft hat.[139]

4.5 Communitas und religiöse Erneuerungsbewegungen

Das 12. Jahrhundert wird von Historikern gerne als «europäische Achsenzeit»[140] bezeichnet, weil sich in dieser Epoche die wirtschaftlichen, die sozialen und die mentalitätsgeschichtlichen Grundlagen für das moderne Europa zu entwickeln begonnen haben. Die vielen Bewegungen des Spätmittelalters im tatsächlichen (Pilgerfahrten, Kreuzzüge, Wanderpredigt, Landflucht, Ostsiedlung, Fernhandel u. a.) und im metaphorischen (Häresien, Flagellantentum, Bußbrüderschaften, mystische Gottsuche, Inklusentum, Einsiedelei u. a.) Sinn wurden vor allem von Individuen getragen, die aus alten traditionalen Gemeinschaften wie der grundherrschaftlichen familia, der Sippe und der Dorfgemeinde losgelöst nun neue Gemeinschaften suchten. Dabei traten die im Christentum tradierten Bilder der frühchristlichen Weltfremdheit wieder zutage. Der *homo viator*[141], der Pilger, stellte den Inbegriff der auf Erden lebenden, doch dem Jenseits zustrebenden Büßer und Büßerinnen dar, die keine andere Gemeinschaft mehr kennen wollten, als die der gleich gesinnten Weltabgewandten. Buße war das Hauptmotiv jener äußeren und inneren Bewegungen der europäischen Aufbruchszeit, auch die Pilgerschaft zählte als Bußhandlung. Die Pilger verließen ihre Familie, ihren Alltag, ihren sozialen Status und begaben sich auf einen mühevollen und entbehrungsreichen Weg zu einem heiligen Ort.[142] Dort, in Jerusalem, oder an einem der unzähligen Wallfahrtsorte, die das Hoch- und Spätmittelalter hervorbrachten, konnten außeralltägliche Gefühle der Gemeinschaft mit anderen Büßern entstehen. Wie oft treten in dieser Atmosphäre des Außergewöhnlichen nicht Wunder auf und werden Kranke geheilt? Denn das Außeralltägliche kann Menschen heilen, indem es sie aus jenen Lebensmustern befreit, die ihre Krankheit bewirkt haben. «Institutionen von Ungleichzeitigkeit»[143], wie Jan Assmann solche willkürlich auftretenden, zeitlich und räumlich begrenzten liminalen Ereignisse nennt, geben den Menschen ihre Zweidimensionalität wieder, das heißt ihre Ganzheit, die heilsam wirkt. Arbeit, Ordnung und alltägliche Routine führen zu einer Sinnentleerung, wenn nicht auch die zweite, zeitlose und unstrukturierte Dimension ansprechbar wird, in der mit Ergriffenheit die Fülle der Ganzheit, eine Art «heiliger Schrecken der Entformung»[144] wahrgenommen werden kann. Ohne sich auf Turner zu beziehen, entwirft Assmann mit diesen zwei Dimensionen ein ähnliches Konzept wie der Sozialanthropologe mit der Gegenüberstellung von Struktur und Anti-Struktur. Die Pilger suchen und finden eventuell Communitas an den heiligen Schreinen mit den Reliquien. Die religiösen Bewegungen, insofern sie tatsächlich zur Wanderschaft veranlassten oder eine innere Wanderschaft und Gottsuche bewirkten, stellten liminoide Handlungen dar, deren Motive in dem Bedürfnis nach einer Ganzheitserfahrung zu suchen sind. Communitas christlicher Prägung diente als Leitgedanke in den Zeiten der Unordnung, als in Europa alte traditionale Strukturen an Einfluss verloren. In Übergangszeiten droht das Ungeformte sowohl als chaotische Zerstörungskraft als auch als kreatives Potential. Dabei kann es als Versuch der Päpste gewertet werden, der abendländischen Christenheit mittels der Kreuzzüge ein klares Bild ihrer Grenzen zu verschaffen. Die ecclesia militans sollte durch Kriegsführung eine körperliche Einheit und natürlich eine dem Papst unterstellte innere Ordnung bewirken. Krieg kann, wie Jan Assmann[145] mit Bezug auf Roger Caillois[146] bemerkt, ebenfalls als Ausstieg aus der Alltagskultur und als heilige Zeit erlebt werden. Auch Krieg kann Communitas hervorbringen, allerdings ihre gewalttätige Variante. In den Kreuzzügen gelang es Papst Urban II. (1035–1099), ritterliche Laienfrömmigkeit mit kriegerischer Aggressivität zu einer Synthese zu vereinigen.[147] Schließlich war die Herausbildung eines Ritterstandes mit einem Ritterethos dem Einwirken der Kirche zu verdanken, die sich unermüdlich um die Bändigung des ungeschlachten Kriegertums bemüht hatte.[148] Die mittelalterlichen Kleriker haben die gefährliche Form von Communitas, wie sie in der Kampfgemeinschaft der Krieger, dem gemeinsamen Erleben von Schmerz und Grausamkeit, der Gemeinschaft stiftenden Todesnähe auftritt, wahrgenommen und in einen christlichen Rahmen gefügt. Die Kirche versuchte stets, Formen von Communitas-Ideologie nach dem christlichen Leitbild auszurichten. So gelang es ihr zum Beispiel, die Armutsbewegung in Assisi als neuen Orden in ihren Schoß «heimzuführen».

Nach Victor Turner «gleicht Franz von Assisi vielen anderen Gründern von Communitas-Gruppen».[149] Franziskus legte Wert auf direkte Beziehungen zwischen den Menschen und hatte größte Mühe, allgemeine Richtlinien für die Ordensführung festzulegen. Nacktheit galt ihm als Hauptsymbol der Loslösung von materiellen Bindungen. Wie die spätantiken Wüstenheiligen sollten die Ordensbrüder sich durch extreme Armut jenseits der wirtschaftlichen und politischen Strukturen in permanente Liminalität versetzen. Adolf Holl[150] versucht in seiner Franziskus-Biographie auch die andere Seite des gefühlsstarken jungen Mannes zu ergründen. Franziskus träumte wie viele seiner gleichaltrigen Gefährten von ritterlichem Heldentum. Er war ein geselliger junger Mann, der mit seinen Freunden in den Krieg zog. Nachdem seine erste große Schlacht ihm ein Jahr Gefängnis und schwere Krankheit beschert hatte, erfuhr er auf dem Weg in sein nächstes Kriegsabenteuer Träume und Gesichte, außeralltägliche Sinneswahrnehmungen, die ihn dazu bewogen, die bisher für ihn gültige Ordnung umzukehren. Auffällig bleibt die Nähe von Heiligen- und Ritterideal, der Wechsel von Kampf- zu Leidensgefährten, von äußeren zu inneren Feindbildern, von der Geborgenheit in einer Gruppe Gleichgesinnter zu der persönlichen Liebesbeziehung mit dem «Anderen» (Jesus oder Frau Armut), die sich im 13. Jahrhundert erstmals in Form göttlicher «Minnezeichen»[151], der Stigmatisierung, manifestiert. Die geistliche Ritterschaft von Laien, die als Nachfolge Christi gelebt wird, ähnelt dem Minne-Dienst, allerdings ersetzt der Gekreuzigte die begehrte Frau oder den Geliebten. Mit der Nachfolge Christi vollzieht jeder Gläubige sein *sacrum commercium*[152], seinen individuellen Umgang mit Gott, ordnet sich dabei aber in den «Heereskörper» jener ein, die Christus nachfolgen.

Der radikale Franziskaner Petrus Johannis Olivi (1248–1298) entwarf das Konzept einer *ecclesia spiritualis*, in der er Communitas unter den armen spirituellen Männern, die von Gottes Geist gelenkt würden, weissagte. Er sah in der wahren, erhofften Kirche «die Gemeinschaft der geisterfüllten Verwirklicher des evangelischen Lebens».[153] Seine von Joachim de Fiore inspirierte Communitas-Ideologie liegt auf einer körperlosen Ebene, es ist der Geist Gottes, der die Spiritualen eint und durchdringt. Die Ungleichheit der Menschen auf Erden widerspricht der Gleichheit der Menschen vor Gott. Die christliche Lehre hatte die sozialen Unterschiede als eine Folge der Erbsünde erklärt. Leid und Ungerechtigkeit auf Erden entsprachen dem unerlösten Zustand der Menschheit, sie zu ertragen war aber Bedingung, um im Jenseits, dem Reich des Geistes, Vollkommenheit zu erlangen. Unter dem Begriff der Armut verstanden die Spiritualen die Loslösung aus den Strukturen der «Frau Welt». Diese Bezeichnung bestätigt, dass Frauen mit jener körperlichen Vitalität identifiziert wurden, die zuerst mittels Askese abgelegt, aber dann, wie Maurice Bloch ausführt, wieder unter der Herrschaft des transzendentalen Elements vereinnahmt werden sollte, um das Reich des heiligen Geistes zu errichten. Die Bettelorden waren die ersten, die in wesentlich größerem Ausmaß als im Frühmittelalter auch Laien aus den untersten Schichten eine kirchliche «Karriere» ermöglichten. Sie verwirklichten damit den Anspruch auf relative Gleichheit, wie sie angeblich im Urchristentum gelebt worden war. Denn auf der spirituellen Ebene zählen Besitz und Status nicht viel. George Duby[154] hält diese Flucht vor dem Reichtum, die für die religiösen Bewegungen des Mittelalters kennzeichnend ist, für eine schuldbewusste Reaktion auf den Wirtschaftsaufschwung seit dem 11. Jahrhundert und auf das daraus erwachsene Profitdenken. Fügt man das Wissen über die mittelalterlichen religiösen Bewegungen in den menschlichen Grundwiderspruch ein, den Turner als jenen zwischen «Struktur und Anti-Struktur» formulierte, dann wären die verstärkten Communitas-Bewegungen als Reaktion auf politische, religiöse und wirtschaftliche Strukturen zu interpretieren, die den Anforderungen der Zeit nicht mehr gerecht wurden. Das Auftreten des *unio-mystica*-Gedankens deutet ebenfalls auf eine Verschiebung der Communitas-Erwartungen auf eine persönlichere, intimere Erfahrungsebene hin. Während die *vita communis* klösterlicher Gruppierungen ein gemeinschaftliches, religiöses Klima ohne ordnungsauflösende gemeinsame Erfahrungen der Grenzüberschreitung schuf, eben nur einen familienähnlichen Lebenskreis als Abgrenzung gegen die machtvolle Dynamik wirtschaftlicher, ständischer und geschlechtsspezifischer Lebensordnungen, so traten in enthusiastischen religiösen Gruppierungen communitasähnliche Erfahrungen auf und wurden auch gesucht. Zusätzlich berichteten ab dem 13. Jahrhundert immer mehr Einzelpersonen, unter ihnen viele Mystikerinnen, von Verschmelzungserfahrungen mit Gott. Innerhalb Turners Terminologie wären ihre Einzelerlebnisse als liminoid zu bezeichnen, wenngleich sie sich oft an Ereignissen des Kirchenjahres entzündeten und daher sowohl sinnlich wie symbolisch noch mit kollektiven Ritualen in Verbindung standen.

4.6 Individualisierung und Verinnerlichung

Das westliche Christentum hatte im Hochmittelalter begonnen, seine Grenzen zu definieren und zu erweitern.[155] Die Kreuzzüge zur Eroberung des Heiligen Landes, die Ostkolonisation und die spanische Reconquista belegen diese expansiven Bestrebungen. Das Wirtschaftswachstum und der zunehmende Handelsverkehr führten in den folgenden Jahrhunderten zum Anwachsen der Städte, die soziale Mobilität erhöhte sich spürbar. Da Menschen das Land verließen, um sich in den Städten anzusiedeln, und da bisher gemeinschaftlich genützte Weiden, Wälder und Fischteiche nun manchmal der gemeinsamen Nutzung verweigert wurden, zogen Fragen der Grenzsetzung und der Grenzüberschreitung sowie der klaren Unterscheidung zwischen Innen und Außen eines Sozialkörpers die Aufmerksamkeit auf sich. Parallel dazu hatte die Seelsorge begonnen, eine Intentionalethik zu fordern, die auch von den religiösen Reformbewegungen eifrig befürwortet wurde. Die Absicht der Sünder sollte das Strafausmaß nun eher bestimmen als die konkreten Folgen der Tat. Zusammen mit den Migrationsbewegungen verstärkte auch der zunehmende Schriftgebrauch die Unterscheidung der äußeren Erscheinung und Gesten eines Menschen von seinem inneren Gemütszustand und seinen Absichten.[156] Denn die sichtbaren Handlungen mussten ebenso wenig der inneren Verfassung entsprechen wie Buchstaben die Wahrheit enthielten. Die Schrift trennt die Urheber einer Nachricht von den Empfängern. Sprache befähigt grundsätzlich zur Lüge, die Gefahr des Betrugs oder Missverständnisses nimmt aber mit der Herauslösung des Wortgebrauchs aus der konkreten Lebenssituation eindeutig zu. Traf man in der Fremde auf unbekannte Menschen, so half kein vertrauter Kontext mehr, die Absichten des Gegenübers mit Sicherheit zu deuten. Von den Erfahrungen mit der Schrift ausgehend begann man daher den Gesten und Ritualen zu misstrauen.

Angetrieben vom Bedürfnis nach den Tröstungen erbaulicher Schriften verbreitete sich die Lesekunst zusehends. Man begann für sich allein zu lesen, statt einem Vortrag zuzuhören. Der Körpereinsatz minimierte sich zugunsten einer innerindividuellen Performanz des Geistes.[157] Eine der wesentlichen Folgen der Literalität stellt die Trennung des Bewusstseins vom Körper dar. Die Alphabetisierung verändert nicht nur die Kommunikation, sondern verstärkt die Herausbildung einer vom Körper distanzierten psychischen Instanz.[158] Rolf Sprandel weist darauf hin, dass die Seele von analphabetischen Laien des Mittelalters einfach als Zweitkörper vorgestellt wurde. Erst ab dem 16. Jahrhundert begann sich die Vorstellung der Seele als körperloser Geist durchzusetzen[159], der über den Körper zu herrschen habe statt umgekehrt. Mit den Begriffen von Maurice Bloch ausgedrückt, handelt es sich bei der neuzeitlichen Sozialdisziplinierung daher um die Durchsetzung geistiger Prinzipien, die sich nur mittels gehorsamer Körper Ausdruck und Dauer verschaffen konnten.

Auch die Verstärkung der Geschlechterhierarchien wird als Ergebnis der Alphabetisierung und Individualisierung fassbar.[160] In der christlichen Anthropologie galt das Geistige als männlich und das konkretere Körperliche als weiblich und dem Geistigen untergeordnet wie die Frau dem Mann.[161] In jedem einzelnen Menschen galt die Seele daher gegenüber Gott zwar als das Weibliche, gegenüber dem Körper jedoch als das Männlichere. Für die Theologen war das Wort Gottes daher geistig und männlich vorzustellen, das Fleisch aber verweslich und weiblich. Auch innerhalb der Ehen sollten die Laien diesen Gesetzen gehorchen. Die Frau hatte sich dem Mann unterzuordnen wie das Fleisch dem Geist, der nach christlichen Vorstellungen eindeutig im Manne stärker zugegen war als in der Frau. Die Christenheit gestand den Frauen nur den Verdienst am fleischlichen Teil des Lebens zu – das Empfangen, Austragen, Gebären und Nähren. Die katholische Kirche verweigert Frauen nach wie vor das Priesteramt, weil nur ein Mann als Geistträger der weiblich gedachten Gemeinschaft vorstehen und die Transsubstantiation durchführen darf. Letztere bedeutet nichts anderes, als den Geist in die Materie zu pflanzen: einen Zeugungsakt durchführen. So wie der männliche Christus der weiblichen Kirche vorsteht, so sollte der Landesherr dem Volke vorstehen, und so hatte auch der Mann die Aufgabe, seiner Frau zu befehlen und sie notfalls sogar zu züchtigen, ihr also den männlichen Geist auf diese Weise einzubläuen.[162]

Dieses Geschlechterverhältnis, das in subsistenzwirtschaftlichen Strukturen des alten Europa dennoch der Frau ein gewisses Ansehen in den ihr zugewiesenen Arbeitsbereichen gestattete[163], führte mit der einsetzenden Ausdifferenzierung seit Beginn der Neuzeit zu erheblichen Nachteilen für weibliche Lebenszusammenhänge. Bei der Umstellung von Naturallohn auf Geldlohn trug man der Ansicht Rechnung, dass Arbeit von Gott angeordnet und eine Art unblutiges Martyrium wäre. Geld konnte daher als die Quantifizierung dieser Form der Selbstbeherrschung aufgefasst werden und in diesem Sinne einer Vergeistigung entsprechen. Letztere schien aber dem männlichen Geschlecht angemessener als dem weiblichen. Oblag doch das Schreiben und Lesen, der Umgang mit Wissen und Bildung vorrangig ebenfalls dem männlichen Geschlecht, das in dieser Hinsicht Christus repräsentierte, der als Haupt und geistiger Führer der Christenheit galt. Frauen erhielten daher aufgrund ihres Geschlechts für ihre Arbeit grundsätzlich bis zu 50 Prozent weniger Geldlohn[164], selbst wenn sie sehr schwere körperliche Arbeit verrichteten. Das Medium Geld formulierte die mindere Vergeistigung der Frauen. Wo die Marktabhängigkeit wuchs, dort verloren die Frauen und ihre Arbeit an Wert. Je stärker die Profitwirtschaft sich in der frühen Neuzeit durchsetzte, je mehr für den Markt und nicht nur für den Eigenbedarf produziert wurde, um so mehr wurde die Position des Mannes als des vorgeblich produktiven Ernährers der Familie gestärkt. Da sich eine Frau mit ihrem Lohn kaum selber erhalten konnte, verwiesen die Hauswirtschafts- und Ehetheoretiker sie aufs Haus, wo sie zwar als unabkömmlich, jedoch nicht mehr als produktiv galt, sondern nur mehr eine untergeordnete Hilfskraft des Mannes war, dessen Geld sie verwaltete und zu Konsumzwecken auf den Markt trug.

Besonders in protestantischen Ländern verstärkte die Alphabetisierung breiterer Schichten die Aufnahme patriarchalischen Gedankenguts aus dem Alten Testament. Die frühneuzeitliche Staatenbildung untermauerte die Machtstellung des männlichen Haushaltsvorstandes, indem sie die Autorität des obersten Landesherrn über seine Untertanen mit der Autorität des Vaters über Frau und Kinder verglich, wie die Bibel es vorsah. So wurde der Vater zum Vertreter staatlicher Gewalt in der Familie. Auch die katholischen Fürsten beriefen sich auf ihre Vaterrolle. Paulus hatte das Bild des mystischen Leibes Christi herangezogen, der sich aus der Gruppe der Gläubigen als dem Körper und somit weiblichen Teil sowie aus Christus, dem Haupt, als männlichem Teil zusammenfügte. In diesem Sinne stellte der Fürst das Haupt des Staates dar und jeder Vater das Haupt seiner häuslichen und feminisierten Gemeinschaft. Religiöse und emotionale Versorgung, die soziale Vernetzung ohne wirtschaftliche oder politische Bedeutung wurden in den privaten Raum der Familie verschoben, der seinerseits ein vornehmlich weiblicher Wirkungsbereich unter männlicher Oberhoheit sein sollte. Mit der Auflösung der sichtbaren Kirche durch die Reformation rückte die Familie als Werkstatt des Lebens wieder an den ersten Platz, während sie bis dahin nach der objektiv wahrnehmbaren Kirche nur als sekundäre Institution hatte wirken dürfen.[165] So kam es zur Übertragung ehemals religiöser Aufgaben des Kultes auf private Haushalte. Erst über den Rückgriff auf die Ideologie des «ganzen Hauses»[166] und durch die Stützung des «Hausvaters» konnte sich die frühmoderne Staatlichkeit trotz mangelnder institutioneller Zentrierung langsam festigen.[167] Mit der fast kultisch überhöhten Familienordnung verschoben sich aber in der frühen Neuzeit auch die Communitas-Hoffnungen in den familiären Bereich. Der häusliche Raum sollte im Idealfall eine Ausstiegsmöglichkeit aus alltäglichen rollenspezifischen Angelegenheiten bieten und dennoch ein mikrokosmisches Abbild der Weltordnung sein. Niklas Luhmann stellte fest, dass ab dem 18. Jahrhundert vermehrt Hoffnungen auf besondere Liebeserlebnisse an diese kleine Lebenseinheit, an das Paar oder die Familie, fixiert wurden.[168] Dies ist auch jenes Jahrhundert, in dem nach Grant McCracken[169] die Konsumgesellschaft bereits in einer frühen Form für reichere Schichten existierte. Je mehr also die zweckrationale Arbeitswelt Bedürfnisse nach Entspannung von der Rollenvielfalt entstehen lässt, umso dringender soll das familiäre Leben diese durch ganzheitliche Einbindung erfüllen. Somit bildet sich im Haus ein unvereinbarer Widerspruch heraus, welchen auch der Theoretiker des «ganzen Hauses», der Sozialhistoriker Otto Brunner, als problematisch anführte. Denn einerseits soll es als Keimzelle des Staates die kosmische und politische Hierarchie abbilden und stützen, andererseits bedroht es aber mit ungeordneten Gefühlen und Statusverkehrung (z. B. zwischen Mann und Frau) diese wichtigen sozialen Differenzierungen. Denn die romantische Liebe hebt die Unterordnung der Frau unter den Mann in vieler Hinsicht auf. Traditionale Gesellschaften hatten im Zusammenleben der Ehegatten und Familien niemals Verkehrungen und Chaos geduldet, zumal privater und öffentlicher Raum gar nicht unterschieden wurden. Da nun die kollektiven religiösen Riten zur Erfahrung von Zweidimensionalität seit der Aufklärung nur noch eingeschränkt zur Verfügung standen, mussten neue Räume dafür gefunden werden: das Privatleben und die Innerlichkeit. Nach der Entmachtung der Kirche, die bisher alleinige Verwalterin liminaler Ereignisse gewesen war, übernahmen jedoch zusätzlich bald auch andere Institutionen diese Aufgaben.

5
Messen und Märkte

«Die Messe bedeutet Lärm und Geschrei, Gassenhauer, Jubel und Trubel, verrückte Welt, Tohuwabohu, gelegentlich Tumult.»[170] So beschreibt Fernand Braudel in Stichworten, was mittelalterliche und frühneuzeitliche Messebesucher auf den großen Handelsveranstaltungen einst erwartete. Man sieht, dass es keinesfalls nur um die ruhige Abwicklung alltäglicher Verrichtungen ging. Ganz im Gegenteil war auf Messen und Jahrmärkten oft der Teufel los und deswegen kamen die Menschen auch hin. Die alljährlich wiederkehrenden Tage, an denen Händler ihre Waren aus den entlegensten Gebieten des damals bekannten Erdkreises konzentriert an einem Marktplatz zum Kauf anboten, sprengten die Gesetze des Alltags, lockten Menschenmassen an und verleiteten sie dann zu allerlei Dummheiten und ungebührlichem Benehmen, das man sich sonst für den Karneval vorbehielt. Die verrückte Welt, von der Braudel spricht, erlaubte es, mit dem fahrenden Volk der Händler, Gaukler und Wunderheiler in Kontakt zu treten und danach ganz ungeniert über den Durst zu trinken und einen Krawall loszubrechen. Diese Menschenmengen, die sich zu gegebenem Anlass in den Handelszentren einfanden, unterhielten sich in verschiedenen Sprachen und Dialekten und bezahlten nur dann nicht mit unterschiedlichen Münzen, wenn sie gezwungen waren, sie gegen die vor Ort gültige Währung einzutauschen. Die Handelsabsichten brachten fremde Menschen zusammen, die sich auf einem dafür vorgesehenen Terrain zur gegebenen Zeit mit ihren Überschüssen, Waren und Interessen einfanden. Ein solches Tauschereignis galt daher zumindest für die Ansässigen als Ausnahmezustand und grenzüberschreitende Erfahrung. Das Aufblühen von Handel und Wirtschaft zu Beginn des 2. Jahrtausends der christlichen Zeitrechnung kann daher nicht nur unter einem rein ökonomischen Aspekt betrachtet werden. Dennoch sollten die wirtschaftlichen Motive nicht unterschätzt werden.

5.1 Kult und Kauf

Die ursprüngliche Annahme der Historiker, dass vor allem die Kreuzzüge den Fernhandel intensiviert hätten, scheint nicht mehr haltbar, denn bereits vor diesen mit religiösen Motiven begründeten Wanderbewegungen bestanden ausgedehnte Handelsbeziehungen mit den östlichen Mittelmeerregionen. Allerdings erleichterten die Tempelritter sicherlich den Fernhandel dadurch, dass sie ihr System der Wechselgeschäfte, das sie zur vorteilhafteren Verwaltung der Ordensniederlassungen in allen Himmelsrichtungen der damals bekannten Welt betrieben, auch der Abwicklung internationaler Geldgeschäfte unter Handelsleuten zur Verfügung stellten. Bereits im Frühmittelalter durchzogen Kaufmannskarawanen den Kontinent, um an traditionell festgelegten Orten ein- oder zweimal im Jahr ihre Waren anzubieten. Die Unsicherheit der Wege begünstigte solche Zusammenschlüsse. Viele der so genannten Handelsemporen wie Haithabu auf der Jütischen Halbinsel nördlich der Eider oder Dorestad an der Gabelung der Flüsse Rhein und Lek in den heutigen Niederlanden hatten bis ins 10. Jahrhundert von ihrer für die Schifffahrt verkehrstechnisch günstigen Lage profitiert. Sie verloren ihre Bedeutung als Umschlagplätze wieder, sobald die Verkehrswege im Hochmittelalter sich vermehrten.[171] Obwohl es sich um jährlich wiederkehrende Treffen von Fernhändlern handelte, sprechen die Historiker doch erst dann von Messen, wenn die Fernhandelstreffen in einer Region im Jahreskreis aufeinander abgestimmt waren[172], sodass die Händler von einer Stadt zur nächsten ziehen konnten und die Verkehrsströme auf die Gewerbelandschaften Rücksicht nahmen, statt die Veranstaltungen nur als Umschlagplätze für spezialisierte Güter des Fernhandels zu benützen. Messen entstanden also erst mit gesicherten Verkehrswegen und einer zuverlässigen Gerichtsbarkeit sowie einer vertrauenswürdigen Münze. Zu diesem Zwecke arbeiteten Kaufleute und Landesherren zusammen, die beide von vermehrten Güterströmen profitierten. Im günstigsten Falle förderte die zeitliche Ausdehnung der Verkaufsmöglichkeiten von wenigen Tagen auf einige Wochen den Übergang von einem Jahrmarkt zu einer Messe.

Diese institutionalisierten Handelstreffen bildeten ab dem 12. Jahrhundert Systeme, die durch die Absprache zwischen Händlern, Städten und Landesherren vor allem in West- und Mitteleuropa mächtige Warenströme in Bewegung setzten, und stellten das Ergebnis gezielter Handelspolitik dar. Die Messen der Champagne, wohl das bekannteste Beispiel eines solchen Systems, dienten vermutlich anderen Regionen als Vorbild.[173]

Neben bewusst errichteten Zentren existierten aber, wie Münzfunde und urkundliche Erwähnungen belegen, auch Handelsplätze, die seit der Antike frequentiert und nahe gelegenen, später gegründeten, aber mittlerweile weit größeren Städten stets vorgezogen wurden. Die Ursachen hierfür können nicht eindeutig erklärt werden. So untersuchte Michael Mitterauer die Geschichte des Marktes in Petronell und konnte eine Jahrmarktskontinuität an diesem Ort bis in die Antike zurückverfolgen. Seine Untersuchungen, die das Festhalten an diesem Ort wirtschaftlich oder verkehrspolitisch hätten begründen sollen, führten jedoch zu keinem Ergebnis. Mitterauer konnte nur Kräfte «außerhalb des ökonomischen Bereiches»[174] vermuten, jedoch nicht spezifizieren. Der Historiker hält insgesamt fest, dass es für das Jahrmarktwesen Beharrungstendenzen von ungewöhnlich langer Dauer gibt. Bestimmte Plätze, die sehr oft in Verbindung mit lokalen Kulten standen, wurden sogar über Jahrtausende hinweg kontinuierlich von Händlern frequentiert, die heidnischen Zentren im Lauf der Zeiten durch christliche ersetzt.

Oft entstanden Kulte und attraktive Sakralbauten aber erst an Orten, die bereits eine Jahrmarkttradition aufwiesen, und verstärkten die Anziehungskraft dieser Märkte. Auch bezüglich Petronell, wo der Markt rund um den Festtag der hl. Petronilla, der Patronin der alten Pfarrkirche, abgehalten wurde, besteht die Vermutung, dass es sich um ein altes Quellheiligtum handeln könnte, wohl nicht zu Unrecht, kann aber nicht mehr zufrieden stellend belegt werden.[175] Einerseits förderten geistliche Herren, Bischöfe oder Äbte, mit voller Absicht die Entstehung so mancher Messe, weil sie die Überschüsse der Grundherrschaft verkaufen und umgekehrt hochwertige Konsumgüter vor Ort einkaufen wollten.[176] Andererseits trugen Heiligenfeste und Wallfahrtsorte dazu bei, Jahrmärkte zu bedeutsamen überregionalen Ereignissen anwachsen zu lassen, die sowohl Kunden als auch Händler mit rein profanen Interessen anlockten. Das Verhalten Jesu, der die Geldwechsler aus dem Tempel vertrieb, war weder zu seiner Zeit noch tausend Jahre später für jedermann einleuchtend. Wo sonst werden die Händler am schnellsten ihre Waren los als dort, wo viele Menschen zusammenkommen? Bis heute sind religiöse Zentren auch hervorragende Verkaufsstätten für geistliche und profane Waren. Warum sollte man die Tatsache, dass man doch seine Christenpflicht regelmäßig zu erfüllen und die heilige Messe zu besuchen hat, nicht mit nützlichen Tätigkeiten wie Einkäufen und Geschäftsbesprechungen verbinden? Schließlich schrieb der christliche Jahreskreis die Zeiten vor, zu denen sich besonders große Menschenmassen bei den Kirchen einzufinden hatten. Solche Gelegenheiten sind seit jeher günstig gewesen. Daher gab es in vielen großen Städten des Mittelalters Ostermärkte, weil dann auch die Menschen aus weit entlegenen Dörfern zumindest einmal im Jahr in die Stadt reisten und dabei sicherlich auch Einkäufe zu erledigen hatten. Kult und Kauf sind somit eng verschränkt. Die kirchlichen Festtage, nach denen sich auch die analphabetische Bevölkerung leicht orientieren konnte, gaben den Märkten ihre Namen und markierten sowohl religiöse als auch profane Höhepunkte im Jahreskreis. Als Markttermine eigneten sich neben Ostern auch Pfingsten oder Christi Himmelfahrt, in der zweiten Jahreshälfte dann vor allem

Mariae Himmelfahrt (z. B. in Frankfurt) oder Allerheiligen (z. B. in Würzburg). Neuere Marktgründungen versuchten ihre Termine in die verbleibenden Kalenderlücken zu legen, um nicht mit älteren Veranstaltungen in Konkurrenz zu geraten. Dabei gaben die christlichen Heiligen der ausgewählten Tage dann den profanen Vorhaben die Namen.

Aber wer weiß, sind Tauschbeziehungen tatsächlich nur profan? Die zeitliche Ausdehnung der Märkte und ihre Zunahme allgemein ermöglichten es den Händlern, ein ganzes Jahr von einer Stadt zur anderen zu ziehen, wobei sie ihre Waren auf Fuhrwerken mit sich führten. Sie verblieben also in diesen herausgehobenen, liminalen Zuständen. Die große Zeit der Messen endete, sobald reichere Handelshäuser Lagerhallen errichteten und die Einzelhändler belieferten. Denn die wachsende Einwohnerzahl der frühneuzeitlichen Städte ließ den Bau von feststehenden Läden profitabel werden. Die Städte veränderten sich und passten ihre Architektur den Handelsbedingungen an. Patrizierhäuser wurden nach Bedarf zu Messekaufhöfen umfunktioniert.[177] Hatten die Händler im 10. und 11. Jahrhundert ihre transportablen Läden geschwind entlang bereits bestehender Straßen[178] im Ortskern errichtet, wo ansonsten außerhalb der Marktzeiten Wohnhäuser die Atmosphäre bestimmten, so reihten sich ab dem Hochmittelalter die Häuser rund um den Platz, den man für den Handel benötigte. Marktviertel entstanden, wo das ganze Jahr über Handel getrieben werden konnte. Trotzdem blieben Messen für die fahrenden Händler so lange interessant, als ihnen die Landesherren besondere rechtliche Privilegien während der Messezeiten zusicherten.

In Handelsstädten beschränkte sich der Markt nicht mehr auf wenige Wochen im Jahr, sondern verwandelte sich zu einer dauernden Institution im Zentrum der Siedlungen. Mit der Intensivierung des Fernhandels ab dem 16. Jahrhundert wurden selbst exotische Waren nicht mehr nur ein- oder zweimal jährlich zum Verkauf angeboten, sondern bildeten kontinuierliche Bestandteile des Sortiments. Gleichzeitig erhielten auch die Kredit- und Geldgeschäfte, die Basis eines internationalen Austausches unter Großhändlern sind, ihre Gebäude zur Abwicklung des Zahlungsverkehrs. Handelshäuser entstanden, die ärmere Kaufleute von sich abhängig machten und für den Vertrieb der en gros eingekauften Waren einsetzten. Die Distanzen zwischen Produzenten und Konsumenten vergrößerten sich ebenso wie die Profite, welche bei der geschickten Vermittlung zwischen Angebot und Nachfrage quer über den Kontinent erzielt werden konnten.

5.2 Aspekte der Verschwendung

Modernen Mitteleuropäern fällt es schwer, die Bedeutung traditionaler Handlungsweisen in den frühneuzeitlichen Gesellschaften nicht abschätzig zu beurteilen. Das kollektivistische Denken ist uns fremd, daher scheinen so manche Sitten der Vormoderne aus heutiger Sicht schädlich oder lächerlich. Wir sind gewohnt, täglich auf der Straße Hunderten von Fremden zu begegnen und uns ohne Übergangsrituale in einem überfüllten, chaotischen Kaufhaus schnell ein Paar Socken zu kaufen, womöglich mit Kreditkarte und ohne weitere Kommunikation mit Verkäufern. Dabei geraten wir keineswegs in Feststimmung, sondern bewegen uns zielstrebig von zu Hause an den Arbeitsplatz, zwischendurch in das Kaufhaus und dann wieder zurück. Wir verschwenden keine Zeit. Dieser schnelle Szenenwechsel ist deshalb möglich, weil es nur mehr wenige kollektive Rhythmen gibt, etwa die Stoßzeit oder das Wochenende, vielleicht den Sommerurlaub. Die Individuen bestimmen ihre Rhythmen selbst, sie haben sich in ihrer Tagesgestaltung ebenso ausdifferenziert wie die Arbeitsvorgänge sich spezialisiert haben. Niemand ist mehr auf eine bestimmte Tanzveranstaltung bei Kirchweih angewiesen, um einen Liebespartner zu finden. Geld fließt nicht nur einmal im Herbst nach der Ernte oder in dem Monat, in welchem die Löhne ausbezahlt werden, sondern es steht immerzu zur Verfügung, sei es als Guthaben oder als Kredit. Auch die Kaufleute selbst vertreiben ihre Waren rund um das Jahr, ein großer Teil von ihnen verkauft noch dazu en gros an seinesgleichen, ohne das mit Unterhaltungselementen zu verknüpfen. Jene Händler, die sich gar auf den Kapitalmarkt spezialisiert haben, vertreiben ihre abstrakte Ware digital. Nichts wäre bedrohlicher als Chaos und Rausch in den Chefetagen des Finanzkapitals. Auch Börsenmakler trinken erst nach einem langen und anstrengenden Arbeitstag ihr Bier, wenn überhaupt. Vielleicht halten sie sich lieber an Fruchtsäfte und vegetarisches Essen. Da auf den Ebenen der spezialisierten Berufshändler jeder Profite erzielen will, macht der Markt keinen Spaß mehr, er wird zur reinen Arbeit. Nicht das Soziale oder die Kommunikation, nicht die Neuigkeiten oder das Staunenswerte, sondern das Geschäft steht im Vordergrund, also die Arbeit und nicht das Vergnügen. In subsistenzwirtschaftlichen Zusammenhängen war das anders, denn dort standen nicht der Gewinn oder der Zuwachs, sondern das jährliche Auskommen im Vordergrund. In einem nach Jahreszeiten ausgerichteten dörflichen Zusammenhang machte es mehr Sinn, die Überschüsse gemeinschaftlich zu vergeuden, als sie zu horten. Feste dienten daher auch der performativen Umsetzung und Bestätigung der sozialen Vernetzung. Jacques le Goff hat versucht, die Wende von der beschwerlichen Arbeit, die einer Bestrafung glich[179], zu einer ehrenvollen Arbeit, die Würde und Ansehen verlieh, im Hochmittelalter nach zu verfolgen. In den bürgerlichen Schichten arbeitete man nicht mehr, weil man die Subsistenz sichern musste, sondern weil das Tätigsein die Tugend und den Status einer Person unterstrich.[180] Allerdings handelte es sich dort auch weniger um körperliche Arbeit als um Verwaltungstätigkeiten.[181] Umgekehrt erzeugte die Arbeitslosigkeit der Bettler und Saisonarbeiter nicht nur Mitleid, sondern auch Verachtung und Furcht[182], weil die ökonomische Benachteiligung der ärmsten Schichten die gesellschaftliche Ordnung bedrohte. Die Schuld suchte man jedoch – wie auch heute – zumeist bei den sozial Benachteiligten selbst.

Der Begriff des «Geschäfts» hängt mit «schaffen» zusammen, das sowohl kreative Erzeugung als auch allgemeines Tätigsein meinen kann.[183] Dabei zeigt die Bedeutungsentwicklung dieses Wortes, dass es im Verlauf der Neuzeit immer weniger um Handarbeit oder Produktivität ging. Im Neuhochdeutschen wird das «Geschäft» fast nur noch für Handelsgeschäfte verwendet. Le Goff zitiert den Autor eines Beichtmanuals, Thomas von Chobham, aus dem 13. Jahrhundert als Beispiel.[184] Zu dieser Zeit begannen gewisse Tätigkeiten und Berufe achtbarer zu werden als andere. Die geistige Arbeit, jene der Gelehrten und Kaufleute, fand zunehmend mehr Anerkennung als die körperliche.[185] Denn während die einen mit abstraktem Wissen umgingen, mussten die anderen vor allem mit Preisen und Gewinnraten kalkulieren, sie waren also vor allem Kopfarbeiter und hielten dabei von vornherein ihren Körper im Zaum. Thomas von Chobham wollte theoretisch sogar die Tätigkeit der Prostituierten insofern als Arbeit anerkennen, als sie diesen selbst eben keine Lust bereite und auch nicht mit Betrug zu tun habe. Die Erhebung der körperlichen Arbeit zu einer geachteten christlichen Tätigkeit war gebunden an ihren kathartischen Effekt, an die Möglichkeit sich durch körperliche Disziplin von allen verbotenen Lüsten und Vergnügungen zu reinigen. Denn Arbeit sollte im Sinne eines unblutigen Martyriums der Vergeistigung dienen. Letztere konnte sich dann in Geld formulieren. Die Quantifizierung in Geld verwandelte den begehrlichen und sündhaften Körper in etwas Abstraktes. In Zusammenhang mit den wachsenden Städten und der Lohnarbeit manifestierte sich Arbeit auch zunehmend in Objekten, die nicht mehr für den unmittelbaren Gebrauch geschaffen wurden, sondern auf dem Markt einen bestimmten Preis erzielen sollten. Die Arbeitsteilung nahm zu und ebenso die Erzeugung für den Verkauf. Die Märkte wuchsen mit den Städten. Dort aber richteten sich bald auch die Arbeitszeiten nach der Glocke der mechanischen Uhren und nicht mehr nach dem Tageslicht. Bereits im Spätmittelalter wurde die Arbeit in urbanen Bereichen zu einer rastlosen Tätigkeit für Marktabhängige, sodass die Einheit von Arbeitszeit, Arbeitshandlung und Lebenszeit auseinander fiel.[186] Die abendländische Entwicklung nahm ihren Lauf. Handelshäuser und Handelsgesellschaften entstanden, die ihre Gelder in den weiteren Ausbau von Bergwerken oder Manufakturen investierten. Wesentlich für diese Prozesse bleibt, dass die Spekulationen mit Zeit und Geld jenseits des konkreten Ware-Geld-Tausches unter Christen letztlich doch zu großem Ansehen kamen.[187] Die Bankfachleute saßen mit den bedeutendsten Vertretern des europäischen Adels zu Tisch, während die kleinen Hausierer und Wanderkaufleute vielerorts einen schlechten Ruf genossen und der persönliche Umgang mit ihnen vermieden wurde.

In seiner Abhandlung über die Märkte der Stadt Linz beschreibt Wilhelm Rausch die zunehmende Bedeutung des Wechselverkehrs gegenüber dem Warenverkehr, um dann den Niedergang der Märkte mit folgenden Sätzen zu kommentieren: «Die Vermengung mit den immer stärker aufkommenden Volksfesten gab den Märkten schließlich den Todesstoß, denn eine Vermengung von Vergnügungsfesten mit den ernsthaften Anliegen der Kaufmannschaft hat noch allemal zum Nachteil des Handels geführt.»[188] Der Historiker versteht also den Handel nicht mehr als eine Form persönlicher Kommunikation, sondern beurteilt ihn aus der Perspektive der Gegenwart. Es geht beim Handel nur noch um Gewinn, der sich von der Verschwendung distanzieren muss. Nicht der konkrete Nutzen der Waren, sondern das Kapital steht bei diesen Überlegungen im Mittelpunkt. Der Umgang mit dem Geld, das zu Profitzwecken investiert und gewechselt werden soll, gilt als ernsthafte Arbeit, der Konsum hingegen, nämlich das Ausgeben des Geldes in einer konkreten Situation, als das Gegenteil. Der Handel, den er meint, hat sich abstrahiert, die Warenströme folgen den Geldströmen nach, und nur wer letztere bestimmt, gilt als ernsthafter Händler. Nach der Meinung von Rausch sind Märkte nicht aus Volksfesten oder mit Volksfesten entstanden, sondern diese Feste wären parasitär hinzugetreten. Er geht von der Vorstellung aus, dass «der Handel» oder «die Märkte» sich mit der vergeistigten Zahlungssubstanz beschäftigen, die von den Niederungen der Materialisierung des Geldes in Waren und Vergnügungen gestört und verunreinigt werden. Was ist passiert?

Um diese Frage zu beantworten, ist es gut, vorerst wieder an jene Orte zurückzukehren, an denen noch alles vermischt war: die mittelalterlichen Jahrmärkte oder Messen. In den mittelalterlichen Dokumenten ist von *mercatus* die Rede, von dem sich der Begriff des «Marktes» ableitet. Die Bezeichnung «Messe» stammt von einem anderen lateinischen Wort. «Ite missa est», sprach der Geistliche am Schluss des Gottesdienstes, wenn er die Gläubigen entließ. Dieser Begriff markierte also den Übergang von der sakralen in die profane Sphäre. Nun ist zu bedenken, dass gut besuchte Gottesdienste zumeist an Feiertagen stattfanden, an denen die Arbeit ruhen sollte. Außerhalb der Kirche wartete daher oft ein Tag, der für Freizeit und Spiel bestimmt war, an dem man nichts Nützliches vorhatte. Bis ins 20. Jahrhundert herrschte in ländlichen Regionen des katholischen Europa zumindest für die Männer die Sitte, nach der Sonntagsmesse ins Wirtshaus zu gehen und sich zu unterhalten, Neuigkeiten auszutauschen oder auch in entspannter Atmosphäre über Geschäfte zu sprechen, Käufe oder Verkäufe anzubahnen und sich über Preise und Nachfrage zu erkundigen. Ein Tag, an dem man in die Messe ging, war kein normaler Arbeitstag, Erwerbsarbeit war untersagt. Dennoch wurden gerade am Sonntag gerne Märkte abgehalten. Schon im Karolingerreich häuften sich die Verbote der Sonntagsmärkte, die *sine auctoritate* entstanden. Denn eine Münzkontrolle war nur durchzusetzen, wenn die Märkte als solche vom Landesherrn genehmigt werden mussten[189], der dann seinerseits nicht nur Abgaben erhielt, sondern auch eine zuverlässige Währung und rechtliche Grundlagen zur Durchführung von Geschäften garantierte. Lebensmittelmärkte zur Nahversorgung waren davon jedoch nicht betroffen.

Der Kirchplatz bot Raum und der Sonntag die richtige Zeit, um möglichst viele Leute anzutreffen, die noch dazu ein wenig

Muße hatten, sich die Waren anzusehen. Die lateinische Bezeichnung für Verkaufs- und Unterhaltungsveranstaltungen jenseits der Kirchengemäuer, die meistens im Zentrum einer Siedlung lagen, lautete außerdem *feria*, Fest, was auf Außeralltägliches hinweist. Das italienische Wort *fiera* erinnert ebenfalls noch daran, dass ein Markttag ursprünglich auch ein Festtag war. Der französische Ausdruck *foire* leitet sich ebenfalls von *feria* her und bezeichnet bis heute nicht nur eine große Marktveranstaltung, sondern wird umgangssprachlich auch eingesetzt, um Orte der Unordnung und Verwirrung zu beschreiben. Das Gleiche kann auch das englische Wort *mess* ausdrücken, es steht für Unordnung, Vermischung und schlechten Umgang. Lange vor der Einrichtung von Handelsmessen mit all ihren ausufernden karnevalesken Begleiterscheinungen boten die jährlich wiederkehrenden Märkte nicht nur ökonomische Vorteile, sondern auch die Möglichkeiten außeralltäglicher Erlebnisse, die in alten Gesellschaften immer mit kultischen Elementen vermischt waren.[190] Viele Faktoren trafen bei solchen Ereignissen zusammen. Märkte entwickelten sich im früh- und hochmittelalterlichen Europa vorzüglich rund um größere Kirchbauten, die aus allen Himmelsrichtungen aufgesucht wurden, oder noch besser an Wallfahrtsorten und besonders entlang der Pilgerrouten nach Spanien oder in den Osten. Der Tausch ist ein grenzüberschreitendes Unternehmen, das Fremde zusammenführt und in ihren Erzeugnissen auch die Kulturen aufeinander treffen lässt. Zu Zeiten schlechter Verkehrsbedingungen und nur weniger befahrbarer Straßen traf man an frequentierten Kreuzwegen auf Fremde, und nicht ohne Grund vermuteten die vormodernen Menschen dort auch die Anwesenheit von Hexen und Geistern. Denn die Wege markierten oft die kulturellen Grenzen und stellten gleichzeitig einen Zwischenraum dar, Berührungslinien mit anderen Ordnungsräumen. An solchen Orten kam es zur Kommunikation, zum Austausch oder auch zu Streithandlungen mit Vertretern fremder Länder und Regionen. In den modernen Gesellschaften haben sich die Kreuzungspunkte vervielfältigt, in jedem Supermarkt sind Waren aus allen Kontinenten vertreten, das erscheint selbstverständlich. Aber vor sechshundert Jahren war das Fremde noch bestaunenswert oder bedrohlich.

Den Markprivilegien und dem Marktfrieden, wie sie die Landsherren gewährten, lagen sicherlich ökonomische Motive zugrunde. Dennoch verstärkten sie bei Messen den Charakter von Ausnahmezuständen in einem sonst profanen Raum. Der Begriff des *sacrum commercium* (heiliger Handel) aus der Väterzeit deutet darauf hin, dass selbst Gebet und Opfer, der Umgang mit Gott, als Grenzen übertretender Tausch betrachtet wurden. Gott konnte zwar vielerorts, in der Kathedrale genauso wie im Herrgottswinkel, seine Nische haben, aber mit seiner Anwesenheit zog er Grenzen und verlangte entsprechende Vorsichtsmaßnahmen. Wer sich der Gottheit nähern wollte, hielt sich dabei an vorgeschriebene Handlungsweisen. Das bedeutet, nicht gewöhnlich sondern ungewöhnlich zu handeln, um den Grenzen Respekt zu zollen. Die vielen Privilegien, die den Händlern und Geldwechslern von den Landesherren zur wirtschaftlichen Förderung der Region gewährt wurden, fassten Menschen unterschiedlichster Herkunft, Ansässige wie Reisende, auf befristete Zeit in einem Ausnahmezustand zusammen. Während einer Messe galten andere Gesetze. Sie brachte Abwechslung, aber auch Gefahren mit sich. Krankheiten, Betrug und Diebstahl waren trotz behördlicher Aufsicht an der Tagesordnung. In der Begegnung mit dem Anderen und dem Fremden trat der Bruch mit der eigenen Ordnung zutage, die an ihre Grenzen stieß. Gleichzeitig aber konnte Communitas entstehen, die in den Brüchen und Widersprüchen das Ganze durch die Fragmente der Ordnungen hindurchscheinen ließ. Charismatische Prediger traten auf dem Marktplatz auf, um zu einer kollektiven Umkehr und Buße zu bewegen. Hinrichtungen wurden vor versammelter schaulustiger Menge zelebriert, die angesichts des vergossenen Blutes in Raserei geraten konnte, sich aber durch die Macht des Souveräns geeint fühlte. Ebenso vermag die Menge im Einzelnen aber auch Gefühle der Verlorenheit und des Ausgestoßenseins zu verstärken.

Vagabunden und Bettler zählten zu den sicheren Teilnehmern an diesen Handelsereignissen, wenn sie nicht konsequent verjagt wurden. Denn in Zeiten der Verschwendung fiel auch für die Ärmsten immer etwas ab. Natürlich betrieben die Fernhändler ihr Geschäft, um Gewinne zu erzielen. Allerdings hatten sie auch große Risiken wie Schiffsunglücke oder Raubüberfälle zu tragen, sodass sie oft genug nur ihr Leben fristeten, ohne großes Kapital zu erwirtschaften. Natürlich kamen die Bauern auf die Messen, um dringend benötigte Geräte, Stoffe oder Vieh zu kaufen. Nichtsdestoweniger war ein Markt für die Endverbraucher immer auch ein Fest, das zu Essen, Trinken und Geselligkeit einlud. Das Wort «Ausschweifungen», mit dem die Priester solche Feste gerne bedachten, beschreibt wohl am besten, dass es um kleinere oder größere Grenzüberschreitungen ging. Wochenmärkte für Lebensmittel haben diesen Charakter bis heute noch ein wenig erhalten. Nicht nur Hausfrauen, sondern auch Touristen besuchen gerne kleinere Märkte in den Städten, um das Lokalkolorit zu genießen und sich am Anblick von Delikatessen, Kunsthandwerk, Blumen und Menschen zu erfreuen.

Die Sphäre des Tausches ist für den Anthropologen Turner daher liminal.[191] Turner sieht sowohl Menschen wie Waren auf dem Markt losgelöst aus einem eindeutigen sinnvollen Zusammenhang. Schließlich werden die angebotenen Produkte nicht erzeugt, weil sie der Produzent selbst im eigenen Lebenszusammenhang gebrauchen könnte. Gleichsam ausgestoßen aus der Normalität eines Haushalts oder einer anderen Verbrauchsstätte, befinden sich alle Beteiligten – Anbieter, Interessenten und Waren – in einer Sphäre, die noch keine Ziele und keinen Sinn vorgibt. Die Kaffeemühle war vielleicht zum Kaffeemahlen gedacht, aber nichts spricht dagegen, sie als Dekorationsstück zu verwenden. Dem Verkäufer ist das gleichgültig, wenn er nur seinen Preis erhält. Sie wurde für niemand Bestimmten erzeugt, deshalb nimmt die Käuferin sie als Baustein für ihr eigenes kleines Universum, sie gibt ihr bei sich daheim, für sich allein einen Sinn. Solange die Kaffeemühle sich auf dem Markt befindet, ist ihr Sinn nicht festgelegt, sie lädt zum Phantasieren ein. Ebenso bewegt sich der Konsument oder die Konsumentin meist ziellos durch die Geschäftsstraßen und sammelt Waren auf. Wann geht man einkaufen? Selbst wenn es sich nur um die langweiligen Dinge des täglichen Bedarfs handelt, ist die Freizeit dafür vorgesehen, welche zwischen Arbeits- und Reproduktionszeit übrig bleibt. Schlafen, Essen und Körperpflege müssen sein, der Besuch eines Kinos oder einer Messe gewiss nicht. Sie dienen der aktiven Entspannung. Das bedeutet zumeist, dass man seine Energien und sein Geld für etwas verwendet, das für das Individuum zwar ökonomisch nicht sinnvoll ist, jedoch die Warenströme auf dem Markt in Bewegung hält. Die moderne Warengesellschaft beruht auf dieser Verschwendung. In den hauptsächlich subsistenzwirtschaftlichen Gesellschaften des Mittelalters waren für eine solche Verschwendung wesentlich weniger Reichtümer vorhanden als heute. Gerade deshalb wurde sie oft rituell begangen. Tanzen, Saufen oder Raufen dienten auf Jahrmärkten, also nur einmal im Jahr, einer ziellosen Entspannung und Verschwendung von Energie, die dann im Alltag wieder in die vorgesehenen Bahnen gelenkt wurde. Das Beten in der Kirche ist eine Variante der Abwechslung, das chaotische Treiben auf dem Marktplatz eine andere. Beide gelten nicht als vernünftig oder rational, aber das Beten erfordert immerhin kontrollierte Verhaltensweisen, während das Vergnügen auf dem Markt unvorhersehbare spielerische Elemente mit sich bringt. Selbst «Angehörige der königlichen *familia* trieben sich müßig auf den Märkten umher» und Priester ebenso.[192] Wer gar nichts kaufte, kam, um die Atmosphäre zu genießen und sich beim Spaziergang zu amüsieren.

Es scheint, dass die großen Messen des Spätmittelalters und der frühen Neuzeit im selben Ausmaß an Bedeutung verloren, als auch die katholische Kirche von der Macht der Vernunft eingeschränkt wurde. Braudel bezeichnet das 18. Jahrhundert als Wendepunkt für viele Messen.[193] Als Gründe für den Niedergang dieser Veranstaltungen führt er die Rationalisierungen der Handelspolitik an. Handelsprivilegien galten nun oft für eine ganze Nation das ganze Jahr über. Messen erbrachten also keine besonderen Gewinne mehr, um die Mühen des Transportes auszugleichen. Außerdem setzte sich der Großhandel mit Lagerhaltung durch. Die Grundlagen für die Entstehung eines Weltmarktes waren gelegt, die Städte angewachsen. Nun bot man dort die unterschiedlichsten Waren aus aller Herren Länder das ganze Jahr hindurch an. Für Braudel stellen die Messen daher eine Übergangserscheinung zu komplexeren kapitalistischen Handelsbeziehungen dar, aber für einen beschleunigten Warenverkehr war diese Form des Herbeischaffens konkreter Güter und ihrer Übergabe in die Hand eines Käufers nicht mehr geeignet. Allerdings stellt seiner Meinung nach die Börse «eine ununterbrochene Messeveranstaltung auf höchster Ebene»[194] dar, das heißt, sie ist abgehoben von den real greifbaren Waren. Die ernsten Geschäfte an der Börse haben sich von Spaß und Spiel losgesagt und in den imponierenden Gebäuden der mächtigsten Handelsstädte Unterkunft gefunden. Dort entscheiden dann nüchterne und logisch kalkulierende Geistesarbeiter über die Warenströme, die auf die Konsumenten gelenkt werden sollen. Aber die liminale Sphäre des Geldes, in der sie sich bewegen, macht es möglich, gleichzeitig mit den Aktien von Rohöl, Textilien und Grundnahrungsmitteln zu handeln. Alles vermischt sich wieder, aber nur auf einer abstrakten Ebene. So gesehen wurden die Messen, die Kommunion und Kommunikation vereinten, aufgespalten in einen abstrakten und einen konkreten Bereich. Den Hohepriestern des Kapitals bleibt die Geistesarbeit, dem Fußvolk die körperliche Arbeit und der konkrete Konsum.

6
Heilige Gegenstände

6.1 Die richtige und die verkehrte Welt

Der Kulturanthropologe Pasi Falk bezeichnet in einer kurzen Studie zur Bedeutung des Visuellen beim Einkaufen eine Kapelle als Anti-Shop.[195] Gemeint ist ein kleiner Sakralbau direkt an der bedeutendsten Einkaufsstraße des Urlaubsortes Menaggio in Norditalien am Como-See. Inmitten der Schaufenster, zwischen ausgestellten Parfums, duftenden Käselaiben und exklusiver Designerkleidung, erscheint ihm die verschlossene Kirchentür des unscheinbaren Gebäudes als Verkehrung der extrovertierten Ladenarchitektur. Die Verkaufssphäre, die das Innere nach außen kehrt, die alles auslegt und ins grelle Licht rückt, steht in strengem Gegensatz zur geheimnisvollen Dunkelheit katholischer Sakralräume. Mit Falks Wendung, dass die Kapelle die «Inversion eines Kaufladens» sei, bringt er jedoch eher eine Verwandtschaft der sakralen Sphäre mit jener des Tausches zum Ausdruck als einen Widerspruch. Den Begriff «Inversion» benützen Ritualforscher für die rituelle Umkehrung von Ordnungsmustern. Sowohl Handlungsweisen und Rollen als auch räumliche Strukturen mit ihren Gestaltungselementen, ja selbst sprachliche Mitteilungen können absichtlich verkehrt werden. Sie bleiben dadurch allerdings eng an das gebunden, was sie auf den Kopf stellen: «Die symbolische Verkehrung kann allgemein definiert werden als eine Verhaltensweise, welche gemeinhin verständliche und gebräuchliche Verhaltenscodes sowie linguistische, literarische, künstlerische, religiöse, soziale und politische Werte und Normen umkehrt, ihnen widerspricht, sie aufhebt, oder eine Alternative zu ihnen darstellt.»[196] So definiert die Kulturanthropologin Barbara Babcock diese verkehrte Welt. Seit dem Spätmittelalter, besonders aber im 16. und 17. Jahrhundert, als die ökonomischen Grundlagen für die moderne Konsumgesellschaft gelegt wurden, kursierten Erzählungen, Holzschnitte, Kupferstiche und Flugblätter, die solche Verkehrungen abbildeten: Das Lamm frisst den Wolf, die Frau beherrscht den Mann, der Ochs schlachtet den Metzger. Die Hierarchien wurden umgedreht, um dadurch zu verdeutlichen, wie wertvoll doch die bestehende Ordnung war. In erster Linie scheinen diese Verkehrungen die Ordnung konservieren zu wollen und wirken daher reaktionär. Ihre Beliebtheit wuchs in Zeiten, als die verzweifelten Bauern tatsächlich versuchten, gegen die Soldaten vorzugehen, was einer Umkehrung der Ordnung gleichkam.[197]

Auch die Verkehrung des Papstes in den Antichristen oder der heiligen Stadt Rom in den Sündenpfuhl Babylon entspricht dem Muster der verkehrten Welt. Rollenverkehrungen in Ausnahmezeiten sind uralt. Übergangsrituale wie etwa Initiationsriten für Mädchen oder Knaben enthalten sehr häufig Elemente der Inversion in der liminalen Phase. Knaben benehmen sich wie Frauen, Mädchen tragen Männerkleidung.[198] Während der Römischen Saturnalien, einem jährlich im Dezember wiederkehrenden Fest der antiken römischen Gesellschaft, bedienten die Herren ihre Sklaven. Ursprünglich war es wohl das Fest der beendeten Feldarbeit gewesen, das im Zyklus der Vegetation das Jahresende markierte, den Übergang vom alten zum neuen Jahr mit neuer Aussaat.[199] An diesen tollen Tagen herrschte ein Volksfest, an dem alles Verbotene erlaubt war. Der Gott Saturn soll in Italien den Ackerbau eingeführt haben. In Zusammenhang mit dieser neuen Lebensweise gab er den Menschen auch die Gesetze, unter denen sie anfangs in vollkommenem Frieden lebten.[200] So verknüpfen die Mythen mit seiner Gestalt sowohl die unerbittliche Strenge des Gesetzes als auch die Vorstellung vom goldenen Zeitalter, als unter den Menschen noch Gleichheit und Zufriedenheit herrschten. Das Festdatum im Winter betonte die Nähe des Gottes zu den chthonischen Mächten[201], welche wohl auf seine Beziehung zur Fruchtbarkeit der Felder und somit zum unterirdischen Leben zurückzuführen ist. Aber von der Unterwelt gingen auch zersetzende und destruktive Kräfte aus. Die befürchtete Gefahr lag in den chaotischen Aspekten, die durch die Gesetze stets gezähmt werden mussten. Saturn, dem die Errichtung der Ordnung zugeschrieben wurde, erinnerte gerade deshalb an die soziale Unordnung und das Chaos, die er einst einzudämmen geholfen hatte. Übermäßiger Genuss von Wein war daher typisch für diese Festlichkeiten, weil die alkoholischen Getränke dazu beitrugen, die Normen außer Kraft zu setzen. Viele Römer maskierten sich, Soldaten verkleideten sich als Frauen. Mittels Würfelspiel bestimmte man einen Saturnalienkönig aus den untersten Schichten, die Welt stand Kopf.[202]

Die Saturnalien verbreiteten sich mit dem römischen Imperium und hinterließen Spuren in den Sitten der beherrschten Regionen oder vermischten sich mit bereits existierenden Praktiken ritueller Verkehrung. Karl Meuli hält die Maskenfeste des germanischen Kulturkreises für weitaus älter als das römische Erbe.[203] Auch Meuli betont den chthonischen Aspekt dieser Ausschweifungen mit Elementen der Verkehrung. Er hält sie für Besuchsfeste der toten Ahnen und zugleich für Neujahrsfeste. Die Toten kommen in der Übergangszeit zum neuen Jahr nachsehen, so Meuli, ob die von ihnen gesetzten Ordnungen auch eingehalten werden.[204] Deshalb folgten den Ausschweifungen oft auch Sühne- und Reinigungszeremonien, die in den Rügen, der Schelte und den Spottversen so mancher Fastnachtbräuche schon vorweggenommen wurden. Selbst die Kirche konnte diese legale Anarchie nicht völlig eindämmen, sondern hat ihr einen Platz im Jahreskreis überlassen. Der Kampf des christlichen Klerus gegen Gelage und Tänze an Gräbern ist jedoch bereits seit dem 4. nachchristlichen Jahrhundert belegt.[205] Die Römer feierten nämlich am Ende des Monats Februar, des letzten Monats altrömischer Rechnung, die *parentalia*, ein Totengedächtnis, mit reichlichem Essen, Trinken und geselliger Unterhaltung. In der Übergangszeit zum neuen Kalenderjahr rückte auch hier die Totenwelt, ein dominanter Aspekt der anderen Welt, ein wenig näher. Gegen eine Mahlfeier an den Gräbern in

Erinnerung an die Verstorbenen hatten die Christen nichts einzuwenden, wohl aber gegen die üblicherweise daraus erwachsenden Ausschweifungen vor allem sexueller Art.[206] Schließlich entwickelte sich im Christentum aus der Unterwelt und ihren Bewohnern die christliche Hölle.[207] Der christliche Jenseitsglaube bezog sich auf eine rein geistige und geordnete Welt, alles Chthonische und Chaotische schrieb man dem Teufel zu, von dem man die lieben Verstorbenen gewiss so weit wie möglich entfernt wünschte. Deshalb betonen die frühmittelalterlichen Quellen, dass die Körper der verstorbenen und später heilig gesprochenen Personen unverwest und wohlriechend aufgefunden wurden. Nur unkeusche und sinnlich ungezügelte Christen verfaulten im Grab, den Reinen jedoch konnten die unterirdischen Prozesse der Zersetzung nichts anhaben.[208]

Die christliche Lehre wandte sich gegen jede Art dionysischer Ausschweifung. Seit dem Mittelalter sind Predigten und Mahnungen überliefert, die gegen die Lust des Volkes an unzüchtigen Tänzen, Verkleidungen und obszönem Schabernack wetterten. Dennoch hatten vor allem die niedrigeren Geistlichen in den Jahrhunderten von der Spätantike bis ins Hochmittelalter sogar am bunten Treiben mitgewirkt. Selbst Priester hatten sich einen Narrenkönig gewählt, um sich dann in den Kirchen unzüchtigen Spielen zu widmen. Sie scheuten dort weder Völlerei noch Obszönitäten und verkehrten die geheiligten Räume in einen Tanzsaal, wo man auf dem Altar schmauste und Karten spielte. Solche Szenen, die sich durchaus als Verkehrung verstehen lassen, verschwanden jedoch ab dem 12. Jahrhundert.[209] Denn das neue Christusbild ließ die Verknüpfung von hoch und niedrig, von erhaben und schmutzig nur mehr am leidenden und erniedrigten Körper zu. Der gefolterte Christus trat in den Vordergrund, die dionysische Religiosität agrarischer Gesellschaften musste die Kirchenräume verlassen, Rausch und Obszönitäten verloren ihre Bedeutung im kosmischen Zusammenhang. Kein Wunder, dass gleichzeitig die Furcht vor dem Teufel wuchs. Hier liegt sicher eine der Hauptursachen für die Hexenverfolgungen. Denn was man Gott nicht mehr zuschreiben durfte, das musste dann der Gegenspieler übernehmen. Der jährlich wiederkehrenden rituellen Verkehrung zogen die Christen die allgegenwärtige Bedrohung durch verkehrte Mächte vor.

Während der frühen Neuzeit verloren die letzten Reste dionysischer Riten endgültig ihre sakrale Bedeutung. François Rabelais (um 1490–1553) setzte ihnen mit seinen phantastischen Geschichten von Gargantua und Pantagruel, von ungeheuren Völlereien und maßlos genießenden Körpern, noch ein literarisches Denkmal. Tanz, Rausch und Schauspiel wechselten im Verlauf der Ausdifferenzierungsprozesse von den Kirchenräumen auf die Marktplätze. Der Kirchturm erhielt eine Uhr, deren endgültig dahin fließende Zeit die ewige Wiederkehr des Gleichen beendete. Statt im Jahreskreis zwischen Fasten und Karneval zu zirkulieren, gewann die Sehnsucht nach Verschmelzung und Ganzheit eine Ausrichtung durch die Zeiten zur Ewigkeit. Nicht hier und jetzt, sondern erst im Jenseits, nach der Trennung des verweslichen Körpers von der Seele, sollte Communitas für die auferstandenen Christen stattfinden. Rausch und Ekstase, Momente des Außerordentlichen auf Erden, in denen man die Ordnung außer Kraft setzte, erhielten vermittels der Ausdifferenzierungsprozesse in den frühmodernen Staaten kein Subsystem zugewiesen. Rituell verwahrlost, blieben sie in Bereiche verbannt, die klaren Strukturierungen entgingen: in Orte der Bewegung von einem definierten Bereich zum anderen wie Straßen, Schenken und Märkte, wo die Menschen keine sozialen Gruppen bilden; oder in Lücken zwischen Anfang und Ende vorgeschriebener Zeitabläufe wie Freizeit, Wegzeit oder Arbeitspausen. Ort- und zeitlos geworden, konnten Momente des Außerordentlichen nun überall auftreten, allerdings ihrer Beziehung zur Transzendenz beraubt. Sie wurden individuelle, profane und oft auch heimliche Laster. Das bürgerlich-individualistische Leben erlaubte im Gegensatz zum bäuerlich-kollektivistischen zu allen Jahreszeiten kleinere Exzesse und Selbsterlösungen je nach Lust und Laune des Individuums. Mit dem Beginn der Neuzeit stieg der Alkoholkonsum[210] vor allem in den ärmeren Schichten Europas bedeutend an. Schließlich ermöglichte die Droge einen Ausstieg aus der Realität, wann immer es das Individuum wünschte, und je hässlicher die Realität für die pauperisierten Massen, umso verlockender der Ausweg. Der Kalender gab nun nicht mehr den alleinigen Anlass zum Feiern.

Die Erfindung des Fegefeuers als Instanz zwischen Himmel und Hölle sowie die Ohrenbeichte haben nach der Meinung von Jacques le Goff[211] bereits im 12. Jahrhundert zur Herausbildung neuzeitlicher Formen von Individualität beigetragen. Im Fegefeuer erleiden die Seelen ihr individuelles Maß an Strafe und sind aus dem Kollektiv der Glückseligen ausgeschlossen. Es handelt sich um eine Buße mit Leistungscharakter. Mit der persönlichen Erzählung im Beichtstuhl und der individuellen Verrechnung mit Gott waren die Bewertung der persönlichen Arbeit und des Leidens und mit ihnen das Leistungsprinzip in den Vordergrund gerückt. Gemäß der asketischen Erneuerung des Klerus[212], zu der die religiösen Bewegungen auf der Suche nach individuellen Zugängen zur Gotteserfahrung beigetragen hatten, erhielten die Priester seit dem Hochmittelalter eine immer bessere Ausbildung. Sie lebten bald in der Mehrzahl ohne Frauen und Kinder und gingen mit ihrer Lebensführung zu den Laien auf Distanz. Außerdem genügte der magische Ritualismus den zunehmend lesekundigen Beichtkindern[213] nicht mehr, deren Gewissen nach Jahrhunderten der Seelsorge endlich erwacht war.[214] Diese verinnerlichte Instanz des Gesetzes kämpfte nun im Inneren der Personen gegen die ungeordneten Lüste und Widersacher der Ordnung, Fasten und Karneval lagen dort nicht nur einmal im Jahr, sondern lebenslänglich miteinander im Streit. Neben den Geißlerbewegungen des Spätmittelalters und den kirchlich dirigierten Massenevents der Laienfrömmigkeit wuchs auch die Zahl gottestrunkener Einzelpersonen kontinuierlich an. Die individuelle Frömmigkeit begann die kollektive etwa ab dem 16. Jahrhundert abzulösen. Außerhalb kirchlicher Bereiche begünstigte der Niedergang traditionaler Gesellschaftsformen die Flucht nach vorne in neue wirtschaftliche Unternehmungen und Spekulationen. Das Ansehen der Kaufleute wuchs, die Marktverbindungen ebenfalls.

Die verkehrte Welt ist uns bis heute ein Begriff geblieben, aber sie kann nunmehr das ganze Jahr über als Spiel und Unterhaltung abgerufen werden. Der Fasching hat seine Bedeutung als außergewöhnliche Zeit im 20. Jahrhundert verloren. Seine jährliche Wiederkehr wird nicht mehr sehnlichst erwartet. Transvestitenshows und Cabarets finden sich in jeder größeren Stadt. Das Internet ermöglicht Kontaktaufnahmen unter falscher Identität. Männer geben sich als Frauen aus und umgekehrt. Die Menschen der modernen arbeitsteiligen Gesellschaften sind ohnehin gezwungen, viele verschiedene und oft kontroverse Rollen im Alltag einzunehmen. Sekretärinnen kleiden sich als Femme fatale, Managerinnen wühlen in Gummistiefeln in der Gartenerde, Konzernchefs verbringen ihr Wochenende als einfache Büßer bei einer Veranstaltung des Opus Dei. Aber dennoch bleiben die unterschiedlichen Rollen streng nach Ort und Zeit getrennt. Hohe Würdenträger aus der Wirtschaft oder der Politik müssen es sich zwar gefallen lassen, in den Medien karikiert zu werden. Sie selbst jedoch werden an solchen Spielen der Verkehrung offiziell nicht teilnehmen, dafür gilt ihre Arbeit als viel zu ernst. Ein Bischof setzt in der Öffentlichkeit keinen Faschingshut auf, ein UNO-General hält sich keinen Hofnarren, der ihn nachäfft. Die Systembereiche sind zu scharf getrennt, um ihre Grenzen in Frage stellen oder relativieren zu lassen. Mag sein, dass diese Personen insgeheim ein Bordell oder eine spezielle Bar aufsuchen, um verkehrte Rollen zu spielen. Aber selbst die Möglichkeit, dass ein Minister sich den Anordnungen seiner Gattin unterwerfen und damit die Geschlechterordnung auf den Kopf stellen könnte, kann sein Ansehen unter den Wählerinnen und Wählern stark beeinträchtigen. Die Verkehrungen bleiben daher aus den seriösen Bereichen der Produktion und Verwaltung ausgesondert und der Kunst, der Unterhaltung, den Medien und damit der Freizeit und dem Konsum überantwortet.

Pasi Falk[215] beschreibt, wie in Einkaufsstraßen die Läden ihr Innerstes nach außen wenden. Es handelt sich um Verkaufsräume, wie sie überall in den westlichen Konsumgesellschaften angetroffen werden können. Die Mauern sind durchbrochen, Spiegel, Fensterglas und Lichtquellen sorgen für eine Transparenz der Räume und eine Ausleuchtung aller Perspektiven. Die staunenden Menschen sehen nicht einander an, wenn sie zwischen den Schaustücken flanieren, sondern sie lassen ihre Blicke möglichst nur über die ausgestellten Gegenstände gleiten. Sollten sie dennoch die Mitmenschen bei ihrem Schaufensterbummel wahrnehmen, dann geschieht dies ebenfalls zumeist unter dem Aspekt der Verdinglichung der Personen, die den ausgestellten Waren gleich erscheinen und genauso wie diese gemustert werden. Shopping ist nicht unbedingt auf den Erwerb der Waren ausgerichtet, sondern umfasst auch oder vor allem das Flanieren und sich Präsentieren zwischen ausgestellten Gegenständen, zu denen man noch keine Beziehung entwickelt hat. Die Shopping-Akteure verlassen ihre profane soziale Umwelt, um – ebenso wie die Waren – in einer Sphäre unbestimmter Positionen und irrationaler Phantasien eine Freiheit zu genießen, die jedoch nur auf Kosten ihrer Persönlichkeit entstehen kann. Losgelöst von alltäglichen Sorgen und Pflichten gönnen sie sich einen kleinen Ausstieg und lassen ihre Gedanken schweifen. Shopping, das heißt dass man nichts Bestimmtes braucht oder sucht, sondern absichtslos dahingleitet und zu einem Teil der Dramaturgie des Shopping-Centers wird, sowohl Protagonist als auch Requisit. In den Einkaufswelten bilden die Kundinnen und Kunden auch die Kulisse für die Inszenierung der Angebote.

Sowohl vor einem Schaufenster als auch vor dem Allerheiligsten in der Kapelle sind die Schauenden auf sich selbst zurückgeworfen. Die Konzentration auf das verehrte Objekt erfordert es, kurz innezuhalten. Die ruhige Dunkelheit des Sakralraumes lädt die Betrachtenden zu einer Meditation ein, zum Ausstieg aus den in der materiellen Welt objektivierten Begehrlichkeiten und zum Eintauchen in eine mysteriöse, absichtslose Ungeformtheit, die eine Weile mit den inneren Widersprüchen versöhnt. Demgegenüber formulieren die käuflichen Objekte in der Einkaufsstraße außerhalb der sakralen Gemäuer in ihrer materiellen Fülle alle widersprüchlichen Regungen der menschlichen Seele und laden ein, bei einem Detail zu verweilen, sich entweder durch die Aneignung und Benützung des Gegenstandes oder durch die von ihm hervorgerufenen Tagträume in eine detaillierte Variante der Sehnsucht zu versenken. Außerhalb der Kapelle steht also ein beliebiges kleines Detail im Zentrum der Aufmerksamkeit und hilft, sich zu zerstreuen statt zu sammeln. Die Objekte des sakralen Raumes scheinen tatsächlich in jenen der Läden ihre Verkehrungen zu besitzen. Das heißt aber auch, dass sie sehr viel gemeinsam haben.

Geweihte Objekte besitzen aufgrund ihrer Nähe zum Heiligen und ihrer Rolle bei heiligen Handlungen eine Aura, sie sind eher unverkäuflich und einmalig. Massenartikel haben hingegen kaum eine Aura mehr, wie Walter Benjamin[216] feststellte, denn sonst könnten sie nicht so leicht die Besitzer wechseln und hätten keinen Preis. Aus der Hülle der Tradition herausgeschält und bar jeder «geschichtlichen Zeugenschaft»[217] gleichen sie sich einer ausdruckslosen und unbeachteten Materie an: Warenberge, Schotter, Sand. Daher versuchen die Anbieter, sie durch Arrangement, Farbgebung, Aufschrift und Modemythen aus dem Meer der gleichwertigen oder ähnlichen Waren kurz hervorzuheben, um in ihnen eine mögliche Bedeutung schillern zu lassen, die Kunden anzieht. Waren, die in Wühlkisten sich mit unzähligen anderen vermischen und solche, die auf Tischen aufgehäuft übereinander liegen, sind meist eher billig zu haben und landen in der Regel sehr bald auf dem Abfall. Wertvollere Waren findet man eher auf kleinen Podesten oder als vorgebliche Einzelstücke dramatisch auf einer Schaufensterbühne beleuchtet. Ein deutlich sichtbar angebrachtes Logo als Herkunftszeichen vollendet zumeist die Inszenierung, die dazu dient, eine Aura vorzutäuschen. Letztere ist es zwar, die Objekte wertvoll und begehrenswert erscheinen lässt, aber gleichzeitig behindert sie den Handel, weil sie das, woran sie haftet, historisch und sozial verankert und den Austauschprozessen entzieht. Je geringer die Stückzahl der hergestellten Objekte und je anerkannter der Hersteller und seine Kunstfertigkeit sind, desto höher steigt gewöhnlich der Preis, bis hin zu unbezifferbaren Summen bei wahrhaft einmaligen Kunstwerken, die fast schon göttlichen Ursprungs zu sein scheinen und unverkäuflich werden. Einzelstücke, wie etwa ein Bild von van Gogh, erzielen, wenn überhaupt angeboten, einen so hohen Preis, dass sie praktisch unbezahlbar sind und damit die Verkaufssphäre verlassen. Sie werden wie heilige Gegenstände auf altarähnlichen Vorrichtungen ausgestellt und ziehen Touristen an, wie einst eine wundertätige Statue die Pilger.

Die Tatsache, dass Massenartikel für Geld und nicht für den unmittelbaren persönlichen Gebrauch hergestellt werden, enthebt sie schon während des Produktionsprozesses ihrer Bindung zum Erzeuger oder zur Erzeugerin und zum sozialen Zusammenhang. Sie sind für den Markt bestimmt und werden von den Herstellern abgestoßen wie etwas Unerwünschtes, man entzieht ihnen alles Persönliche. Eine Kopie des Bildes von van Gogh kann als Massenartikel in hohen Auflagen verkauft werden, seine Aura ist gering. Ebenso wurden vor der Erfindung der Photographie Kupferstiche von wundertätigen Statuen in hoher Stückzahl vertrieben. Die Statue selbst blieb jedoch der unveräußerliche Ursprung dieser Reproduktionen, die oft an das verehrte Objekt «angerührt» wurden, um ein wenig von der Aura einzufangen. Solche Sekundärreliquien, wie etwa auch Tücher, die heilige Gegenstände oder Personen berührt hatten, nannte man *brandea*.[218] Die Ähnlichkeit zum modernen englischen Begriff «brand» für Markenzeichen ist zwar auffällig aber etymologisch nicht begründbar.[219] Auch bei Markenwaren geht es darum, unauffälligen Massenartikeln durch ihre sichtbare Zugehörigkeit zu einer bestimmten Firma, einem

«Haus», eine künstliche Herkunft und damit auch eine künstliche Aura zu verleihen.

Ist ein massenhaft vertriebenes Produkt einmal erworben, so unterziehen es die Endverbraucher dann einem Prozess, der in striktem Gegenteil zu jenem seiner rationalen Herstellung steht. Das Ding wird wieder «verzaubert», das heißt in ein Netz persönlicher Deutungen und ritueller Handlungen eingesponnen. Gelingt das nicht, dann werfen die Besitzer es recht bald weg. Im positiven Fall kann das anonyme Fließbandprodukt zu einem einzigartigen Gegenstand und persönlichen Objekt des täglichen Lebens werden, an dem viele Erinnerungen hängen. Nur sehr selten haben solche Gegenstände dann auf dem Markt noch einen Wert. Handelt es sich um die Aura einer historisch bedeutsamen Persönlichkeit, die ihnen anhaftet, so kann ihr enorm hoher Preis sie unbezahlbar machen, sie stehen dann zumeist überhaupt nicht mehr zum Verkauf zur Verfügung. Man denke etwa an einen Bleistift von John F. Kennedy. Handelt es sich jedoch um individuelle Erinnerungsstücke ohne gesellschaftliche Wertschätzung, dann erscheinen sie erst gar nicht auf dem Markt. Meine alte Kaffeetasse, die mir aus irgendeinem Grund als wichtiger und geliebter Bestandteil des Frühstückrituals gedient hat, gilt gemeinhin – im Gegensatz zu meiner Wertschätzung – als Abfall. Sie ist abgenutzt, hat einen Sprung und stammt aus keiner Serie einer renommierten Porzellanmarke. Das heißt, sie kann nicht verkauft werden, weil sie keinen Tauschwert mehr hat. Je mehr die Aura eines Gegenstandes aufgrund seiner Einbindung in Tradition und Bedeutung wächst, umso unverkäuflicher wird er. Nur in Ausnahmefällen ist es möglich, Mozarts Haarlocke zu ersteigern. Meine abgeschlagene Kaffeetasse ähnelt einem Gemälde von Leonardo da Vinci darin, dass sie beide zu viel Aura besitzen, um noch einen nennbaren Tauschwert zu haben. Der Abfall und die quasigöttliche Erhabenheit sind gleichermaßen unbezahlbar. Das ganz Niedrige und das ganz Hohe, das Verruchte und das Heilige befinden sich außerhalb des gewöhnlich Austauschbaren. Aber die Tauschsphäre weitet sich aus. So konnte ein amerikanischer Student bei einem Wohnungswechsel seine banalsten Utensilien inklusive einer gebrauchten Zahnspange im Internet zum Kauf anbieten und gewinnbringend losschlagen. Dies gelang ihm vermutlich aber nur deshalb, weil er der erste war, der mit dieser witzigen Vermarktung selbst seinen gebrauchten Turnschuhen den Reiz des Besonderen und der Neuheit verlieh. Gewiss sind seine Gegenstände nicht zu musealen Heiligtümern geworden wie etwa das Urinoir von Marcel Duchamp. Neuheit, das Gegenteil von Tradition, ist die einzige Hülle, die Massenartikeln kurzfristig Wert verleiht, obwohl sie nicht gebraucht werden und noch keine Bedeutung haben. Denn Neuheit scheint, wenn man sie sich aneignet, die Vergangenheit vermehren oder entstehen lassen zu können, welche – obwohl selbst unverkäuflich – doch die Grundlage des Wertes ist. Produkte, die keine Geschichte und keine Patina haben, können so gesehen als Rohstoff für die Geschichte des Individuums dienen, das sie erwirbt. Used Jeans wurden modern, als man mit den Jeans einen bestimmten lässigen Lebensstil und Lebenserfahrung zum Ausdruck bringen wollte, die sich die Jugendlichen aber noch nicht angeeignet haben können. Die gebleichten und an den richtigen Stellen abgescheuerten Jeans werden heute industriell erzeugt und täuschen eine Patina vor. Die Käuferinnen und Käufer wollen keine tatsächlich getragenen Jeans, keine Beziehung zu Menschen, die sie jahrelang trugen, sondern sie wollen neue Kleidungsstücke, die so aussehen, als ob sie schon lange getragen worden wären. Die vorgetäuschte Patina ist im Unterschied zur echten käuflich.

Der Ethnologe Maurice Godelier hält die Tatsache, dass es Unverkäufliches gibt, sogar für die Voraussetzung von Zirkulation.[220] Denn nur unverkäufliche Werte garantieren die Gültigkeit von Kaufakten und Kaufmedien. Die Funktion des Geldes beruht auf der Gesetzeskraft, die seinen Wert festlegt. Hier bilden ein sozialer Zusammenhang und dessen Glaubwürdigkeit den Hintergrund, auf dem sich Handelswerte erst abzeichnen können.

Karl Marx vermerkte einst mit beißender Ironie, dass die «Alchimie»[221] des Geldes selbst Heiligenknochen erfassen und quantifizieren könne. Der Kapitalismus verwandelt alles in Waren. Was auf Heiligenknochen zutrifft, stimmt jedoch nicht für die Hostien. Bislang hat sich kein Hostienhandel entwickeln können. Vielmehr berichten Legenden über einzelne Fälle von Hostienschändungen, wobei die Brote zumeist für schwarzmagische Handlungen gestohlen wurden. Die Mitglieder des Gegenkultes bleiben jedoch im Glauben an die Heiligkeit des Altarsakraments befangen. Natürlich kann sich ein Unbeteiligter für die Entwendung des magischen Requisits bezahlen lassen. Aber der Preis, den er dafür empfängt, bezieht sich dann auf seine gefährliche Dienstleistung, nicht auf die Hostie. Geweihte Hostien mussten entwendet werden, weil es keinen Markt für sie gab. Das mag einerseits an ihrer kurzen Haltbarkeit und ihrem geringen Sättigungswert liegen. Andererseits können jene Personen, für die sie wertvoll sind, sie ohnehin in der Messe erhalten, für Nichtchristen bleiben sie wertlos. Reliquien hingegen sind seltenere Güter, weil sie nicht tagtäglich vom Priester am Altar vermehrt und verteilt werden können. Im Gegensatz zum eucharistischen Brot dürfen sie jedoch berührt, verschenkt und verkauft werden, da es sich nicht um Christi Leib handelt. Ihren Wert haben sie allerdings von seinem Opfer erhalten, das der Priester am Altar vergegenwärtigt. Nur kraft des Glaubens an die Wirksamkeit dieses einmaligen Opfers des Gottessohnes macht es Sinn, dass ein Mensch für Gott sein Leben lässt und seine Überreste als Reliquien zu zirkulieren beginnen. Zwar werden diese Substanzen der Verstorbenen oft auch nahe am Körper getragen, aber sie werden nicht einverleibt, sondern bleiben gegenüber dem eucharistischen Brot heilige Objekte zweiten Ranges. Marx wählte die käuflichen Heiligenknochen als Beispiel für den Prozess der Entfremdung und Abstrahierung durch das Geld. Er wollte gleichzeitig Kritik an der Kirche üben, die doch vorgibt, sich nur um jenseitige Werte zu kümmern. Wer mit Reliquien handelt, der verwandelt ihre Einmaligkeit, die auf ihre Entstehung zurückzuführen ist, aus Profitgier in einen Tauschwert ohne persönliche Bedeutung. Doch gerade diese Heiligenknochen sind das beste Beispiel dafür, dass nach der Abstrahierung – hier die Extraktion der Seele zur Vermehrung des abstrakten Kirchenschatzes – kein gänzlich entfremdetes Objekt zurückbleibt. Die Beziehung zu einem bestimmten Heiligen, der sie «erzeugt» hat, bleibt bestehen und kann von der Marktfähigkeit des Objektes nicht aufgelöst werden. Auch eine gekaufte Reliquie hat eine Aura. In den Reliquien vermischt sich noch das Unverkäufliche mit dem Verkäuflichen. Das Jenseits ist noch mit dem Diesseits verbunden, der Seelenschatz kann in Geld umgemünzt werden. Denn Reliquien bleiben Bindeglieder zur anderen Welt. Zwar sind sie käuflich, aber dennoch keine echten Waren, weil sie eine unveräußerliche Bindung zum Thron Gottes mit sich führen. Fanartikel von Stars, die nicht beliebig vermehrbar sind, haben heute etwa ähnlichen Status. Ein Stiefel von Elvis Presley ist einmalig und unersetzbar, dennoch kann er mit Geld erworben werden. Selbst wenn Henri III (1551–1589), wie Marx beschreibt, die Klosterschätze versilberte, so zeigt sich doch deutlich, dass der Wert dieser Objekte im Glauben an ihre Heiligkeit beruhte, die für die Käufer jeden Preis überstieg und im Leib Christi ihren Ursprung hatte, der eben als Einheit von Christus mit den Kirchenmitgliedern heil und ganz vorgestellt wurde. Der in Geld abgehandelte Wert beruhte also auf dem religiösen Glauben an eine Wahrheit, die nicht zirkulieren konnte, sondern Anlass zum Zirkulieren wertvoller Objekte gab. Man hängt einer vermeintlichen Wahrheit an oder nicht. Wer ihr nicht anhängt, für den haben Reliquien keinen Wert. Wer am Markt nicht teilnimmt, dem bedeutet Geld nichts. Der Leib Christi steht für einen sozialen und kosmischen Zusammenhang, der nicht gehandelt werden kann, sondern den Glauben voraussetzt. Die Verehrung für Elvis Presley kann zwar erzeugt, gefördert und ausgebeutet werden, aber sie selbst ist nicht verkäuflich, man muss sich dazu entscheiden.

Hostienmissbrauch war daher im Mittelalter ähnlich der Geldfälschung ein Angriff auf die Gemeinschaft, die sich über die Verteilung, sei es der Hostien, sei es der Münzen, performativ herstellte. Nicht nur die Verunehrung der Hostie, ein Verbrechen, das vor allem den andersgläubigen Juden zugetraut wurde, sondern auch Geldfälschungen wurden mit Exkommunikation und grausamen Körperstrafen geahndet.[222] Gerade weil Henri III der allerchristlichste König war, weil seine Macht von Gott durch Salbung gegeben schien und weil sein Körper den Staatskörper repräsentierte[223], konnte er es sich leisten, mit Reliquien zu schachern. Denn diese trugen das göttliche Wirken noch ebenso direkt an sich wie er selbst aufgrund der Tatsache, dass Gott ihn zum Souverän ausersehen hatte. Die Kirchenschätze sollten der christlichen Ordnung dienen, der König war ein Vertreter dieser Ordnung, die er in seinem Land herzustellen beauftragt war. Thomas von Aquin sah diese Aufgaben des Fürsten als Diener Gottes klar festgelegt.[224] Warum sollte also nicht der jenseitige Schatz in einen diesseitigen konvertibel sein, wenn es um die Erhaltung des Staates ging, der doch von Gott gewollt war? Im 16. Jahrhundert waren Staat, Königswürde, Religion und Politik noch eng verwoben. Der Priester mochte die Transsubstantiation durchführen, um durch die Verteilung des eucharistischen Brotes den Sozialkörper der Christenheit zu erhalten, aber dem Landesfürsten stand das Recht zu, Münzen prägen zu lassen, um durch ihre Benützung den Staatskörper zu erhalten. Auf diesen Münzen befanden sich zumeist sowohl ein Wappen oder Bild des jeweiligen Münzherrn als auch ein Symbol der Kirche oder ihrer Heiligen. Kaiser, König oder Papst galten als oberste Münzherren. «Alle anderen physischen oder juristischen Personen sollten das Münzrecht nur durch Verleihung von einem Träger der höchsten Gewalt, durch Schenkung, Leihe, Amtsauftrag, Kauf, Verpfändung usw. erlangen können.»[225] Die Münzer waren Angehörige des städtischen Patriziats und im Besitz zahlreicher Privilegien. Sowohl sie selbst als auch ihre Werkstätten und Wohnhäuser genossen eine ähnliche Immunität wie Geistliche und Kirchen, Münzstätten hatten Asylrecht. Die Münzmeister durften sogar den Blutbann über Fälscher ausüben.[226]

Dieser besondere Status des Geldes und seiner Hersteller im vormodernen Europa macht verständlich, wie nahe die Funktion des Geldes noch bei jener der Reliquien lag. In breiten Schichten der ärmeren Bevölkerung war Münzgeld bis zur endgültigen Durchsetzung der Geldsteuern noch eine Seltenheit. In West- und Nordeuropa erfuhr die Geldwirtschaft erst mit der Auflösung der Fronhofverfassung ab dem 13. Jahrhundert einen Aufschwung.[227] Aber auch danach gab man die geprägten Metallstücke noch über Jahrhunderte den Verstorbenen mit in den Sarg. Oft nähte man die Münzen auch an den Stoffschmuck verehrungswürdiger Heiligenstatuen oder schmückte damit die Monstranzen.[228] Hostien sind handliche flache Scheiben und tragen das Zeichen Christi, meist IHS, aufgeprägt.[229] Statt der ursprünglich runden, kuchenförmigen Brote, die gebrochen und verteilt wurden, verwendeten die Priester schon im Frühmittelalter kleinere Brote, die der Scholastiker Honorius Augustodunensis (12. Jahrhundert) mit Münzen verglich.[230] Auch das gemünzte Edelmetall stellte über Wappen und Schrift eine direkte Verbindung zum Landesherrn her, der nach alten Vorstellungen den unsterblichen Leib der Gemeinschaft repräsentierte und wie Jesus Christus sowohl einen materiellen Leib als auch einen übernatürlichen Kollektivleib besaß. Der Fürst wurde von Juristen mit Christus verglichen.[231] Zu besonderen Anlässen oder in besonderen Notlagen schenkten die Laien der Kirche wertvolle Münzen für den Kirchenschatz. So fanden sich in Nürnberg Münzen sogar neben den Reliquien im Sepulcrum, der geheimen Nische eines Altars aus dem 14. Jahrhundert. Die Gaben waren nicht für die Zirkulation bestimmt, sondern waren durch die Weihe dem üblichen Handelsverkehr entzogen worden. Dass sie sogar den Reliquien im Altargrab, dem heiligen Kern des Opfertisches, hinzugefügt worden sind, ist ein deutlicher Hinweis auf die selbstverständliche Verwandtschaft der zirkulierenden Objekte mit ihrem heiligen Ursprung. Diese Verwandtschaft muss den Spendern und Empfängern deutlich bewusst gewesen sein.

Die Staatsverwaltung ahmte die Kirchenverwaltung nach, die Juristen betrachteten den Staat und mit ihm den Fiskus als ebenso unsterblich wie die spirituelle Gemeinschaft.[232] Das im Staatskörper zirkulierende Geld stellte in vormodernen Produktionsverhältnissen immer noch ein über Marktbeziehungen weit hinausreichendes Bindeglied dar, statt wie heute die Auflösung sämtlicher sozialer Verpflichtungen zu ermöglichen.[233] Obwohl Staat und Kirche heute weitgehend getrennt sind und alles Recht vom Volk ausgeht, finden sich auf den Münzen und Banknoten vieler Nationen immer noch sakrale Symbole. Der Staat, seine Geschichte und womöglich auch der gemeinsame Glaube sollen Vertrauen in die Gültigkeit der Währung stiften.

Der Verkauf der Reliquien für die Staatskasse zeigt, dass sowohl Staat als auch Kirche als heilig betrachtet wurden und der Markt zwischen ihnen vermittelte. Die Verwandlung von Reliquien in Geld war ebenso wenig eine «Entheiligung» des Spirituellen wie der Ablasshandel. Denn das Weltliche und das Spirituelle standen im christlichen Kosmos noch miteinander im Austausch.

6.3 Liebe und Prostitution

Auch das zweite Beispiel, welches Marx zur Illustration der alchimistischen Kräfte des Geldes anführt, greift die Beziehung von Religion und Geldakkumulation auf: Die altorientalische Tempelprostitution, die im ganzen Mittelmeerraum und vorderen Orient verbreitet war, sah Geld als Gegengabe für die Kopulation mit einer dafür vorgesehenen Hierodule oder einer Jungfrau vor, die sich im Tempel zum Beischlaf anbot. «Den Phöniziern, einem Handelsvolke par excellence, galt Geld als die entäußerte Gestalt aller Dinge. Es war daher in Ordnung, dass die Jungfrauen, die sich an den Festen der Liebesgöttin den Fremden hingaben, das zum Lohn empfangene Geldstück der Göttin opferten.»[234] Bei diesen Festen ging es oft darum, die Entjungferung von einem

Fremden vornehmen zu lassen. Der griechische Schriftsteller Herodot (ca. 490–430 v. u. Z.) berichtet, dass bei den Babyloniern, die damals auch Phönizien beherrschten, sich jede Frau mindestens einmal in ihrem Leben vor der Eheschließung im Tempel einem Fremden hingeben musste, um «geweihtes Geld» für den Tempel zu verdienen.[235] Der bezahlte Beischlaf erfolgte zu Ehren der Göttin Mylitta [entspricht der Aphrodite][236], die Höhe des Betrages spielte laut Herodot im 5. Jahrhundert v. u. Z. keine Rolle. Marx behandelt dieses Ritual wie eine Form der Zuhälterei durch das Priestertum und verfehlt die Bedeutung, welche die heilige Prostitution damals hatte. Allerdings scheint zu Beginn u. Z. der Kult des Öfteren tatsächlich gezielt dazu eingesetzt worden zu sein, die Einnahmen der Tempel zu erhöhen.[237] Dennoch: ursprünglich war die sakrale Prostitution keineswegs der heutigen modernen gleichzusetzen. Bei diesen Praktiken spielte das Geld noch nicht die Rolle, die wir ihm heute aus rein marktwirtschaftlicher Perspektive zumessen. Die Münzen aus Edelmetall bestätigten den Empfang einer Gabe, welche die Göttin der Liebe und Fruchtbarkeit den Menschen verschwenderisch gewährte. Es handelte sich jedoch im damaligen Verständnis um eine Gabe, die im Grunde unbezahlbar war und ein Schuldverhältnis zwischen Göttin und Menschen vor Augen führte. Die Hierodulen oder Jungfrauen vertraten in diesem Ritual die Göttin, welche mit dem Urgrund der Fruchtbarkeit identifiziert wurde.[238] Nicht die Bestimmung des Tauschwertes stand dabei im Vordergrund, sondern ganz im Gegenteil der vorsichtige Umgang mit geheiligten Beziehungen zwischen den Geschlechtern und mit der Göttin, deren Wohlwollen man sich versichern wollte. Gerade zur Zeit der ersten Münzprägungen im siebenten Jahrhundert v. u. Z. hatte das Geld seinen sakralen Charakter noch nicht verloren (wie etwa später im Römischen Reich), sondern fungierte in Zusammenhang mit Tempelabgaben auch als Zeichen für das Unbezahlbare, nämlich die Beziehung zwischen Menschen und Göttern, wobei letztere als Ursprung der Ordnung, des sozialen Zusammenhalts und der Reichtümer der Erde betrachtet wurden.

In den griechischen Stadtstaaten wurden die Münzen anfangs nicht für den Fernhandel[239] verwendet, sondern symbolisierten vor allem eine Beziehung zum Gemeinwesen.[240] Was man letzterem und damit auch den Göttern schuldete, war in den Tempeln der entstehenden Hochkulturen schon vor der Verwendung von Münzen meist in Form von Ernteanteilen gesammelt worden. «Dort, wo wir es mit Tempelwirtschaften zu tun haben, ist die Erwirtschaftung eines Surplus geradezu ein göttlicher Befehl gewesen.»[241] Zu Recht zitiert Marx daher aus Sophokles' «Antigone», dass man Pluto, den Gott des Reichtums (damals in Form von Getreidevorräten), aus den Eingeweiden der Erde herauszog. Wohl in Zusammenhang mit der Notwendigkeit, die agrarischen Güter zu verwalten und Verderbliches gegen haltbare und leichter transportierbare Werte einzutauschen, entwickelten sich rund um die Tempel Handelszentren. Sicher war es bald leichter, die Abgaben nicht in Form von Naturalien, sondern in Silbergeld in die Stadt zu tragen. Oder die abgegebenen Naturalien wurden von den Behörden oder Priestern gegen Edelmetalle getauscht, um etwa Söldner zu bezahlen.[242] Gemünzte Metalle erleichterten die Abwicklung solcher staatlicher Maßnahmen. Außerdem ermöglichten sie ein transparenteres, gerechteres Vorgehen bei staatlichen Umverteilungen.

Die griechischen Stadtstaaten des 6. und 5. vorchristlichen Jahrhunderts, an deren Münzen sich die langsame Entwicklung des Geldverkehrs nachvollziehen lässt, kannten keine Unterscheidung zwischen politischer und religiöser Macht. Die Götter galten als Gründer und Beschützer der staatlichen Ordnung. Alles deutet also darauf hin, dass das Profitdenken der Priester vermutlich erst lange nach den Tempelschätzen entstand und nicht umgekehrt[243], dass es erst in dem Augenblick auftauchen konnte, in dem die Beziehung zur göttlichen Ordnung in den Hintergrund trat. Abgesehen von Fernhandelsunternehmungen, die es schon in der Antike gab und deren Betreiber in griechischen Stadtstaaten wenig Ansehen genossen, diente Akkumulation bis ins Hochmittelalter weniger dem Profit als den sozialen Beziehungen.[244] Aristoteles hatte für die Jagd nach dem Geld um des Geldes willen nur Verachtung übrig. Geld war für ihn eine nützliche Erfindung für den Tausch, aber nicht für den Gewinn.[245] Wohlhabende Patrizier benützten ihren Reichtum, um die jährlichen Spiele oder Staatsbankette zu finanzieren. Sie investierten also das Geld in Sozialprestige und ins Sozialwesen.[246] In der Antike war der gültige Wert eines Stückes Metalls an den darauf eingeprägten Zeichen des Stadtstaates ablesbar. «Eine Geldsorte kann nicht existieren, sie kann keinen ‚Kurs' haben, ohne dass sie ‚Gesetzeskraft' hat. Und das Gesetz ist nicht das Werk des Individuums. Ein bestimmtes Geld muss in sich die Gegenwart der Götter haben, es muss mit ihren Symbolen gekennzeichnet sein oder mit dem Siegel eines Staates oder dem Bild eines Königs.»[247] Die Götter galten als Urheber der Gemeinschaft, aber auch die Gemeinschaft galt als heilig. Die gültige Währung beruhte auf der Anerkennung des sozialen Zusammenhalts, der mit der Inschrift auf dem Metall bezeichnet wurde.

Indem Marx das Geld mit christlichen Kultobjekten und der sexuellen Bereitschaft der Frauen verknüpfte, versuchte er besonders provokante Beispiele für die sozial destruktive Funktion des Geldes zu liefern. Ein guter Griff, denn sowohl der Glaube an Gott als auch die Liebe der Frauen galten zu seiner Zeit und bis heute im patriarchal strukturierten Europa als heilig, ihre Käuflichkeit jedoch als zutiefst verwerflich. Im christlichen Sinne beschmutzt das Geld, weil es Träger rein materieller Interessen geworden ist. Das Seelenheil gilt jedoch als geistige Sache und auch die Liebe der Frauen soll keinesfalls käuflich, sondern mehr geistig als triebhaft sein – so verlangt es die herrschende Moral. Legenden über den Teufel lassen daher das Gold, das er den armen Sündern in die Taschen zaubert, schon nach dem ersten Hahnenschrei zu übel riechendem Mist werden. Diese strenge Trennung von reinem Geist und schmutziger Materie scheint jedoch ein Ergebnis der Neuzeit zu sein. Niemals sonst herrschte in den Religionen so strikt der Gedanke vor, dass religiöse Betreuung oder die Zuwendung Gottes nichts kosten dürfen. Ganz im Gegenteil bestand doch Religion überhaupt aus Austauschbeziehungen und tiefen Schuldverstrickungen. Schuld, so könnte man fast sagen, ist das religiöse Band schlechthin.[248] Wie hätte man ohne Bußgelder Kathedralen bauen können? Bis zur Erfindung der Liebesheirat und zur Verbannung der Frau in den bürgerlichen Haushalt war es selbstverständlich, dass die Zuwendung der Frau, ihre sexuelle Bereitschaft oder ihre Subsistenzarbeit einen Gegenwert erforderten. Allerdings dachte man in den präkapitalistischen Gesellschaften noch nicht in Tauschwerten, sondern in Reziprozitätsverpflichtungen. Gabe und Gegengabe erzeugten soziale Beziehungen. In einer Welt, deren Organisation sich noch nicht in Warenbewegungen abbildete, drückte Geld, noch dazu meist glänzendes Edelmetall, soziale und gleichzeitig auch sakrale Anerkennung aus. Denn die sozialen Hierarchien waren gottgegeben. Die Bezahlung von Wergeld[249] an die Sippe eines getöteten Menschen bedeutete nicht, dass der oder die Getötete tatsächlich in Geld umzurechnen gewesen wäre wie eine Ware, sondern in ihrer Funktion als seltenes aber anerkanntes Transportmittel von Reichtum und Wertschätzung sollten die Münzen die beteiligten Sippen von der eskalierenden Verpflichtung zur Blutrache befreien. Geld konnte also gefährliche Reziprozitätsverpflichtungen ablösen. Geld wurde außerdem sehr oft noch als Schmuck und Schatz dem Wirtschaftskreislauf entzogen und seinen Besitzern ins Grab mitgegeben. Bis ins 20. Jahrhundert legte man im christlichen Europa den Toten Münzen in den Mund als «Zehrpfennig, Wegzehrung, Reise-, Marsch-, Wander-, Brücken- und Wegegeld [. . .] im Sinne des antiken Obolus für den Fährmann der Unterwelt».[250] Manchmal wollten die Erben auch durch diese kleinere Geldgabe verhindern, dass der Verstorbene noch materielle Ansprüche an seine Hinterbliebenen stellen könnte.[251] In all diesen Fällen sollte Geld helfen, die sozialen Bindungen flexibler zu gestalten oder eventuell zu lösen. Insofern Geld aber aus Edelmetall und in den Epochen des Naturaltausches noch sehr selten war, nähte man es ob seiner Schönheit auch an Altartücher oder an die wertvollen Kleider von Marienstatuen. Marx wollte die bürgerliche Gesellschaft der Heuchelei bezichtigen. Er hatte natürlich Recht, weil das Profitstreben zu seiner Zeit längst in den Vordergrund gerückt war und die soziale Funktion des Geldes überdeckte. Aber auf die Vergangenheit traf seine Ansicht nicht immer zu. Schließlich haben die Menschen bis heute die Fähigkeit nicht verloren, wertvolle Gegenstände, die einen hohen Tauschwert hätten, dennoch als unverkäuflich zu betrachten und sie ob ihrer Symbolkraft dem Markt zu entziehen.

Nach wie vor gibt auch der kirchlich verwaltete Jesus seine Vergebung nicht umsonst, die Priester müssen für die Seelsorge, die Messen und den Erhalt der Gebäude bezahlt werden. Sollte man sich aber tatsächlich sein Seelenheil mit Geld kaufen müssen, dann wären die Armen doppelt bestraft und die Kirche ein Ausbeutungssystem. Obwohl sie diese Rolle wohl immer wieder spielte, kann man sie doch nicht darauf reduzieren. Sicherlich wurden im 19. Jahrhundert Bürgerstöchter des Öfteren von ihren Familien regelrecht an den Meistbietenden verschachert. Aber selbst in diesen Fällen diente das Geld nicht nur dazu, den Tauschwert der Frau als eines entfremdeten Objektes zu formulieren, sondern im Gegenteil auch dazu, persönliche Bindungen zwischen den Familien zu stärken. Die Mitgift brachte ebenso wie das Vermögen des Bräutigams die Wertschätzung der Braut zum Ausdruck. Mit ihr nähte man, metaphorisch gesprochen, die Münzen auf ihre Altardecke. Geld auf dem Arbeitsmarkt zu verdienen galt für Bürgerstöchter als entehrend. Dienstleistungen von Frauen sollten nicht auf dem Markt gehandelt werden, sondern unbezahlbar bleiben. Wurden sie dennoch gehandelt, dann bestrafte man die Frauen mit schlechter Bezahlung dafür, dass sie ein heiliges Gut zu Markte trugen. Denn Lohnarbeit zersplitterte das heilige Bild der Frau, die doch als Inbegriff der heiligen Familie und damit des kosmischen Zusammenhangs überhaupt betrachtet wurde. In diesem bürgerlichen Denken war die Lohnarbeit der Frau grundsätzlich nicht weit von der Prostitution entfernt. Ablasshandel galt dagegen bis zur Aufklärung als ehrenvoll, solange ihm kein Profitdenken zugrunde lag. Denn das ehrenhaft verdiente Geld verkörperte die durch Arbeit vollbrachte Abtötung des Leibes. Die Bußbücher des Mittelalters belegen die Selbstverständlichkeit, mit der Sünden in Geld formuliert werden konnten. Dennoch war das Seelenheil keine Ware im heutigen Sinn.

Dass man weder für Frauenliebe noch für Gottes Gnade einen Markt akzeptieren will, heißt jedoch nicht, dass sie umsonst sind. Bis heute herrscht vielmehr die Ansicht vor, dass sie unbezahlbar, aber lebensnotwendig sind und daher ein Geschenk bleiben sollten wie die Gabe des Lebens selbst. Ist dennoch Geld im Spiel, dann handelt es sich um freiwillige Gaben und Opfer, jedoch niemals um eine Bezifferung des Wertes. Gott und die Frauen stehen für den religiösen oder sozialen Zusammenhang, sie stehen für das Ganze und nicht für einen Teil, der zirkulieren kann. Daher werden verehrte Frauen und Heilige beschenkt, können aber zu keiner Gegengabe verpflichtet werden. Prostitution wird nicht wie jeder andere Beruf behandelt. Denn im Fall der Prostitution wird das Geld von Menschen dafür benützt, etwas zu beziffern, das als Ware zu handeln auch in der modernen Gesellschaft nach wie vor tabu ist. Tabu aber heißt, dass hier heilige Grenzen überschritten werden könnten, die den Bestand der Gemeinschaft schützen. Soziale Beziehungen in Waren verwandeln zu wollen, erscheint gefährlich. Dabei führen Prostituierte nur allzu deutlich vor, was ohnehin laut Marx mit allen geschieht, die ihre Arbeitskraft verkaufen. Die Tatsache, dass Menschen einander nur als Verkörperungen von Waren begegnen könnten, wird, obwohl es tagtäglich geschieht, geleugnet, ignoriert und tabuisiert, sie ist zu bedrohlich. Vor allem die Beziehung der Geschlechter, die doch Grundlage des Sozialen ist, insofern sie sehr starke Bindungen zu erzeugen vermag, soll dem Markt entzogen bleiben. Auf dem Schwarzmarkt, in einem Milieu, das durchaus auch die Rolle einer Gegenwelt zur geordneten bürgerlichen Lebensweise spielt, kann man sich zwar einen Beischlaf, aber keine Beziehung kaufen. Letztere muss freiwillig gewährt werden, und zwar umsonst.

Diese den Frauen zugemutete unentgeltliche geschlechtsrollenspezifische Arbeit, die Bereitstellung emotionaler Ressourcen, bildet, wie feministische Forschungen längst dargelegt haben[252], die Basis der modernen Leistungs- und Konsumgesellschaft. Mütter und Hausfrauen durch männliche Mitarbeit entlasten oder sie entlohnen zu wollen, brächte den Staatshaushalt an den Rand des Ruins. Denn der Staat bildete sich einst in Kooperation mit dem entstehenden Weltmarkt, der die Ressourcen und Produkte in käufliche und unverkäufliche einteilte. Kirchen verwandelte der Markt in Dienstleistungsunternehmen. Frauen konnten und können als Geschlechtswesen inner- und außerhalb der Ehe, als Krankenschwestern, Trophäen oder Hausmädchen von Nutzen sein. Die Vertikale, den Himmel und die Hölle des alten Kosmos (Heilige und Prostituierte auf Geschlechterebene), konnte das Tauschsystem nicht erfassen. Nach wie vor gibt es Unbezahlbares. Der Glaube an Gott und die Frau scheinen die Grundlage dieses Verschuldungssystems darzustellen, in dem die Gläubigen als Schuldner darauf beharren, ihre Schulden niemals zurückzahlen zu können.

Es scheint sogar, dass in dem Ausmaß, als Gott verloren geht, die Frauen seinen Platz einnehmen müssen. Zur Emanzipation wird das sicher nicht führen. Dafür sorgt die Pornographie als Gegenkult. Gott und Frau stehen auf einem Podest und werden verehrt, aber nicht entlohnt. Denn in der Konsumgesellschaft hat das Geld seine sakrale Funktion, die es etwa noch bei den Phöniziern besaß, weitgehend eingebüßt. Was ist so empörend daran, mit der Liebe Gottes oder jener der Frau zu schachern? Laut Godelier liegt die Begründung darin, dass die unverkäuflichen Objekte den Wert der verkäuflichen garantieren. Wenn alles käuflich wäre, dann würde alles wertlos werden. Die horizontale Ebene des Austausches bedarf einer vertikalen Ebene der Werte, um zu funktionieren.[253] Sie ist die stabile, aber verborgene Achse, um die sich alles dreht. Es braucht keine Wirtschaftsanthropologen um festzustellen, dass eine Währung des Vertrauens bedarf. Kein Markt kann ohne einigermaßen verlässliche soziale Strukturen existieren. Sie sind die

Basis für einen schwunghaften Austausch und für die Geldzirkulation. Solche vertrauenswürdigen, aber schriftlich kaum fixierten Grundlagen beruhen auf gewachsenen kulturellen Verknüpfungen, die in sozialen Zusammenhängen ihren Ausdruck finden. Traditionen, Erzählungen, Erfahrungen, Werthaltungen, Sitten etc. können nicht künstlich erzeugt werden. Sie stellen aber die Umwelt dar, in der ein Markt erst gedeihen kann, sie bilden sich in konkreten Handlungen diesseits der Börsenspekulationen ab. Nur weil Menschen in soziale Netze und Überlieferungen hineingeboren werden, sind sie bereit, sich entsprechend zu verhalten und erwartbare Verhaltensweisen zu entwickeln. Der Markt schuldet also diesen Voraussetzungen seine Existenz.

Vor allem die katholische Kirche und die Frauen gelten bis heute (darauf wird in den folgenden Kapiteln noch zurückzukommen sein) als Vertreter eines vormodernen Weltbildes. Der Soziologe Ulrich Beck[254] spricht von einer geschlechtsspezifisch geteilten Moderne, die erst seit dem späten 20. Jahrhundert den Frauen langsam dieselben Rechte und Privilegien einräumte wie den Männern. Bis dahin hatten sie für die emotionale und körperliche Reproduktion der männlichen Individuen zu sorgen, die sich auf dem freien Markt in den Überlebenskampf stürzten, um die Familie zu «ernähren». Sie repräsentierten den heiligen Haushalt, ein persönliches Kultobjekt. Nach wie vor gelten Frauen heute als Vertreterinnen und Erhalterinnen einer vormodernen Nische im postmodernen Kosmos.[255] Frauenpolitik ist immer noch Familienpolitik und die Frauen werden nur in Ausnahmefällen als Individuen betrachtet, die ihre Fähigkeiten auf dem freien Markt zu denselben Bedingungen verkaufen dürfen wie Männer. Daraus resultiert ihre so genannte Doppelbelastung. Die Kirche hat es da leichter und schwerer zugleich. Einerseits bietet sie ihre Dienstleistungen auf einem weltanschaulichen Markt an, der zunehmend wächst, andererseits wollen die Menschen mehr für ihr Geld. Die Tatsache, dass Geld ansonsten jedem Kunden gewisse Rechte einräumt, kann jedoch nicht auf die Kirchenmitgliedschaft übertragen werden. Die

Gesetze des Marktes müssen vor der Kirchentür Halt machen, wenn dahinter weiter Gott wohnen soll. Geld hat hier eine andere Funktion, die jedoch zunehmend unverständlich wird. Diese zweite, immer noch sakrale Funktion des Geldes[256] hat auch Marx nicht beachtet, als er den Reliquienhandel zur Sprache brachte. Die Liebe Gottes oder jene der Frauen stellen jedenfalls für die moderne Konsumgesellschaft Werte dar, deren Veräußerung tabuisiert bleiben muss, damit alles so funktioniert wie bisher.

6.4 Reliquien, Andenken, Waren

Reliquien gehören zu den makabren oder faszinierenden Überbleibseln aus vormodernen Gesellschaften. Jeder rational denkende Mitteleuropäer, besonders aber der akademisch gebildete, der sich der Aufklärung verpflichtet fühlt, empfindet Abscheu bei der Vorstellung, Leichenteile mit sich herumzutragen, sie zu küssen oder zu ihnen zu beten. Mit der Bedeutung des Fetisches sind wir dank der Psychoanalyse vertraut, auch ein Übergangsobjekt[257] erscheint verständlich, aber die Funktion der Reliquien bleibt unfassbar und befremdend. Sie stehen für den Betrug schlechthin, den die Kirche einst mit abergläubischen Laien trieb. Selbst wenn man akzeptiert, dass es ein Leben nach dem Tode gibt, so erscheint es doch unlogisch, dieses in Körperteilen eines Verstorbenen materialisiert zu glauben. Den Tod haben die Naturwissenschaften ohnehin über alle jene Objekte ausgebreitet, auf die ihr messerscharfer Blick bis jetzt gefallen ist. Seit dem 17. Jahrhundert wurde die Transzendenz aus dieser Welt vertrieben, wurden vertikale Verbindungen mit dem Seziermesser durchschnitten, der Geist von der Materie getrennt. Die meisten Katholiken verstehen die Bedeutung der Realpräsenz nicht mehr, an der sich im Hochmittelalter die Gemüter erhitzten und zu Beginn der Neuzeit die Religionen schieden. Der Körper gilt in den technisch hoch gerüsteten Gesellschaften als eine Art fleischliche Maschine, die der Geist als das ganz Andere von außen betrachtet oder lenkt. Reliquien stellen jedoch eine Vermischung der magischen mit der rationalen Weltanschauung dar, welche heute zu sehr in Widerspruch geraten sind, als dass sie noch gleichzeitig Geltung haben könnten. Denn das Religiöse ist individuelle Privatsache geworden, eine persönliche Entscheidung oder esoterische Spielerei, die im Allgemeinen nichts mehr mit der Manipulation materieller Substanzen zu tun hat. Magische Zusammenhänge sind längst durch technische ersetzt worden, bei denen man weiß, dass es sich um geschickt eingesetzte Energien handelt, die von Menschen genützt und gelenkt werden. Daher beruhigt der Klappentext eines gelehrten Werkes über christliche Heilige jene Leser, die vielleicht meinen könnten, dass schon allein die Auseinandersetzung mit dem Reliquienglauben für aufgeklärte Menschen lächerlich sei: «Arnold Angenendt geht es in diesem Buch nicht etwa um eine theologische Wiederbelebung des Glaubens an den heiligen Menschen ...»[258], lautet die Entwarnung. Wer ernst genommen werden will, darf nicht mit dem Glauben daherkommen. Der Bedarf nach Glaubensgegenständen und der Glauben selbst, den Menschen trotzdem haben, wird auf diese Weise jedoch nicht erklärt, sondern tabuisiert. Etwas lächerlich machen heißt, es der seriösen Betrachtung entziehen. Auch das ist eine Form der Tabuisierung. Denn diese Vermischung, die Reliquien repräsentieren, verbindet wieder, was so säuberlich getrennt worden ist: den Teil und das Ganze.

Den Hintergrund bei den Reliquien wie bei der Realpräsenz bildete ein holistisches Weltbild, das spätestens mit der Postmoderne[259] in Westeuropa verloren gegangen ist. Volkskundler betonen jedoch, dass das magische Denken keineswegs ausgestorben sei. Der Handel mit Kristallen, Horoskopen oder dem Automobil des Papstes beweist, dass die Menschen an mehr glauben wollen, als naturwissenschaftlich belegbar ist. Irgendwie hofft man, dass das Universum dank unsichtbarer Bande zusammenhält statt auseinander driftet. Der Relativismus, den Papst Benedikt XVI aus streng katholischer Sicht kritisiert hat, erlaubt es seinen Anhängern im Unterschied zu den Mitgliedern einer christlichen Kirche nicht, irgendein Weltbild für überlegen zu halten. So finden sich die aufgeklärten Individuen, wie Walter Benjamin einst mit Bezug auf die weltanschaulichen Veränderungen des 17. Jahrhunderts beschrieb, inmitten von Bruchstücken des zerfallenen alten Kosmos wieder, denen nun ein Zusammenhang fehlt. Um dem abzuhelfen, sammelt man also Bruchstücke und versucht, sich sein eigenes kleines Heiligtum zu basteln.[260] Im Weltbild der katholischen Kirche garantieren beide Sorten von Reliquien, die Körperteile der verstorbenen Heiligen wie auch der in der Transsubstantiation erzeugte Leib Christi, die heile Ganzheit des erlösten christlichen Kosmos. Die Fragmentierung und Zerstreuung der Körper stiftet Bindungen. Denn die jenseitige Welt ist mit diesen materiellen Objekten vermählt und in ihnen anwesend, mit und ohne Betrachter, mit und ohne Gemeindeversammlung. So fügt sich alles zusammen und wird heil. Das ewige Licht am katholischen Altar weist auf diese Tatsache hin.

Die Geschichte des Reliquienkultes ist so alt wie das Christentum selbst. Dass Gegenstände herausragender oder besonders geliebter Menschen etwas von ihrer Aura transportieren könnten, ist auch den modernen Menschen nicht ganz fremd. Haarlocken, Kinderschuhe oder Briefe werden gerne aufbewahrt und manchmal wie ein Schatz gehütet. So entsteht oft unbewusst ein individueller, privater Kult rund um wenige als zentral empfundene Objekte eines Lebens, dessen Höhepunkte und emotionale Schwerpunkte sich in diesen Sammelstücken kristallisieren. Nichts anderes ereignete sich vermutlich unter den ersten Christen, als sie die sterblichen Überreste der Heiligen, Märtyrer und Asketen sorgsam bestatteten und verehrten. Die Begräbnisstätten dienten den Gläubigen dann als Versammlungsorte. Die ursprünglich spontanen Verehrungsformen[261] an den Gräbern entwickelten sich zu Ritualen des gemeinsamen Gedenkens mit einem eucharistischen Mahl.

Jan Assmann beschreibt, wie auch in Ägypten die Erinnerung Gemeinschaft erzeugte.[262] Zugehörigkeit ist eine durch aufwendige Anstrengungen aufrechtzuerhaltende lebendige Struktur. Zugehörigkeit generiert Identität und verankert in Raum und Zeit. Bei den Ägyptern ließ das Grabmal die Toten in der Gemeinschaft weiterleben. Ebenso lag in vielen griechischen Städten das Grab der Gründerheroen im Zentrum der Stadt.[263] Als sich auf der griechischen Halbinsel die Stadtstaaten zu formieren begannen, kämpften sie nicht selten auch um den Anspruch auf ländliche Grabstätten und Kultplätze in ihrer Region. Die Städte versuchten, die heiligen Stätten und ihre heilsamen Kräfte zur Stärkung des Gemeinwesens für sich zu beanspruchen.[264] In Rom finanzierten die reichen Patrizier zur Pflege der Gemeinschaft die Spiele, welche sich aus Bestattungsfeiern mit Opfern entwickelt hatten[265], wie übrigens auch die Agone in Griechenland.[266] Grabstätten repräsentierten eine gemeinsame Vergangenheit und ermöglichten der Gemeinschaft, sich bei Feiern ihrer selbst performativ zu vergewissern.

Im Zuge der zahlreichen Gedächtnisfeiern für die Märtyrer waren an deren Gräbern einst die ersten Kirchengebäude entstanden.[267] *Memoria*, Gedächtnis, entspricht nicht nur unserem Gedenken, sondern bezeichnete die christlichen Altargräber im Sinne von *monumentum*, dem Denkmal und dem Grabmal.[268] Die Attraktion dieser Gemeindefeiern lag in der direkten Verbindung zum erhofften Paradies, einer Verbindung, die zweifach, nämlich durch die Eucharistie und durch die Überreste jener bezeugt wurde, die bereits am Thron Gottes angelangt waren. Die Realpräsenz der Heiligen, ihre Bilokation in der hiesigen und in der anderen Welt, ließ sie als Bindeglieder wirken.[269] Somit stellten die sterblichen Überreste der Heiligen eine Garantie für den Zusammenhalt des sinnstiftenden Ganzen und für die Gültigkeit der zugehörigen Heilsökonomie dar. In diesem Sinne waren sie unschätzbar wertvolle, heilige Objekte, die Überreste eines Opfers, das Himmel und Erde verband. Dies war den Gläubigen wohl schon in den ersten Jahrhunderten während der Verfolgungen bewusst. So zogen die Folterungen des hl. Blasius angeblich den Märtyrertod sieben weiterer Frauen nach sich, die seine Blutstropfen gesammelt hatten und zur Strafe dafür ihr Leben hingeben mussten.[270]

Opfer ziehen weitere Opfer nach sich, die eine für wahr gehaltene Lehre untermauern und ihr Gewicht verleihen. In den christlichen Heiligenlegenden stellen Bekehrungen, die durch die Standhaftigkeit der Märtyrer bewirkt wurden, einen wesentlichen Bestandteil der Konstruktion einer Vita dar. Dass Opfer die Gemeinschaft stärken, bleibt bis heute gültig. Wenn Menschen für eine Sache sterben wollen, dann gewinnt diese Sache dadurch besondere Anziehungskraft und Glaubwürdigkeit. Deshalb kann es nicht verwundern, dass die Märtyrer und ihre Nachfolger in der Kirche eine so zentrale Position einnahmen, dass schließlich nach allgemein anerkanntem Brauch sich unter jedem Altar Reliquien befinden mussten.[271] Obwohl man ansonsten die Befleckung durch Tote fürchtete, erhoffte man sich von den Überresten der Heiligen im Zentrum der Gemeinde die gegenteilige Wirkung. Pfister beschreibt, dass solche Hoffnungen bereits Jahrhunderte vor der Kreuzigung Jesu an die sterblichen Überreste griechischer Heroen geknüpft worden waren.[272] Quellen aus dem Mittelalter berichten von Zwist und Streit bei Translokationen und Teilungen der Heiligenknochen.[273] Sie stellten begehrte Sammelobjekte von Kaisern, Königen sowie vor allem von hohen geistlichen Würdenträgern dar[274] und zählten zu den wertvollsten Objekten, die die Kreuzfahrer aus dem Osten importierten. Reliquien hatten in Europa während des ganzen Mittelalters die Funktion, Gemeinschaft auf der Basis gemeinsamen Glaubens zu begründen, daher erhöhte und legitimierte ihr Besitz die Macht weltlicher und geistlicher Fürsten. Sie zirkulierten in der christlichen Gemeinschaft als verbindliche Gaben, Geschenke, Tauschobjekte und letztlich auch als Handelsware seit dem vierten Jahrhundert.[275] Die Vorstellung, dass in jedem Stück des eucharistischen Brotes Gott doch ganz und unversehrt anwesend sei, konnte auf die verehrten Überreste der Heiligen übertragen werden. Man zerteilte sie, um so alle Altäre mit den Heilsträgern zu versehen. Denn da die Kirche wuchs, vermehrten sich die Gebäude. Ziel dieser Verteilungen war jedoch immer die vertikale Verknüpfung von Diesseits und Jenseits unter der Patronage eines Heiligen, eine Verknüpfung, die gleichzeitig bedeutende Auswirkungen auf horizontaler Ebene nach sich zog, nämlich die Verbindung der Christen untereinander zu einem christlichen Abendland. Die vielen Heiligen garantierten doch immer nur den einen auferstandenen Christus.

Aufgrund der hohen Nachfrage nach einer direkten materiellen Verknüpfung mit der göttlichen Kraft kam es zur Herstellung sekundärer Reliquien, die man durch Berührung mit der Aura des Ursprungsobjektes versah. Solche Kontaktreliquien, vor allem Öl oder Tücher[276], sind in beliebiger Anzahl vermehrbar und bis heute an allen größeren Wallfahrtsorten erhältlich. Für die Heiligung eines Altars reichten sie jedoch nicht. In erster Linie dienten die körperlichen Überreste der Umverteilung eines Charismas, das nur herausragende Personen durch göttliche Fügung erhalten hatten. Seit dem 8. Jahrhundert war es Praxis, dass erst die Reliquien einen Altar in einen heiligen Opfertisch der Christenheit verwandelten.[277] So befanden sich die Reliquien am zentralen Punkt jeder Kirche in der Nähe der Eucharistie und stellten zusammen gleichsam die Quelle des Heils dar, das von dort auf die Gläubigen ausstrahlte. Dem Thron Gottes, an dem die Heiligen bereits angelangt waren, entsprach der Altar auf Erden, an dem die Transsubstantiation vollzogen wurde und unter dem im Sepulcrum, der Vertiefung unter der Altarplatte, die heiligen Gebeine ruhten. Im Zentrum der Christenheit stehen also Gräber, an denen sich Diesseits und Jenseits begegnen und austauschen. Denn auch die für die Aufbewahrung der Hostien bereitgestellten Schränke betrachtete man im Mittelalter als Nachbauten des Felsengrabes Christi.[278]

Tabernakel, Truhen, Schränkchen und Dosen am Altar konnten aber neben dem Leib des Herrn auch Überreste von Heiligen und Märtyrern enthalten.[279] Alle diese Behälter erfüllten daher die Funktion eines Sarges[280], der jedoch den Zugang zum ewigen Leben in sich barg. Das Sozialgebilde der christlichen Kirche war im Sinne des alten Kosmos aus lebenden Bausteinen[281] aufgebaut. Alle zum Mahl Zugelassenen bildeten diese Gemeinschaft. Die Kathedralen von Notre-Dame de Paris oder von Chartres setzten diese Vorstellung mit ihren Heiligenfiguren an den Außenwänden deutlich in Szene. Alle Kirchenmitglieder aller Zeiten fügten sich zu einem lebenden Gebilde zusammen, zu einer sinnstiftenden Gemeinschaft, der man sich durch Eid, Treue, Gehorsam, aber auch durch Gaben verband.

Als es den Priestern in den meisten Regionen Europas gelungen war, die Menschen davon abzubringen, ihre schwer erarbeiteten Überschüsse in Form von Gold und Schmuck mit den Toten zu begraben, sodass die Särge oft Schatztruhen glichen, sammelten sich die Reichtümer als Stiftungen und Spenden in kirchlicher Hand, der so genannten «Toten Hand».[282] Die Schätze gingen nicht mehr verloren, sondern blieben zum Teil, da die Kirche sie nicht nur als Schmuck, sondern auch für Bauten oder Almosen verwendete, sogar im Wirtschaftskreislauf. Dafür durften die Gräber der Spender nahe an den Altären mit den Reliquien errichtet werden. Aber bereits seit dem achten Jahrhundert waren Beerdigungen nur noch bei den Kirchen erfolgt, um sich der Fürsprache der Heiligen und Schutzpatrone für den Übergang in die andere Welt zu versichern. Die Kirchen nahmen diese Schenkungen und Stiftungen entgegen, um für die Toten zu beten, damit sie in das «ewige Gedächtnis Gottes»[283], die Diesseits und Jenseits übergreifende, zeitlose christliche Communitas, Eingang fänden. So fungierten sie als Kommunikationszentren und Umschlagplätze zwischen den Welten. Neben umfangreichen Gedenkleistungen in Form von Fürbitten und Messen entstanden auf physischer Ebene prachtvolle Sakralbauten. Ausgehend von der Zahl der unterschiedlichsten heiligen Objekte in der Obhut größerer Pfarren – sie schwankt zwischen hundert und mehreren tausend[284] – kann man die Kathedralen als riesige Reliquienschreine bezeichnen, Ausdruck einer ungeheuren Sammlung materieller und spiritueller Energien. So vereinte die spirituelle wie auch die steinerne Kirche Lebende wie Tote in ihrer Obhut. Nur wer ihrer Gemeinschaft angehörte, konnte überhaupt auf Leben hoffen, hier wie dort. Denn außerhalb der christlichen Gemeinschaften war bis weit in die Neuzeit kaum Leben vorstellbar.

6.5 Magie und Monstranz

Lange blieben die Reliquien in den Altären und Schatzkammern verborgen. Ihre Anziehungskraft war dennoch so groß, dass die Laien ihre heilkräftige Anwesenheit in den Kirchen aufsuchten und Berührungsreliquien als Medizin benützten. Pilgerströme setzten sich in Bewegung, um all der Gnade teilhaftig zu werden, die berühmte Reliquien in sich versammelten. Das Volk tauschte Nahrungsmittel, Kerzen, Gold und Silber gegen die Schutzwirkung dieser Heiligen, die in ihren Überresten auch nach ihrem Tod noch präsent waren, hier wie dort.

Ab dem 12. Jahrhundert verlangten die Gläubigen zunehmend den Anblick der bis dahin im Verborgenen aufbewahrten allerheiligsten Objekte. Der Wunsch nach der Öffnung der Reliquienschreine kann als Symptom für eine neue Ausrichtung der Sehnsucht gelesen werden. Bisher waren die wirtschaftlichen Überschüsse der Gemeinden in ihren Zentren zusammengeflossen, wo die vielen Opfer dem einen großen Opfer Christi Macht und Glanz verliehen hatten, welche von den Altären auf die einzelnen Spender und Verehrer zurückstrahlten. Nun aber dienten die Opfergaben unter anderem auch der Eroberung des Heiligen Landes, der Ostkolonisation und der spanischen Reconquista. Das westliche Christentum hatte begonnen, seine Grenzen zu definieren und zu erweitern.[285] Das Wirtschaftswachstum und der zunehmende Handelsverkehr führten zum Anwachsen der Städte, die soziale Mobilität erhöhte sich. Städte boten zwar die Chancen eines sozialen Aufstiegs, aber ebenso auch das Gegenteil. Im Dorf blieb man der, als der man geboren wurde, in der Stadt konnte man jedoch je nach Geschicklichkeit die sozialen Hierarchien sowohl hinauf- als auch hinabsteigen. Zudem lockerte die allgemeine Mobilität auch die soziale Kontrolle, denn sie vermehrte die Kontakte mit Fremden, deren Herkunft und Absichten an ihrem Verhalten nicht ablesbar waren. Wer sein Dorf verließ, musste die Gesetze für sich allein befolgen und sein Gewissen befragen, statt sich auf die Zurechtweisung durch die Gemeinschaft zu verlassen. Dies führte zu einer Vermehrung von Schuldgefühlen und zu Bedürfnissen, sich davon zu befreien – sei es durch intensivere Bußen, sei es durch Sündenböcke, auf die man seine Schuld projizieren konnte. Je undurchsichtiger und fremder die Christen einander wurden, umso dringender suchten sie nach äußeren Anhaltspunkten für eine verlässliche gemeinsame Wahrheit. Die geheimnisvollen Handlungen des Priesters am Altar wurden ergänzt durch die neue Praxis, die Hostie nach der Wandlung hochzuheben, um sie allen Gläubigen zur Anbetung anzubieten. An diesem Höhepunkt der Messe läutete nun außerdem die Glocke, um auf das unsichtbare Geschehen hinzuweisen.[286] Die Einführung des Fronleichnamsfestes 1246 ist sicherlich auf diese Bedürfnisse nach Sichtbarkeit und sinnlicher Teilnahme über den Anblick des Allerheiligsten zurückzuführen. Diese Sehnsucht nach Anschauung führte so weit, dass manche Theologen letztlich die Verehrung der Hostie als spirituelle Kommunion mit der tatsächlichen Kommunion gleichsetzen wollten.[287] Der Vorteil für die Laien war, dass der Anblick des Allerheiligsten nicht denselben Beschränkungen unterlag wie die Teilnahme am Abendmahl, sondern beliebig oft wiederholt werden durfte. Schließlich beruhten Wallfahrten, seit sie durchgeführt wurden, grundsätzlich auf dem Wunsch, die heiligen Stätten oder die heiligen Gegenstände mit eigenen Augen zu sehen.

Ab dem Hochmittelalter befanden sich Reliquien selbstverständlich auch auf den Altären und nicht mehr nur im Sepulcrum.[288] Anstatt sie nur an den Festtagen herzuzeigen, entwarf man nun Reliquiare aus Kristall oder mit Fensterchen.[289] Der Anblick der einzigartigen Gegenstände sollte eine Verbindung jedes einzelnen

Gläubigen mit der göttlichen Kraft herstellen. Bei der Ausschmückung und Fassung der Gegenstände waren der Phantasie keine Grenzen gesetzt. Das Standardwerk zu diesem Thema von Josef Braun unternimmt eine systematische Gliederung der Kästchen, Schränke, Kapseln, Phiolen, Hörner, Becher usw. nach Form und Material, weiters nach besonderem Schmuck und Ausgestaltung, etwa als Statue oder Körperteil, sowie nach ergänzenden Inschriften und Bildern. Obwohl der Autor selbstverständlich nur die noch erhaltenen Reliquiare in seine Beschreibung aufgenommen hat, vermitteln seine Aufzählungen an heiligen Gegenständen den Eindruck einer unübersehbaren Fülle. Die wertvollen Materialien der Umhüllungen unterstreichen den Wert, den die Gläubigen diesen spirituellen Schätzen beimaßen. Leider kann nicht mehr abgeschätzt werden, wie groß der Anteil der Bevölkerung war, der außerhalb der Kirchengebäude über private Reliquien verfügte. Das Bedürfnis nach verbindlicher Nähe zum Heiligen dürfte enorm gewesen sein, aber es führte auch zu vielen Fällen von Betrug. Der Priester Heinrich von Nördlingen unterhielt im 14. Jahrhundert nicht nur innige spirituelle Freundschaften zur dominikanischen Erlebnismystikerin Margaretha Ebner (um 1291–1351) und zu weltlichen Kreisen frommer Frauen[290], sondern zeigte außerdem ein besonderes Interesse an Reliquien. Heinrich bat Margaretha, die Echtheit einer Reliquie zu beglaubigen, die er ohne Begleitbrief gekauft hatte.[291] Der gebildete Mann bangte um die Echtheit der Reliquie, weil für ihn all ihre erwünschte Wirkkraft in dieser Welt von ihrer Beziehung zur jenseitigen abhing. Die Visionärin Margaretha stellte für den Priester eine Mittlerin zwischen Gott und Welt dar, ein Medium. Der direkte Kontakt der Mystikerin zur Gottheit, ablesbar an ihrem kasteiten und mit Visionen begabten Körper, ersetzte für den Geistlichen jede andere Bestätigung und gewährte ihm Sicherheit. Somit erfüllte Margaretha im Grunde dieselbe Funktion, die auch Reliquien bis heute zu erfüllen haben. Das Verlangen nach der Gegenwart Gottes in der Welt äußerte sich im erhöhten Interesse an heiligen Überresten und ebenso an mystischen Erscheinungen, unter denen Stigmata und Passionserlebisse einen besonderen Rang einnahmen, weil sie die Anwesenheit Gottes sichtbar werden ließen.

Warum aber verstärkte sich dieses Verlangen nach Beweisen für göttliche Einwirkungen seit dem Spätmittelalter so sehr? Peter Dinzelbacher sieht das Auftreten des *cruzifixus dolorosus* im 13. Jahrhundert in Zusammenhang mit einer veränderten Gottesbeziehung.[292] Der *rex triumphans* hatte sich als Schöpfer einer christlichen Kosmologie geeignet, in welcher jeder Mensch durch seinen Status klar und eindeutig definierte Aufgaben zu erfüllen hatte. Dieses Weltbild war um 1200 durch den Machtkampf zwischen Papst und Kaiser ins Wanken geraten. Die Gestalt des leidenden Christus eignete sich besser als die des auferstandenen, dennoch die Verbindung des göttlichen Willens mit dem schwachen Fleisch zum Ausdruck zu bringen. Die Schmerzen Christi garantierten für die Fleischwerdung des Wortes und für die begehrte Verbindung Gottes mit den Menschen, die nunmehr in Frage gestellt worden war. Georges Duby berichtet, dass ab dem 11. und 12. Jahrhundert allerorts Reliquien «aufgebracht» wurden, und zwar aus folgendem Grund: «Jeder hielt diese Überreste für die wirksamsten Mittler der so dringend notwendigen Verbindung zwischen den Lebenden und dem im Himmel thronend zu Gericht sitzenden Allmächtigen.»[293]

Schriftkultur und Geldverkehr ermöglichten es den Menschen, über größere Distanzen zu kommunizieren. Aber gleichzeitig vergrößerten sich dadurch auch die Distanzen unter den Menschen und ebenso zwischen Gott und Welt. Julia Kristeva nimmt Bezug auf die Erzählstrukturen und beschreibt die wesentlichen Folgen der Prozesse der Verschriftlichung als das Auseinanderbrechen alter Verweisungsstrukturen. Sie spricht von einer Assimilation des Symbols durch das Zeichen.[294] Ihrer Meinung nach spiegelt sich im Symbol, das von den Buchstaben unterschieden werden muss, die zugehörige kosmische Ordnung, sodass es eine Verbindung zwischen Diesseits und Jenseits zum Ausdruck bringt.[295] Ein Symbol ist nur innerhalb einer geteilten Weltanschauung verständlich. Diese verbindungsstiftende Funktion wurde aber ab dem 13. Jahrhundert zusehends vernachlässigt.[296] Das Zeichen löste das Symbol ab und verband nur mehr auf horizontaler Ebene diesseitige, konkrete Elemente untereinander ohne kosmologischen Bezug. Die Zeichen begannen zu zirkulieren, neuartige Erzählungen tauchten auf. Romanfiguren durften nun widersprüchliche Eigenschaften aufweisen, anstatt wie früher einen vorgegebenen unveränderlichen Charakter zu besitzen, der ihnen im kosmologischen Gefüge zugewiesen worden war. [297] So hatte sich z. B. in den schematisch aufgebauten Heiligenlegenden bereits bei den Ungeborenen anhand von Wundern gezeigt, dass sie auserwählt waren und blieben. Die neuen säkularen Erzählungen ließen dagegen die Möglichkeit des Scheiterns offen, der Kosmos war nicht mehr so starr. Das Zerbrechen der alten Weltordnung äußerte sich auch in der Vernachlässigung einer Kommunikation durch Gesten und Rituale. Gesetze und Verträge wurden zunehmend schriftlich fixiert.

Wirtschaftstreibende, Klöster und Landesherren bedienten sich immer öfter der Schrift, um ihre Verwaltungsaufgaben besser zu bewältigen. Die Bezahlung der Pacht in Geld statt in Naturalien brachte allerdings für die Pächter je nach Ernteergebnis und Marktlage auch grobe Nachteile mit sich.[298] Die schriftliche Fixierung von Gesetzen, Rechten und Abgaben stieß daher im illiteraten Volk zunächst auf Widerstände[299], weil sie die Untertanen zwang, die realen Situationen des Lebens einer abstrakten Norm anzupassen statt umgekehrt.

Weil der zunehmende Schriftgebrauch die Beziehung von äußerer Erscheinung und innerer Realität zur Diskussion stellte[300], begann man, den körperlichen Äußerungen zu misstrauen. Menschen konnten sich verstellen, sie konnten ohne Reue beichten und ohne gültige Beichte zur Kommunion gehen. Die Herzensgeheimnisse aber blieben verborgen. Dieser Mentalitätswandel, die Entwertung von Formen rein oraler Kommunikation, bewirkte, dass allgemein unter den weithin immer noch analphabetischen Laien große Ängste auftraten – Ängste vor der Hölle, vor dem Fegefeuer, vor Ketzern, Hexen, Juden und der Strafe Gottes.[301] Um ihnen begegnen zu können, wünschte man sich den Anblick des Allerheiligsten, eine unumstößliche und auch sinnlich nachvollziehbare Gewissheit, dass Gott alles zum Besten lenke und die Ordnung der Welt nicht verloren gehe. Vor allem die Realpräsenz, das inkarnierte Wort, sollte für die sinnvolle Verknüpfung von Welt und Überwelt garantieren.

6.6 Aus der Dunkelheit ans Licht

Das Herzeigen des *sanctissimum* erfolgte erst, nachdem schon Reliquienmonstranzen in Gebrauch waren.[302] Aber die wertvollste aller Reliquien war und blieb die Hostie. Die meisten bis heute erhaltenen Monstranzen stammen aus dem 15. und 16. Jahrhundert und stellen in Bauart und Schmuckwerk vermutlich Nachahmungen ihrer Vorläuferinnen aus früheren Jahrhunderten dar. Die Ostensorien waren mit Stuckwerk aus Holz oder Edelmetallen reich geschmückte, tragbare Tabernakel ohne Türen, oft bis zu 1,5 Meter groß. Sie bildeten mit Ornamenten und Strahlenkranz einen überdimensionierten Rahmen für die eher kleinen Schaustücke von wenigen Zentimetern. Aufgrund ihres hochstrebenden Aufbaus wurden sie manchmal auch als *turres eucharisticae*, eucharistische Türme, bezeichnet. In ihrer Mitte konnte man die Gefäße aus Kristallglas bewundern.[303] Gehalten wurde die Hostie in ihrer durchsichtigen Umhüllung von einer halbmondförmigen Klammer, *lunula* genannt.[304] Dies mag insofern nicht überraschen, als der Tabernakel oder die Hostienbüchsen selbst gerne mit der Gottesmutter gleichgesetzt wurden, die mit ihrem Körper den Gottessohn getragen hatte.[305] Der Mond als Symbol weiblicher Fruchtbarkeit eignete sich also besonders, um den Leib des Herrn zu halten. Nach antiker Vorstellung, die in den Lehren der Kirchenväter dominierte, war die Frau allerdings nur das Gefäß, in welches der Mann seinen Samen legte.[306] Ebenso hatte Maria ihren Sohn von Gott empfangen und ihn mit Fleisch umkleidet. Der Aufenthaltsort Christi in der Kirche war einerseits ein Grabmahl, der eucharistische Turm, andererseits aber auch eine Art Gebärmutter. Grab und Uterus sind in der christlichen Tradition Symbole des vergänglichen Fleisches, das aus der Frau geboren wurde und im Grab, das den vergänglichen Leib dann wieder umschließt wie einst die Mutter, endete. Die Bezeichnung Marias als «elfenbeinerner Turm» wird auf den Vergleich der Gottesmutter mit dem turmförmigen Grabmal Christi zurückgeführt.[307] Spätmittelalterliche Schreinmadonnen zeigen manchmal die Gottesmutter, deren ummantelter Leib zwei Türen aufweist. Öffnete man sie, so erblickte man Darstellungen der heiligen Dreifaltigkeit in ihrem Bauch.[308] Der dreifaltige Gott hatte sich in ihrem unbefleckten Leib niedergelassen, um die Inkarnation herbeizuführen.

In einer ähnlichen Denkweise bezeichnete der Kirchenlehrer Augustinus Christus als das vortrefflichste Brot: «… in der Jungfrau ausgesät, im Fleische geboren, in der Passion geknetet, im Ofen des Grabes gekocht, in den Kirchen, die täglich die himmlische Speise an die Gläubigen verteilen, versüßt.»[309] Die Jungfrau steht am Anfang, das Grab am Ende und verhilft zum Eintritt in ein neues Leben. Die Kirche wird zur Küche, eigentlich zur Opferküche[310], wo auch das zu einem Herd umfunktionierte Grabmal steht, an dem der Priester die Transsubstantiation durchführt.[311] Aus dem Traumdeutungsbuch des Artemidor von Daldis[312] kann man erfahren, dass sowohl der Backofen als auch der Herd, wenn sie im Traum erschienen, eine Schwangerschaft andeuteten. Indem Augustinus den Ofen zu einem Grabmal werden ließ, setzte er den Tod mit einer zweiten Geburt gleich, den gebärenden Leib aber mit dem Tod.[313] Seit der Antike trugen verschiedene Aufbewahrungsvorrichtungen für geweihte Hostien die Bezeichnung «Ziborium». Darunter verstand man im Mittelalter schließlich jeglichen Behälter für den Leib Christi oder für Reliquien. Ursprünglich aber war der Name vom becherförmigen Fruchtgehäuse einer ägyptischen Bohnenart auf die Überdachung des altchristlichen Altares übertragen worden. Sie glich der Form eines umgestülpten Bechers, der sich schützend über dem Altar ausbreitete. Aufgrund der Höhe mancher Altarüberdachungen zog man auch die Bezeichnung «Turm» heran.[314] Vielleicht entstand die Herleitung des Turmes vom Grab Christi erst, als man die Bedeutung des Bohnengewächses nicht mehr akzeptieren wollte. Somit erscheint die Beziehung zur Fruchtbarkeit des Leibes – Fruchtgehäuse – älter zu sein, als die spirituellen Erklärungen für diese Altarformen. Doch dies bleibt eine Vermutung. Bis ins Spätmittelalter waren nicht nur Schränke neben dem Altar, sondern auch hängende Tabernakel zur Aufbewahrung der eucharistischen Brote in Gebrauch, die am Scheitel des Ziboriums, in der Mitte des becherähnlichen Baldachins, an Schnüren befestigt waren. Das ganze Arrangement – der Baldachin auf Säulen über dem Altar mit dem darunter hängenden, meist von kostbaren Mäntelchen verhüllten Hostiengefäß – wurde Tabernakel genannt. Doch im Lauf der Jahrhunderte verloren sich die Unterscheidungen und man setzte letztlich das Ziborium mit der Pyxis, der Hostienbüchse oder dem Tabernakel, gleich. Felix Raible führt außerdem an, dass die Zisterzienser in ihren Kirchen die Mutter Gottes selbst – ein Bild mit einer entsprechenden Haltevorrichtung – das eucharistische Gefäß, zuweilen in Form einer Taube, über dem Altar halten ließen.[315]

Diese Entwicklungsgeschichte des Altargerätes zeigt die enge Verbindung weiblicher Fruchtbarkeit mit dem Allerheiligsten am Altar, einem Platz, der von Kirchenlehrern gerne als «Herz der Kirche»[316] bezeichnet wurde. Es würde zu weit vom Thema wegführen, hier auch noch die symbolische Verwandtschaft des Herzens mit dem Uterus zu erläutern, die an der Herz-Jesu-Mystik ablesbar wird. Denn das Jesus-Kind soll im Herzen eines jeden Christen geboren werden, sodass dieser Hohlmuskel, den beide Geschlechter besitzen, als Uterus für die spirituelle Neugeburt zu dienen hat. Frauen, die übermäßig menstruierten, empfahl man im Mittelalter, die Messe zu verlassen, bevor der Priester das Messbuch schloss, damit die Blutungen aufhörten. Oder der Priester sollte ihnen gleich nach der Messe das Mieder mit einem Knoten schließen.[317] Demnach glaubte man also, dass es eine magische Verbindung zwischen der Fruchtbarkeit der Frau und dem Geschehen am Altar gebe. Deutlich sichtbar bleibt bis heute, dass am Altar Speisen zubereitet und dann verteilt werden, wie in jedem Haushalt. Die Küche und das Kochen gelten auch heute immer noch als Bereich der Frauen.[318] Aus der spirituellen Küche der christlichen Religion sind Frauen als Köchinnen jedoch ausgeschlossen. Aber eine so strenge Exklusion kommt auf der symbolischen Ebene einer Bindung gleich. Die Tabuisierung der Käuflichkeit weiblich-emotionaler und religiöser Versorgung schöpft vermutlich aus derselben Quelle. Im Unterschied zum Allerheiligsten durften Reliquien verkauft werden, weil sie das Vertrauen auf die Erlösung durch den Leib Christi verbreiteten, dabei aber nicht zur Ware wurden. Denn gerade Reliquien haben die Aufgabe, Entfremdung durch die Verbindung zu Christus aufzuheben, sie vermitteln eine Beziehung zum geordneten göttlichen Kosmos anstatt beziehungslose Objekte eines zusammenhanglosen Universums zu sein. Psychoanalytisch erfüllt die Reliquie die Funktion eines Übergangsobjektes.[319] Sie soll als Verbindungsstück zum hl. Kosmos dienen, dessen mütterliche Geborgenheit die Menschen nicht verlassen wollen. Waren scheinen eher, wie Louise Kaplan feststellt, als Fetische zu dienen, die den bereits erkannten Bruch und die Ausdifferenzierung verdecken und die unverarbeitete Herauslösung aus dem Kollektivkörper kompensieren sollen.[320] So erklärt sich auch das Aufleben der Reliquienverehrung nach dem Dreißigjährigen Krieg, als der Reformkatholizismus gezielt auf die Ängste der Bevölkerung vor den Zwängen der immer dominanteren Marktwirtschaft im frühneuzeitlichen Staat reagierte und neue regionale Heiligtümer, neue Heilige sowie Reliquienprozessionen anbot. Die heiligen Objekte sollten den zerbrechenden christlichen Kosmos zusammenhalten. Die Besinnung auf bedeutende Gründungsopfer der Christenheit[321] konnte eine immer noch holistische Interpretation für die schmerzlichen Anforderungen der sozialen Disziplinierung liefern, obwohl letztere doch das Ergebnis der zunehmenden Ausdifferenzierung war. Die profanen Leiden an der Verwandlung der Subsistenz- in eine Marktwirtschaft erhielten auf diese Weise vorübergehend eine spirituelle Deutung.

Die klassische, von Marx definierte Ware jedoch bietet sich völlig losgelöst von den Zusammenhängen ihrer Entstehung an. Mögen ihre Einzelteile aus China, Marokko oder Brasilien stammen, sie selbst gibt keine Auskunft mehr über die Hände, die sie berührten, und die Absichten, die sie von einem Kontinent zum anderen bewegten. Gerade das Herausgehobensein aus dem Lebensfluss und ihr undefinierbarer Zustand in der Verkaufssphäre – sie befindet sich offensichtlich weder in den Händen noch irgendwie in Gebrauch der tatsächlichen Eigentümer – ermöglichen ihre Mobilität und erhöhen ihre Attraktivität für die Kunden, die sich mit Geld von jeder Beziehung zu den Herstellern oder Händlern freikaufen. Denn in der modernen Warenkultur hat das Geld seine Funktion der sozialen Vernetzung im Alltag eingebüßt.

Am vierten Laterankonzil 1215 formulierten die höchsten Würdenträger der lateinischen Kirche das Dogma der Eucharistie. Mit der Feststellung der realen Präsenz Gottes in der Hostie wollten sie die zerbrochene Verbindung von weltlicher und päpstlicher Herrschaft, von Konkretem und Abstraktem, von Zeichen und Bedeutung wiederherstellen. Legenden erzählten bald von blutenden Hostien und der Erscheinung des heiligen Kindes bei der Kommunion. Auch die Verleumdungen der Juden als Hostienschänder und Ritualmörder stellten Ergebnisse dieser Lehre von der realen Präsenz Gottes dar, die das Blut wohl am sichtbarsten zu belegen schien. Die zahlreichen magischen und korporativen Verehrungsformen der Eucharistie, die in der Folge im 13. und 14. Jahrhundert im christlichen Europa entstanden[322], zeugen vom Bedürfnis der damaligen Christenheit, ein Symbol der Verknüpfung von Welt und Überwelt in der Hostie zu besitzen. So gesehen sollten die Devotionsformen der Hostien wie auch der Reliquien das ins Wanken geratene Weltbild durch kollektive Rituale wieder stabilisieren.

Während die Büchsen und Kapseln geöffnet und ihr Inhalt in Hostien- und Reliquienmonstranzen zur Schau gestellt wurde[323], während man an den Särgen und Schränken Fenster anbrachte, wuchsen die geheimen Innenräume in den Seelen der Individuen. Die Schätze der Kirche lagen nun an heiligen Stätten aufgebreitet und wurden durch die Auffindung neuer oder durch die Teilung vorhandener Reliquien vermehrt, verkauft und sogar gehandelt. Schließlich konnten wundertätige Reliquienschreine die Wirtschaft einer ganzen Region erblühen lassen.[324] Um die Schau- und bald auch Kauflust der Heilsbedürftigen zu stillen, entstanden zusätzliche Arten sekundärer geistlicher Waren: Bildchen, die das Gnadenbild berührt hatten, oder Medaillen mit dem Porträt der Heiligen, Bücher mit Legenden für die lesekundigen Bürger. Auf diese Weise teilten die Gläubigen die Opfer ihrer Heiligen unter sich und verstärkten durch die Zirkulation heiliger Objekte ihre Bindungen untereinander. In den Zeiten sozialen Umbruchs und erhöhter Mobilität des Spätmittelalters versuchten die Gläubigen sich durch die Verehrung wertvoller Objekte auch in säkulare Gemeinschaften einzubringen. Religiöse Brüderschaften und städtische Vereine mit säkularer Ausrichtung waren durchaus vernetzt. Nur ausgewählte ehrenhafte Bürger durften das Corpus Christi bei den Prozessionen tragen, und diese Ehre unterstrich auch ihre wirtschaftliche Prosperität.[325] So verwandelten sich im Lauf der Neuzeit die christlichen Tugenden und die Opferbereitschaft in Bürgerpflicht und Arbeitsfleiß, ohne welche man von bestimmten sozialen Rängen und Mitgliedschaften ausgeschlossen war. Mit der Trennung von Kirche und Staat rückten dann andere verehrte Objekte in den Blickpunkt.

7
Der Hausaltar

Opfergaben an die Götter stellen eine Verbindung zwischen der irdischen und der anderen Welt her, welche nur zusammengefügt den heiligen Kosmos ergeben. Diesseits und Jenseits müssen im Austausch stehen, damit die geordnete Welt gesichert bleibt. Ohne diese Ordnung wäre die Überlebensnische der Menschen in einer letztlich unbegreiflichen Realität, die in keiner Weise gedeutet werden könnte, nicht möglich. Selbst wenn die Menschen an keine Götter mehr glauben, sondern auf die eigene Macht vertrauen, so müssen sie doch mit dem Abstrakten, den Plänen, Erinnerungen und Träumen umgehen. Sie müssen ihre Umwelt und sich selbst deuten und ordnen. Die modernen westlichen Gesellschaften betreiben keine rituellen Opferungen mehr. Außer Kerzen in einer Kathedrale oder ein paar Münzen im Brunnen sind konkrete Gaben ans Jenseits nicht mehr üblich. Statt der religiösen zielen nun die sozialdisziplinären Opfer auf ein gutes Einvernehmen mit dem Abstrakten. Diese Zweckrationalität ohne heiligen Kosmos verfehlt jedoch allzu oft den Sinn, den nur Akte der Verschwendung dem Leben geben können: Dieses muss selbst zweckfrei erfahren werden, um seine Zweidimensionalität nicht zu verlieren.[326]

7.1 Gabenströme und sozialer Sinn

Wallfahrtskirchen besitzen zumeist große Sammlungen an Votivgaben, viele davon aus Gips, Holz oder Wachs stammen von armen Leuten, deren Gebete erhört wurden. Solche Gegenstände symbolisierten die Sache, um die es sich handelte: eine Kröte stand für die erkrankte Gebärmutter, ein Fuß zumeist für einen verheilten Bruch. Wohlhabendere Bittsteller ließen zum Dank für Hilfe aus dem Jenseits Votivtafeln mit goldener Inschrift oder sogar Gemälde anfertigen, die ihre Rettung erzählten. Bildstöcke befinden sich direkt in Feld und Flur an den Orten, wo die Rettung durch göttliche Allmacht erfolgte. Die Geschenke an Kerzenwachs, Altardecken, Weihrauch und Garn können heute gar nicht mehr abgeschätzt werden[327], alles freiwillige Gaben an die Heiligen und an die Gottesmutter. Daneben gab es aber noch Messen zu bezahlen und bei Hochzeiten, Taufen, Firmungen, der Letzten Ölung und vor allem bei Begräbnissen die entsprechenden Spenden zu leisten sowie den Pfarrer und seine Helfer zu verköstigen. Nach Prozessionen durften die Ministranten mit Geschenken in Naturalform rechnen, wie übrigens der Pfarrer während des ganzen Jahres. Viele Kirchen besaßen sogar Ställe für die Abgabe von lebenden Tieren für den Pfarrhof.[328] Die Größe und der Wert der Gaben waren in den jeweiligen Gemeinschaften durch die Sitte vorgeschrieben. In vorindustriellen Epochen handelte es sich bei den Gabenströmen besonders in bäuerlichen Regionen um Gebrauchsgegenstände für die Geistlichen oder für den Gottesdienst: Nahrungsmittel, Tiere, Textilien. Solche mehr oder minder freiwilligen Geschenke für die Seelsorge wurden natürlich im Lauf der wirtschaftlichen Entwicklungen zunehmend in Geld umgewandelt. Dies geschah in urbanen Bereichen viel früher als auf dem Land, wo z. B. in Niederösterreich noch in den 1970er-Jahren die Ministranten für ihre Bemühungen während der Karwoche bei den Bauern Eier satt Geld einsammelten.

Die Sitte der Gabe an die Gottheiten und an ihre Vertreter ist wohl so alt wie die religiösen Praktiken der Menschheit.[329] Sozialbeziehungen haben immer auch mit dem Austausch von Gütern, Dienstleistungen und sogar Emotionen zu tun, zu deren Kundgabe man verpflichtet werden kann. Wo ein Gott oder eine Göttin vermutet wird, tritt man also mit ihm oder ihr durch Geschenke in Kontakt. Ebenso wie etwa ein frommes Gebet und eine demütige Haltung formulieren auch die materiellen Gaben von Seiten der Gläubigen die Hinwendung zur Gottheit und die Erwartung ihrer Zuwendung. Im Evangelium steht die Geschichte der armen Witwe, die im Gegensatz zu den wertvollen Gaben der Reichen zwei Lepta in den Opferstock des Tempels wirft. Jesus, der soeben die Schriftgelehrten der Heuchelei beschuldigt hatte, beobachtete sie und sprach: «Wahrhaftig, ich sage euch, diese arme Witwe warf mehr ein als alle; denn alle diese warfen etwas von ihrem Überfluss zu den Gaben hinein; sie aber warf trotz ihres Mangels alles hinein, was sie zum Leben hatte» (Luk. 21, 1–4 und Mark. 12, 41–44). Der christliche Gott verrechnet also nicht den irdischen Tauschwert der Gaben, sondern den individuellen und emotionalen Wert. Dennoch nehmen der Tempel und seine Vertreter gerne materielle Spenden entgegen, denn die Kirche hat auch eine irdische Gestalt. Über Jahrhunderte waren Klingelbeutel im Einsatz, die es den Messbesuchern fast unmöglich machten, vor allen Augen nichts hineinzulegen. «Vergelt's Gott!», sagten die Ministranten oder Kirchendiener dann jeweils zum Dank für die klingelnden Münzen. Eine Gegengabe war nicht Aufgabe der Priester, sondern lag in Gottes Hand. Gott ist jedoch nicht käuflich. Trotzdem konnte es im vortridentinischen Europa vorkommen, dass so manche naive Spender und Verehrer mit Drohungen die Huld der Heiligen einforderten, wenn die Gabe nicht zur entsprechenden Wirkung geführt hatte.[330] Diese Vorstellung, dass Gott durch Spenden verpflichtet werden könnte, ist uns heute, in Zeiten einer verinnerlichten Gottesbeziehung, völlig fremd geworden. Im magischen Denken der mittelalterlichen Menschen war sie jedoch gar nicht so abwegig. Denn wenn im Universum alles mit allem zusammenhing, dann hätte sich auch Gott diesen Verpflichtungen nicht entziehen können. Bis heute befinden sich fast in jeder Kirche neben einem Pult mit Erlagscheinen auch Vorrichtungen, in die man Geld einwerfen kann: für die hungernden Regionen Afrikas, für die Erhaltung eines Domes, für ein Kinderhilfswerk oder einfach für Not leidende Familien in der Gemeinde und dergleichen mehr. Meistens findet man die entsprechenden Broschüren daneben oder darf sich in katholischen Kirchen ein Bildchen für das Gebetbuch mitnehmen.

Religiöse Gemeinschaften sind auf die Gaben ihrer Mitglieder angewiesen. Entweder wird Gott sie belohnen oder die Zugehörigkeit zum sozialen Netzwerk ist bereits der Lohn für die freiwilligen Zuwendungen. Auch säkulare Vereine mit karitativer Ausrichtung profitieren von der Betroffenheit der Wohlhabenden, die sich angesichts der Notleidenden aus den armen Regionen dieser Welt nicht mehr wohl fühlen, wenn sie nichts geben. Spenden symbolisieren sowohl die Verantwortung als auch den Dank, den die Betreffenden für die Erhaltung der sozialen Beziehungen empfinden. Dieser Dank muss nicht immer an eine transzendente Macht gerichtet sein, rührt aber von der Bindung des Gebenden an die grundlegenden Werte der Gemeinschaft her, die ihrerseits gegenüber den Individuen eine Art von Ewigkeit und damit Transzendenz repräsentiert. Wo die Kluft zwischen Arm und Reich zu groß wird, dort brechen soziale Strukturen auseinander. Gaben könnten sie vielleicht erhalten helfen. Hier scheint auch in säkularen Zeiten ein religiöses Empfinden weiter zu bestehen, das nicht zufällig zu christlichen Festtagen besonders eingefordert wird. Da die Steuern nicht mehr als Gabe, sondern als unabänderliche Last empfunden werden, tauchen die Gefühle für das Soziale viel eher beim freiwilligen Geben auf. Daher ist gar nicht abzuschätzen, wie viele Arbeitsstunden jährlich an gemeinnützige Vereine verschenkt werden. Dort wird kaum verrechnet und eingefordert, sondern die Tatsache, dass die Gemeinschaft existiert, scheint Dank und Motivation genug. Dazu kommt außerdem das soziale Kapital, das auf diese Weise angesammelt wird, die angenehmen Gefühle des Gebenden, der sich «etwas Höherem» verbunden fühlt. Solche Gruppierungen besitzen ein Budget, das sich zumeist aus Mitgliedsbeiträgen und jenen Einkünften speist, die dank freiwilliger Mitarbeit bei Feiern und Festen eingesammelt werden können. Meerschweinchenzüchtervereine brauchen z. B. Geld für die Veranstaltungsräume, für die Abwicklung der Verwaltung und eventuell für Broschüren und Zeitschriften. Alle Beteiligten bringen also irgendwelche Opfer, damit die Gemeinschaft Bestand hat. Letztere verfügt über eine gemeinsame Kasse, Statuten und regelmäßige Aktivitäten, die man im Unterschied zur Lohnarbeit als Freizeitaktivitäten bezeichnet. Die Mitglieder engagieren sich für gemeinsame Ziele, und seien solche auch nur die als angenehm empfundene Beschäftigung mit den kleinen Haustieren und die Gespräche über sie. In funktionierenden modernen Gesellschaften existiert eine Vielzahl solcher Möglichkeiten zum freiwilligen sozialen Engagement, manchmal direkt unter sozialem Vorzeichen, wie etwa bei karitativen Netzwerken, sehr oft jedoch in Form von Interessengemeinschaften, die sich rund um Hobbys, Stars oder politische Ziele formieren. Auch rein wirtschaftlich ausgerichtete Vereine führen nicht selten zu Freundschaften und privaten Kontakten unter den Mitgliedern. Sparvereine, wie sie in Österreich in der Zwischen- und Nachkriegszeit sehr beliebt waren, beruhten nicht nur auf dem Wunsch, einen höheren Zinssatz für ärmere Sparer zu ergattern, sondern ebenso auf dem Bedürfnis, sich mindestens einmal jährlich oder eher öfter zu treffen und tüchtig zu feiern und zu schmausen, um eben eine «kleine Transzendenz» zu erleben. Die Zugehörigkeit zur Gruppe wird durch sinnliche Grenzüberschreitungen gefeiert. Denn wo Grenzen (des Anstands, der Disziplin etc.) fallen, dort kommt man sich näher und fühlt sich auch körperlich eingebunden. Zusammen essen stellt die einfachste Methode dar, um Körpergrenzen durch die geteilte Nahrung zu überschreiten.

Vor allem in den Epochen ohne Schriftverkehr, Telefon und Internet mussten und wollten die Menschen sich treffen, um die Gemeinschaft direkt zu fühlen. Nicht Verträge, sondern Schwüre und Rituale besiegelten die Beschlüsse. Dass dabei auch gegessen und getrunken wurde, galt als Selbstverständlichkeit, denn nach längeren Märschen oder weiteren Reisen zu Pferd kam Hunger auf. Außerdem trug die Mahlgemeinschaft rechtsrituellen Charakter und zählte zu den meistverbreiteten sozialen Techniken der Vergemeinschaftung im Mittelalter.[331] Diese Formen der Geselligkeit mit der Betonung der Gemeinschaft durch Akte sinnlicher Nähe und Intimität bei der Nahrungsaufnahme waren auch in der Spätantike üblich, als freiwillige Gruppierungen in den Städten die grundlegenden sozialen Netzwerke der meisten Einwohner des Römischen Imperiums darstellten.[332] Ein Leben ohne Mitgliedschaften in Vereinen mit säkularer oder religiöser Ausrichtung schien damals undenkbar. Sklaven waren in Vereine ebenso eingebunden wie Freie, Männer ebenso wie Frauen und Arme ebenso wie Reiche. Es konnte sich dabei sowohl um die Vereinigung von Handwerkern in einem Stadtviertel als auch um Vereine zur Verehrung bestimmter Gottheiten oder auch um Begräbnisvereine handeln. Denn die soziale Unsicherheit war groß. Den Menschen der antiken Mittelmeerkulturen war es ein großes Anliegen, nach einem plötzlichen Tod, etwa durch eine der häufigen Epidemien, dennoch eine entsprechende Bestattung zu erhalten, selbst wenn vielleicht die eigenen Angehörigen schon verstorben waren. Der Sozialhistoriker Gerhard Oexle konnte nachweisen, dass mittelalterliche Gebetsvereine, Einungen und Gilden auf solche antiken Vereine mit ihren Vereinsmählern[333] zurückgeführt werden können. Wie er in seinen Studien belegt, hat das lateinische Christentum diese Sitte der sozialen Vernetzung durch Mahlgemeinschaften weitergeführt. Dabei wurden, wie schon in der Antike, weltliche Interessen mit religiösen Bedürfnissen sowie politische oder spirituelle Anliegen mit den körperlichen vermischt.[334] Die Einungen fanden unter christlichem Vorzeichen statt, transportierten jedoch ebenso die mediterranen Sitten der Geselligkeit. Man suchte also auch das Vergessen der täglichen Sorgen beim Eintauchen in die sinnlichen Freuden eines Mahles.

Geistliche und weltliche Würdenträger verdächtigten diese Gruppierungen wohl zu Recht manchmal als politische Widerstandsbewegungen und bezichtigten sie der Ausschweifung. Dass die Unabhängigkeitsbestrebungen städtischer Gruppierungen des Mittelalters wesentlich durch die religiösen Bewegungen des

11. Jahrhunderts gefördert wurden, stellt zu den kirchlichen Verurteilungen keinen Widerspruch dar. Denn die Stadtbürger orientierten sich bei ihren kommunalen Zusammenschlüssen sowohl politisch als auch spirituell am frühchristlichen Gemeindeleben.[335] Das gesellige Mahl hat immer auch egalitären Charakter, weil alle dieselben Speisen essen und weil das Essen überhaupt darauf hinweist, dass bestimmte Bedürfnisse allgemein menschlich sind. Ausgehend von der christlichen Morallehre, die alle Christen für ihre Nächsten verantwortlich machte, forderten die Stadtbürger daher mit Hinweis auf das Seelenheil die rechte Ordnung und den Schutz der Schwachen gegenüber dem Adel ein. Gilden und Zünfte traten in den mittelalterlichen Städten bei kirchlichen Festen und Prozessionen in Erscheinung. Eine christliche Lebensführung war zwar Voraussetzung für die Aufnahme, allerdings hinderte das die Gildenmitglieder nicht daran, ihre regelmäßigen Treffen manchmal in Gelage ausarten zu lassen.[336]

Der moderne, marktorientierte Staat duldete solche Korporationen nur ungern, denn sie behinderten die Liberalisierung des Handels. Zudem dienten die zahlreichen nachtridentinischen Bruderschaften, die in katholischen Ländern fast alle Staatsbürger erfassten, oft genug der Untermauerung des kirchlichen Einflusses auf die Politik, eine Beeinflussung, die aufgeklärte Politiker und Landesherren immer mehr zurückdrängen wollten. Im 18. Jahrhundert führten Berechnungen erstmals vor Augen, dass beträchtliche Summen gespendeten Geldes über diese religiösen Vereinigungen aus dem Land nach Rom flossen, während die zahlreichen Akte der Frömmigkeit von der Arbeit abhielten und die Wirtschaft schädigten.[337] Daher zog die Trennung von Kirche und Staat in der Neuzeit die deutliche Unterscheidung religiöser Gruppierungen und Bruderschaften von kommunalen oder anderen politischen und wirtschaftlichen Organisationen nach sich. Auch kirchliche Obrigkeiten sorgten nach den Glaubenskriegen dafür, dass die geselligen Veranstaltungen der Bruderschaften weder zu Sauf- noch zu Fressgelagen ausarteten.[338] Also trennte man auch die körperlichen Belange so weit wie möglich von den spirituellen. Doch Soziales und Religiöses lassen sich in der Lebenspraxis nicht so leicht trennen, wie die staatlichen von den kirchlichen Gesetzen. Religiöse Gefühle müssen nichts mit einer etablierten Religion zu tun haben, sondern treten in Bezug auf Dinge, Personen und Erfahrungen auf, welche die Menschen in ihrem individuellen Kosmos verankern. Da ein solcher immer auch innerhalb sozialer Beziehungen konstruiert wird, bleiben das Soziale und das Religiöse in einer Person unlösbar ineinander verstrickt. Außerdem verlangt und erhält der Staat als Ordnungsgarant Ehrfurcht, die nur schwer vom religiösen Empfinden zu unterscheiden ist, weil er dem Individuum gegenüber die Gemeinschaft verkörpert, die es transzendiert. Schließlich dürfen im Namen des Staates Urteile ausgesprochen und vollstreckt werden, denen man sich auf jeden Fall zu beugen hat. Dieser Zugriff auf Körper und Leben der Individuen verleiht auch dem sozialen Gebilde gottähnlichen Status, obwohl es weder die Welt erschaffen hat noch ewig existieren wird. Nach den Religionskriegen war es der aufgeklärten absolutistischen Staatsverwaltung ein Anliegen, die zahlreichen kirchlichen Feiertage samt den Gebetsbruderschaften einzuschränken.[339] Die Kirche stellte nun nämlich eine Konkurrenz für den aufstrebenden Staat dar, der sich zwar kirchliche Organisation zum Vorbild genommen hatte, aber mittlerweile andere Ziele als das Seelenheil der Bürger verfolgte.[340] So lief in der Neuzeit der Staat der Kirche den Rang ab.[341] Könige, die einst als Auserwählte Gottes die Gemeinschaft repräsentiert hatten, wurden entmachtet. Die Mitgliedschaft in einer Kirche gilt in weiten Teilen Westeuropas heute als Privatsache, auf die Staatsbürgerschaft kann jedoch niemand verzichten, der in einer Nation unbehelligt leben und arbeiten will.

In den USA, wo der Staat traditionell wesentlich weniger in den Privatbereich der Individuen eingreift, spielen konfessionelle Gruppierungen eine bedeutende Rolle. Sie decken soziale Bedürfnisse ab, wobei die Vermischung religiöser Praxis mit wirtschaftlichen Interessen wohl gar nicht verhindert werden kann. Der Religionssoziologe Rodney Stark[342] hat zu zeigen versucht, dass die Konversion zum Christentum in der Spätantike wahrscheinlich zu einem großen Teil darauf zurückzuführen ist, dass sich die Menschen bessere soziale Einbindung und Absicherung erhofften, die natürlich mit materiellen Vorteilen verstrickt waren. Das Soziale und das Religiöse sind nicht per Dekret voneinander zu trennen. Jede religiöse Erfahrung steht immer schon in einem sozial vermittelten Kontext. Jede soziale Handlung beruht auf Werten, die zusammen mit einem Weltbild übernommen worden sind. Laut Emile Durkheim kann eine Religion nicht von der Gemeinschaft getrennt existieren, Religion ist eine kollektive Angelegenheit[343] und das Kollektiv wird selbst dann in der einen oder anderen Form für heilig gehalten, wenn die Religion sich aus politischen Angelegenheiten völlig zurückgezogen hat.

7.2 Die Individualisierung des Heiligen

Der Soziologe Thomas Luckmann[344] stellte fest, dass Religion in Westeuropa privatisiert und weitgehend unsichtbar geworden ist, dass aber Religiosität an scheinbar profanen Handlungen sichtbar, wenn auch nicht immer bewusst wird. Die «heiligen Themen» (Geburt, Tod, Liebe, Sinn, kosmischer Zusammenhang etc.) verschwinden nicht, sondern werden privat, ohne kollektive Rituale bearbeitet. Diese einsamen religiösen Tätigkeiten, so vermerkt Luckmann in einem Nachtrag zu einer jüngeren Auflage seines Buches «Die unsichtbare Religion», können in ihrer Vielfalt nicht beschrieben werden, sondern man könne sie nur unter dem zusammenfassen, was ihnen fehle: allgemein verbindliche gesellschaftliche Modelle für Transzendenzerfahrungen.[345]

Solche Modelle waren im vormodernen Europa noch zur Genüge vorhanden, hatten aber auch im Rahmen einer mit den Landesregierungen kooperierenden Anstaltskirche zur Ketzer- und Hexenverfolgung geführt. Mit der Aufklärung verbreitete sich daher aus gutem Grund ein antireligiöser Affekt, der sich besonders gegen Formen der kollektiven Frömmigkeit richtete. Vor allem männliche Individuen verzichteten nun zugunsten beruflicher Einbindung auf öffentliches religiöses Engagement[346], sodass Georg W. F. Hegel sich fragte: «Warum Weiber religiöser als Männer [seien]?»[347] Max Weber hat in seinen Studien ausführlich darzustellen versucht, dass vor allem in protestantisch beeinflussten Ländern der Beruf und die Einordnung in das Wirtschaftsleben zu einer neuen Weltanschauung werden konnten. Aber natürlich galt das nicht für Frauen, unter deren Berufung man sich keineswegs die Lohnarbeit vorstellte. Die bürgerlichen Frauen waren angewiesen, sich um Heim und Kinder zu kümmern, die proletarischen hatten ebenso wenig wie ihre Männer die Chance, einer Berufung zu folgen, sondern sie mussten dem Gebot der Not gehorchen. Emile Durkheim beantwortete Hegels Frage daher am Ende des 19. Jahrhunderts mit der Behauptung, dass Frauen aufgrund ihrer wenig ausdifferenzierten Tätigkeiten im Haushalt eben weniger vergesellschaftet seien als Männer, sozusagen sozial unterentwickelt. «Wenn sie [die Frau] den religiösen Überlieferungen so treu verbunden bleibt und darin einen hilfreichen Schutz vor dem Selbstmord findet, dann deshalb, weil diese sehr simplen sozialen Formen allen ihren Ansprüchen genügen.»[348] Durkheim sah die Hausfrauenrolle nicht als kulturell erzwungen, sondern als biologisch vorgegeben an. Von dieser Annahme leitete er ab, dass Frauen eben keine vollwertigen modernen Individuen eines modernen Staates sein könnten wie die Männer, sondern im Sinne einer evolutionären Entwicklung noch nicht auf der dafür notwendigen Stufe angelangt seien. Heute wissen wir das besser, dennoch ändern sich die alten Geschlechterrollen nicht, wenn es um den Haushalt und die Kinder geht. Soziologische Studien in Österreich haben sowohl ergeben, dass den Österreichern die Familie heilig ist[349], als auch, dass Religion Frauensache ist.[350] Die zwei Ergebnisse stehen dadurch in engster Beziehung, dass die Pflege der Familie nach wie vor ebenfalls als Frauensache betrachtet wird.[351] Daraus kann man den Schluss ziehen, dass die modernen Religionen viel mit der Heiligung der Familie zu tun haben – das hat Luckmann schon in den 1960er-Jahren festgestellt – und dass diese religiösen Tätigkeiten in erster Linie von Frauen durchgeführt werden. In der Konsumgesellschaft heißt das vor allem, dass sie einkaufen gehen, aber weniger, um sich als hedonistisches Individuum zu gebärden[352], als vielmehr, um die (heiligen) Familien zu versorgen.[353] Familien oder ähnliche Lebensgemeinschaften und intime Beziehungen erhalten in jenen Gesellschaften einen hohen, fast geheiligten Wert, wo andere Formen sozialer Einbindung immer schwieriger werden, weil Arbeitszeiten und -orte die kollektiven Rhythmen auflösen.

Wenn es stimmt, dass der Kapitalismus gegenwärtig die dominanteste Religion in den westlichen Gesellschaften darstellt, wie Walter Benjamin[354] überlegte, dann muss man den Konsum, die Tätigkeiten der Warenbeschaffung und -beweihräucherung, als die zugehörige Frömmigkeitspraxis bezeichnen. Die Lohnarbeit stellt die Voraussetzung dar, um überhaupt dieser «Religion» anzugehören. Aber jeder Kult bedarf auch der zusätzlichen freiwilligen Aufwendungen und Liebesdienste. Es ist gewiss kein Zufall, dass gerade in den Rollen der Laien wieder mehr auf Frauen, in jenen der Experten jedoch mehr Männer zu finden sind. Die Hohepriester des Kapitals, die die Strukturen auf sehr abstrakter Ebene festlegen, sind fast ausschließlich männlich, an der Basis arbeiten die Frauen, ohne wesentliche Entscheidungen treffen zu dürfen. Ihnen überlässt man bloß die Auswahl unter den Angeboten des Marktes, also Kaufentscheidungen als passive Konsumentinnen, aber kaum Entscheidungen darüber, was produziert wird.

Der Konsum in modernen westlichen Gesellschaften stellt die alltägliche Umsetzung kapitalistischer Dogmentreue dar: Alles hat seinen Preis und muss bezahlt werden. Aber man kann seine Pflichten so oder so erfüllen. Aufgrund ihrer Verantwortung für die vormoderne Nische «Haushalt» stellen die Hausfrauen ein subversives Element in diesem Religionssystem dar. Sie müssen die Herrschaft des Kapitals anerkennen und dürfen doch gleichzeitig ihre Liebe nicht verkaufen, ihr eigenes «Kapital» also nicht zu Markte tragen. Sie müssen die angebotenen Waren wie die heiligen Objekte dieser kapitalistischen Religion verehren und doch gleichzeitig ihren Tauschwert zerstören, indem sie diese weitgehend wieder in einen Gebrauchs- und Gefühlswert verwandeln. Sie müssen fast täglich in die Kathedralen des Konsums pilgern, um dort die ausgestellten Heiligtümer zu schauen, aber die Transsubstantiation führen sie selber durch, wenn sie die gekauften Phantasien daheim in die Realität umsetzen.

Da die Angebote der christlichen Kirchen in Westeuropa von immer mehr Menschen ignoriert werden, müssen die religiös-sozialen Bedürfnisse anderswo gestillt werden. Zum Beispiel daheim bei der Zeremonie des gemeinsamen Essens, der Geburtstagsfeier oder der Trostspendung durch Worte und Zärtlichkeiten. Die Rituale dazu müssen jedoch selbst im privaten Bereich entwickelt werden, der Markt bietet nur die nötigen Objekte und jede Menge «Stories», aber die Inkarnation ist seine Sache nicht. Das religiöse Skript des Kapitalismus, dass man auf dem Markt alles haben kann, aber dass es dort nichts umsonst gibt, hat im vormodern strukturierten Haushalt (und einen anderen gibt es einstweilen nicht) keine Geltung. Dort kann man oft nur sehr wenig haben und die Auswahl ist durch verschiedenste Zwänge der Lebenswelt vorgegeben, aber was man vom Haushalt erhält ist unbezahlbar. In den alchemistischen Prozessen des Haushalts müssen aus dem Warenmeer und der Fülle der Supermärkte erst jene Objekte herausdestilliert werden, die den Individuen dann zugeführt und von ihnen ins Leben integriert werden können.

Reliquien dienten als Verbindungsglieder zwischen dem Heiligen und dem Profanen. Sie sind so genannte «linking objects».[355] Waren verbinden die Käufer jedoch nicht automatisch kraft ihrer echten oder künstlichen Aura mit dem Bereich des Außerordentlichen, Liminalen oder auch Heiligen. Diese Verbindung muss erst vom Verbraucher oder der Verbraucherin nach dem Erwerb hergestellt werden, allzu oft misslingt sie und das erstandene Objekt landet im Reich des Abfalls, also wieder im Außen. Ohne allgemein verbindliches Weltbild wird die Ware eher zu einer Bedrohung als zum Glücksversprechen und stellt mit ihrer Fremdheit den kleinen heiligen Haushalt des Individuums in Frage.

Profit wird anscheinend aus der Überbrückung der Distanzen zwischen Diesseits und Jenseits, zwischen dem Homogenen und dem Heterogenen, geschöpft. Deshalb ähnelt der Kapitalismus so sehr einer Religion und deshalb erscheinen die Priester so leicht als geldgierig. In den modernen Konsumgesellschaften, die doch als säkularisiert gelten, scheint das Heterogene zu überwiegen, das Homogene oder Profane zu mangeln.

Obwohl die alteuropäischen Gesellschaften noch keine Trennung von Staat und Kirche kannten, war doch ihr Alltag vermutlich viel profaner als heute der unsere, weil die Zeiten des Außerordentlichen, die Feste im Jahreskreis, seltener waren. Ohne Elektrizität und den ständigen Informationsstrom moderner Medien passierte in den Dörfern und Weilern der agrarischen Gesellschaften im Vergleich zu den modernen gar nicht viel. Allerdings muss man vermuten, dass die Erfahrungen der Menschen deshalb nicht geringer, sondern nur anders geartet waren, weil Erfahrung keine Frage der Quantität, sondern der Intensität ist.[356] Ordnung strebt immer ein haltbares Gleichgewicht zwischen dem Heterogenen und dem Homogenen an. Die Rolle des Konsums für die Existenz kapitalistischer Zusammenhänge ist seit den letzten Jahren des vergangenen Jahrhunderts aufgrund der Auseinandersetzungen mit der wirtschaftlichen Rezession und der wachsenden Arbeitslosigkeit in den westlichen Gesellschaften immer deutlicher geworden. Nicht mehr Arbeiten und Sparen, sondern eher Arbeiten und Konsumieren liefern der Wirtschaft genügend Kapital und sorgen außerdem für den nötigen Ausgleich zwischen dem Profanen und dem Heiligen. Giorgio Agamben hat in einem Interview darauf hingewiesen: «Der Kapitalismus – die Gesellschaft, in der wir leben – treibt jene Absonderung, die die Religion definiert, ins Extrem.

Das Heilige und das Profane sind nicht mehr klar voneinander geschieden. Was wir heute vielmehr vorfinden, ist die Trennung jedes Gegenstands, auch jeder menschlichen Aktivität, von sich selbst: die reine Form einer absoluten Trennung.»[357] Mit den Begriffen Turners ausgedrückt: Die Warenkultur bietet so etwas wie einen dauernden Karneval. Rollenwechsel und -verkehrung können ständig stattfinden, Fasten und Fasnacht haben sich bis zur Unkenntlichkeit vermischt, die Liminalität ist zum Dauerzustand geworden, es sei denn, man muss arbeiten.

Weil dem so ist, werden alle bisherigen Haushaltslehren auf den Kopf gestellt und die Hausfrau wird zu einer der meistumworbenen Figuren des Marketings. Nicht nur, weil sie Geld für die Waren ausgibt, sondern weil sie, seit es sie gibt, für die Wiedereingliederung des Getrennten zuständig ist. Die Hausfrau ist in der patriarchalen Konsumgesellschaft westlicher Prägung das Sinnbild für Profanität und Entdifferenzierung. Sie bringt in die Lebenswelt, was in den abstrakten Bereichen des Managements konzipiert wird.

In einer Gesellschaft, die ihren Reichtum nicht auf Sklavenarbeit, sondern auf der freiwilligen Selbstunterjochung ihrer Mitglieder aufbaut, müssen jedoch immer genügend Motive vorhanden sein, die diese Selbstunterjochung als sinnvoll erscheinen lassen. In den modernen ausdifferenzierten Gesellschaften stellen nicht mehr die großen Kollektive, wie die christliche Gemeinschaft oder der Staat, die mächtigsten Sinnquellen dar, sondern die persönlichen und intimen Beziehungen familiärer Art, die aus traditionellen Gründen den Frauen überantwortet sind. Wie ist es dazu gekommen?

7.3 Hauswirtschaft und Sparsamkeit

Die Hausfrau wurde erfunden, als die Konsumgesellschaft entstand. Die Geburtsstunde dieser Frauenrolle liegt etwa im 17. Jahrhundert, einer Epoche, in der die Nachfrage der Elite nach Luxusgütern ständig zunahm, während die Löhne der arbeitenden Schichten vor allem deswegen sanken, weil ihnen die bisherigen Möglichkeiten zur Nahrungsgewinnung entzogen wurden.[358] Die Grundherren zäunten die gemeinschaftlichen Viehweiden auf dem Dorf ein, das Sammeln im Wald und das Fischen am Weiher wurden ebenfalls eingeschränkt oder verboten.[359] Noch herrschte in Europa die Subsistenzwirtschaft vor, aber die Macht des Handels wuchs kontinuierlich. So führten Spekulationen z. B. zu künstlich erzeugten Getreideengpässen und Hungersnöten, gegen die auch die landesherrliche Politik kein Mittel fand oder finden wollte.[360] Um Theorien vorzubeugen, die den Ursprung der Gewalt des Herrschers im Volk erkennen wollten, wurde das Staats- und Gesellschaftsrecht als Vaterrecht definiert, der Fürst sollte wie ein Vater über seine Untertanen herrschen.[361] Man schloss also vom Haus auf den Staat, vom Haushalt auf den Staatshaushalt. Die *oeconomia christiana*, die christliche Haushaltslehre, war bereits im Spätmittelalter als eine Fortentwicklung der antiken Hauslehren – vor allem von Xenophon und Aristoteles – entstanden.[362] Der Begriff der «Ökonomie» leitet sich vom griechischen Wort *oikos*, dem Haushalt, ab und bezeichnete die Lehre von der richtigen Haushaltung. Ein *oikos* war im antiken Griechenland die Lebensgemeinschaft der Familie samt Sklaven und Gesinde gewesen. Xenophon (430–354 v. u. Z.) beschrieb in seiner «Schrift von der Hauswirtschaft» die Kunst der Haushaltungsführung. Sein Buch blieb zusammen mit den Schriften des Aristoteles bis zur Aufklärung von Bedeutung und beeinflusste die frühneuzeitlichen Haushaltslehren wesentlich. Bis ins 17. Jahrhundert verstand man unter Ökonomie die geschickte Verwaltung eines Hauses, das jedoch kaum Produkte für den Verkauf produzierte. Ziel der Haushaltung war vielmehr die Erhaltung und die richtige Versorgung aller Haushaltsmitglieder. Ökonomisch handeln bedeutete, die Ressourcen sparsam und klug einzusetzen, nicht jedoch Güter zu akkumulieren, um Profite zu erwirtschaften.

Im lateinischen Westen sprach man nicht vom *oikos*, sondern von der *familia* oder auch vom Haus. Gemeint war eine Arbeits- und Lebenseinheit unter der Führung eines männlichen Oberhauptes. Der Sozialhistoriker Otto Brunner[363] bezeichnete diese gemeinschaftliche Lebens- und Wirtschaftsweise als «ganzes Haus» und beschrieb den Zerfall dieses sozialen Gebildes im Verlauf der Trennung von Arbeit und Freizeit während des 18. und 19. Jahrhunderts. Brunner vermerkte, dass Begriffe wie «Haus» oder «Familie» erst seit dem 18. Jahrhundert insofern sentimentale Gefühle zu erwecken begannen, als die Arbeitsstätten aus dem Haus ausgelagert und die Dienstboten nicht mehr zur Familie gerechnet wurden. Der österreichische Sozialhistoriker deckte hier zwar den Mentalitätsumschwung auf, der ungefähr ab dem 17. Jahrhundert die alten Tugenden des Hausvaters immer weniger erstrebenswert erscheinen ließ. Gleichzeitig scheint Brunner aber mit dem Begriff des «ganzen Hauses» ein Modell konstruiert zu haben, das in der Nachkriegszeit, als er den Artikel verfasste, auf sozialromantische, konservative Ideen des 19. Jahrhunderts zurückgriff.[364] Der Haushalt, die Hausfrau und das Sparen waren ein brennendes Thema der 50er-Jahre des letzten Jahrhunderts, als die Kriegsheimkehrer im «Haus» alles wieder so haben wollten wie seit jeher, nachdem außer Haus alles anders geworden war. Der verlorene Krieg und die enormen Zerstörungen hatten in den Gebieten des ehemaligen Deutschen Reiches das Selbstverständnis der Männer stark untergraben, weil sie als Verlierer heimgekommen waren, psychisch zerrüttet des Trostes bedurften und auch in der Arbeitswelt nur langsam wieder Fuß fassten.[365] Als der Wirtschaftsaufschwung jedoch zustande gekommen war und den Frauen erstmals individuelle Freiheiten ermöglichte, tauchten neue Probleme mit den alten Geschlechterrollen auf. Man wollte den Frauen bestenfalls das Zuverdienen gestatten, sie aber abhängig am Herd behalten. Die heiß begehrte Modernisierung der 1950er-Jahre sorgte für Konflikte in den Geschlechterbeziehungen. In solchen Zeiten blickte Brunner auf die Probleme der Hausväter des 16., 17. und 18. Jahrhunderts, die sich ebenfalls mit einer sich transformierenden Wirtschaft auseinander zu setzen hatten. Das Bild, das er dabei von der patriarchalen Herrschaft entwarf, ist jedoch zu einseitig und entspricht wohl dem Versuch einer Gegenüberstellung des elitären antiken Ideals, dem er anscheinend zugeneigt war, mit den Auflösungserscheinungen seiner Zeit, als die Familienmitglieder, insbesondere die Frauen, gegen die alten Zuschreibungen aufbegehrten.[366] Brunners Theorie vermittelt deshalb nicht nur objektive historische Erkenntnisse. Der Historiker hat auch seine persönliche, konservative Bewertung der Auswirkungen der modernen Ökonomie auf die Geschlechterverhältnisse einfließen lassen: Die patriarchale Geschlechterhierarchie sollte erhalten bleiben, obwohl die Frauen ökonomisch unentbehrlich waren und daher erstmals vermehrt für Lohn «mitarbeiten» sollten.

Die frühneuzeitlichen Haushaltslehren stellten die väterliche Führungsperson als einziges Individuum im modernen Sinne allen Mitgliedern des Haushalts voran. Der Hausvater war das Oberhaupt, traf die Entscheidungen und überwachte mehr oder minder in Absprache mit der Hausmutter die Arbeiten. Dieses vom Mittelalter bis hin zum Historiker Brunner im 20. Jahrhundert propagierte patriarchalische Modell stellte jedoch bereits eine Reaktion auf die wirtschaftlichen Veränderungen dar. In agrarischen Zusammenhängen hatte es immer eine klare geschlechtsspezifische Trennung der Arbeiten und der Verantwortung gegeben.[367] Die wirtschaftlichen Veränderungen Mitteleuropas förderten jedoch ab dem 12. Jahrhundert eine Produktionsweise, die Überschüsse erzielte. Erst das Vordringen profitorientierten Denkens in häusliche Bereiche und die gleichzeitige Entwicklung der Gewerbe erzeugten Bedürfnisse nach neuen Richtlinien der Arbeitsteilung zwischen den Geschlechtern. Dabei griff man auf die bereits bestehende und kanonisierte Literatur der Griechen zurück und versuchte, sie im Einklang mit der christlichen Lehre für die frühneuzeitlichen Verhältnisse fruchtbar zu machen. Bilder der verkehrten Welt auf Flugblättern aus dem 16. Jahrhundert setzen Furcht und Lachen erregend zugleich ins Bild, was passieren hätte können, wenn Frauen die Männer regierten: Er sitzt am Spinnrocken und sie trägt die Waffen.[368] Solche Vorstellungen erschienen ebenso schlimm wie jene, in denen das Lamm den Wolf frisst oder der Lehrling den Meister schlägt. Die Verkehrungen formulierten grundsätzliche Ängste vor dem Verlust alter Privilegien und forderten zur Abwehr auf. Umso konservativer fielen daher die Ratschläge aus, wie denn Ordnung im Hause zu gestalten und zu erhalten sei. Die Frau im Haus galt zwar als unentbehrlich, musste aber ihrem von Gott vorgesetzten Haupt, dem Mann, mit Gehorsam und Beistand zur Hand gehen. Haushaltslehren waren somit immer auch Ehelehren.[369] Des Mannes Herrschaft sollte die Herrschaft Gottes über die Menschen widerspiegeln.[370] Unter den 45 Holzschnitten, die Albrecht Dürer 1493 zur Illustration eines Tugendspiegels[371] herstellte, befindet sich auch folgendes Bild: «Ein Mann tritt seine vorlaute Frau mit Füßen.» Das war offenbar eine Szene, die zwar nicht gutgeheißen, aber für alltäglich gehalten wurde, denn der Haushaltsvorstand hatte das Züchtigungsrecht. Lyndal Roper stellte bei ihren Untersuchungen von Handwerkerhaushalten fest, dass Frauen im 16. Jahrhundert durch gezielte rechtliche Maßnahmen aus den Zünften verdrängt wurden.[372] Das Haushalten wurde zur ersten Pflicht der Frauen, während sie in den politischen Ritualen keine Rollen erhielten.[373]

Insgesamt wiesen die Haushaltslehren vom 15. bis zum 17. Jahrhundert den Frauen nur Aufgaben im inneren Haushaltsbereich zu, ihre Arbeiten wurden von denen der Männer stärker getrennt als bisher und den männlichen Arbeiten gegenüber disqualifiziert.[374] In dem Ausmaß, als das ökonomische Denken, so wie wir es heute verstehen, Fuß fasste, wurden auch die produktiven von den reproduktiven Tätigkeiten unterschieden und die minderwertigen und schlecht bezahlten Arbeiten als Frauenarbeit definiert.[375] Die Historikerin Heide Wunder fasst die geschlechtsspezifischen Ergebnisse der Umstellung von der Subsistenzwirtschaft auf die Marktwirtschaft kurz und bündig zusammen: «In der frühen Neuzeit gab es ganze Arbeitsbereiche, von denen Frauen qua Geschlechtszugehörigkeit ausgeschlossen waren, nämlich von städtischen Ämtern ebenso wie von Gerichten, von landesherrlicher Verwaltung und Regierung, von militärischen und kirchlichen Ämtern [...] In diesen zentralen Bereichen gesellschaftlicher Macht wirkte das Prinzip von Geschlechterteilung und Hierarchie in aller Offenheit [...] Die Haushaltsposition war keiner Professionalisierung fähig. Sie verlor ihren öffentlichen Charakter, als an die Stelle der Haushalte die Staatsbürger als politische Subjekte traten und die Staatsbürgerrechte den Frauen vorenthalten wurden. Damit begann die Abwertung des Haushaltens zu Hausarbeit ...»[376]

Der Ökonom Adam Smith (1723–1790) setzte in seinem einflussreichen Werk «An Inquiry into the Nature and Causes of the Wealth of Nations» den Schlussstrich unter diese Entwicklung. Er erkannte nur noch jene Arbeiten als wertvoll und produktiv an, die marktfähige Produkte hervorbrachten. Alle Arbeiten im Haushalt, die nicht dazu dienten Waren herzustellen, wurden in seiner Theorie volkswirtschaftlich unsichtbar. Die Subsistenzwirtschaft bäuerlicher Haushalte galt dementsprechend als unproduktiv, weil sie dem Staat keine Gelder einbrachte. Die ehemals hoch geschätzte Stellung der Frauen, die Brot buken, Bier brauten und Kranke pflegten, verlor an Ansehen, denn all die dabei hergestellten Produkte bot nun der Markt zum Kauf an, und die Dienstleistungen wie das Waschen oder die Krankenpflege obendrein. Da die weiblichen Arbeiten meist nur den Haushaltsmitgliedern zugute kamen, aber selbst kaum jemals Warenform annahmen, galt die Hausfrau nur allzu leicht als «Verschwenderin» des Haushaltsgeldes, das die volkswirtschaftlich und finanziell anerkannte Arbeit ihrer Männer einbrachte.

Reiche Bürgerinnen konnten es sich bereits im 17. Jahrhundert leisten, alle Nahrungsmittel und Gebrauchsgegenstände des täglichen Lebens als Waren auf dem Markt zu kaufen und das Gesinde für die Hausarbeit zu bezahlen, während sie selber ihre Untätigkeit zur Schau stellten, um den sozialen Rang ihres Gatten zu repräsentieren. Bereits 1686 sollen in London 100.000 Einzelhandelsläden existiert haben.[377] Besonders in urbanen Bereichen pflegten die Haushalte sämtliche Gemüse und das Fleisch auf Märkten oder in Läden zu kaufen, weil es keine Hausgärten oder Haustierhaltung mehr gab. Dazu war der Raum in den wachsenden Städten bald zu beengt. Die verstärkte Arbeitsteilung führte zu größerer Abhängigkeit vom Handel, der sich spezialisierte und vom Ausbau der Verkehrsnetze profitierte. Erste gedruckte Werbezettel[378] erschienen ebenfalls im London des 17. Jahrhunderts, bald darauf zu Beginn des 18. Jahrhunderts auch in Frankreich. Zumindest für die Ober- und Mittelschichten existierte bereits damals eine frühe Form der Konsumgesellschaft, während die Armen – das waren je nach Region und Epochenabschnitt doch immerhin zwischen 50 und 80 % der Bevölkerung[379] – bis ins 19. Jahrhundert immer wieder von Nahrungsmittelknappheit geplagt wurden.[380] Aus der produzierenden Hausmutter war jedenfalls im 18., erst recht aber im 19. Jahrhundert eine Konsumentin geworden, deren oberstes Prinzip einstweilen bis ins spätere 20. Jahrhundert das Sparen blieb.

Auch die Lehre von der Ökonomie spaltete sich im 18. Jahrhundert in die dominante Richtung der Wirtschaftslehre auf staatlicher Ebene[381] und in jene der Wirtschaftlichkeit auf der häuslichen Ebene. Kochbücher und Haushaltsratgeber, die sich immer ausschließlicher an Frauen richteten, vermehrten sich. Laut Niklas Luhmann entsteht ein neuer Liebesdiskurs ebenfalls im 18. Jahrhundert, als man erstmals – zumindest in den literarischen Modellen für Adel und Bürgertum – begann, die Heiratspartner nach persönlichen Vorlieben auszuwählen, sich leidenschaftlich zu verlieben und alles Glück dieser Welt in der gefühlvollen Verschmelzung mit dem oder der Auserwählten zu suchen.[382] Verliebte hat es vermutlich zu allen Zeiten und in allen Kulturen gegeben, aber im 18. Jahrhundert wurde diesen Leidenschaften plötzlich eine breite öffentliche Anerkennung zuteil, wie sie vorher nicht bestanden hatte.[383] Die soziale Mobilität hatte die zwischenmenschlichen Beziehungen so weit verändert, dass die Individuen sich nun ihre je eigenen Beziehungsnetze zu knüpfen begannen. Sie fühlten sich nicht mehr von Gott an einen bestimmten Platz im Universum gesetzt, sondern bemüßigt, ihre Lage selber zu verändern und zu bestimmen. Solche Möglichkeiten konnten natürlich nur in den mittleren und oberen Schichten ins Auge gefasst werden. Für die Frauen des Mittelstandes bedeutete das, von der großen Liebe zu träumen und sie im kleinen Haushalt dann realisieren zu müssen. Zwar blieben diese Frauen im 19. Jahrhundert von der Härte lohnabhängiger Tätigkeiten verschont, aber einen städtischen Haushalt mit den begrenzten Mitteln eines Beamtengehalts statusgemäß zu führen war kein Honiglecken.[384] Der «tägliche Spagat zwischen Haben und Habitus»[385] erforderte strengste Sparsamkeit. Es oblag allein der Frau, die gesellschaftliche Position ihres Mannes mit dem nötigen Konsumaufwand zu repräsentieren. Er begab sich als Individuum und Haushaltsvorstand auf den Arbeitsmarkt, sie blieb daheim, um dem häuslichen Kollektiv – Kindern und Dienstboten – vorzustehen. Der Sinn und Zweck dieses häuslichen Gefüges bestand allein in der Stützung und Stärkung des Gatten, der sich nach Belieben lösen und wieder zurückkehren konnte. Die Frau stellte in dieser Konstellation einen privilegierten Teil des persönlichen Kollektivs dar, das eigentlich der erweiterte soziale Körper des männlichen Individuums war. Sie war Teil von ihm. Deshalb achtete man bei der Beurteilung seiner Person genau darauf, wie Frau und Kinder sich verhielten, welche Kleidung sie trugen, welche Freundschaften sie pflegten und welche Geschäfte sie frequentierten.

Bereits im 19. Jahrhundert kommunizierte die bürgerliche Welt – wie einst der Adel des 17. und 18. Jahrhunderts – mit Luxusgütern. Bei gegebenen Anlässen, zu denen man gesellschaftlich verpflichtet war, stellten die Familien ihr Wohlleben und ihre kulturelle Raffinesse zur Schau. Das war nicht unwichtig für die Karriere des Mannes, kostete aber die ärmeren Beamtenhaushalte den größten Teil ihres Jahresbudgets. Den Preis dafür zahlte nur allzu oft die Frau, die es schaffen musste, fast das ganze Jahr am Nötigsten zu sparen, um bei gesellschaftsrelevanten Einladungen dann zehn bis zwanzig Gänge mit den teuersten Lebensmitteln zu servieren, die man sich eigentlich gar nicht leisten konnte. Da die Hausmutter in der Stadt von den Märkten und Läden abhängig war, entwickelte sie sich notgedrungen zu einer Konsumexpertin, die genauestens darüber informiert sein musste, wo und zu welcher Zeit man welche Lebensmittel oder andere Gebrauchsgüter am preiswertesten einkaufen konnte.

In seinem Roman «Das Paradies der Damen» erzählt Emile Zola, wie gegen Ende des 19. Jahrhunderts das erste mehrstöckige Großkaufhaus im Zentrum von Paris die kleinen Läden ruinierte. Das Konzept bestand darin, auf mehreren Etagen in reichster Auswahl alle jene Waren preiswert (weil *en gros* gekauft) anzubieten, die eine bürgerliche Hausfrau damals benötigte. Dabei setzten die Verkaufsstrategen schon um die Jahrhundertwende alle Tricks ein, die bis heute bei Konsumentinnen und Konsumenten wirken. Es gab Lockangebote zu besonders niedrigen Preisen und die Waren wurden innerhalb bestimmter Szenarios ausgestellt, das heißt so arrangiert oder drapiert, dass sie an mythologische Themen erinnerten oder liebenswerte Szenen aus dem Alltag nachahmten. Möglichst alle Sinne, vor allem aber das Auge wurde durch die Überfülle und Farbenmenge angeregt. Das Kaufhaus verlockte nicht nur zum Kaufen, sondern über Sinnenreize und Bilder vor allem zum Träumen. Es half also, die Träume von der großen Liebe und dem schönen Heim, wie die Liebesromane sie verbreiteten, gelegentlich weiterzuträumen und die weniger schöne

Realität vorübergehend zu verlassen, um dann mit diesem oder jenem Requisit als Souvenir aus dem Land der Träume im Kaufhaus zurückzukehren. Emma Bovary, die tragische Romanheldin Gustav Flauberts, wird zum Opfer dieser Träume. Ihr fiktives, aber realitätsnahes Schicksal zeigt, in welchem Ausmaß bereits im 19. Jahrhundert die Warenkultur von der Romanliteratur profitieren konnte. Denn die Liebesromane, die speziell für Frauen geschrieben wurden, erwähnten alle jene schönen und überflüssigen Dinge, auf die eine bürgerliche Frau damals Wert legte und mit denen sie ihr häusliches Glück gestalten und repräsentieren konnte. Solche Vorstellungen verlangten auch umgesetzt zu werden, und die Warenhäuser boten die Erfüllung dieser Träume an. Zudem erweckte die Überfülle der Waren zusätzliche Bedürfnisse, sodass die Träume anhand neuer Objekte immer weiter gesponnen werden konnten.

Die Analysen von Zola und Flaubert haben bis heute Geltung: Sie legen die Zusammenhänge zwischen dem unerfüllten Alltag der ins Heim eingesperrten Ehefrauen und der erträumten Fülle dar, die mit den zur Schau gestellten glänzenden Objekten scheinbar in das Leben der Käuferinnen einziehen würde. Vor nichts fürchteten sich die Männer daher im Rahmen dieser geschlechtsspezifischen Rollenzuteilung mehr als vor einer allzu verschwenderischen und genusssüchtigen Ehefrau.[386] Denn diese psychische Disposition der idealen Konsumentinnen zur Sucht drohte den einzigen Tabernakel, den die moderne Lebensweise den Individuen noch gelassen hatte, als leeren Schrank zu entlarven: die «beseelte warmgefühlvolle, nesthafte Familie».[387] Wo Emotionen fehlen, wo den Frauen oder auch anderen Gesellschaftsmitgliedern beiderlei Geschlechts die wesentliche soziale Anerkennung und liebevolle Zustimmung vorenthalten wird, dort müssen Objekte die Leere füllen.[388] Heilige Objekte?

7.5 Die Herstellung von heiligen Objekten

Jede Gesellschaft hat ihre heiligen Objekte. Das mögen Muscheln, Kupferplatten, geschnitzte Figuren, Steine oder Waffen und ähnliche Erinnerungsstücke oder architektonische Konstruktionen sein. Die Schatzkammer in der Wiener Hofburg zeigt neben der vorgeblich heiligen Lanze, die das Herz des Heilands durchbohrt haben soll, auch Kronjuwelen der Herrscherhäuser und die Wiege längst verstorbener Säuglinge von königlichem Blut. Es spielt keine Rolle, ob die Menschen solche Raritäten hergestellt haben oder die Natur sie gespendet hat. Viel bedeutsamer sind die Geschichten, die sie erzählen und verkörpern. In heiligen Gegenständen materialisieren sich wichtige Erinnerungen und Mythen, in denen sich ein Kollektiv mit all seinen Regeln, Gewohnheiten, Werteskalen und Widersprüchen wieder findet.[389] Daher sind sie weitaus mehr als nützlich, sie sind unabdingbar für die Existenz einer Gemeinschaft. Wo solche Objekte tatsächlich nicht besessen und gehütet werden können, etwa in Jäger-und-Sammler/-innen-Kulturen, dort erfüllen Erzählungen und Rituale oder heilige Orte, Berge, Bäume, Tiere diese Aufgaben. In sesshaften Kulturen jedoch kristallisieren die kollektiven Werte an Objekten und Personen und verleihen ihnen eine Aura. Das Kollektiv ist nicht darstellbar, es sei denn in einer Allegorie, aber es ist erfahrbar.

Damit sich in einem Gegenstand die transzendentale Kraft des Kollektivs, seine Erinnerungen, Hoffnungen und Werte spürbar versammeln können, bedarf es jedoch der Distanz zu ihm. Heilige Gegenstände werden oft verborgen und sowohl zeitlich als auch räumlich teilweise unzugänglich gemacht. Die Begegnung mit ihnen oder gar der Kontakt erfordern gewisse Vorbereitungen. Denn ein Kollektiv gewinnt seine Gestalt aus seiner Abgrenzung gegen ein Außen. Das war ursprünglich wohl die natürliche Umwelt, der die eigene Dauer und Ordnung abgerungen werden musste, während sie selbst immer schon da war und ihre Ordnung oder Funktionsweise nicht preisgab. Das Außen befindet sich jenseits der gültigen sozialen Regeln und birgt sämtliches Chaos in sich, das ein soziales Gefüge immer mit der Nichtexistenz bedroht. Die Distanz schiebt die heiligen Objekte in die Richtung dieses Chaos, aber erhebt sie auch zu Grenzhütern und Verbindungsgliedern zwischen innen und außen, denn beides muss es geben, damit Ordnung möglich wird. Somit sind heilige Objekte liminal, sie markieren und schützen die Grenzen. Opfergaben werden dadurch heilig, dass man sie dem Außen, das oft mit Göttern identifiziert wird, übergibt.[390] Für Lebewesen bedeutete das meist, dass sie sterben mussten.[391] Oft verschwanden sie dadurch vollständig aus dem Bereich des Innen, weil sie beim Übergang, etwa bei einem Verbrennungsopfer, materiell zerstört wurden. Wenn aber Reste blieben, dann waren sie vom Heiligen kontaminiert und konnten nicht ohne Vorsichtsmaßnahmen einfach in den Alltag zurückkehren. Griechische Kultstätten besaßen z. B. spezielle Gruben für die Entsorgung solcher «Abfälle», die auch nicht konsumiert werden konnten. Wie die Verstorbenen, so mussten auch alle anderen Lebewesen und Gegenstände, die diese Grenze überschritten hatten, mit größter Vorsicht behandelt werden. Selbst Frauen im Wochenbett, deren Körper als Übergangsort zwischen innen und außen betrachtet wurde, galten in Alteuropa als unrein und gefährlich, bis der Wochenfluss endete. Austausch und Kommunikation mit dem Außen, in diesem Fall dem dreifaltigen Gott, der die Seelen in die Gebärmutter eingoss, wurden von der Kirche überwacht.

Aber die Gottheit hatte in der Vormoderne noch zwei Seiten. Während der Priester am Altar nur die positiven Kräfte in die Hostie herab rief, fürchtete man sich im Falle der Frauen vor der negativen Seite des Heiligen, denn schließlich wohnte nach damaligen Vorstellungen auch noch der Teufel irgendwo dort draußen außerhalb der geordneten Bereiche des Sozialen, und die Frauen galten seinen Einflüsterungen gegenüber als nachgiebig und schwach. Fest steht, dass das Heilige und das Verruchte der Distanz bedurften. Das Allerheiligste war im vergoldeten Tabernakel ebenso weggeschlossen wie die Verbrecher oder Leprakranken aus der Gesellschaft ausgeschlossen waren. Gefängnisse, Arbeitshäuser oder die Gosse beherbergten die verruchten Außenseiter. Während man zu den Priestern auf ehrfurchtsvolle Distanz ging, wohnten die Henker oder Heiler eher abseits, am Rande der Dörfer und Städte, und wurden gemieden. Schließlich hatten sie mit Tod und Verbrechen, eben Grenzüberschreitungen, zu tun. Der Henker, weil er die Folterungen und Tötungen durchführte und oftmals die Leichname zur Herstellung magischer Heilmittel benützte.[392] Die Heilerinnen und Hexen, weil sie sich angeblich des Leichenraubes schuldig machten oder Kinder töteten, um ihre gefährlichen Substanzen für Zaubereien zu gewinnen.[393]

Sieht man von Kontaktreliquien und anderen auratisch aufgeladenen Sekundärobjekten aus der Lebenssphäre einer heiligen Person ab, so ist auch eine Reliquie im christlichen Kulturkreis immer ein Stück Materie, das vom Körper eines Verstorbenen stammt. Entweder fand man die kostbaren Überreste dank der Vorsehung unversehrt in den Gräbern oder die Heilsbegierigen und Sammler lauerten schon zu Lebzeiten an den Sterbelagern der Personen, die im Geruch der Heiligkeit lebten, um sogleich nach dem Eintritt des Todes dem frischen Leichnam die heiß begehrten Haare, Zähne, Finger, Brustwarzen oder Nägel zu entreißen.[394] Obwohl doch natürlichen Ursprungs, haben diese Körperteile einen langen Transformationsprozess hinter sich, der sie mit der Heil bringenden Qualität aufgeladen hat. Die Heiligenlegenden der Christenheit beschreiben, wie aus gewöhnlichen Sterblichen unsterbliche Heroen wurden, die bereits vor dem jüngsten Gericht am Thron Gottes verweilen dürfen. Ihre körperlichen Reste stellen den materiellen Niederschlag, die Asche dieser Vergeistigung dar. Da es bei den christlichen Heiligen immer um eine Überwindung des Körpers zugunsten spiritueller Ziele geht, legen die Reliquien keinesfalls Zeugnis für schöne, gesunde oder kräftige Körper ab. Überhaupt spielt ihr Aussehen kaum eine Rolle. Die edlen Materialien der Reliquiare sollen die Heiligkeit betonen, die eben nicht durch die Schönheit des Knochensplitters oder der Haarlocke entsteht, sondern durch die besonderen Verdienste der einstigen Besitzer oder Besitzerinnen. Letztere bearbeiteten kein Material, um Güter zu produzieren wie ein Handwerker, sondern sie formten ihre Körper zu Heilsträgern. Asketen und Asketinnen quälten ihr eigenes Fleisch, um es gottförmig zu gestalten und später den jenseitigen Lohn in Empfang zu nehmen. In dieser Hinsicht unterscheiden sich die christlichen Heilsträger und -trägerinnen von modernen, ökonomisch orientierten Menschen. Denn letztere arbeiten nur, um dann auch materielle Erfolge in Händen zu halten: eine schöne Wohnung, ein schönes Auto, einen schönen Körper. Aber die vormodernen Heiligen und die modernen Werktätigen treffen sich doch in der Frage der Leistung: Beide wissen, dass sie ihre Ziele nicht ohne Anstrengungen und Opfer erreichen werden.

7.6 Kontingenz und Konkurrenz

Wie das Leistungsdenken, so basiert auch die Geldfunktion auf der Fähigkeit, von der unmittelbaren, konkreten Nützlichkeit der Dinge abzusehen und Erwartungen, Pläne und Phantasien in die Entscheidung für eine Handlungsweise mit einzubeziehen. Es geht darum, in der Gegenwart Verzicht zu leisten, um in der Zukunft den Lohn dafür entgegenzunehmen. Man leistet etwas, um sich später etwas leisten zu können. Die Selbstbeschränkung geschieht im Hinblick auf Abstraktes, noch nicht ins Leben Getretenes und erfordert eine Distanzierung von den unmittelbaren körperlichen Bedürfnissen. Es ist die Beziehung zum Abstrakten, die der Sozialdisziplin ihre religiöse Note verleiht.[395] Der Nationalsozialismus setzte auf die Volksgemeinschaft, als die Kirche an Bedeutung verloren hatte und der Markt diese Lücke noch nicht füllen konnte. Denn das Abstrakte liegt zwar jenseits der sozialen Grenzen, in der Zukunft, in der Ewigkeit und in der Traumwelt, dennoch stellt es aus der Sicht der Menschen den Ursprung der menschlichen

Ordnung dar, die sich als soziales Gefüge im ursprünglich asozialen Bereich manifestiert hat. Ordnung wurde aus der Unordnung geboren, das Diesseits aus dem Jenseits.

Somit kann der soziale Zusammenhalt in der abstrakten Gestalt einer Gemeinschaft die Rolle des positiven Abstrakten gegenüber dem ungreifbaren Chaos übernehmen. Der Glaube an das Vaterland ersetzt z. B. den Glauben an den lieben Gott. Gegen die Gewalt von außen und das Ausgeliefertsein an die Umwelt setzen Menschen seit jeher äußerst erfolgreich eine vorweggenommene, gemäßigte Gewalt gegen sich selbst[396], die ihren Handlungsspielraum und damit ihre Überlebenschancen bedeutend vergrößert.[397] Herrschaft erfordert Selbstbeherrschung. Damit wird aber Gewalt, die sich heute hinter den modernen Begriffen wie «Risiko» und «Kontingenz» verbirgt, nicht aufgehoben, sondern nur umgewandelt und gezähmt. Werkzeuge und Waren stellen die objektivierte Form dieser Fähigkeiten dar, Gewalt zu kanalisieren und zu transformieren. Das zentrale Symbol der westlichen Zivilisation, die Ware, repräsentiert daher viel eher einen Verzicht als einen Genuss. Es ist notwendig, auf die unmittelbare Befriedigung körperlicher Bedürfnisse zu verzichten, um diese vom Körper abzuspalten und in unendlich vermehrbaren Waren[398] ihren Ausdruck finden zu lassen. Der Supermarkt bietet dann den Konsumenten ihre abgespaltenen und objektivierten Bedürfnisse als bunte Warenvielfalt wieder an. Es entbehrt daher nicht einer gewissen Logik, dass Kritiker der Konsumgesellschaft den Begriff der Hölle aufgreifen, um diese Ansammlung von Begierden zu bezeichnen, die im Supermarkt auf die Konsumenten in Form von Waren einstürmen. Denn waren es nicht solche maßlosen und ungeordneten Begierden, die einst nach den Vorstellungen naiver Gläubiger die armen Sünder in die Hölle führten? Und entsprachen die Höllenstrafen dann nicht ebenfalls diesem Chaos an drängenden Wünschen, die am Aufenthaltsort der Verdammten die Gestalt von Foltern annahmen?[399] Begierden verwandeln sich in der christlichen Heilsökonomie oft schon im Diesseits in Foltern, weil man sich ihnen entgegenstellen muss, um die Ordnung zu bewahren. Der barocke Mystiker Angelus Silesius sprach es deutlich aus: «Wir werden fort und fort die gantze Lebenszeit / Gemartert. Und von wem? von der begierlichkeit.»[400]

Die Kulturanthropologin Mary Douglas stellt in ihrer Untersuchung des Einkaufsverhaltens fest, dass Einkaufen ein agonaler Akt ist, ... «ein Kampf, der nicht der Definition dessen dient, was man ist, sondern was man nicht ist».[401] Viele Konsumtheorien meinen hingegen, dass es beim Einkaufen darum ginge, sich durch seine Warenwahl als hedonistisches Individuum zu definieren.[402] Je nach Lust und Laune könne man sich aus der Warensphäre holen, was einem gerade Spaß mache und der Vorstellung von der eigenen Persönlichkeit entspräche. Im Gegensatz dazu sieht Douglas im Einkaufen einen existenziellen Kampf, um sich in der bedrohlichen Komplexität der Warenwelt durch die Spezifik der Warenauswahl gegen andere Individuen abzugrenzen. Laut Douglas zeigen die Konsumenten mit ihren Waren ihre Zugehörigkeit zu einer bestimmten sozialen Gruppe mit bestimmten kulturellen Vorlieben und Abneigungen. Der gesellschaftliche Zusammenhang wird, so gesehen, über Waren zwar nicht hergestellt, aber hergezeigt. Die Konsumenten befinden sich in einem Zustand der Konformität, insofern sie dieselben oder oft gleichartige Waren begehren, aber ebenso in einem permanenten Wettkampf, insofern sie sich mittels ihres Warensortiments unterscheiden wollen. Beides, Zugehörigkeit und Differenz, ist für den sozialen Zusammenhang von Bedeutung.

Der Wert der Ware steigt mit dem Ausmaß des Begehrens, das auf sie gerichtet wird und das zur Rivalität unter den potentiellen Käufern führt. Waren, die bereits jeder hat, erzeugen kaum noch ein Begehren. Nachdem alle Haushalte bereits einen Farbfernseher besitzen, kann man sich von den meisten Mitbürgern dadurch unterscheiden, dass man z. B. einen Apparat mit Flachbildschirm ersteht, der wesentlich teurer, aber en vogue ist. Der Besitz eines solchen Gerätes hebt einen aus der Menge jener Fernsehbesitzer hervor, die nur den gewöhnlichen Apparat haben. Daraus leitet sich die Tatsache ab, dass Einkaufen völlig unabhängig von den Bedürfnissen nach Nahrung, Kleidung und Fernsehen der ständigen Wiederholung bedarf, weil die Konkurrenz durch jeden Kaufakt aufs Neue entsteht. Sie hört niemals auf, solange man sich in sozialen Kreisen bewegt, in denen man sich irgendwie positionieren will. Im Unterschied zur Ständegesellschaft[403] gibt es heute keine schichtspezifischen Konsumvorschriften mehr. Man kauft Waren heute zumeist nicht, weil man sie braucht, sondern weil man so sein will wie jene, die sie bereits besitzen: besonders, herausgehoben, begehrenswert. Deshalb werden neue Produkte von bereits berühmten Stars vorgestellt. Eine Schönheitskönigin wirbt für ein neues Kosmetikum, ein Spitzensportler für eine neue Schibindung, wie auch immer. Es geht um das Nachahmen, das paradoxerweise dabei helfen soll, anders zu sein. Um dieses Spiel mitspielen zu können, muss man gewisse Voraussetzungen erfüllen, die gerade von den betont optimistischen Konsumforschern[404] und Marketingstrategen, die im Konsum auch eine Art demokratischer Selbstverwirklichung sehen wollen, gerne vergessen werden: Konsumenten müssen Geld verdienen, um eine Wahl treffen zu dürfen.

Die Warenvielfalt scheint also eine Gewalt zu repräsentieren – Gewalt der Begierden, des sozialen Rankings etc. –, die sowohl Devotion als auch Opfer verlangt. Arbeit kann aus dieser Sicht als eine dem Warenangebot entsprechende Form des Opferns interpretiert werden. Der Arbeitslohn formuliert die Anerkennung für die Selbstbeherrschung, die ein arbeitender Mensch sich auferlegt. Geld stellt in diesem Fall den säkularen Träger transzendentaler Kräfte dar. Denn die Entlohnung bemisst nicht nur eine transformierte, sondern, da Geld keine Substanz mehr ist, auch eine transzendierte Arbeitskraft: Man verzichtet auf ein bestimmtes Quantum vitaler Energie und stellt es einem Produktionsprozess zur Verfügung. Das Geld, das man dafür erhält, steht in keiner wie auch immer gearteten substantiellen Beziehung mehr zu jenen Energien oder Produkten, die damit quantifiziert wurden. Anders als die Taufmünze oder das Wergeld bedeutet Geld für die modernen Konsumenten etwas völlig aus dem Zusammenhang Losgelöstes. Daher ist es auch gleichgültig, ob es sich um abgegriffene Scheine, Silbermünzen oder ein virtuelles Guthaben auf dem Konto handelt, Hauptsache, man hat es zur Verfügung. In den westlichen Industrienationen führt der Weg zu dieser monetären Abstraktheit über Disziplin und Körperausschaltung, die man in religiösen Zusammenhängen noch als Opfer bezeichnete, in säkularen jedoch als Disziplin. Das Opfer nützte dem Spender nur in jenem magischen Kosmos, den er für wahr hielt und der dadurch auch eine gewisse Realität unter den gleich gesinnten Menschen erzeugte. Es gewährte Gnade und göttliches Wohlwollen, die beide vorerst abstrakter Natur waren, bis sie sich in materiellen Dingen manifestierten und daran ablesbar wurden. Die Disziplin nützt ebenfalls nur in jenem zweckrationalen Universum, das die neuzeitlichen Menschen errichtet haben. Vorerst in virtuellem Geld abgegolten, kann der Erfolg der Disziplin dann am materiellen Wohlstand sichtbar werden. Der gesellschaftliche Zusammenhalt wird jeweils durch die Anerkennung der je beschlossenen Herstellungsweise von Abstraktheit gewährleistet. Während die vormodernen christlichen Gesellschaften die Mönche und Asketen hoch schätzten, weil sie Gottes Gnade für die Christenheit erwirkten, so verehren die kapitalistischen Gesellschaften heute jene Menschen, die ihren Fleiß in Gelderwerb investieren, weil man annimmt, dass die Zirkulation von Geld und Waren die Lebenswelt zusammenhält.

Als einer der ersten Historiker stellte Georg Hornius (1620–1670) seiner Kirchengeschichte eine profane Weltgeschichte zur Seite. Anlässlich der neu gegründeten Handelsgesellschaften verglich er den überseeischen Handelsverkehr, der natürlich dem Aufbau eines kapitalistischen Wirtschaftssystems diente, mit einer neuen Arche Noah, welche die Menschheit euro- und christozentristisch verbinden würde.[405] Der Leidener Professor muss gewusst haben, dass die Handelsunternehmen ihren Profit keineswegs immer mit humanen Methoden erzielten, aber dennoch interpretierte er die Unternehmungen immer noch als Puzzlesteine eines heilsgeschichtlichen Gesamtbildes der Menschheit. Im 17. Jahrhundert löste nicht nur der säkulare und diesseitig orientierte Staat langsam den jenseitig orientierten christlichen Sozialkörper in seiner Bedeutung ab – die Religionskriege hatten ihn bereits aufgesplittert –, sondern gleichzeitig löste sich auch die Ökonomie aus der Heilsökonomie heraus. Die Vorstellung, dass alle Mühen und Opfer der Marktteilnehmer einem sozialen Ganzen zu dienen hätten, blieb aber noch zwingend. Schließlich verwies selbst Adam Smith mit der Umschreibung der «unsichtbaren Hand» auf einen Gesamtsinn und göttlichen Plan, der für die Individuen unbegreifbar, aber letztlich dennoch wirksam wäre. In den folgenden Jahrhunderten wurde aber auch dieser Gesamtsinn individualisiert und die Heilsgeschichte verinnerlicht. Dennoch greifen selbst heute die Wirtschaftstreibenden gerne auf diese sozialen Heilsphantasien zurück, wenn sie behaupten: «Geht es der Wirtschaft gut, geht es allen gut.» So etwa lautete der Slogan einer Kampagne der Wirtschaftskammer in Österreich aus dem Jahr 2004. Dieser Slogan kann nur funktionieren, wenn man voraussetzen darf, dass die Zuhörer und Zuschauer unter «Wirtschaft» auch einen sozialen Zusammenhang verstehen, der überhaupt nicht nach den Gesetzen des Marktes, sondern zumindest nach jenen des patriarchalen «ganzen Hauses» funktioniert, wo für jeden gesorgt wird. Die Ökonomie wird also immer noch als Nachfolgerin der Heilsökonomie verstanden, die alle Menschen auch sozial und nicht nur über ihre Warenförmigkeit verbindet.

In der Ware und dem zugehörigen Preis vergegenständlichen sich jene erbrachten Opfer, die im marktindustriellen Produktionssystem anerkannt werden. Geld formuliert das Ausmaß der sich selber und anderen zugefügten Gewalt, die notwendig ist, um die vorgeschriebene Arbeit zuverlässig auch dann zu leisten, wenn vielleicht so mancher Sommertag zu anderen lustvolleren Tätigkeiten animieren würde. Die Entlohnung beruht auf der Voraussetzung, dass Arbeit einen Widerspruch zur undisziplinierten Lust und zum Leben und daher eine quantifizierbare Leistung darstellt.[406] Wäre Arbeit nicht etwas, das eher dem Schmerz als der Lust entspricht[407], dann würde sie im christlichen Leistungssystem keine Entschädigung verlangen. Allerdings führte die Entlohnung durch individuell verfügbares Geld dazu, dass die Arbeit immer weniger als Dienst für das Jenseits betrachtet wurde, sondern weit eher als Mittel, sich irdische Glückseligkeit zu verschaffen.[408] Diese Auffassung entstand zumindest in den bürgerlichen Schichten, die nicht jeden Tag um ihr Brot fürchten mussten. Bei den Armen ging es wohl noch einige Jahrhunderte einfach darum, satt zu werden und ein Dach über dem Kopf zu haben, statt den Himmel auf Erden zu erleben. Als die Profitwirtschaft die Subsistenzwirtschaft abzulösen begann, wurde das Geld zum Blut des Staatskörpers[409] hochstilisiert, das die Nährstoffe transportierte. Als vermittelndes Medium ist es eindeutig liminalen Bereichen zuzurechnen. Denn Geld «entsteht» aus individueller Sicht durch die Loslösung der Arbeitsenergie von Person, Status und Rolle. Geld ist ethisch neutral und lässt sich völlig beliebig für Gutes oder Böses sowie für Soziales oder Asoziales verwenden. Erst beim Einkaufen tauscht man es gegen die konkrete Substanz oder Dienstleistung der Lebenswelt ein, welche die Konsumentinnen und Konsumenten mit ihrem Vermögen bauen wollen.

7.7 Einkaufen als Tempeldienst

Der Sozialanthropologe Daniel Miller[410] untersuchte die Einkaufsrituale englischer Hausfrauen und kam zu dem Schluss, dass nicht nur Lohnarbeit, sondern auch das Einkaufen als Teil komplexer Opferrituale betrachtet werden sollte. Sowohl der disziplinierte Einsatz der Lebenszeit für die Produktion als auch das Einkaufen stellen für ihn Bezugnahmen zur Transzendenz dar, die zusammen das soziale Gefüge erhalten und bestätigen sollen. Miller begründet seine These mit einer ausführlichen historisch-anthropologischen Herleitung der Kaufrituale von antiken Opferritualen. Die griechischen und römischen Opferriten, die den christlich-abendländischen Kult maßgeblich geprägt haben, beruhten auf einer Mahlgemeinschaft mit den Göttern.[411] Die Ordnung der Mahlzeit zwischen den Göttern und den Menschen sowie unter den Menschen spiegelte die soziale Ordnung wider. Der Gewinn des Opferns lag im Bau eines symbolischen Ordnungsgefüges, das als kollektive rituelle Inszenierung die konkreten sozialen Beziehungen widerspiegelte und weltanschaulich verankerte. Die Anerkennung der Götter durch die alltäglichen vorgeschriebenen Gesten, Gebete und Gaben stellte eine performativ erzeugte Institution dar. Die frommen Handlungen bauten die Lebenswelt nicht anders als Tempel, Statuen und Altäre, von denen aus der Alltag weltanschaulich durchwirkt wurde. Auch die Christen pflegten eine Mahlgemeinschaft bei den Gemeindetreffen und schufen sich durch die Teilung des eucharistischen Brotes den Sozialkörper, den sie Leib Christi nannten und der sich ab dem 4. Jahrhundert als machtvolle irdische Institution konsolidierte.

Sowohl religiöse als auch sozialdisziplinäre Opfer zielen auf einen Gewinn im Abstrakten, der jedoch auf die materielle Welt zurückwirken soll. Anhand der devoten materiellen Gaben an das Jenseits gewinnen die abstrakt formulierten Regeln in menschlichen Handlungen erst Gestalt. Die gegen Opfer eingetauschte Gnade Gottes wirkt sich später wieder materiell aus, nachdem die zahlreichen Gehorsamsgesten und Verzichtleistungen die göttliche Macht glaubwürdig und stark erscheinen haben lassen. Diesseits und Jenseits stehen ununterbrochen im Austausch und bestätigen sich. Der Tod als Grenze zwischen den materiellen und abstrakten Sphären ist auch der Handelsplatz, an dem das geopferte Leben blutig oder in Form von Arbeitsprodukten in ein abstraktes Guthaben verwandelt wird, das dann als Segen Gottes, etwa in Form von Regen, Sonnenschein und Kriegsglück, wieder auf Erden wirksam werden soll. Nach Miller erhofft sich jede Konsumentin oder jeder

Konsument, wenn sie oder ihn nicht große Not zum Einkaufen treibt, trotz der Geldausgabe neben dem eher nebensächlichen Gebrauchswert einen Gewinn symbolischer Art.[412] Gerade in übersättigten Märkten sinkt der Anteil der Gebrauchsgüter ständig. Zudem müssen selbst Seife und Wasser, die noch tatsächlich verbraucht werden, einen symbolischen Mehrwert mitliefern.

In seinem Vergleich sieht Miller den Supermarkt als einen Tempel, in dem die erwirtschafteten Überschüsse in symbolisches Kapital verwandelt werden, das nur in einem spezifischen Kulturkreis Wert hat. Bereits Mary Douglas und Baron Isherwood haben in ihrer Analyse Ende der 1970er-Jahre festgestellt, dass Waren in den marktindustriellen Gesellschaften zum Denken und Kommunizieren da sind, statt wie in der Vormoderne hauptsächlich dem Gebrauch zu dienen.[413] Gekaufte Objekte setzen Signale, sie formulieren eine Botschaft und vermitteln den Mitmenschen, wer man ist oder sein will. Daher regen sie zum Nachdenken, Spekulieren und Phantasieren an, während der konkrete Ge- und Verbrauch in den Hintergrund treten. Der Genuss hat sich mit wachsendem Wohlstand vom Körperlichen ins Imaginäre verlagert. Die käuflichen Objekte, die in einem agonalen Kampf gegen andere Konsumenten erworben werden, dienen als Requisiten für die teilweise Realisierung von Traumwelten. Solche imaginären Konstrukte werden nur mehr mit wenigen Menschen geteilt oder sind überhaupt völlig individuell, aber dennoch oft befriedigend. Der Erwerb eines Alfa Romeo kann noch ziemlich viele der Mitkämpfer um Prestige beeindrucken, aber um Cowboystiefel wird man vielleicht von niemandem mehr beneidet. Sie stellen eher einen ganz persönlichen Fetisch für eine bedrohte Männlichkeit dar oder helfen Beamten, die täglich mit langweiligem Papierkram, aber sicher nicht mehr mit Indianern oder Schlangen kämpfen müssen, die Imagination von Freiheit zu bewahren.

Der Soziologe Colin Campbell versucht die Verknüpfung bestimmter Waren mit bestimmten Individuen auf die Fähigkeiten zum Tagträumen zurückzuführen. Er differenziert zwei Strategien des Genusses von Waren.[414] Die erste bezeichnet er als traditionellen Hedonismus, der die Basislüste, die allen Menschen erstrebenswert erscheinen, umfasst. Essen, Trinken, Geschlechtsverkehr, geselliges Zusammensein, Spiele können direkt mit allen Sinnen genossen werden. Diesem Umgang mit materiell gebundenen Freuden stellt er den modernen Hedonismus gegenüber, der nicht Sensationen, sondern Emotionen sucht. Denn intensive Gefühle können, wenn sie kontrolliert werden, ein unerschöpfliches Reservoir an Begehren und Genüssen eröffnen, das sich nicht durch die Stimulation der Sinne erschöpft. Der moderne Hedonismus ist für Campbell illusionär und erfordert ein autonomes Individuum, das seine Gefühle mit Hilfe weniger käuflicher Requisiten in die gewünschte Richtung lenken kann. Die Voraussetzung für die moderne Art des Konsumierens bildet paradoxerweise die puritanische Ethik, eine asketische Lebenshaltung. Von der Entwicklung des Gewissens seit dem ausgehenden Mittelalter[415] führte ein Weg über den Genuss der eigenen Innerlichkeit als Zeichen des einwohnenden Gottes zur Sentimentalität als Zweck an sich.[416] Besonders seit der romantischen Epoche spornte der Kult der Sensibilität tugendhafte Individuen zu einer neuen Virtuosität des Fühlens und Genießens an. Diese Flucht in die inneren Exile der Bohème, wie etwa die Vertreter des *L'art pour l'art* sie antraten, scheint angesichts des um sich greifenden Utilitarismus im 19. Jahrhundert eine verständliche Reaktion. Novalis, der vermutete, dass jeder Mensch in sich ein Universum beherberge, entstammte einer pietistischen Familie mit strengster Arbeitsmoral. Obwohl sein Vater, ein Fachmann für das Bergbauwesen, ihn als Salinenbeamten unterbrachte und ihm ein Studium der Mineralogie ermöglichte, folgte Novalis ihm beruflich nicht nach, sondern zog es vor, imaginäre statt realer Höhlen zu erforschen, nämlich die eigene Innerlichkeit. Es ist gewiss kein Zufall, dass die ersten bedeutenden Dichtungen, die in Westeuropa nachweislich unter Drogeneinfluss entstanden, aus der ersten Hälfte des 19. Jahrhunderts stammen, als unglückliche Bürgersöhne in die inneren Welten flüchteten.[417]

Der moderne Hedonismus sei der romantischen Ethik darin verwandt, meint Campbell, dass er seine lustvolle Spannung eben aus dem unerschöpflichen Widerspruch der imaginierten Freuden zur Realität beziehe. Damit hängt die Entwicklung des modernen Hedonismus, wie Campbell ihn sieht, unweigerlich mit den neuzeitlichen Prozessen der Säkularisierung und Individualisierung zusammen. Das moderne Konsumverhalten wäre ein direktes Erbe der christlichen Religion, die in der Neuzeit zur individuellen Pflege und Beobachtung des Seelenlebens anleitete. In vorkapitalistischen europäischen Gesellschaften, wo der traditionelle Hedonismus seinen Platz hatte, verbrauchten die häuslichen Wirtschaftseinheiten[418] die erzeugten Güter fast zur Gänze, sodass sie in gar keinen Warenumlauf eintreten und kaum eine andere imaginäre Bedeutung erhalten konnten als die des Erhalts der Haus- oder Dorfgemeinschaft. Die symbolische Bedeutung der Werkzeuge, Speisen oder Kleidungsstücke blieb innerhalb des Kollektivs an ihren statusorientierten Gebrauch gebunden. Da die sozialen Positionen kaum individuell verändert werden konnten, waren vermutlich auch die persönlichen Träume weniger großartig als die realen Genüsse. Warum sollte eine Magd davon träumen, Prinzessin zu werden, wenn es in ihrer Umgebung niemals vorgekommen war und keine Erzählung je dieses Thema aufgegriffen hatte? Aus heutiger Sicht erscheint uns der arme Köhler im Märchen, dem eine Fee drei Wünsche erfüllen will, recht dumm, weil ihm zuerst die Blutwurst einfällt. Der Mann war im Träumen nicht geübt, aber Hunger kannte er wohl und ebenso die erfreulichen Gefühle, die eine fette Wurst im Magen erzeugen kann. Wünschen will gelernt sein. In individualistischen Gesellschaften mit hoher sozialer Mobilität werden andere Träume entwickelt als in statischen Ständegesellschaften. Dort konsumierten die Individuen die verfügbaren Produkte ohne besondere Verzauberung und Desillusion, denn sie waren meistens so knapp, dass gar keine Distanz zum Träumen blieb, außer es herrschte Hunger. Genauso wie die Güter unter Einsatz der eigenen körperlichen Anstrengung bei der Feldarbeit und beim Spinnen und Weben gediehen, wurden sie dem Körper auch wieder ohne Umschweife zu seinem Erhalt zugeführt. Bei der Fronarbeit auf den Äckern der Landesherren spürten die Bauern die Entfremdung, weil doch die Feldfrüchte niemals in ihre Scheune flossen. Nahm diese Arbeit für fremde Zwecke überhand, dann kam es zu Widerständen. Für das eigene Brot arbeiten verführte nicht so sehr zum Träumen: Der Gebrauch war schon bei der Erzeugung vorgegeben und aus der Erfahrung bekannt. Geld, Tagträume, Illusionen individueller Selbstkreation mittels spezifischer Güter traten – zumindest in dieser idealen historischen Konstruktion der häuslichen Produktionseinheit mit geringer Marktbeteiligung – nur in minimalem Ausmaß zwischen die Produktion und den Verbrauch. Dieser Zwischenraum, den in modernen Gesellschaften der Markt ausfüllt, wäre aber notwendig gewesen, um Phantasien und Wünsche anzuregen. Träume, die nicht aufgrund von Wohlstand, sondern von lebensbedrohlichen Nahrungsmittelknappheiten entstanden, stellten keine sozial anschlussfähigen oder materiell tatsächlich umsetzbaren Verhaltensweisen zur Verfügung.[419]

Colin Campbell skizziert mit seinen zwei Arten von Hedonismus die Unterschiede zwischen Gemeinschaften, die ohne Warenverkehr auskommen, und der komplexen arbeitsteiligen Gesellschaft. Für ihn führt der moderne Hedonismus jedoch notwendig zu einer Enttäuschung, die das Begehren weiter anstachelt. Die modernen Konsumenten befinden sich in einem Teufelskreis. Denn niemals kann die Realität so großartige Träume verwirklichen, wie die Traumfabriken sie heute bieten. «Plötzlich Prinzessin» oder ein «Spiderman» mit übernatürlichen Kräften zu werden, bleibt den meisten Menschen auf immer versagt. Bestenfalls gewinnen sie eine Kreuzfahrt auf einem Luxusschiff oder verbringen zwei Wochen Urlaub auf einer Trauminsel. Diese Wunscherfüllungen sind befristet und stillen das Verlangen nicht ein für alle Mal, denn die Wunschproduktion steht nicht still. Daher ist es notwendig, ständig weiterzuträumen und neue Möglichkeiten des vollkommenen Genusses zu suchen. Gerade weil die Menschen sich bei der Arbeit ihrer Vitalität und Freude oft beraubt sehen, wird es für sie zunehmend notwendiger, die Verluste zu kompensieren. Die entfremdete Arbeit erzeugt auch entfremdete Träume, deren Erfüllung nur kurzfristig das Gefühl der Leere verdeckt, ohne in der Sattheit des Lebens zu verankern. Solche Leere entsteht, wenn die Innerlichkeit sich im Verlauf des Individualisierungsprozesses ausbildet, um das Ich zu beherbergen.

Barocke Embleme zeigen, wie das Jesuskind das Herz eines Menschen mit einem Besen auskehrt[420], um selbst darin Platz zu nehmen. Jesus ist der Garant für die Ich-Identität. Seit dem ausgehenden Mittelalter suchten Christen den Gotteskontakt innerpsychisch herzustellen. Die Zwiesprache mit Gott im Gebet, das Gewissen und der innere Monolog der neuzeitlichen Individuen sind das Ergebnis christlicher Seelenführung. Vor allem Bindungen an sinnliche Freuden waren von der Kirche nicht gern gesehen, denn sie lenkten von der Anwesenheit Gottes im Mysterium des seelischen Innenraumes ab. Das Herz, Symbol der Innerlichkeit, muss leer sein, damit Gott Platz hat. Sein Kommen kündigt sich daher als Sehnsucht nach Gott an. Aber eine Religion funktioniert laut Niklas Luhmann als Chiffre für die Kontingenz des Zusammenhangs.[421] Sich nach Gott zu sehnen bedeutet also nichts anderes, als einen Zustand der Ganzheit und Vollständigkeit zu begehren, in welchem man das Ich-Bewusstsein wieder loswürde, das nur durch eine Distanzierung zum lebendigen Eingebundensein entsteht. Diese Sehnsucht nach erfüllender Einbindung in einen Kosmos verwandelte sich im Verlauf der Säkularisierungsprozesse der Neuzeit in sehr persönliche Wünsche und Sehnsüchte oder auch regelrechte Süchte. Das bürgerliche Leben erlaubt unabhängig von Ernte und Jahreszeit jeden Tag kleinere Exzesse und Selbsterlösungen. Dabei steht jedoch kein Kollektiv mehr zur Seite, das die Menge der Substanzen und Drogen begrenzen würde. Keine beschränkte Festzeit oder allgemein verbindliche Fastenvorschrift hilft mehr, seine Grenzen zu finden. Zudem sind die Drogen dank des Handels zu jeder Jahres- und Tageszeit erhältlich. Man muss daher selbst wissen, wann es genug ist. Doch wer weiß das schon? Selbstbeschränkung muss gelernt werden. Obwohl Opium und andere halluzinogene Stoffe bekannt und leicht zugänglich waren, gibt es keine Zeugnisse von Sucht und Abhängigkeit vor dem 16. Jahrhundert.[422]

Psychologische Forschungen über Anorexie, Esssucht, Kleptomanie und Kaufsucht haben ergeben, dass die Ursachen solcher Verhaltensweisen aus individualpsychologischer Sicht meist darauf zurückzuführen sind, dass kein stabiles Ich aufgebaut werden konnte.[423] Das heißt, mit den Begriffen von Pasi Falk ausgedrückt, dass die Betroffenen die Mutter-Kind-Symbiose verlassen mussten, obwohl sie noch keine eigenen Grenzen zu entwickeln gelernt hatten. Ursachen für die Störung dieses Entwicklungsprozesses können vielseitig sein und sind meistens in der Biographie der Betroffenen zu finden. Da jedoch in den modernen Gesellschaften keine Gruppen-Ichs entwickelt werden, welche die Menschen ein Leben lang stützen könnten, müssen andere Organisationen oder auch Objekte diese Funktion zumindest vorübergehend oder teilweise erfüllen. Jeder Konsument und jede Konsumentin weiß aus eigener Erfahrung, dass so manche unnötige Ware in den Einkaufskorb wandert, wenn er oder sie Hunger hat oder aus irgendeinem Anlass frustriert ist und sich daher trösten will. Oft handelt es sich um symbolträchtige Gegenstände, welche die Verletzungen des Egos heilen sollen.

Daniel Miller hebt hervor, dass auch in traditionalen Kulturen die Beziehung des begehrten Objekts zur sozialen Gruppe wichtiger sein kann als seine Nützlichkeit.[424] Jede Gruppe oder Gesellschaft projiziert die eigenen Werte auf Gegenstände, die kaum oder gar nicht nützlich und dennoch sehr begehrt sind. Wer sie besitzt, der stärkt damit auch seinen sozialen Wert. Nur wahrhaft asoziale Menschen, Eremiten in der Wüste, könnten gegenüber der Attraktivität solcher Objekte immun bleiben. Jegliches Artefakt stellt eine Brücke zwischen der geistigen und physischen Welt, zwischen Bewusstem und Unbewusstem dar.[425] Die menschliche Vorstellungskraft führt zur Herstellung eines materiellen Objektes, dessen Existenz dann zu weiteren Phantasien oder Tagträumen anregen kann. Laut Miller stehen Güter und Waren in einer produktiven Spannung zur Imagination und müssen keineswegs notwendig als Desillusionsmaschinen funktionieren. Technische Geräte können z. B. sowohl Prestigeobjekte sein, die die Zugehörigkeit zu einer sozialen Schicht zum Ausdruck bringen, als auch wirklich Spaß machen, solange sie funktionieren. Man benützt sie als Spielzeug, lotet ihre Fähigkeiten aus und freut sich an der Raffinesse der Technik. Dennoch hebt diese Tatsache Campbells These von den zwei Arten des Hedonismus nicht auf. Denn obwohl auch in den weitgehend bäuerlichen Kulturen des europäischen Mittelalters verschiedene nutzlose, aber begehrte Gegenstände Phantasien transportierten, blieben diese imaginierten Mächte und Möglichkeiten doch im Rahmen der bekannten gesellschaftlichen Ordnung und wurden kollektiv geteilt. Schön geschnitzte Kruzifixe, wertvoll bestickte Kleider oder Familienschmuck mögen Träger von Hoffnungen und Sehnsüchten nach Liebe, Gesundheit und Erfolg gewesen sein. Individuell rasch wechselnde Phantasien über modische Kleidungsstücke oder teure Fortbewegungsmittel waren jedoch in ähnlicher Vielfalt mit Sicherheit erst in den reichen Oberschichten des 16. und 17. Jahrhunderts möglich, als die Gütermenge stetig zunahm und Wünsche nach Distinktion förderte. Bis dahin hatte der Nährboden für rasch wechselnde Phantasien gefehlt.

Pierre Bourdieu konnte in seiner Studie über die «feinen Unterschiede»[426] zeigen, dass Waren klassenspezifisch zuordenbar sind. Die Zugehörigen einer bestimmten Klasse bevorzugen nachweislich ein bestimmtes Sortiment an Waren und wollen sich daher weniger individuell als vielmehr klassenspezifisch unterscheiden. Bourdieu betont zwar im Gegensatz zu Mary Douglas die verbindenden Qualitäten gegenüber den trennenden, kommt aber zu keinem widersprüchlichen Ergebnis. Schließlich kann man sich über den Kauf bestimmter Waren mit verschiedenen sozialen Gruppen identifizieren, während man zu anderen auf Distanz geht. Das bestärkt das Statusbewusstsein und gibt mindestens ebenso sehr Sicherheit, wie es Konkurrenz erzeugt. Trotzdem findet diese Form der sozialen Eingliederung zumeist nur auf einer individuellen imaginären Ebene statt und unterstützt bereits bestehende Gruppierungen, gründet aber keine neuen. Es gibt keinen Club der Mercedes-Besitzer, der soziale Bindungen erzeugt. Wohl aber kaufen bestimmte Einkommensgruppen eher einen Mercedes als andere. Nur weil jemand dieselbe Sorte Tee bevorzugt wie ich, ist er weder mein Freund noch stärkt er mein Selbstbewusstsein. Gruppenbildung über gleiche Vorlieben existierte bereits in der Vormoderne, als Gebetsbrüderschaften sich um denselben Heiligen scharten. Aber schon damals eignete sich der eine Heilige mehr für Dienstboten, der andere mehr für adelige Damen. Die Marken Gucci oder Prada können solche Gruppierungen mit gegenseitigen Hilfeleistungen und Gebetsfürsorge nicht mehr herstellen. Dazu gibt es zu viele mögliche Waren, um die sich die Devoten sammeln könnten, und dazu sind die Konsumenten und Konsumentinnen mittlerweile zu wenig in traditional wirksamen Umfeldern verankert.[427] Nur weil sie sich bereits in bestimmten sozialen Kreisen bewegen, kaufen sie prestigeträchtige Markenware, umgekehrt stimmt dieser Schluss nicht. Auch Fan-Clubs, die sich digital vernetzen, stellen zumeist keine soziale Gruppierung dar. Medial hergestellte Devotion allein führt nur zu einer sehr ephemeren Gruppenbildung ohne persönliche Kontakte.

Miller beharrt jedoch auf den kreativen Potentialen des modernen Konsums. In seiner Beurteilung der Konsumtheorien versucht er die Thesen gegeneinander abzuwägen und einen Mittelweg einzuschlagen. Sowohl die Behauptung, dass Konsum global verbinde, als auch jene, dass er die Menschen vereinzele und sozial desintegriere, bezeichnet er als Mythen. Seine Untersuchungen der ganz gewöhnlichen täglichen Einkäufe zeigen die Verstrickung von sozialen Bindungen mit der Warenwelt. Am Beispiel der Hausfrau, die hauptsächlich Gebrauchsgüter kauft, betont Miller, in welchem Ausmaß vor allem Konsumentinnen an der Entwicklung der modernen Warenwelten beteiligt waren und sind. Erst durch die Trennung der Produktions- von der Reproduktionssphäre wurde das Einkaufen für den Haushaltsbedarf, was es bis heute ist: Frauensache. Während Männer angeben, eher gezielt bestimmte Waren aus so genannten männlichen Domänen (technische Geräte, Werkzeug, Waffen, Sportartikel etc.) zu kaufen, betreiben vor allem Frauen Shopping. Der englische Begriff bezeichnet eine immer noch vorwiegend weibliche Tätigkeit: zielloses Umherschweifen, Vergnügen beim Betrachten der Dinge, oft ohne kaufen zu wollen. Männer geben dem Einkauf eher den Rahmen einer Arbeit, rechnen ihn also der Produktionssphäre zu. Frauen halten Shopping in vielen Fällen für ein Freizeitvergnügen, sie glauben also selbst, dass Einkaufen keine Arbeit darstellt.[428] Für die Hausfrauen ist das aber anders, sie gehen schließlich nicht nur für sich selbst oder zur Entspannung einkaufen, denn aufgrund ihrer Verpflichtungen haben sie nicht allzu viel Zeit und sie erstehen so unromantische Dinge wie Schuhbürsten, Blumendünger und Haushaltsreiniger. Aber aus den Börsen der Hausfrauen fließt Tag für Tag Geld in riesige Wirtschaftszweige, die daher bemüht sind, sie zufrieden zu stellen und ihnen die Wünsche von den Lippen abzulesen. Hausfrauen haben das Rindfleisch boykottiert, als die Medien vom Rinderwahn berichteten, Hausfrauen werden eventuell kein Kleidungsstück kaufen, das in Asien oder Lateinamerika von Kinderhand genäht werden musste. «... sie beaufsichtigt den Fortgang jener Aktivitäten, mittels welcher Konsum dazu dient, Kultur als die Selbstkonstruktion der Menschheit aus den schwerfälligen, aber essentiellen Institutionen der modernen Welt wie etwa dem Markt oder der Bürokratie zu extrahieren»[429], behauptet Miller und stellt damit den jahrhundertealten Vorwurf, dass Hausfrauen nur verschwenden, ohne konstruktive Arbeit zu leisten, auf den Kopf. Konsum stellt aus seiner Sicht einen der bedeutendsten Faktoren überhaupt dar, wenn es darum geht, Kultur performativ umzusetzen.

Schließlich sind es vor allem die Hausfrauen, die Geld und Waren als Liebesdienst für die Familie hin- und herschleppen und dabei die seelenlosen Waren wieder in persönliche Beziehungen und lebendige Zusammenhänge einfügen. Für diese Arbeit erhalten sie kein Geld, denn Geld fließt in marktwirtschaftlichen Zusammenhängen nur dort, wo eben keine persönlichen Anliegen als Motiv für die Arbeit dienen und wo daher die Lebenszeit vom Lebenszusammenhang der Arbeitenden abgespalten werden muss. Das Opfern im Supermarkt erhält den Haushalt, den Hort des Privaten, der Gefühle und allzu oft auch der sinnlosen Gewalt. Der Haushalt von Familien oder Singles ist der kleinste, aber wichtigste Baustein des großen Sozialgefüges, das in diesem Falle von den Riten des Konsums geheiligt und erhalten wird. Der Hausaltar oder Herrgottswinkel, den viele katholische Familien im 20. Jahrhundert noch besaßen, hat sich nun insofern säkularisiert, als der ganze Haushalt selber, die Zufluchtsstätte der Individuen, als Ort der Sammlung und heiligen Intimität verehrt wird. Je vielfältiger die gesellschaftlichen Systeme werden, an denen ein Individuum teilhaben muss, um sozial eingebunden zu bleiben, desto notwendiger werden auch die Bedürfnisse nach Rückzugsorten, wo man keine besonderen Kompetenzen haben muss, nicht einmal Geld, sonst würden Therapiezentren oder Wellness-Hotels diesen Zweck auch erfüllen.

Über den Geldlohn werden die Opfer der erwerbstätigen Konsumenten auf den Märkten konvertibel. Denn obwohl die neue Arbeitsmoral verlangt, dass Arbeit Spaß macht und zum Lebensinhalt wird, beweisen die riesigen Summen, die für Wohnungseinrichtung, Kinderspielzeug und Gartengestaltung ausgegeben werden doch, dass Arbeit allein für die meisten Menschen noch nicht den Sinn des Lebens ausmacht. Während es den Begriff des «Workaholics» gibt, der die Arbeit als Ersatz für das wenig zufrieden stellende Privatleben verwendet, bezeichnet man Menschen, die den Großteil ihrer Lebenszeit am liebsten in den eigenen vier Wänden verbringen, bloß als häuslich, faul oder eben als Hausfrauen und Hausmänner. Kompensation für irgendeinen Mangel scheint das Hüten des Heimes nicht zu sein. In den 1950er- und 1960er-Jahren warf man den Frauen höchstens die Putzteufelei vor. Der Sauberkeitsfimmel schien eine Art Kompensation für die geringe Anerkennung, die Frauen damals (wie auch heute) für die Hausarbeit erhielten. Es kann aber auch sein, dass sich die Männer einfach daran störten, dass auch Frauen einen wichtigen Beitrag zu ihrem Leben leisteten und dass sie deshalb die Hausarbeit entwerteten und als überflüssige Krankheit einstuften. Denn ab den 1970er-Jahren mussten sich Nur-Hausfrauen für ihr angeblich allzu bequemes Leben auf Kosten der schwer arbeitenden Männer entschuldigen. Hausmenschen beiderlei Geschlechts wird unterstellt, dass sie jene Seite des Lebens gewählt haben, die wenig Tatkraft und Mitverantwortung für die Ereignisse in der Welt verlangt. Immer noch repräsentiert daher der Pensionsantritt vor allem für Männer eine Art sozialer Abwertung, denn der häusliche Lebensraum gilt als Sphäre der Frauen, in der kein Sozialprestige in Form von Lohn verdient werden kann.

Obwohl die Wirtschaftsexperten immer wieder betonten, dass der private Konsum steigen sollte, um die Produktion anzukurbeln, werden weiterhin nur jene Karrieren als vorbildlich dargestellt, in welchen Geld verdient wird, aber keine Zeit mehr bleibt, es auszugeben. Zwar gelten teure Feste mit teuer gekleideten Menschen, die in teuren Autos chauffiert werden, als vorzeigenswert. Die Klatschspalten berichten von den Shopping-Trips oder luxuriösen Hobbys der Reichen, aber für das Gros der Konsumenten ist das nur bemerkens-, jedoch nicht nachahmenswert. Man will so viel Geld haben, wie diese Menschen der Highsociety, aber das Ausgeben selbst gilt als Schwäche und Laster. Dem Geldausgeben haftet nichts Heroisches an, und zwar umso weniger, je mehr es um Güter des täglichen Lebens geht. Wenn sich eine Schauspielerin 30 Paar Schuhe kauft, weil sie sich nicht entscheiden kann und Geld keine Rolle spielt, so ist das nur ein Beispiel für demonstrativen Konsum, wie ihn einst der Adel pflegte. Sie muss außergewöhnliche Akte setzen, weil sie einen Ruf zu wahren hat. Menschen, die ihr Geld in weniger mythischen Sphären mit der Erzeugung von Schraubenschlüsseln oder Flugzeugbauteilen verdienen, lassen wenig über ihre luxuriöse Lebensweise wissen. Denn schließlich wollen sie als kühle Rechner und seriöse Geschäftsleute gelten, da passen Verschwendungssucht oder ein skurriles Laster nicht zum Renommee.

Über Spieler und Konkurse wurden jedoch Romane geschrieben und Filme gedreht, weil sie Risiken eingehen und enorme Summen verspekulieren. Das hat Unterhaltungswert. Niemals fand aber jemand etwas Besonderes daran, dass eine Hausfrau ihre regelmäßigen Einkäufe im Rahmen ihres Budgets tätigt. Gerade diese alltägliche Rückverwandlung geopferter Lebenszeit in Bausteine einer gelebten Realität erscheint in einer Kultur, die das Abstrakte so viel höher einschätzt als das Konkrete, kontraproduktiv im wahrsten Sinn des Wortes. Eine Hausfrau erscheint daher nur tüchtig, wenn sie möglichst wenig Geld, das heißt abstraktes liminales Medium, in konkrete Materie verwandelt.

Laut Daniel Miller hat sich das Schlachten der Tiere, die in der Antike noch als wertvolle Produkte menschlicher Anstrengung betrachtet wurden, nun aus den Tempeln weg in die Individuen verschoben. Heute bluten die Opfer der Menschen nicht mehr. Bereits in der Antike hatten Mönche ein unblutiges Martyrium konzipiert, indem sie zwar auf ihr Leben verzichteten, es aber nicht sofort für Gott beendeten, sondern sich in langsamer Disziplin abtöteten. Ihre Weltentsagung zur Ehre Gottes dauerte ein Leben lang. In Klöstern des 3. und 4. Jahrhunderts diente Arbeit als Mittel, sich von den Vergnügungen der Welt abzulenken. Als man dann begann, die Arbeitsprodukte, die in langen Stunden der anstrengenden Meditation entstanden waren, auf dem Markt zu verkaufen, um Almosen erstehen und verteilen zu können, war über die Arbeit der Konnex zwischen jenseitigem Lohn und diesseitigem Geld vollzogen. Die Disziplin der Mönche blieb bis in die frühe Neuzeit allen Karikaturen und Schmähungen zum Trotz vorbildlich für die christliche Lebensführung und hat eindrucksvolle Spuren in der Konzeption bürgerlicher Lebensstile hinterlassen. Auch die protestantische Arbeitsethik, wie Max Weber sie beschrieben hat, verdankt sich den Regeln des christlichen Mönchtums, welche nach der Reformation von allen Laien erfüllt werden sollten. Auf die Gegenwart übertragen heißt dies, dass der Körper über seine Produktionskraft einerseits Stunde um Stunde zur entseelten Ware wird, dabei aber andererseits auch zum unausgesetzt opfernden Opfer. Denn nur die Zügelung und Disziplinierung seiner Leidenschaften trägt zur geordneten Produktion bei. Weil das Leben sich verschwendet, kann es als Motor der modernen Produktionsprozesse dienen, die Geist und Körper trennen. Es ist die ganz spezifische christliche Logik, die das Geistige auf Kosten des Körpers fördern will. Wer daher umgekehrt vorgeht und das Geistige wieder ins Materielle überführt, erntet eher Verachtung. Und dennoch entstehen Profite nur dort, wo die Menschen dies tun.

Sowohl Arbeit als auch Konsum halten den Opferkreislauf in Bewegung: Arbeit entspricht dabei dem Ritual der (Ab-)Tötung, Konsum jenem der Rückführung der abstrakten Energien aus dem Jenseits in die materielle Welt. Die Verteilung des Opferfleisches durch Priester an Haushaltsvorstände erhielt und bestätigte in den griechischen Stadtstaaten die sozialen Hierarchien. Das Ritual stellte eine große gemeinsame Mahlzeit dar, die den Gruppenzusammenhalt mittels der Verteilung der erwirtschafteten Produkte gewährleistete.[430] Nach den Opferschlachtungen erstatteten die Priester den Göttern ihre Anteile, dann verteilten sie das solcherart geweihte Fleisch samt dem Segen, der vom Kontakt mit der Gottheit herrührte, an die Bevölkerung. Die gegenwärtige Konsumgesellschaft steht dem Konsum, der Rückführung liminaler Substanzen in materielle, ambivalent gegenüber. Die gängige Meinung lautet: Die Produkte müssen Abnehmer finden, um die

Produktion am Laufen zu halten. Dass Konsum, das gute materialistische Leben, die Rückführung der Disziplin in Genuss, der Sinn des Lebens wäre, darf nicht angedacht werden. Konsum darf immer nur eine Belohnung für vorher erbrachte Leistungen sein. Jemand, der beim Verkauf viel Geld verdient, erntet ganz sicher mehr Anerkennung als jemand, der beim Einkauf viel Geld ausgibt.

Dabei erfordern beide Tätigkeiten, sowohl die Erzeugung der Produkte als auch ihre Einordnung in die Lebenswelt, Disziplin. In den Begriffen von Maurice Bloch handelt es sich bei der Produktion um eine Loslösungsphase, beim Konsum um die Phase der Wiederaneignung der abgelegten Vitalität. Denn eine unkontrollierte Fleischverteilung oder Geldverschwendung führt zu keinem sinnvollen materiellen Ergebnis, könnte keine soziale Ordnung abbilden. Das Märchen vom Hans im Glück[431], das etwa aus dem 16. Jahrhundert stammt, zeigt daher, wie richtiges Geldausgeben glücklich macht. Zuerst verdient Hans mit guter Arbeit einen Batzen Gold, dann gibt er ihn Schritt für Schritt und durchaus überlegt wieder aus, um seine Lebensumstände zu verbessern. Er begreift sein Vermögen nicht als Kapital, das Geld abwerfen soll, sondern benimmt sich wie ein typischer Endverbraucher. Am Schluss steht er wieder bei seiner Mutter, der Zyklus ist zu Ende und hat ihm aber Glück und gutes Leben beschert, das ist sein Profit. Die Mutter, die ihm das Leben schenkte, freut sich über den glücklichen Hans, aber nicht über sein Geld, das er vielleicht hätte griesgrämig sparen können. In diesem Märchen wird das Lebendige eindeutig höher geschätzt als das gehortete Geld, dennoch zählt «Hans im Glück» zu den so genannten «dumme Hans»-Geschichten, weil alle, mit denen Hans tauscht, ihn für dumm halten. Hans denkt an den Gebrauchswert der eingehandelten Tiere und Sachen, seine Tauschpartner haben jedoch den Tauschwert im Auge. Das Märchen selber, das in der Übergangszeit zur Profitwirtschaft entstand, bleibt ambivalent, es kann sowohl als Lob als auch als Kritik des profitwirtschaftlichen Denkens ausgelegt werden. Vielleicht sollte man die Erzählung des Matthäus-Evangeliums (Matth. 25, 14–30) ebenso interpretieren: Der Herr verreist und gibt seinen Knechten Geld zur Verwahrung. Die Talente stellen in dem Gleichnis Potentiale dar, mit denen ein jeder Knecht nach Gutdünken umgeht. In der Erzählung geht es nicht um Geld im Sinne von Kapital, sondern das Geld dient als Sinnbild für die Lebensenergie, die nur durch Verausgabung gelebt wird und sich vermehrt. Das Leben soll nicht gehütet und gespart werden, sondern sich entfalten, blühen und Früchte tragen. Jener Knecht, der sein Talent ungenützt vergrub, verliert am Ende daher alles.

7.8 Mangelhafte Reliquien

Zeit seines Lebens produziert der arbeitende und konsumierende Körper Reliquien. Denn so könnte man die materiellen Überreste nennen, die eine durch Arbeit erfolgte Umwandlung von Lebenszeit in abstrakte Werte hinterlässt. Die Waren bezeugen, dass Transformationsarbeit geleistet wurde. Im Unterschied zu den Überresten der Heiligen besitzen die Waren allerdings nicht mehr die Fähigkeit, Himmel und Erde, Ausdruck und Bedeutung zu verbinden. Sie sind daher mangelhaft funktionierende Reliquien, Bruchstücke der abgebrochenen Kommunikation mit dem Jenseits. Ihr Preis formuliert eben keine Bedeutung, weil Geld nur eine horizontale Relation stiftet. Der Markt kann dieses Jenseits nicht ersetzen, denn er stellt nur die Schwelle dar, über welche Arbeit, Waren und Geld getauscht werden. Der Markt bietet zwar Waren an, die einen in Geld formulierten Wert haben, aber darüber hinaus können sie nur jene Bedeutung annehmen, die ihnen vom Konsumenten gegeben wird. Die Waren besitzen selbst keine Verbindung mehr zu einer Vertikalen, sondern sie sind leere Signifikanten ohne Bezug zu einer bestimmten Weltanschauung oder kosmischen Ordnung. Die zwei Seiten des Lebens, die das religiöse Ritual der Nahrungsteilung verband, sind auseinander gebrochen. Die abgelegte Vitalität einerseits steht dem Transzendentalen andererseits gegenüber. Nur im Akt des Konsums können sie sinnvoll zusammengefügt werden.

Daniel Miller weist darauf hin, dass die Priesterrolle in marktindustriell produzierenden Gesellschaften geschlechtsspezifisch aufgeteilt wurde. Während in den alten holistischen Gesellschaftsordnungen neben der anstrengenden Produktion die Verausgabung der gesammelten Energien einen ebenso anerkannten Platz im Kreis der Erzeugung und des Vergehens einnahm, schätzen die kapitalistischen Gesellschaften den Verbrauch gering. Die Produktion von Gütern für den Verkauf gilt als wertvolle männliche Tätigkeit, ihre Rückverwandlung in Lebensenergie trägt die Bezeichnung der Reproduktion und gilt als weibliche Tätigkeit. Konsum verbraucht die Produkte der Arbeitsdisziplin und wird mit Passivität und Faulheit in Verbindung gebracht. Marketing-Experten und -Expertinnen betrachten sich selbst als Jäger und die Kunden als Beute. Konsumierende Menschen sind ihre manipulierbaren Opfer, die sich verführen lassen und denen man Geld entlockt, das dann wieder investiert wird, um die Produktion zu steigern. Schwächen und Laster der Konsumenten und Konsumentinnen sollen produktiv genützt werden, um etwas zu schaffen. Bernard de Mandeville hat diese Theorie von den nützlichen Lastern bereits um 1800 in seiner Bienenfabel entwickelt.[432] Sein Modell machte es möglich, den wirtschaftlichen Zusammenhang immer noch wie einen wohlgeordneten Kosmos zu betrachten, in welchem selbst die bösen Taten guten Zwecken, nämlich dem Profit der Wirtschaftstreibenden und der Steigerung staatlicher Steuereinnahmen, dienten. Konsum stellt also ein notwendiges Laster dar.

Im altgriechischen Modell der Fleischverteilung wird jedoch sichtbar, dass vor allem das gemeinsame Mahl, der geregelte Verbrauch, die sozialen Bindungen bestätigte. Die Schlachttiere wurden meist von reichen Bürgern gestiftet, aber das Mahl fand gemeinsam statt.[433] Wenn auch die besten Stücke wenigen vorbehalten waren, so konnte man doch von einer gewissen Gleichheit der Bürger reden, da jeder seinen Anteil erhielt. Die christliche Mahlgemeinschaft hat dieses Ritual der Nahrungsteilung übernommen, aber die geteilte Materie minimiert. Dennoch liegt der Sinn des Abendmahls in der Verteilung des Opfers Christi. Die Essenden zelebrieren die Übernahme der christlichen Ordnung, welche als transzendentales Element vom auferstandenen Jesus wieder zur Welt zurückgebracht wird.

Heute vermittelt der Markt zwischen den Opfern der Arbeitenden, ihren Arbeitsprodukten und ihren Bedürfnissen. Vor allem die Hausfrauen, mit und ohne Beruf, tauschen das Geld gegen Waren und tragen die rematerialisierten Opfer heim, wo sie dem sozialen Zusammenhalt dienen sollen. So erfüllen sie eigentlich priesterliche Aufgaben am Hausaltar. Diese Rollenklischees entsprechen immer noch zu einem hohen Prozentsatz der Wirklichkeit, Kinder und Küche sind nach wie vor den Frauen zugeordnet. Doch während Männer als Heroen der Arbeitswelt Anerkennung finden[434], hält man die Frauen für verführbare Verschwenderinnen. Das Soziale, das sie in täglichen Ritualen des Teilens und Mitteilens herstellen, wird in der Ökonomie als natürliche und überreich vorhandene Ressource vorgestellt.

8
Mysterien des Konsums

8.1 Kasse, Kiste und (Einkaufs-)Korb

Die Mysterienkulte der Antike dienten sowohl der Kontaktaufnahme mit dem Jenseits als auch der diesseitigen Vernetzung unter Gleichgesinnten. Daher gründeten Individuen, die ihre besonderen Wünsche nach tätiger Frömmigkeit bei der üblichen Verehrung der Götter nicht verwirklicht sahen, zusätzliche Kultvereine, welche sich im Lauf der Jahrhunderte im gesamten mediterranen Raum verbreiteten. Walter Burkert bringt solche Initiativen, die in der römischen Kaiserzeit einen selbstverständlichen Teil religiöser Tätigkeiten unter Stadtbürgern darstellten, mit einem verstärkten Bedürfnis nach individueller Zuwendung von Seiten der Götter in Verbindung.[435] Er stellt jedoch auch die sozialen Nebeneffekte in den Vordergrund. Um einem solchen Kult mit besonderen, geheim gehaltenen Einweihungsriten beizutreten, bedurfte es nur einer persönlichen Entscheidung, Bedingung für die Teilnahme am sozialen Leben war die Mitgliedschaft nicht. Allerdings gab es einfachere und exklusivere «Clubs», wie Burkert sie nennt.[436] So fanden sich meistens eher die Angehörigen einer bestimmten Schicht zusammen, aber Vorschriften diesbezüglich gab es nicht. Im Mithraskult etwa zählten auch Sklaven zu den Mitgliedern.[437]

Religionsgeschichtlich wird die Ursache für die Zunahme solcher Vereinigungen darin gesehen, dass die herkömmlichen Verehrungsformen der Götter in den Stadtstaaten weder das Leben nach dem Tod noch die Stellung des Individuums im Kosmos genügend angesprochen zu haben scheinen. Die Staatsreligionen boten zu wenig Beistand bei persönlichen Problemen oder, was dasselbe ist, sie verloren angesichts der römischen Übermacht ihre Attraktivität für das persönliche Engagement der antiken Bürger[438], deren soziale Positionen sie immer weniger sichern konnten. Die ersten Kulte sind bereits um 600 v. Chr. nachweisbar[439], einer Epoche, die in den Geschichtswissenschaften als Sattelzeit aufgefasst wird. Diesem geschichtsphilosophischen Konzept[440] zufolge wurde das Göttliche etwa um diese Zeit im Bereich der griechischen Stadtstaaten und in Palästina zum ersten Mal abstrahiert und entweltlicht. Gleichzeitig vollzog sich der Übergang von der Rangvergesellschaftung zur Stratifikation[441], das bedeutet, dass die kommunalen Besitzformen sich auflösten und einige wenige soziale Gruppierungen Macht über den Großteil der Ressourcen erhielten. Die zunehmende Bedeutung der griechischen Alphabetschrift veränderte das Denken und führte zum ersten Mal zur Herausbildung dessen, was man Ich-Bewusstsein im heutigen Sinn nennen könnte.[442] Die ältesten griechischen Münzen stammen aus derselben Zeit und deuten ebenfalls auf die Entstehung abstrakterer Denkformen hin.[443] Diese Entwicklung ging mit der Abwertung der Fruchtbarkeitskulte und des Weiblichen einher, das mit der Erde und ihrer Fruchtbarkeit identifiziert war. Auch der soziale Zusammenhalt wurde abstrakter formuliert: Zur rituellen Teilung konkreter Materie unter Menschen und mit den Göttern traten abstraktere Formen geteilter Opfer wie Gehorsam, Tugend und Bündnistreue der Individuen hinzu. Statt blutiger Opfer fand nun persönliche Disziplin als Verzichtleistung für die Götter Anerkennung.

So gesehen könnte man Mysterienkulte für Übergangsphänomene halten, die entstanden, als die alten öffentlichen Kulte der Ergänzung bedurften, um den individuelleren Anfragen und Sorgen um das persönliche Schicksal und die Bedeutung des eigenen Lebens Antworten und Handlungsanleitungen bieten zu können. Mit der Etablierung des Christentums verschwanden diese Kulte einerseits, weil sie verfolgt wurden, andererseits wohl auch, weil die christliche Lehre viele ihrer Aufgaben übernehmen konnte. «Das Christentum hat die antiken Mysterienkulte, um ein berühmtes Wort Hegels aufzunehmen, ‹aufgehoben›, womit beides, Aufbewahrung und Überwindung, seinen angemessenen Ausdruck findet», erklärt Hans Kloft das Verschwinden der Mysterien am Ende der Spätantike. In den ersten Jahrhunderten n. u. Z. existierten im römischen Reich unzählige untereinander kaum vernetzte und oft konkurrierende Gruppierungen.[444] Ihre Statuten und Rituale unterschieden sich zwar, doch je nachdem, welche Gottheiten angebetet wurden, ähnelten sie sich in zentralen liturgischen Handlungen. Einzelheiten des Mythos der Isis, der Demeter oder der Kybele wurden in den Ritualen lebendig erfahrbar gemacht und boten Anteilnahme an den Schicksalen der Gottheiten, das bedeutete die Anknüpfung des persönlichen Schicksals an jenes der unsterblichen Wesen.

Die *cista mystica* stand als liturgisches Gerät im Zentrum der Weihehandlungen jener antiken Kulte, die das Weiterleben nach dem Tode thematisierten. Eine der ältesten Abbildungen zeigt die *cista mystica* als einen runden Korb, unter dessen angehobenem Deckel eine Schlange herausgleitet.[445] Die Symbolik ist eindeutig, jedoch weniger erotisch als auf die Fruchtbarkeit und die göttliche Macht des Weiblichen bezogen zu verstehen, zumal beim Demeterkult auch Getreideähren und beim Dionysoskult ein Phallos hinzutreten. Walter Burkert hebt hervor, dass im antiken Griechenland zur Kiste oft das weibliche Geschlecht assoziiert wurde.[446] Im Demeter- und im Dionysoskult enthielt dieses zentrale Kultobjekt[447] geheime Gegenstände, deren rituelle Enthüllung die Einzuweihenden als einen Akt der Kommunion in Form einer heiligen Schau[448] erlebten. Aufgrund der Geheimhaltung bestehen die Überlieferungen über den Inhalt oft nur aus Andeutungen. Der unklare Zusammenhang der Handlungen lässt viel Spielraum für Spekulationen. Kuchen, Schlange und Getreideähren scheinen im Zusammenhang mit der Kiste gesichert. Als Grundidee der Initiationsrituale in die Mysterien nennt Burkert Tod und Wiedergeburt, es geht darum, die Angst vor dem Tod zu überwinden.[449] Die Kiste mit der Schlange war aber auch ein heiliger Gegenstand in den Mysterien der Aphrodite, der Isis und der Kybele.

Bei den so genannten *bacchanalia* stand die *cista mystica* ebenfalls im Mittelpunkt. Diese orgiastischen Geheimkulte waren aus der Verehrung des griechischen Dionysos in Rom entstanden und anfangs reine Frauenkulte gewesen. Die Anhänger stammten vor allem aus sozial benachteiligten Bevölkerungskreisen[450], ihre orgiastischen Ausschweifungen (Weingenuss, sexuelle Handlungen, Essen von rohem Fleisch) erregten im 2. Jahrhundert v. u. Z. Aufsehen und Abscheu bei römischen Politikern. Vor allem aber bewirkte der Verdacht staatsgefährdender Tätigkeiten die brutale Unterdrückung der Kultvereine durch den Senat.[451] Ein *bakchos* wird jener Rasende genannt, der vom göttlichen Wahnsinn, der *mania*, erfüllt ist. «Dem Heraustreten *(ekstasis)* aus der normalen Identität dienen die vielfach im Umkreis des Dionysos verwendeten Masken und kostümierte Aufzüge, durch die man in spielerischer und zugleich religiöser Weise eine andere Personalität gewinnt. Verwandlung spielt bei der Dionysosverehrung eine zentrale Rolle.»[452] Es ging also um einen Selbstverlust und sogar um den Verlust aller Merkmale der Zivilisation im Rausch. Die Orgien und Prozessionen scheinen eine Ventilfunktion gehabt und damit, wie Mysterienkulte allgemein, der Stabilisierung der Gesellschaftsordnung gedient zu haben.[453] Im Dionysoskult leitete man von der ohnehin hohen Bedeutung des Weines in der antiken Gesellschaft zur spirituellen Seligkeit über. Mahlgemeinschaft und geselliges Beisammensein waren ohne Wein nicht denkbar. Ausgehend von Trinkpraktiken, die in den zahlreichen Vereinen der hellenistischen Städte den Menschen bekannt gewesen sein mussten, konnte man dann auf eine ewige Seligkeit im Jenseits schließen. Überhaupt, so hebt Burkert bei der Charakterisierung der Mysterienkulte hervor, erhoffte man sich von der Verehrung der Götter immer wieder höchst Diesseitiges, Versicherung gegen widrige Umstände und ein glückliches Schicksal.[454] Votivgaben zeugen auch vom experimentellen Charakter[455] dieser Frömmigkeitspraktiken. In Notlagen wandte man sich an mehrere Gottheiten, um zu sehen, welche helfen würde, denn Mitgliedschaften bei verschiedenen Kulten schlossen sich untereinander nicht aus.

Die Geschichte des Wortes «Kiste» kann ausgehend vom lateinischen Christentum in den europäischen Sprachen durch die Jahrhunderte bis zur Gegenwart verfolgt werden. Ursprünglich war die Kiste zumeist ein Weidenkorb, welcher in der Landwirtschaft zum Transport und zur Aufbewahrung von Gemüsen und Früchten verwendet wurde. In der Antike bezeichneten die Begriffe *cista*, *capsa* und *buxides* (von gr. *pyxis*) aber auch zylindrische und in den meisten Fällen der Frauenwelt zugehörige kleinere Behälter. In ihnen verwahrte man Schminke, Schmuck und Parfum, aber auch Arzneien, magische Substanzen oder Gift. Allerdings konnten sie auch der Aufbewahrung von Schriftrollen dienen.[456] In der römischen Literatur stand *cista* einerseits als Synonym für *fiscus*, einen Behälter öffentlicher Gelder. *Cista* konnte andererseits aber auch als Gegensatz zu *fiscus* verwendet werden, wenn es um die Unterscheidung zwischen öffentlichen und privaten Geldern ging. In diesem Fall bezeichnete *cista* dann die Privatschatulle.[457]

Antike und mittelalterliche Kisten waren zumeist geflochtene Deckelkörbe gewesen. Auch heute füllen die Frauen beim Einkaufen eine geflochtene Kiste, allerdings aus Draht. Dann tragen sie die Waren aus den Supermärkten nach Hause, um diese Bausteine des Haushalts dort in Kisten und Kasten zu verstauen, damit das Leben weitergeht. Die Hostien- und Reliquienbehälter der Kirchen haben ihre Bezeichnung *capsae* vermutlich von den Buchrollenbehältern der Philosophen. Die *pyxis*, ebenfalls ein Aufbewahrungsort des Leibes Christi, weist eindeutiger auf den Frauenbereich hin. Kann Büchse doch überhaupt «Frau» bedeuten.[458] Auch «Kiste» findet sich in manchen deutschen Regionen als sexistische Bezeichnung für eine Frau.[459] Körbe, Kasten, Kisten und Schränke enthielten im Mittelalter und weit darüber hinaus üblicherweise die Vorräte und die Aussteuer, also die Basis eines ganzen Haushalts, oder Geld.[460] Vorräte, Aussteuer und Haushaltsgeld zählen in der traditionellen

Haushaltsführung zu den von Frauen verwalteten, weltlichen Sachen.[461] Der so genannte «gemeine Kasten» enthielt im Mittelalter das Geld einer aus gemeinsamer Kasse lebenden Gruppierung[462] und wurde ab dem 16. Jahrhundert in der Handelssprache durch das Wort *cassa* ersetzt. Vom lateinischen *capsa* hergeleitet, konnte *châsse* im Frankreich des 12. Jahrhunderts ebenso gut «Reliquienschrein» wie «Sarg» bedeuten, führte aber dann zur Bildung von *caisse* – «Kiste» und «Kasse».[463] Mit Kasse war vorerst eine Art Haushaltskasse einer künstlichen Familie gemeint, in welcher sich das gemeinsame Geld der Interessengemeinschaft befand. Die Kiste beinhaltete demnach weltliche und vergängliche Werte, die für das irdische Wohlergehen einer sozialen Gruppierung sorgten, und hatte letztlich in ihrer Funktion als Sarg[464] auch die verweslichen Körper der Verstorbenen aufzunehmen.

8.2 Opferstock und Sparbüchse

Eine weitere Kiste mit gewisser Verwandtschaft zum Sarg stellt der Opferstock dar. Auch in ihm vermischen sich weltliche mit überweltlichen und sozialen Wünschen. Denn das gespendete Geld dient sowohl dem Erhalt der christlichen Gemeinschaft als auch der Bewahrung sozialer Zusammenhänge durch Almosen und soll außerdem einen Gnadenschatz im Jenseits sammeln. Die Hilfe suchenden Christen wandten sich mit ihren konkreten Sorgen an die Gnadenspender im Jenseits. Bis heute brennen im Wiener Stephansdom hunderte kleine Kerzen vor einem Seitenaltar mit einem wundertätigen Madonnenbild zum Zeichen einer Opferbeziehung, die über den Kauf der Kerze, die kleine Spende und eventuell ein kurzes Gebet hergestellt wird. Schon im Mittelalter benützte man während der Karwoche hohle Christusfiguren als Behälter für das Altarsakrament: Das Fleisch gewordene Wort erfüllte die Figur. Vor dem Osterfest war es üblich, dass die Gläubigen das heilige Grab besuchten, die Bilder und Figuren betrachteten und ihre Spenden ablieferten. Mit gutem Grund rückten die Kirchendiener daher auch andere bewunderte Kunstwerke näher zu den Opferstellen. Denn die Kirchgänger spendeten bei speziellen Anliegen gerne einem bestimmten Heiligen Geld, Schmuck oder Naturalien. Die Gaben und ihre Annahme vom Empfänger konnten umso realer empfunden werden, wenn man dabei das Bild des Heiligen vor Augen hatte, von dem man sich Hilfe erhoffte. Es gibt noch Christusfiguren mit einem Schlitz zum Münzeinwurf[465] an der Stelle der Herzwunde. Denn wie aus diesem Herz einst das heilsame Blut geflossen war, so sollte dann der Gabenfluss den unablässigen Kreislauf erneuern helfen, der die Menschen mit Gott zu ihrem Heil verband. Jesus spendete die Hostien mit ihrer übernatürlicher Wirkung, seine Verehrer legten Münzen in seinen Leib zurück, die ihre Opfer und Verzichtleistungen repräsentierten.

Auch in der Antike zierten die Göttinnen der Mysterien die Opferbüchsen. Denn die persönliche Beziehung zu den Gottheiten garantierte Zugehörigkeit und Hilfe, falls unvorhergesehene Schicksalsschläge die Kultteilnehmer treffen sollten. Der Ausdruck «Patronage» stammt aus der antiken Vorstellungswelt und meint, dass ein Fürbitter im Jenseits sich eines Gläubigen so annimmt, als gehöre er zu seiner Familie oder eben zu seiner Klientel. Ein Schutzpatron, der viele Geschenke empfing, war im magischen Denken seinen Spendern zu Gegengaben verpflichtet. Hohle Figuren, die Opfergaben entgegennahmen, oder Holzkästen in Verbindung mit Bildern der Heiligen können wohl als Vorläufer vom Sparschwein betrachtet werden, das eben wieder auf Mysterienkulte verweist[466], auf Opfer[467], Opferteilung und heiligen Zusammenhalt durch Blut und Disziplin. In Rom wurden zu Ehren der *Bona Dea* trächtige Schweine geopfert.[468] Denn das Schwein galt als sehr fortpflanzungsfreudig und wurde deswegen (bis heute) auch mit Unzucht und Schmutz in Zusammenhang gebracht. Aber Verwesung und neues, keimendes Leben sind in der Pflanzenwelt sinnvoll verbunden. Aus den abgestorbenen Pflanzen des

Vorjahres wächst neues Getreide. Zu den Thesmophoria, Festen zu Ehren der Demeter, die in vielen griechischen Städten jährlich gefeiert wurden, vermischten die Frauen die verwesten Überreste von Ferkeln mit dem Saatgetreide.[469]

Die Verwendung von «Schwein» oder «Sau» als Schimpfwort transportiert zwar immer negative sexuelle Untertöne, aber dennoch oder gerade deshalb gilt das Schwein auch als Glückssymbol, weil es sich so schnell vermehrt. Fruchtbarkeit und Glück lagen in der vorindustriellen Zeit noch eng beieinander. So lässt sich begründen, warum ein Schlachttier in Fruchtbarkeitskulten eine bedeutende Rolle spielte und warum es heute gedanklich auch mit Geld in Zusammenhang gebracht wird. Im Sparschwein sammeln sich kleine Opfer wie einst in den Opferstöcken der heidnischen Tempel und später der christlichen Kirchen. Aber das profane Symbol gibt die gesammelten Verzichtsleistungen an die Spender zurück. Bis zur Einführung der Massentierzucht feierten Bauern, die sich noch selbst mit Nahrungsmittel versorgten, das Schweineschlachten als familiäres und nachbarschaftliches Ereignis, das mit der Tötung begann und nach der Verarbeitung des Fleisches mit einem Festessen endete. Alle erbrachten «Opfer», die dem Schwein den Bauch gefüllt hatten, nährten dann nicht nur leiblich, sondern auch emotional, denn sie verbanden die Teilnehmer an der Mahlgemeinschaft zu einer sozialen Einheit. Das Erfreuliche am Hausschwein war, dass es sich von Abfällen ernähren konnte[470] und trotzdem fett wurde. Auch das Sparschwein «frisst» unbedeutende, minderwertige Münzen, die kaum eine spürbare Verzichtsleistung darstellen, aber zum Schluss enthält sein Bauch doch eine ansehnliche Summe. Das ewige Leben kann ein Schwein freilich nicht schenken, aber insofern eine soziale Gruppierung wesentlich älter werden kann als ein Individuum, sind solche Vorstellungen für Menschen mit einem Gruppen-Ich doch auch nicht völlig unangebracht. Die Seligkeit bei Brot, Fleisch und Wein weist auf eine ewige Seligkeit hin. Ist Lebensgenuss nicht immer ein Stück Ewigkeit?

Ich fasse zusammen: Es gibt Heiligengräber und -bilder mit beigefügtem Opferstock, es gibt Christusfiguren, denen Geldstücke in die Seitenwunde geschoben wurden, wie später in den Schlitz der Sparbüchsen oder auch der Münzautomaten. Und was sollte und soll dabei herauskommen? Der Bronzedeckel einer Opferbüchse aus der römischen Kaiserzeit zeigt eine Göttin, die ihre Brüste mit beiden Händen umfasst.[471] Wie oft konnte man in Filmen nicht schon sehen, dass Geldscheine zwischen die Brüste einer Frau gesteckt werden? Sparschweine werden geschlachtet, Büchsen und Börsen gefüllt, geöffnet, entleert. Heute befinden sich die finanziellen Ressourcen eines Haushalts auf einem Bankkonto. Damit eine Bankomatkasse Geld ausspuckt, muss man den richtigen Code kennen, schlachten kann man sie nicht. Das Abheben gestaltet sich nicht mehr als Fest, sondern als einsamer individueller Akt, womöglich von schlechtem Gewissen und Geldsorgen begleitet. Ist das Konto jedoch leer, dann kommt aus dem Verteilungsapparat nichts heraus. Die Bank ist kein Füllhorn, sondern nimmt mehr, als sie gibt, und leitet die Gelder in mysteriöse globale Kreisläufe. Bei Spielautomaten setzen die Menschen erst gar nicht auf den rechnerischen Umgang mit ihren Gaben, sondern huldigen offen der Glücksgöttin, obwohl sie wissen, dass die Opfer immer größer sind als der Gewinn. Aber der Kontakt mit dem Risiko vermittelt vielleicht einen heiligen Schauer, auf den man bei rationalen Bankgeschäften verzichten muss.

Die Supermarktkette SPAR hat im Sommer 2001 in Slowenien mit Plakaten geworben, auf denen minimalistisch arrangierte Waren ohne Markenbezeichnung zu sehen waren: ein Toastbrot, ein Becher mit Joghurt u. Ä. Die abgebildeten Gegenstände waren mit einem Schlitz zum Geldeinwurf versehen, daneben stand der Preis. Gemeint war, dass man beim Kauf der billigen Produkte nichts verschwendet, sondern vielmehr etwas spart und das Haushaltsbudget sogar vergrößert. Die Verschwendung im Kleid der Sparsamkeit? Aber vielleicht sollte man diese Darstellung umgekehrt verstehen. Indem ich Geld in Waren einwerfe, nehme ich

Teil am Opferkreislauf, zu dem einst auch der geschnitzte Leichnam Christi einlud. Waren funktionieren laut Walter Benjamin manchmal wie säkularisierte Reliquien[472], Andenken an das ungelebte Leben. Reliquien entstehen sowohl bei einem blutigen als auch bei einem unblutigen Martyrium durch die Opferung des Körpers für abstrakte Ideale. Die materiellen Überreste der Märtyrer sind durch den Kontakt mit der Gottheit auratisch aufgeladen. Wie in der konsekrierten Hostie, so ist Gott auch in der Reliquie präsent.[473] Daher warfen die Gläubigen ihre Münzen in die Kisten, welche mit den Reliquiaren in Prozessionen mitgetragen wurden. Auch die künstlerisch gestalteten Behälter der heiligen Partikel wiesen oft die Form vollständiger Körper auf, welche die Verstorbenen darstellen sollten.[474]

Waren entstehen durch die Opferung eines Quantums vitaler Körperkräfte für Geld, das den Preis für die Arbeit und die Produkte formuliert.[475] Die modernen Produzenten und Produzentinnen von Waren stehen weder mit ihren Produkten noch mit dem Geld in persönlich spürbarer Verbindung, alle Beziehungen sind ins neutrale Medium Geld übersetzt. Indem die Hersteller und Herstellerinnen jedoch beim Konsumieren das unpersönliche Geld in Waren zurückverwandeln – die Münze in den Schlitz des warenförmigen Opferstocks oder des zur Sparkasse gewordenen Joghurts stecken –, hoffen sie, des Heils, nämlich der sinnvollen Verbindung zum Kosmos, teilhaftig zu werden. Dieses Heil drückt sich durch die Teilnahme am Opferkreislauf aus, der sich heute im Ware-Geld-Tausch manifestiert. Aber es ist ein Glücksspiel, bei dem ich nie weiß, ob es gelingt, das Erwünschte auch wirklich zu erhalten. Zumeist ist es die Aufgabe der Hausfrauen, das Geld im Supermarkt so zu investieren, dass daheim tatsächlich das Glück daraus entsteht. Was der Markt als Traum anbietet, das müssen in der Realität die Hausfrauen und ebenso auch die Singles mit den erworbenen Waren erst herbeizaubern.

Jede Art von Waren kann daher zur Sparkasse werden, die nicht nur die Opfer für die Eingliederung in den großen Zusammenhang der Marktbeteiligten, sondern ebenso den kleinen heiligen Kosmos, den Haushalt, repräsentiert. Single-Haushalte sind davon nicht ausgenommen. Deswegen trugen die Waren in der Werbung einen Schlitz. Die Ware ist das Bindeglied an den Schwellen zwischen den Individuen und den Systemen, in die sie sich zu integrieren wünschen. Zu Beginn der Neuzeit ersetzte (vorerst in protestantischen und calvinistischen Regionen) nicht nur der Haushalt die Kirche, sondern auch die Sparbüchse den Opferstock. Sie nahm die Verzichtsleistungen der Haushaltsmitglieder in sich auf, sodass deren Tugenden in Geld quantifiziert werden konnten. Sparen, das hieß bis zum Beginn des Konsumzeitalters die Kräfte nicht in Lust verschwenden, sondern sie sammeln und schonen, um sie immerzu für den Fortbestand dessen einzusetzen, was wichtiger schien als das Hier und Jetzt. Dieses unveräußerliche Gut des «heiligen Haushaltes» ruhte bisher im Schoß der Frauen, die den Haushalt führten, ohne ihm vorzustehen. Das Sparen der sittsamen Hausfrau kam der ganzen Haushaltsgemeinschaft zugute, es galt und gilt aber nur als eingeschränkte Form von Verschwendung und daher, weil nichts Verkäufliches produziert wird, als Tugend, die bisher einer Anerkennung entbehrt. Nicht selten kann dieser Mangel an Anerkennung zur Sparsucht führen, die dann in die Verschwendung kippt. Das moderne Sparen stellt sich heute so dar, dass man versucht, das Optimum aus dem Geld herauszuholen, das man zur Verfügung hat. Das Sparschwein geht dabei leer aus, denn es ist das Arrangement der Waren, das nun den Haushalt repräsentiert. Bekanntlich kaufen Schnäppchenjäger und -jägerinnen bei günstigen Angeboten zu viel ein, um ihren Spardrang zu befriedigen. Das Motiv des Sparens schlägt dann zwar ins Gegenteil um, es entspringt aber trotzdem dem Bedürfnis nach einer Stärkung des Haushalts und seiner Ressourcen. «Haushalt» bedeutet aber «Manifestation» statt «Investition». Er ist der konkrete göttliche Segen, der den Opfern Sinn gibt.

Die Möbelfirma IKEA behauptete per Lautsprecher in ihren Filialen: «Ihre Geldbörse wird sich freuen!» Vor allem die Bügelbörse gilt heute als typisches Frauenaccessoire. Aber für wen oder was steht die Börse in diesem Slogan? Abgeleitet von dem griechischen Wort *bursa*, Leder, hieß im Spätmittelalter ein Geldbeutel einfach *burse*[476], woraus später das Wort Börse entstand. Letztere steht in der angeführten Werbung für die Haushaltskasse und für den Haushalt selbst. Sparkassen, Geldbörsen und Waren können zu Repräsentanten der kleinsten sozialen Einheiten werden, die eine Gesellschaft besitzt: der Individuen. Denn sie sparen eben Geld für ihr Heim, ihr Outfit und ihre Statussymbole, sie sammeln es in der Kasse oder Börse und investieren es dann in die gewünschten Objekte, die ihrer Selbstdarstellung und sozialen Positionierung dienen sollen. Aber die üblichen Zinsen entstehen daraus nicht, wohl aber eine imaginäre Vermehrung oder zumindest Erhaltung des Ich. Daher werden das Auto oder das Eigenheim, sämtliche Objekte, die das Ich repräsentieren sollen, sprichwörtlich zur Sparbüchse oder metaphorisch zum Opferstock, in welche ständig Geld fließt, obwohl man es doch ausgibt.

In den westlichen Gesellschaften ist zudem der Kredit an die Stelle des Glaubens getreten, denn die Situation hat sich umgedreht. Es sind weniger die Individuen, die an die Institutionen glauben, sondern vielmehr müssen sie dafür sorgen, dass die Institutionen als Gläubiger ihnen zutrauen, dass sie das vorgestreckte Geld zurückzahlen werden. Wer nicht mehr kreditwürdig ist, verliert seinen Status und seine soziale Einbettung. Die Geldbörse (oder was um Geld gekauft werden kann) repräsentiert die Ressourcen des zahlenden oder sparenden Individuums. Sie ist eine *black box*, in der nun hostienähnliche Münzen oder digitale Summen verschwinden, so wie einst umgekehrt die münzartig geprägten Hostien aus der *pyxis* kamen, um dann im Mund der Kommunizierenden zu verschwinden und dadurch Gemeinschaft zu erzeugen. Diese Gemeinschaft war die spirituelle Gegengabe der Kirche für die materiellen Geschenke. Eine ähnliche Gemeinschaft kann durch Geld jedoch nicht hergestellt werden. Der Kapitalismus bietet kein ewiges Leben und keine Hilfestellung in persönlichen Fragen. Weil Geld die einzige Form des Abstrakten ist, auf die er alles reduziert, sind Hilfskonstruktionen notwendig, die es mit dem Konkreten verbinden. Die Mysterien des Haushalts, ganz gleich für wie viele Personen, stellen gerade in Zeiten familiärer Auflösungserscheinungen eine Art von experimentellem Zusatzkult dar. Das Wirtschaftswachstum allein, ob nun stagnierend oder wuchernd, ist zu abstrakt und schwebt in den unsichtbaren Sphären digitaler Finanztransaktionen. Daher feiern die häuslichen Kulte die Macht des Kapitals auf ihre Art mit kleinen Transzendenzen. Auch Singles versorgen ihr Heim, ihr Auto und ihren Körper, der in der Freizeit zum Kultobjekt hochstilisiert wird, oft liebevoll. Sport- und Wellnessangebote gibt es genug. Der Körperhaushalt kann zur individuellen Sinnressource werden, aus der man Motivationen für die Gestaltung und Bewältigung diätetischer Anforderungen, sportlicher Selbstüberwindung oder kleiner Schönheitsfehler schöpft.

Konsumentinnen und Konsumenten bewegen sich zwischen Institutionen und verschiedenen Rollen in ihnen, zwischen Wohn- oder Arbeitsplätzen, zwischen zwei Jobs, zwei Terminen, den Lebensabschnittspartnern, zwischen Kind und Karriere. Sie bewegen sich aber nicht nur in liminoiden Sphären, sondern sie sind selber eine geworden: Kreuzungspunkte verschiedenster institutioneller Ansprüche, an denen ein unablässiger Kampf gegen das Chaos um eine stabile Struktur ausgetragen wird.

Der Haushalt Gottes, der einst das ganze Universum enthielt, hat sich atomisiert und verinnerlicht: «Was bin ich endlich doch?», schrieb Angelus Silesius, «Ich sol die Kirch' und Stein/ Ich sol der Prister Gotts und auch das Opffer seyn.»[477] Der eigene Haushalt soll daher einen heiligen Ort fixieren, an dem das geordnete Universum verankert werden könnte.

Immer noch sind es vor allem Frauen, die für die gemeinsamen Haushalte einkaufen gehen. Die Statistiken über die Mitarbeit im Haushalt ändern sich kaum.[478] Die alten Rollenmodelle sind keineswegs passé. Natürlich kaufen auch die Männer viel ein. Da ihre Gehälter und Pensionen höher sind als jene der Frauen, können sie theoretisch sogar mehr ausgeben.[479] Aber die geschlechtsspezifischen Zuordnungen setzen sich auch in den Konsumsphären fort, sodass bestimmte Waren vorwiegend von Männern, andere vorwiegend von Frauen gekauft werden.[480] Konsum besteht jedoch nicht nur aus Einkaufen als Freizeitbeschäftigung, sondern, wenn man die statistischen Jahrbücher liest, so bezeichnet er den Transfer der Waren aus der Verkaufssphäre in die privaten Haushalte zu den Endverbrauchern. Als das Gegenteil von produktiver Arbeit gilt Konsum in seiner gesamten Breite auch eher als alltägliche, banale Aufgabe, weil man darunter weniger die Anschaffung eines Autos, eines Eigenheims oder den Kauf einer Urlaubsreise versteht als vielmehr die unzähligen kleinen Einkaufshandlungen, mittels deren täglich aus den Supermärkten die notwendigen oder überflüssigen Waren heimgeholt werden. Der alltägliche Konsum widmet sich vor allem gegenwartsbezogenen irdischen, sogar unterirdischen[481] Themen der Nahrung, der Wohnung und der körperlichen Regeneration. Jeden Tag zählen die Flugblätter der Supermarktketten diese Objekte auf, zeigen ihre Bilder und versuchen das Glück, das sie bereiten sollen, mit lachenden Gesichtern abzubilden. Dieser Konsum gibt sich keinesfalls politisch, sondern familiär, intim und privat. Daher ist die Stellung der Frauen im Supermarkt eine uralte, wenn sie sich um ihre nächsten Verwandten und Lebensgefährten kümmern. Marktforscherinnen behaupten zwar, dass die Frauen sich eine neue Machtposition erworben hätten, weil sie über so viele Einkäufe zu entscheiden haben, aber Marktforscherinnen betreiben keine historischen Studien, sondern sind am Verkauf ihrer Absatzstrategien an Konzerne interessiert. Die Macht des Weiblichen[482], von der sie sprechen, ist nicht neu, sondern, wenn man sie im rechten Licht betrachtet, sogar vormodern. Hier wird bloß eine alte Frauenrolle als emanzipiertes Verhalten verherrlicht, weil die Frauen zum Einkaufen verlockt werden sollen. Die Werbestrategen haben erkannt, dass Einkaufsstile bereits im frühen Jugendalter geprägt werden und den Müttern dabei eine gewichtige Rolle zukommt. Schaffen sie doch mit ihrer Warenauswahl, mit ihren Vorlieben und Gewohnheiten eine häusliche Atmosphäre, deren käufliche Zutaten auch später in den Haushalten der Herangewachsenen wieder einen prominenten Platz einnehmen werden. Der größte Wunsch jedes Anbieters ist es daher, Waren zu verkaufen, die in einen solchen heiligen Haushalt leicht eingebaut und damit langfristig nachgefragt werden: eine moderne Form der Verewigung mittels der Generationen, das heißt über die Mütter.

Von seiner Definition her hat der Markt sich immer dort breit gemacht, wo es zwischen Angebot und Nachfrage zu vermitteln galt.[483] Deshalb geht es ihm auch heute nicht darum, dass Frauen sich von traditionellen Zuschreibungen befreien, sondern schlicht und einfach darum, dass Bedürfnisse aufgespürt, womöglich sogar erzeugt und dann befriedigt werden. Die bereits vorhandenen geschlechtsspezifischen Rollen werden dazu genützt, den Absatz zu erhöhen. Sollten Frauen sich mehr für Schrauben und Elektronikspielzeug interessieren, wird man sie ihnen auch verkaufen. Widerspenstige männliche Verkäufer würden dann durch weibliches Personal ersetzt. Umgekehrt könnte es sein, dass in bestimmten sozialen Schichten das Kochen bald eine kreative Männersache wird, sodass dann männliche Verkäufer in den Spezialgeschäften für raffinierte Küchenutensilien die Köche beraten würden. Die Behauptung, dass es Männersachen und Frauensachen gäbe, dient der Untermauerung der gewünschten Geschlechtsidentitäten. Der Markt greift solche Vorstellungen auf und bindet sie an käufliche Objekte, mittels deren dann an den gewünschten Geschlechtsidentitäten gebastelt werden kann. An den Geschlechterrollen ändert das nichts. Die Waren wandern dorthin, wo das Geld ist. Und weil sowohl die Haushaltsbudgets als auch die Freizeit bis in die 1980er-Jahre in Europa kontinuierlich gestiegen sind, haben die Frauen im Allgemeinen auch mehr Geld zur Verfügung und mehr Zeit zum Einkaufen. Aber Ziel und Zweck ihrer Sammeltätigkeiten auf dem Markt soll wie seit jeher das Wohlergehen der Familie bleiben. Während die Männer daher auf «große Jagd» gehen und in der Männerwelt der Produktion «die Brötchen» verdienen, suchen und sammeln die Frauen mit ihresgleichen und den Kindern im Gefolge die kleinen Schnäppchen und Häppchen in der Warenwelt. So lautet noch immer das Klischee, denn was groß oder klein ist, bestimmt die Perspektive. Die Hauptrolle, die Frauen im Produktionsalltag weiterhin vorenthalten bleibt, dürfen sie daheim einnehmen, wo sie für die Alchemie des täglichen Zusammenlebens verantwortlich sind.

Wie Daniel Miller feststellte, obliegt es in den westlichen Gesellschaften zurzeit immer noch den Frauen, über Nahrungsmittel und kleine Geschenke, über Tischgestecke, Blumen, Wein und Lieblingskuchen den täglichen Trost und die kleinen Freuden zu spenden, die das Leben lebenswert machen.[484] Obwohl auch Männer zunehmend solche Aufgaben übernehmen, bleibt diese Hexenküche des emotionalen Zusammenhalts, die aus Waschmitteln, Kräutertee und Suppenwürfeln täglich neuen Lebensmut mixt, doch weitgehend in Frauenhänden. Ob das genetisch oder bloß kulturell vorgeschrieben und anerzogen ist[485], kann hier nicht diskutiert werden, jedenfalls müssen die Frauen diese Aufgaben schon seit vielen Jahrtausenden übernehmen. Die Arbeitsteilung ist mythologisch und religiös abgesichert: Sie ist ihm als Hüterin der Herdes untertan. Fest steht außerdem, dass in den europäischen bäuerlichen Kulturen eine geschlechtsspezifische Arbeitsteilung[486] vorherrschte, die den Frauen den häuslichen Bereich mit allen zugehörigen Arbeiten wie Kochen, Waschen, Spinnen, Weben, Nähen, Körperpflege u. Ä. überantwortete, und dass diese Zuschreibungen bis heute gültig geblieben sind, obwohl sich die

Lebensumstände, die solche Arbeitsteilung erfordert haben, völlig geändert haben. Männer wie Frauen können nun ohne Gefahr für ihr Leben und ihre Gesundheit in einer befriedeten Umwelt einer außerhäuslichen Erwerbsarbeit nachgehen oder sie können ihre Arbeit, die keinerlei besondere Körperkraft mehr verlangt, völlig unabhängig von der Witterung sogar daheim am Schreibtisch erledigen. Die Kindersterblichkeit ist derart gesunken, dass es nicht mehr notwendig ist, sich zwanzig Jahre oder mehr mit Schwangerschaften und allen daraus erwachsenden Komplikationen zu belasten, um den Nachwuchs zu sichern. Dennoch leisten vor allem die Frauen den größten Teil der familiären Versorgungsarbeit[487] und verzichten dafür auf Karrierechancen, weil der volle Einsatz im Beruf ihnen nicht genügend Zeit für die Familie lassen würde.[488]

Obwohl schlecht oder gar nicht bezahlt und obwohl gesellschaftlich eher für machtlos gehalten, können Frauen in häuslichen Bereichen aber Macht auf emotioneller Ebene ausüben. Rein wirtschaftlich betrachtet sind sie zwar vom Ehemann abhängig, wenn sie nicht selbst zusätzlich noch einem Beruf nachgehen, doch in einem Haushalt herrschen andere Gesetze als auf dem Markt. Geben und Nehmen werden dort nicht in abstrakten Äquivalenten quantifiziert und gegeneinander aufgewogen, sondern ganz im Gegenteil: Wie in Stammeskulturen der Südsee geht es oft auch in der Paarbeziehung um Potlatch-artige Geschenke oder um Schuldverstrickungen und Passionen, die in Geld nicht abgelöst werden können. Gerade deshalb aber handelt es sich um starke soziale Bindungen, und gerade deshalb kommen Gewaltdelikte in Familien und unter Lebensgefährten so häufig vor. Denn die Betroffenen können sich nicht leicht lösen und die Bindungen sind manchmal unausgewogen und daher erdrückend. In dieser vormodernen Nische, dem häuslichen Reich, herrschen also in unseren Gesellschaften immer noch generell die Frauen, weil das unsichtbare Emotionale dem ökonomisch Sichtbaren gegenüber Vorrang hat. Was im rationalen Erwerbsleben verdrängt und eingeengt werden muss, das sollte dann in der Freizeit erlebt werden dürfen. Zwar sorgt das Fortleben der symbolischen Ordnung der Ackerbaukulturen in Verbindung mit der kapitalistischen Leistungsgesellschaft dafür, dass Frauen wesentlich weniger verdienen als Männer, aber im emotionalen Bereich können Frauen aus denselben Gründen, aus denen man sie ökonomisch für machtlos erklärt, Macht ausüben. Sie hüten die Mysterien des unergründlichen Zusammenhalts unter Menschen, die Mysterien der Liebe oder des Hasses und sie unterhalten die Feuer dieser Beziehungen mit Waren, die sie in emotionale Bindekraft transformieren. Dies ist kein Mythos, der hier wieder belebt oder weitererzählt werden soll. Solange Frauen innerhalb der symbolischen Ordnung auf diese Tätigkeiten festgelegt werden, solange verfügen sie auch über die Macht, die daraus erwächst. Damit ist kein Wort darüber gesagt, ob das gut oder schlecht ist oder ob sich etwas ändern soll. Gesellschaften überleben nur mit institutionell abgesicherten Rollenzuweisungen, die als natürlich und selbstverständlich empfunden werden.[489] Deshalb empfiehlt z. B. Judith Butler, eher subversiv als kriegerisch vorzugehen.[490] Nur wer die Realität anerkennt, kann die feinen Differenzen ausloten, die einem die Rollenzuschreibungen dennoch bei ihrer Aktualisierung lassen. Wer zu offensichtlich etwas verändern will, der stößt sofort auf Widerstand. Jeanne d'Arc zog in Männerkleidung in den Krieg, verlor ihr Leben aber auf einem Scheiterhaufen, den auch einige ihrer Mitstreiter für sie errichtet hatten. Unabhängig von ihren politischen Zielen bedrohte sie die damalige patriarchale Ordnung, weil sie als Frau eine Männerrolle übernommen hatte.

Die modernen marktindustriellen Gesellschaften legen Wert auf die Weiterführung geschlechtsspezifischer Arbeitsteilung, die den Frauen jene vormodernen Tätigkeiten zuschiebt, die bis jetzt einer Ausdifferenzierung getrotzt haben. Der Reichtum der westlichen Gesellschaften kann leicht darüber hinwegtäuschen, dass es letztlich doch die Frauen sind, die fortwährend die negativen Konsequenzen der nun einmal so und nicht anders beschlossenen fundamentalen Prinzipien der gesellschaftlichen Organisation tragen müssen. Nur die Heiligung des Haushaltes[491] und der Familienbande, wie sie in der frühen Neuzeit betrieben und dann in der bürgerlichen Gesetzgebung der aufgeklärten Staaten[492] verankert worden ist, half den Ausschluss der Frauen aus den Entscheidungsgremien der politischen und wirtschaftlichen Körperschaften zu verschleiern oder zumindest zu beschönigen. Die Sakralisierung der Familie und der Mutterrolle trug wesentlich dazu bei zu verbergen, dass die moderne Leistungsgesellschaft und ihre Produktionsweisen auf dieser kostenlosen Benützung so genannter weiblichen Tätigkeiten beruhen. Ausführliche feministische Studien sind seit den 1960er-Jahren verfasst worden, die diese Tatsachen deutlich vor Augen führen.

Was aber einmal ins Unbewusste versenkt worden ist, das lässt sich nicht so schnell ans Tageslicht bringen und entzaubern. Insofern stelle ich den Begriff der «Entzauberung», mit dem Max Weber die zweckrationalen Umgangsweisen der Menschen mit ihrer Umwelt seit dem 18. Jahrhundert bedachte, in ihrer allgemeinen Gültigkeit in Frage. Ganz im Gegenteil wurde der Zauber der romantischen Liebe erst ab dieser Zeit in breiten Schichten der Gesellschaft wirksam.[493] Während also der Kosmos seiner magischen Zusammenhänge entkleidet wurde, stellte man den Haushalt als vormodernes Relikt auf den Altar und erklärte ihn zum Tabernakel der Mysterien dieser neuen Gesellschaft. Denn er hat zwischen Individuum und gesellschaftlichen Systemen zu vermitteln, und während er einerseits das emotional bedürftige Individuum mit einem familiären Kollektiv verschmelzen lässt, so stellt er doch andererseits, von außen betrachtet, die Individualität des Individuums dar. Denn jede oder jeder hat nur eine Familie, die ihn oder sie genauso repräsentiert wie umgekehrt. Vor allem die selbst gegründete Familie funktioniert in einer Konsumgesellschaft als Aushängeschild des eigenen Status und der eigenen Originalität. Heiliges wird auch dann produziert, wenn es keine dominante Religion mehr gibt. Was in einem sozialen Gefüge als erhaben und unantastbar betrachtet wird, kann auch durch gesellschaftlichen Konsens entschieden werden, der sich auf keinerlei Religion mehr beruft: z. B. die bürgerliche Gleichheit vor dem Gesetz, das menschliche Leben selbst etc. Außerdem gibt es in individualistischen Gesellschaften Privataltäre, die Einzelne errichten, um ihre ganz persönlichen Heiligtümer zu verehren.

Global betrachtet trifft es außerdem nicht zu, dass Religionen an Bedeutung verlieren. Die säkulare Gesellschaft ist ein europäisches Phänomen und hat sich selbst dort nicht in allen Staaten durchgesetzt.[494] Christentum und Islam, beides monotheistische Religionen, die den Frauen eine untergeordnete Rolle in einer patriarchalen Gesellschaft zuschreiben, sind im Wachsen begriffen, und ihre Vertreter konnten z. B. auf der Weltbevölkerungskonferenz in Kairo 1994 (International Conference on Population and Development) verhindern, dass eine weltweite Geburtenkontrollpolitik beschlossen wurde.[495] Die Vereinigten Staaten bildeten mit dem Vatikan, dem Iran und dem Irak eine Allianz gegen Informationskampagnen über Verhütung.[496] So sensible Kenner und Beobachter fundamentalistischer Bewegungen in der katholischen Kirche wie der ehemalige Priester Eugen Drewermann, nunmehr erfolgreicher Autor und Therapeut, sehen außerdem die Zusammenhänge zwischen konservativer Kirchenpolitik und den Bestrebungen kapitalistischer Staaten[497] darin, dass ein Bevölkerungszuwachs auch eine größere Marktabhängigkeit der Frauen mit sich bringt, die sich in den Augen der Religionsvertreter die erwünschte Häuslichkeit bewirkt. Je mehr Frauen aufgrund vieler Geburten an das Haus gebunden sind, umso weniger werden diese lernen, ihre Lage kritischer zu beurteilen, und umso eher werden sie der Religion treu bleiben, die ihnen zumindest eine soziale Vernetzung und das Versprechen auf jenseitigen Lohn für ihre vielen Opfer bieten kann. Aus kapitalistischer Sicht schaut die Sache ähnlich aus: mehr Kinder bedeuten mehr Konsum und mehr billige Arbeitskräfte, deren Systemkritik sich mangels ausreichender Bildung und Informationen in Grenzen halten wird. Wer schauen muss, wie er satt wird oder seinen Status erhält, hat keine Zeit für politische Tätigkeiten und wird außerdem eher glauben, dass die Werbung die Wahrheit sagt. Eine Verhinderung der Geburtenkontrolle könnte aus dieser Sicht die Absatzmärkte vergrößern. Allein in den USA haben sich die Ausgaben für Werbung seit 1950 um das Neunfache gesteigert[498], wobei vor allem das Product Placement in amerikanischen Spielfilmen, die weltweit gezeigt werden und den Lebensstil vorgeben, zunimmt.

So unterschiedliche Interessengruppierungen wie religiöse Gemeinschaften und profitorientierte Wirtschaftsunternehmen sind sich darüber einig, dass sich an den Fundamenten der Gesellschaftsordnung, die auch die Benachteiligung der Frauen zementieren, nichts ändern soll. Die Konzerne wünschen sich eine stabile vorhersagbare Absatzquote, die Religionsvertreter eine stabile patriarchale Gesellschaftsordnung, das passt gut zusammen. Irgendwer muss eben die Männer versorgen, die ihre lustfeindliche Arbeit vor allem deshalb verrichten, weil sie von einem Heim mit allen Segnungen der Zivilisation träumen. In diesem Heim jedoch soll eine Frau täglich auf sie warten und sie lieben. Wie einst den Schrein so mancher Heiliger, so schmücken Männer und Frauen diese Vorstellung auch heute aus, allerdings mit den Requisiten aus Werbung und Film, deren Schönheiten wie bereits die Blumen vor der Mutter-Gottes-Statue nach kurzer Zeit aus Modegründen oder aufgrund partnerschaftlicher Konflikte verwelken. Daher müssen die alten immer wieder durch neue Gegenstände ersetzt werden. Aus dieser Sicht verwundert es wenig, dass der heilige Haushalt, den die kirchlichen Lehren in Europa gründen halfen, nun mit tausenderlei Ideen vom Markt gestützt wird. Ideen, die sich in käuflichen Objekten manifestieren, für die eben Opfer gebracht werden müssen. Wie schon im ausgehenden Mittelalter und früher Neuzeit an berühmten Wallfahrtsstätten, so sorgen diese devotionalen Praktiken heute in den Konsumtempeln für Umsätze in riesigen Ausmaßen. In beiden Fällen entspringen die Motive für die Käufe und Spenden jedoch den Wünschen nach sozialer Einbindung und nach Gleichklang mit dem Kollektiv.

8.4 Ritual statt Religion

Zum Ausgleich für die wirtschaftlichen und politischen Benachteiligungen dürfen Frauen die Priesterinnen der häuslichen Mysterienkulte sein. Im selben Ausmaß, in dem die beruflichen Sicherheiten im Verlauf der Globalisierung auch in Europa und auch für Männer abnehmen[499], nimmt die Bedeutung der Frauen in den häuslichen Kulten zu. Denn wenn der Wunsch nach Partizipation auf politischer und wirtschaftlicher Ebene nicht ausreichend erfüllt werden kann, dann wenden sich die Menschen anderen Bereichen zu. Im Römischen Kaiserreich verlagerte sich das Streben nach Partizipation nicht nur bei den Randgruppen, sondern vor allem auch bei den mittleren Schichten und in Adelsfamilien[500] ins Religiöse und führte zum Aufleben der Mysterienkulte.[501] Soziale Vernetzung mag hierfür ebenso ein Motiv gewesen sein wie die Spendung von Trost und Hoffnung in schwierigen Lebenssituationen. Das ist nun lange her und ein Vergleich mit der Gegenwart bedarf näherer Ausführung. Die Aktivitäten der Konsumenten, die doch in völlig säkularen Räumen stattfinden, können nicht so ohne weiteres als religiös anerkannt werden. Immerhin konnte jedoch eine OECD-Studie zeigen, dass z. B. in den Vereinigten Staaten und Australien, wo ungefähr 80 % der Bevölkerung über ein Einkommen verfügen, das ihnen erlaubt, Fernsehen, Telefon und Internet zu benützen und den dort verbreiteten Lebensstandard zu kopieren, ein Rückgang des Bürgerengagements zu verzeichnen ist.[502] Da die politische Organisation nicht zufrieden stellend beeinflusst werden kann, engagieren sich die Menschen lieber in kleineren sozialen Einheiten, wo ihr Einsatz mehr Erfolg verspricht. Der Haushalt und das Eigenheim, aber auch der eigene Körper erscheinen überschaubar und direkt beeinflussbar. Jedes Objekt, das ich hinzufüge oder wegnehme, bewirkt eine sofort spürbare Veränderung. Ein neues Fernsehgerät, ein neues Sofa oder ein Kleidungsstück verändern etwas. Ein Möbelhaus-Katalog oder eine Frauenzeitschrift mit Artikel über Mode und gesunde Ernährung vermitteln, dass ich meine Welt selbst gestalten und daran Freude haben kann. Der bedrohliche Wirtschaftszusammenhang und die undurchschaubare Komplexität der Wechselwirkungen zwischen politischen Entscheidungen und wirtschaftlichen Folgen vermitteln das nicht.

In der Antike verstand man unter Frömmigkeit einfach nur sozialen Gehorsam und die Erfüllung der Pflichten gegenüber den Nächsten.[503] Denn der Staat stützte sich auf die Religion, richtiges religiöses und richtiges politisches Verhalten gingen konform. Die modernen westlichen demokratischen Staaten verstehen sich als säkular, Kirche und Staat sind heute getrennt. Emile Durkheim und seine Nachfolger konnten jedoch klarstellen, dass auch ein soziales Gefüge, das keiner religiösen Legitimation mehr bedarf, Bindungselemente, Rituale und Symbole entwickelt, die die Menschen im Universum verankern. Nationale Identität und das, was Norbert Elias als Wir-Gefühl[504] bezeichnet hat, können nur in Bezug auf ein gemeinsames Skript und auf eine Lebenshaltung entwickelt werden, die ein gemeinsames Gut an Erfahrungen, Erinnerungen und Erzählungen darstellen. In den Staaten der EU ist es z. B. nicht üblich, nackt auf öffentlichen Wegen zu gehen. Niemand würde dadurch geschädigt, aber das Gesetz verbietet es. Hier handelt es sich um einen Konsens, der auch bei 35 Grad Celsius im Schatten fortbesteht. Alle, die eine nackte Person sehen, könnten die Übertretung dieses Gebots sofort ohne Reflexion empfinden, sie würden mit Gefühlen reagieren, die vom Amüsement bis zum Schock reichen könnten. Beobachter würden sich verstehen, sie bräuchten nichts erklären, sondern der Fall wäre klar: Unbekleidete müssen sich anziehen. Ein solches Einverständnis über Regeln und Verhaltensweisen vermittelt Geborgenheit in einer sozialen Struktur. Um solche Geborgenheitsgefühle zu verstärken, kann man sich bewusst und möglichst öffentlich konform und «richtig» verhalten. René Girard hat sich mit der destruktiven Seite dieser Mechanismen beschäftigt. Denn das Gemeinsame wird besonders schnell im Kampf gegen gemeinsame Feinde sichtbar, sodass im

Extremfall Lynchmorde oder Pogrome diese Gefühle der Einmütigkeit erzeugen helfen.[505]

Zygmunt Bauman[506] hingegen verglich z. B. Touristen mit Pilgern, weil sie in Gruppen dorthin reisen, wo viele andere Menschen aus ihrem sozialen Umfeld ebenfalls hinfahren. Ziel ihrer Reise ist ein Ort, den sie für schön, interessant, lehrreich, entspannend etc. halten. Bei der Reise finden Einordnung und Konsens im Hinblick auf allgemeine Vorstellungen vom guten Leben und von Freizeitgestaltung statt. Die Gesellschaft verlangt heute weniger, ein guter Christ als ein guter Konsument zu sein. Mit diesem Vergleich alter Frömmigkeitspraktiken mit modernem Freizeitverhalten warf Bauman das lang gehegte Vorurteil aufgeklärter Sozialwissenschaftler über Bord, dass Religion in der Moderne etwas Verinnerlichtes und sehr Persönliches sein müsse. Diese Vorstellung ist sehr europäisch und außerdem mehr protestantisch oder calvinistisch als katholisch. Im Gegenteil haben Ritualforscher mittlerweile bewiesen, dass bei religiösen Ereignissen wie Segnungen, Prozessionen, Gebetstreffen etc. der Inhalt wesentlich weniger Bedeutung hat, als man bisher annahm.[507] «... wir sind, was wir tun, nicht, was wir denken», betont David Kertzer[508], um zu erklären, weshalb z. B. die Lehren religiöser oder politischer Strömungen nicht unbedingt ihre Rituale erläutern. Kertzer meint, dass es bei Ritualen um die Herstellung von emotionalem Gleichklang trotz unterschiedlicher Meinungen geht. Aufgrund solcher Einsichten werden vormoderne Frömmigkeitspraktiken, Wallfahrten und kirchliche Inszenierungen nach Jahrhunderten der Verachtung, die die Aufklärung über sie verhängte, seit den 1960er-Jahren mit ethnologischen Methoden untersucht. Historisch-anthropologische Studien fördern zutage, in welchem Ausmaß auch heute noch Gesten, Rituale und medial vermittelte Massenevents weiterführen, was die christliche Liturgie bereits in beschränktem Rahmen in Szene setzte.[509] In der Soziologie sind seit dem ausgehenden 20. Jahrhundert Forschungen durchgeführt worden, die in den westlichen Konsumgesellschaften nicht nur eine verstärkte Sinnsuche im Allgemeinen, sondern auch eine religiöse Inszenierung konsumistischer Aktivitäten[510] im Besonderen belegen. Dabei wird Sinn dadurch generiert, dass man mit der Gemeinschaft in fühlbaren Kontakt tritt und zwar vergängliche, aber durchaus religiöse Erlebnisse erzeugt, die dem entsprechen, was Victor Turner als Communitas beschrieben hat. Der Anlass für solche Erlebnisse kann beliebig und völlig banal sein, ein Rockkonzert, ein Lagerfeuer oder das Papstbegräbnis bieten gleichermaßen die Gelegenheit, sein Ich ein wenig zu vergessen und in der Menge zu baden. Der Markt reagiert auf diese Sehnsüchte und Bedürfnisse und verspricht religiöse Erlebnisse als Mehrwert beim Kauf bestimmter Waren.

Die Praktiken des Konsums gleichen religiösen Ritualen. Dies ist deshalb nicht verwunderlich, weil Rituale grundsätzlich religiöse Wirkung haben. Wo sie vollzogen werden, geht es um eine Bezugnahme zu einer Weltanschauung, die mit allen geteilt wird, die ebenfalls den Riten gehorchen. Dabei darf Religiosität nicht mit Religion verwechselt werden. Letztere beruft sich auf eine Entstehungsgeschichte und einen Kanon an Geboten und Verhaltensrichtlinien, die für verbindlich gehalten werden. Vor allem aber muss man einer Religion beitreten und sich als Mitglied mit den Rechten und Pflichten vertraut machen. Religionen können den Individuen viel Freiraum lassen, aber einige grundsätzliche Regeln sind immer zu befolgen und haben Auswirkungen auf den Lebensstil. Die Aus- und Eingänge in eine Religionsgemeinschaft sind klar definiert und erkennbar. Übertretungen der Vorschriften werden sanktioniert. In den meisten Fällen straft man die offenkundige Missachtung mit sozialer Stigmatisierung. Wenn es sich jedoch um eine Staatsreligion handelt, können auch schwere Strafen bis hin zur Todesstrafe verhängt werden. Religiosität bezeichnet hingegen nur die Disposition eines Individuums für religiöse Handlungen, sie ist noch keinen strikten Regeln unterworfen. Ein religiöser Mensch muss keiner Glaubensgemeinschaft angehören, sondern er interessiert sich für Weltanschauungen jenseits naturwissenschaftlicher und zweckrationaler Erklärungsansätze. Vielleicht sympathisiert er oder sie mit dieser oder jener Lehre, jedoch ohne daraus ein Dogma abzuleiten oder sich für die Verbreitung seines oder ihres Gedankenguts zu engagieren. Von den Vertretern und Vertreterinnen der etablierten Religionsgemeinschaften wird solche Religiosität verachtet. Sie sprechen von Religionskomposition und Ersatzreligionen. Aus der Sicht etablierter Religionen ist es dem einzelnen Menschen nicht erlaubt, sich selbst eine Ethik und Lebensanschauung zusammenzubasteln. Auch die Religionswissenschaften stellen indirekt diese Formen religiösen Empfindens außerhalb klarer festgeschriebener Strukturen den etablierten Religionen gegenüber als weniger entwickelt dar. Mysterienkulte, die zwar Verhaltensvorschriften, aber keine Möglichkeit der Ahndung von Übertretungen entwickelten, werden daher auch von Religionswissenschaftlern und -wissenschaftlerinnen als vergänglich und der christlichen Religion gegenüber als unterlegen betrachtet.[511] Von Gewicht erscheint ihnen nur, was bleibende Spuren in politischen Strukturen hinterlässt und konkurrierende Kulte auslöscht. Religiosität ohne Religion gilt als diffus[512] und scheint eines Gefäßes zu bedürfen, das ihr Form und Dauer verleiht.

Aber ist das wirklich notwendig? Kann es nicht vielmehr sein, dass Religionen mit strengen, einschränkenden Vorschriften mehr eine Erscheinung schwieriger Lebensumstände sind als durchwegs ein evolutionäres Ergebnis, das den Fortschritt der Zivilisation bestätigt? Denn strenge Vorschriften verhelfen zwar einer solchen Gemeinschaft zu klaren Konturen und stärken dadurch die Identität ihrer Mitglieder, aber sie schränken deren individuellen Spielraum und Entscheidungsmöglichkeiten und damit auch die Kreativität ein. Der Vorteil ist, dass sie Komplexität zu reduzieren helfen. Dieser Effekt ist bei Sekten wohl bekannt, deshalb schätzen Psychologen die Sektenanhänger als Menschen mit instabilem Selbst ein. Hinsichtlich der Rituale des Konsums könnte man davon sprechen, dass sie zwar religiös sind, aber noch keinen Beweis für eine Religionsbildung darstellen. Denn die vielen eingeübten Verhaltensweisen bilden dennoch keinen zusammenhängenden festgeschriebenen Kanon. Sie sind veränderlich und lassen viel Raum für persönliche Inszenierungen. Jeder Konsument oder jede Konsumentin bewegt sich anders in diesem Bereich zwischen dem Eingangsbalken und dem Ausgangsbalken an der Kassa. Konsum versucht mit seinen Angeboten jeder Weltanschauung gerecht zu werden, solange bezahlt wird.

Nach Jonathan Z. Smith[513] formen Rituale ein System aus Elementen, die – obwohl vielsagend im Zusammenhang – an sich nicht wie Zeichen gelesen werden können.[514] Ihre wesentliche Wirkung liege darin, dass sie die nähere Umgebung, die Lebenswelt, ordnen und ihr Sinn verleihen. Smith betont vor allem die differenzierende Wirkung von Ritualen, weil sie heilige von profanen Räumen zu unterscheiden helfen. Bei Fronleichnams- oder Reliquienprozessionen handelte es sich um eine Selbstinszenierung der teilnehmenden sozialen Gruppierungen und ihrer hierarchischen Organisation im Stadt- oder Dorfverband.[515] Die Anordnung und die Aufgabenverteilung der teilnehmenden Menschen spiegelten ihre Rollen im sozialen Gefüge. Das Soziale wurde in einen geographischen Raum projiziert und körperlich erfahren. Man kann annehmen, dass die Inszenierung zwar ein christliches Kleid trug, aber ihrer Funktion nach innerhalb jeder Religionsgemeinschaft hätte stattfinden können. Das Ritual begann zu einem festgesetzten Zeitpunkt, hatte ein genau definiertes Ende und dazwischen einen oder mehrere Höhepunkte an Altären. Wer jemals in eine dörfliche Gemeinschaft so weit integriert war, dass er an einer solchen Prozession teilgenommen und nachher noch darüber mit den Leuten geredet hat, der weiß, dass die wenigsten dabei an Gott denken. Das heißt aber nicht, dass sie deshalb nicht religiös oder ungläubig wären. Vielmehr registriert man bei solchen rituellen Begehungen eine Unzahl verschiedenster Eindrücke von den anderen Teilnehmern, die noch Tage danach eingehend besprochen und mit dem bisherigen Wissen verglichen und ihm dann hinzugefügt werden. Bei solchen Prozessionen, die nur einmal oder wenige Male im Jahr stattfinden, werden soziale Hierarchien überprüft und neu geordnet. Das kollektive Wissen über die Teilnehmer wird verbessert, indem man es an konkrete Erfahrungen knüpft, die man bei solchen Gelegenheiten sammelt. Die Eindrücke werden dann ausgetauscht, aufeinander abgestimmt und erzeugen Konsens.

Ronald L. Grimes[516] stellt fest, dass rituelle Symbole Aufmerksamkeit fokussieren und Erinnerungen wachrufen, aber keine speziellen religiösen Vorstellungen oder politischen Inhalte vermitteln. Deshalb hatte das frühe Christentum seine zentralen Rituale, wie z. B. das Ritual des Abendmahls, von bestehenden älteren Kulten übernehmen und es in einen neuen Apparat liturgischer Handlungen einfügen können. Grimes interpretiert nun Symbole und rituelle Symbolik als Teile eines Systems impliziten kulturellen Wissens, das nur im Handeln, aber nicht im Denken abrufbar ist. Die Zusammensetzung und der Ablauf der Prozessionen werden nicht direkt reflektiert. Meines Wissens hat bei den Fronleichnamsprozessionen in den 1960er- und 1970er-Jahren in Niederösterreich, an denen ich teilgenommen habe, außer vielleicht einigen Kindern nie jemand gefragt, warum die Männer nach dem Priester mit der Eucharistie gehen und warum Frauen und Kinder zuletzt nachfolgen. Auch die Entscheidung darüber, wer den Baldachin, der den Priester mit dem Hostienbehälter beschattete, tragen durfte, wurde unter den Ministranten oder männlichen Haushaltsvorständen und dem Pfarrer zwar diskutiert, aber sie folgten dabei allgemeinen gesellschaftlichen Wertungen, ohne sie zu hinterfragen. In solchen Wertungen war festgelegt, wer als angesehen galt und wer nicht, und worauf Ansehen und Würde zurückzuführen waren oder was sie in Frage stellte. Öffentlich anfechtbar oder transparent waren diese Entscheidungen daher kaum, weil sie auf alten Traditionen und durch die regionale Sozialisation erworbenen Wertemaßstäben beruhten. Zwar konnten in mittelalterlichen Städten Eifersucht und Neid die Folge sein, wenn ehrgeizige Bürger sich eine bessere Rolle bei der kirchlichen Inszenierung gewünscht hätten[517], aber dass es sich um eine solche handelte, die soziale Strukturen spielerisch abbildete, kam nicht zur Sprache, war wohl manchmal halbbewusst aber nicht verhandelbar. Daher erfolgten Änderungen nur so langsam und unmerklich, sodass sie kein Aufsehen erregten. Eine Art Metareflexion über den Abdruck sozialer Beziehungen in religiösen Ritualen fehlte. Diese Form der Entzauberung hätte die Wirkung der Prozessionen wahrscheinlich zerstört. Dass einzelne Personen die Zusammenhänge wohl reflektierten und durchschauten, kann man mit Sicherheit annehmen, aber dem großen Spiel konnten sie nichts anhaben.

Überträgt man diese Interpretationen auf die Rituale des täglichen Einkaufs, so kann man diesen Handlungen zugestehen, dass sie durch die Wiederholung im Tagesablauf Fixpunkte setzen und dabei die Personen immer wieder an dieselben Orte führen, wo ähnliche Gegenstände ausgesucht, gekauft und nach Hause getragen werden. So mancher Konsument und so manche Konsumentin wird dabei auch jedes Mal ähnliche Gefühle entwickeln. Fast jeden Tag der Woche mit denselben Absichten am selben Ort einzutreffen, kann Zustände der Trance erzeugen. Supermarktdesigner[518] haben schon in den 50er-Jahren erkannt, dass die Innenarchitektur der Kaufhäuser zwei Flüsse erzeugen sollte: jene der Waren und jene der Kundinnen und Kunden. Die Konsumentinnen und Konsumenten bewegen sich entlang endlos erscheinender Regale, die ihrerseits mit sich abwechselnden Waren einen Fluss vermitteln. Der Marktplatz, das Geschäftslokal, die ganze Einkaufsstraße oder sogar ein kleines Stadtviertel können in der Mittagspause oder am Abend nach der Arbeit einen rituellen Ausstieg aus dem Alltag bieten. An solchen Orten gleiten die Menschen in ihre Tagträume, tauchen in wieder auffindbare und orts- oder warenbezogene Gefühle ein. Außerdem treten Einkaufende unweigerlich in Beziehung zu allen anderen potentiellen Käufern, die dieselben Waren begehren. Sie stehen Schlange bei der Feinkostabteilung und erhalten die bestellte Menge einer Wurst, die von so vielen anderen ebenfalls ausgewählt und höflich in Empfang genommen wird. Bitte schön und Danke schön. Sie bewegen sich im Ordnungsmuster «Kaufhaus» und halten sich an die Regeln des ökonomischen Austausches, wie er in Westeuropa gepflegt wird.

Die Waren müssen in einen Bereich möglicher Wahlhandlungen passen, in dem die KonsumentInnen ihre Vorstellungen über einen angemessenen möglichen Lebensstil oder -standard verwirklichen wollen. Diese Vorstellungen sind gesellschaftlich und kulturell bestimmt[519] und können beim Einkauf performativ umgesetzt werden. Kein Konsument oder keine Konsumentin wird, wenn er oder sie nicht gerade Sozialwissenschaftlerin ist, sich überlegen, aufgrund welcher schichtspezifischen sozialen Bedürfnisse er oder sie eine bestimmte Butter oder ein bestimmtes Joghurt auswählt. Dennoch könnte man aus jeder Wahl die soziale und emotionale Lage der Einkaufenden herausfiltern. Für die Betreffenden selbst geht es jedoch darum, beim Einkaufen die eigene Wirklichkeit mittels Waren zu rekonstruieren. Dabei vermischen sich Wunschvorstellungen, wie man sein möchte, mit realen unveränderlichen Gegebenheiten wie dem Angebot, dem Preis und der verfügbaren Geldmenge. Bio-Butter mag meinem Dasein eine andere Nuance verleihen als Butter von Kühen, die vielleicht Wachstumshormone schlucken mussten. Rational betrachtet hat Bio-Butter vermutlich einen positiven Einfluss auf meine Gesundheit. Aber mit der Wahl kann ich auch betonen, dass ich die Massentierhaltung nicht schätze, dass ich vielleicht dieses Wirtschaftssystem allgemein in Frage stelle und dass ich sogar bereit bin, finanzielle Opfer zu bringen, um die Welt zu verändern, denn Bio-Butter ist teurer als andere Sorten. Weiters gebe ich damit zu erkennen, dass ich nicht zu jenem größten Teil der Bevölkerung zählen will, der sich beim Essen gar nichts denkt und die billigste Variante wählt. Ich distanziere mich also und möchte lieber zu einer kleineren elitären Gruppe gehören, die sehr bewusst mit der Umwelt umgeht und sich über die Inhaltsstoffe gründlicher informiert etc.

Mary Douglas und Pierre Bourdieu haben diese Untersuchungen bereits ausführlich durchgeführt.[520] Je mehr Waren, desto feiner die Unterschiede. Aber in der Warenauswahl zeichnet sich nur ab, was ist. Sie stellt die materielle Umsetzung meiner sozialen und emotionalen Wirklichkeit dar. Einkaufen kann als soziale Performance, die sehr oft auch rituell gestaltet wird, den Status quo untermauern und stabilisieren. Viele Konsumenten und Konsumentinnen setzen den Einkauf wöchentlich an einem bestimmten Tag auf den Terminkalender und bereiten ihn auch vor. Sie schreiben eine Liste, überlegen sich die Einkaufsroute und lesen die Angebotsseiten in den Zeitungen. Bestimmte Geschäfte werden gemieden, andere bevorzugt, wieder andere stellen seltene Höhepunkte dar, die nur zu bestimmten Anlässen wie Schulanfang, Geburtstag, Weihnachten oder bei anderen festlichen Gelegenheiten frequentiert werden. Diese Rituale werden vor allem von Frauen durchgeführt, sie mögen rational sein, weil sie Zeit und Geld sparen und weil man schließlich essen muss, aber es handelt sich auch um Handlungen der Devotion. Dabei geht es nicht nur darum, dass Waren durch ein um sie herum organisiertes Einkaufsritual besondere Anerkennung finden, sondern sehr oft dienen die zu erstehenden Waren dazu, etwas Höherem eine Ehre zu erweisen: der Familie, dem Partner, den Kindern oder dem Haushalt selbst. Daher gilt der Akt der Devotion dem, was der oder die Devote in den käuflichen Objekten zu erkennen und zu verehren vermag.

8.5 Devotes Einkaufen

Bei jedem Ware-Geld-Tausch gibt es eine Phase, in der die begehrten Objekte schon als Besitz phantasiert werden: Man berührt sie, riecht sie, studiert sie mit forschendem Blick und versucht sie imaginär in seine Lebenszusammenhänge einzufügen. Trotzdem ist der Erwerb noch keine Realität, aber vielleicht sogar lustvoller als die Realität, wenn man gelernt hat, seine Träume zu genießen. Es ist die Phase der Devotion. Verehrung finden sowohl das begehrte und noch fremde Objekt als auch das, was es durch seine Fremdheit hervorhebt: sein Gegenteil, das Unaustauschbare und

Unentfremdbare, dem es dann einverleibt wird. Konsumentinnen und Konsumenten verehren ein Objekt, solange es diese Spannung zwischen Fremdheit und Vertrautheit imaginär herstellen hilft. Nach dem Kauf löst sich diese Spannung sehr bald auf. Wie schon erwähnt, sind nach Turner die Waren und die Tauschsphäre liminoid, weil sie die Übergänge zum Anderen, zum Fremden markieren. Die käuflichen Objekte liegen unangetastet, oft in Cellophan oder andere Schutzfolien versiegelt, in den Regalen und bieten sich als Material für Wirklichkeitskonstruktionen an, aber es ist noch nichts festgelegt, die Welt, der sie zugehören werden, ist noch in der Schwebe. Zwar mag ein Teebeutel in erster Linie dazu einladen, ein heißes Getränk mit ihm zuzubereiten, aber dennoch kann ich ihn auch als Haarpflegemittel, Wundbelag oder Fungizid einsetzen. Erst wenn ich ihn in mein Leben eingebaut habe, steht fest, was er wirklich für mich ist. Im Unterschied zu Antiquitäten besitzen neue Produkte keine Patina, sondern nur die künstliche Aura des Neuen[521], die am Altar der Gottheit dann verlischt, nachdem sie kurzfristig der Verehrung gedient hat. Gelingt der Tausch und kann das fremde Objekt erfolgreich in die eigenen Lebenszusammenhänge integriert werden, dann bestätigt es einmal mehr das sinnstiftende Ganze. Die Neuheit und der Glanz gehen verloren, aber die Substanz kann im Alltag recht pragmatisch verwertet werden. Selbst die neue Zahnpastatube verstrahlt einen gewissen Glanz. Ihre angeblich wertvollen Inhaltsstoffe, ihre glänzende Hülle ohne Einbuchtungen, der farbenfrohe Aufdruck, den noch keine Fingerabdrücke entweiht haben, vermitteln vorübergehend eine Form neuer transzendentaler Energie, die dem Haushalt zugeführt wird. Dieser Moloch verschlingt nur die Neuheit der Objekte, wie einst die griechischen Götter den Rauch der verbrannten Knochen. Der Rest der Opfer, in der Antike das essbare Fleisch, in der Konsumgesellschaft die brauchbare Substanz, gelangt in den Stoffwechsel lebender Systeme. Selbst wenn es sich nur um Dekorgegenstände oder Sammelobjekte handelt, verlieren sie doch einen Großteil ihres Glanzes in dem Augenblick, in dem ich sie erwerbe. So manches edle Kleidungsstück wandert in den dunklen Schrank, den Bauch des Heimes, um daraus niemals wieder hervorgeholt zu werden, aber verwertet wurde es doch, weil es bewundert und dann in die imaginäre Konstruktion des eigenen kleinen Kosmos eingefügt wurde.

Unentfremdetheit existiert laut Daniel Miller in unserer Warenkultur nur dank der Konsumarbeit, die beliebige, fremde Objekte zu persönlichen macht und symbolische Verknüpfungen herstellt.[522] Für Miller gilt daher jene lebende Einheit, der man seine spezifische Warenwahl darbietet, als Gott oder etwas Heiliges. In den begehrten und verehrten Waren leuchtet schon im Kaufhaus durch, worauf das kaufende Individuum all seine Hoffnung setzt. Miller hält Einkaufen daher für eine Art Gottesdienst. «Weit davon entfernt die Essenz der Gottlosigkeit darzustellen, wie unvermeidlich behauptet wird, manifestiert sich im Einkaufen als Ritual die unendliche Suche nach einer Beziehung zu Gott.»[523] Es handelt sich jedoch nicht um einen personifizierten Gott. Vielmehr geht es um die Suche nach einem sinnvollen Zusammenhang, dessen man sich über respektvolle Akte der Verehrung versichern will. Dieser Zusammenhang verleiht den Devoten zwar keine Unsterblichkeit, gewährt ihnen aber doch im vermeintlichen Wissen um seine Existenz eine Verbindung zu ihr. Vom Individuum aus betrachtet, stellt die Familie eine Möglichkeit dar, mit dem unsterblichen Kosmos in Kontakt zu treten. Denn selbst wenn die Nachkommen nur wenige Generationen hervorbringen und dann aussterben, so dauern diese Generationen insgesamt doch viel länger als das Leben eines Einzelnen. Manche Menschen wählen sich gar nicht die Primärgruppe, um diesen Vorstellungen zu huldigen, sondern sie gründen eine künstliche Familie, eine Interessengemeinschaft, die ihre Ideen weiter tragen soll. Hier zeigt sich der Wunsch nach Manifestation in der Welt und nicht im Jenseits. Andererseits stellt die Zukunft ebenfalls ein Jenseits dar.

Durch viele Jahrhunderte entstanden die meisten Kirchen in Europa aufgrund von Stiftungen, die diesem Wunsch nach Materialisierung Ausdruck gaben. Neben Schlössern, Herrenhäusern und Rathäusern baute man auch Klöster, Dome und Kathedralen. Die Bauern brachten keine geringen Opfer, um sich Kirchen in den Dörfern zu bauen und um ihrer Gemeinschaft, die sie auf Gott zurückführten, ein Zentrum zu geben. In reichen individualistischen Gesellschaften errichten sich die Menschen nun Häuser für ihre Familien oder sie schaffen sich zumindest eine eigene Wohnung an. Verwaltungsgebäude und Schulen werden über öffentliche Abgaben finanziert, zu denen man als Staatsbürger verpflichtet ist. Aber das Eigenheim dient der Verewigung des Selbst. Man setzt sich ein Monument, in dem die heiligsten Beziehungen gepflegt werden können. Man baut Schränke für die zahlreichen Requisiten und Kultgegenstände. Geschirrservices, CD-Sammlungen, Bücher, Sportgeräte und Photos zeugen von der sozialen Position und der Bildung der Haus- oder Wohnungsbesitzer. Manchmal bildet der Fernsehapparat das Kultzentrum, manchmal der Küchentisch. Im Zentrum wird das Fremde jeweils transformiert. Der neue Film verliert jegliche Faszination, sobald man ihn gesehen hat. Die neue Speise, das kulinarische Arrangement verwandelt sich in Speisereste und Abfälle, sobald der Hunger gestillt ist. Neue Opfer werden notwendig, damit die Feuer dieser Kultstätten nicht verlöschen. Am christlichen Altar brennt das ewige Licht als Zeichen der Liebe und der Kontinuität des ewigen Gottes. Am säkularen Hausaltar bleiben der Fernseher und der Kühlschrank eingeschaltet zum Zeichen des kontinuierlichen Stoffwechsels dieser Lebenseinheit.

Eine weitere Möglichkeit der Devotion, die immer Anschluss an das Ewige sucht, besteht darin, sich anderen Kultgemeinschaften anzuschließen. Marketing-Strategen[524] betonen immer wieder, dass vertraute Marken wichtiger sind als Design oder Nützlichkeit der Dinge. Denn mit Hilfe von Coca Cola oder Nivea erhalten die Käufer und Käuferinnen die Vorstellung einer Verbraucherfamilie, die sich am imaginären Herdfeuer des Konzerns wärmt. In Zeiten der Single-Haushalte und abnehmenden Geburtenziffern haben künstliche Familien an Bedeutung gewonnen. Solche Herdfeuer und Marken-Familien vermitteln ebenso wie Storys, die von der guten alten Zeit erzählen, oder sogar der Sakralstil[525] und der Landhausstil Geborgenheit in einer unübersichtlichen Welt. Käse, der angeblich schon vor hundert Jahren von urwüchsigen Sennerinnen so hergestellt wurde, oder eine Pastete, die angeblich nach Omas Rezepten verwirklicht wurde, können vielleicht Vertrauen erwecken, weil sie scheinbar Traditionen fortsetzen und alte Weltbilder heraufbeschwören, die noch nicht so komplex waren wie das gegenwärtige. So kauft man sich mit diesen Nahrungsmitteln auch ein wenig Verwurzelung im Althergebrachten, obwohl man von den eigenen Vorfahren gar nichts mehr weiß. Antik gebeizte Möbel oder gusseiserne Kerzenständer erzeugen bei urbanen Menschen vielleicht das Flair eines Generationen alten Hauses, das sie niemals besessen haben oder besitzen werden. Natürlich wissen alle Beteiligten, dass es sich um gefälschte Reliquien handelt. Aber das Heilige entsteht auch durch den Umgang mit den Dingen. Der korrekt gedeckte Tisch, mit ausgewählten Gläsern, sortiertem Besteck und brennenden Kerzen, wirkt selbst schon wie ein Kultzentrum, an dem sich die Geladenen rituell versammeln. Gegen Ende des 19. Jahrhunderts entwarf man bürgerliche Schränke im Stil großer Altaraufbauten. Beim Anblick dieser so genannten altdeutschen Anrichten, die in repräsentativen Esszimmern Gäste beeindrucken sollten, muss man sich heute unweigerlich einen Priester vorstellen, der dort sein Amt verrichtet. Die Nachahmung des sakralen Interieurs ist offensichtlich. In den wuchtigen und überreich mit Schnitzereien verzierten Schränken bewahrte man dann das wertvolle Geschirr, Nippes und den Likör auf. Wenn die Hausfrau zu seltenen Anlässen diese Tabernakeltüren öffnete, dann war das gewiss ein ritueller Akt, der sowohl die Hochachtung vor den Gästen als auch die Ehrenhaftigkeit der Gastgeber zum Ausdruck brachte.

Miller bezeichnet die Einkäufe, die dem Fortbestand des Haushaltes dienen, als Akte der Liebe.[526] Dabei versteht er unter Liebe keine romantische Zweierbeziehung, sondern die tragende emotionale Beziehung zu einer Gemeinschaft, ihren Werten und Lebensmustern. Konsumentinnen und Konsumenten wollen sich mit ihrem Einkauf immer wieder in ihre Vorstellung von Gesellschaft und Gemeinschaft einfügen, damit zeigen sie Fürsorge für die Sozialgefüge, in denen sie leben. Es handelt sich um Liebe im weitesten und im engeren Sinn, um Bindung an größere Gemeinschaften bei gleichzeitiger Stärkung der engen persönlichen Bindungen an Lebensgefährten im eigenen Haushalt. Waren fungieren als Bindeglieder, Einkaufen ist die verbindende Tätigkeit. Hier unterscheidet sich Geld von Waren, die zumeist wenn auch nicht immer ihre Neutralität eingebüßt haben, wenn man sie bei der Auswahl für etwas bestimmt hat. Seife, Toast, Milch, alle Güter des täglichen Bedarfs dienen der Aufrechterhaltung von Sozialbeziehungen, weil sie in konkreten Situationen verwendet und gedeutet werden. Geld könnte diese Aufgabe nicht übernehmen.[527] Der Kauf eines Produkts für die gemeinsame Benützung einander nahe stehender Menschen verstärkt Liebesbeziehungen welcher Art auch immer. Die ausgewählte Puddingsorte für meine Kinder beweist, dass ich an sie denke, dass ich weiß, was sie besonders gern essen, dass ich ihnen eine Freude bereiten will und mich für sie verantwortlich fühle. Sie werden ihn in meinem Haushalt, wahrscheinlich an meinem Tisch verzehren und damit die Fürsorge direkt wahrnehmen und Gemeinschaft erfahren. Vielleicht kann ich ihn sogar als Überraschung und Höhepunkt nach einer Mahlzeit als Nachspeise servieren und ein kleines Fest gestalten. Nur diese Mahl- oder Festgemeinschaft macht den Haushalt zu dem, was er ist. Aber nur durch sein «Herdfeuer» hindurch erhält die Gemeinschaft auch Dauer. Das gemeinsame Essen ist die älteste Form der Vergemeinschaftung. Gemeinsames Wohnen und die Benützung gemeinsamer Einrichtungsgegenstände, Geräte und Hygieneeinrichungen erzeugen aber ähnliche Bindungen.

Zuerst kommt also die Ausgabe beim Erwerb im Geschäft, hier liefere ich das ungenießbare Geld ab. Dann trage ich die Waren nach Hause, das kann anstrengend sein, ich ordne sie in den Schränken und Regalen daheim ein, habe aber bereits einen Plan, wie sie ihre Bedeutung entfalten könnten. Zuletzt kommt der Augenblick, wo sie verwendet und verschwendet werden. Bei Nahrungsmitteln geht das schneller als etwa bei Elektrogeräten oder Möbeln. Diese Tätigkeiten haben ein wenig mit den Erfahrungen des «Hans im Glück» zu tun: Das erworbene Gold wird verschwendet, aber am Ende verwirklicht sich das Glück. Auch Singles verfahren mit ihren Haushalten nicht viel anders. Zwar dient die meiste Fürsorge ihnen selbst, aber wenn sie sich tatsächlich ein heiliges Zentrum bauen, dann gibt es immer noch Haustiere und Freunde, die man mitversorgen kann.

Supermarktketten gründen immer häufiger «families» oder Clubs, die angeblich vieles nur ihren Mitgliedern schenken, während sie anderen alles teurer verkaufen. Die Mitglieder werden scheinbar vom Supermarkt oder einer Handelskette bevorzugt und «geliebt». Über den Code der Waren und die Codenummer der Mitgliedskarte können die Vorlieben der Kunden identifiziert werden, um die «Fürsorge» der Distributoren wachzurufen. Viele Firmen feiern auch jährlich wiederkehrende Feste, bei denen sie Einladungen an die Kunden verschicken, um ihnen dann im Rahmen von Geselligkeit und kleinen Geschenken das neue Sortiment vorzustellen. Mitgliedskarten garantieren neben Preisermäßigungen als zusätzliche Gratifikation auch die Eingebundenheit in eine Gruppe von Konsumenten, die am Warenangebot dieser Kaufhäuser Interesse haben. Waren helfen zwar, sich von anderen Konsumenten mit anderen Vorlieben abzugrenzen, aber das bedeutet immer zugleich, dass man sich einer bestimmten Verbrauchergruppe anschließt. Eine echte soziale Gruppe wird dadurch jedoch nicht hergestellt.

Die US-amerikanische Journalistin Alissa Quart[528] hat in ihrer Dokumentation über die neuesten Werbefeldzüge in die Seelen von Kindern vor Augen geführt, wie sehr bereits Peer-groups Druck auf ihre Mitglieder erzeugen, bestimmte Markenwaren zu besitzen. Jugendliche, die nicht über genügend Geld verfügen, stehen dann außerhalb bestimmter sozialer Gruppierungen, in denen Markenware als Signum der Zugehörigkeit eingesetzt wird.

Die betroffenen Kinder lernen so von frühester Jugend an, dass käufliche Objekte für andere definieren, wer sie sind. Laut Quart nützen Bekleidungs-, Sportartikel- und Spielwarenkonzerne diese Verhaltensweisen Jugendlicher, sich an ihren Freunden zu orientieren, strategisch aus. Sie beschäftigen jugendliche Trend-Scouts und so genannte Cool Hunters, um über die neuesten Entwicklungen informiert zu werden und mit ihren Produkten sofort darauf reagieren zu können. Gerade Pubertierende, die dabei sind, ein neues erwachsenes Selbst zu stabilisieren, lassen sich dazu verführen, ihre Unsicherheiten mit prestigeträchtigen Waren zu kaschieren, aber Erwachsene nicht minder. Marken bauen gezielt ihr Image auf solchen Schwächen auf. Aufgabe der Marken ist es, beim Einkaufen im Dschungel der Informationen, die die Werbung unablässig ausstreut, die Komplexität der Angebote zu reduzieren. Sie liefern so etwas wie Wegweiser für Verirrte, an denen sich die Kaufenden orientieren, um sich selbst das gewünschte Design zu verpassen oder jenes der Mitmenschen in einer Wertehierarchie einzuordnen. Das Banner Burberry sammelt z. B. in diesen Werbefeldzügen ganz andere Gefolgsgenossen und -genossinnen um sich als etwa das Label Diesel. Wer den Wein einer billigen Handelsmarke der landesüblichen Supermarktketten kauft, statt ihn sich in einer Holzkiste persönlich liefern zu lassen, der kann sich in seinem sozialen Umfeld nur schwer als Connaisseur oder Connaisseuse inszenieren. Allerdings funktioniert Distinguierung nicht mehr so einfach wie vor hundert Jahren, als soziale Positionen noch ein Leben lang gehalten wurden. Während die Nachkriegsgeneration noch hundertprozentig zu wissen glaubte, dass sie mit Nivea für ihre Haut und mit Persil für ihre Wäsche richtig liegt, wanken die Glaubenssätze der Konsumenten unter 50 Jahren heute gewaltig. Teure Accessoires werden neben Labels aus der Wühlkiste getragen. Die kunstvolle Mischung soll den individuellen Stil unterstreichen. Wenn man den allerdings nicht entwickelt hat, dann dient nach wie vor Markenware der Absicherung von Identität, obwohl das dem Trend zum Individualismus widerspricht. Aber die Menschen sind soziale Tiere, die sich an ihrem Nächsten orientieren. Mode würde sonst nicht funktionieren. Schließlich sucht jedes Individuum auch Anschluss an das Kollektiv, sucht nach gemeinsamen Werten und – zumindest hin und wieder – nach geteilten Gefühlen und einer verbindlichen Weltanschauung. Hier geben Marken vor, jenen sozialen Kitt zu liefern, den Soziologen bisher so gerne der Religion zubilligten. Einst versammelte sich eine Gemeinde unter dem Bild des Herzens Jesu, das verschiedenste Emotionen, Sehnsüchte und schmerzliche Erfahrungen zum Ausdruck brachte und die Gläubigen in eine allseits anerkannte Heilsökonomie einfügte. Heute übernehmen die Märtyrer des Leistungssports und des Showbusiness mittels ihrer im Einzelhandel erhältlichen Devotionalien diese durchaus religiösen Aufgaben. Sie veranschaulichen Weltbilder und versprechen Zugehörigkeit und große Gefühle, aber ihre Namen sind auswechselbar und ihre Inhalte flüchtig.

9
Dionysische Erlebnisse

Soziologen haben die moderne Event-Kultur, die an die Konsumsphäre gekoppelt ist, mit religiösen Phänomenen durchsetzt beschrieben.[529] Erlebniswelten und Erlebnisparks mit ihren speziellen Events, Fußballspiele oder Popkonzerte, selbst die große Inszenierung des Papst-Auftrittes bieten eine «hautnahe Gemeinschaft der Leiber»[530], bieten außeralltägliche Erlebnisse und meistens eine räumlich und zeitlich begrenzte Eingliederung in eine kollektive Identität. Solche dionysischen Feste, die eher zum Verlust des Ichs einladen als zum Wettbewerb mit Konkurrenten, eröffnen einen Zugang zur Transzendenz. Events befriedigen religiöse Bedürfnisse ohne Religion, sie erzeugen weder Glaubensgemeinschaften noch soziale Netzwerke, sondern bloß Erlebnisse des Außergewöhnlichen, ohne Auswirkungen auf den Alltag der Teilnehmer nach sich zu ziehen. Das Geschehen muss nicht verarbeitet werden, sondern es wird unmittelbar genossen, sozusagen verbraucht. Freizeitforscher sprechen von einer Wiederkehr der Symbole und Funktionen von Religion, die solchen Erlebnisinszenierungen einen kultischen Charakter verleihen, Reisen zu den Events gleichen «Wallfahrten der Moderne.»[531]

Aber die Konsumenten und Konsumentinnen nehmen an keinem klar definierten religiösen Ritual teil, die Inhalte und Weltanschauungen sind so beliebig wie die Techniken, mit denen die Emotionen aufgepeitscht werden. Der Popstar mit dem Künstlernamen Madonna wechselt das Kreuz einmal gegen indische und ein anderes Mal gegen kabbalistische Symbole. Nachdem sie einen zum sakralen Objekt stilisierten Fotoband über Sex und Sexualfetische gut verkauft hat, wechselt sie ihr Outfit und schwört auf britisches Landleben und brave Mutterschaft. Ein Musiker bezeichnet sich mit einem Hybridnamen, der aus dem Vornamen von Marylin Monroe und dem Nachnamen des geisteskranken Massenmörders Charles Manson gebildet ist, und verkauft seine Auftritte mit Elementen des Satanismus. Er verkleidet sich als Transsexueller und legt sich zwei verschiedene Augenfarben zu. Das Spiel mit religiösen Elementen erzeugt bei Events den Kitzel der Blasphemie. Religiöse Verbote verstärken die Distanz zum begehrten Objekt und machen es begehrenswert. Wenn etwas verboten ist – und Religionen haben immer irgendwelche Vorschriften –, dann gibt es noch Erfahrungen zu machen, aber meistens sind es doch nur Erlebnisse, weil das Interesse für einen Trend so kurzlebig ist wie der Trend selber. Events der modernen Konsumgesellschaft wären im Idealfall warenförmig angerichtete Feste für Individuen, die versuchen, sich kurzfristig von der Last des Ichs zu befreien, die aber dabei das Risiko einer unberechenbaren Erfahrung nicht auf sich nehmen wollen. Die französischen, italienischen oder griechischen Wochen bei den Supermarktketten setzen Camembert, Gorgonzola oder Schafkäse auf die Produktpalette, als wären sie Belege für Auslandserfahrungen, die man auf der Erlebnisliste so abhaken kann wie den Eiffelturm, das Forum Romanum oder die Akropolis. Die ganze Welt wird zu einem Kaufladen, aus dem sich autonome Individuen angeblich die Erlebnisse auswählen und in ihre Biographie einfügen, wie man Aufkleber auf einen Koffer klebt. Aber was ist in dieser *black box* dann wirklich drin?

9.1 Das käufliche Wir-Erlebnis

Norbert Elias hat erhebliche Kritik an systemtheoretischen soziologischen Diskursen angebracht, die von der Möglichkeit einer völlig individualistischen Gesellschaft ausgehen.[532] Niklas Luhmann dagegen hat in seinen Analysen das Individuum als selbstreferenzielles System entworfen. Seine theoretische Konstruktion beruht auf der Annahme, dass es kollektive Handlungsmuster ebenso wenig mehr gibt wie tragfähige Weltanschauungen, mittels welcher sich die Individuen in einen längerfristig (aus ihrer Anschauung) stabilen Kosmos projizieren könnten. Deshalb werden gegenwärtig die Naturwissenschaften gegenüber den Geisteswissenschaften zunehmend aufgewertet, weil sie scheinbar ein wissenschaftlich nachweisbares Universum, also letzte Wahrheiten, konstruieren, die für alle Menschen gleich sind. Das ist natürlich ein Irrtum, denn die wissenschaftlichen Ergebnisse sind immer von den Methoden und der Geisteshaltung der Forscher abhängig. Laut Luhmann brauchen die Menschen Komplexitätsreduktion, um die Zufälligkeit ihres Daseins auszuhalten. Diese Vereinfachung scheinen heute die populär aufbereiteten Naturwissenschaften und die ökonomische Logik zu bieten. Nach Luhmann tendiert der Markt dazu, die Funktionen der Religion, das heißt die Chiffrierung der Kontingenz in gleichsam göttliche Namen, Marken oder Logos zu übernehmen. Diesem Markenhimmel und den Konzerngottheiten fehlt jedoch, so könnte man mit Elias einwenden, die Vertikale. Der Markt ist also nur eine mangelhaft funktionierende Religion mit unzähligen konkurrierenden Gottheiten. Die Wir-Identitäten des Marktes sind sehr kurzlebig und können keine dauerhafte Beziehung zur Transzendenz herstellen. Im Gegenteil scheint es sogar so zu sein, dass große Marken die alten ethischen Konzepte aufgreifen müssen, um ihren Marktwert zu stabilisieren. Nike lässt Fußbälle nicht mehr von Kinderhand nähen, Chiquita minimiert die Spritzmittel usw., das alles geschieht jedoch nicht aus Menschenliebe, sondern weil man die Aktionäre zufrieden stellen will. Die Menschenrechte werden für den Markt eingesetzt, aber nicht umgekehrt.

Nach Norbert Elias gibt es keine völlig autonomen Individuen, sondern die Menschen befinden sich immer, weil sie sowohl soziale als auch egoistische Wesen sind, in einer Ich-Wir-Balance. Selbst der Einsiedler tief im Wald bezieht sich auf die Gesellschaft, die er verlassen hat. Bei afrikanischen Stammesgesellschaften ist die Wir-Identität z. B. stärker, in den individualistisch orientierten Gesellschaften Westeuropas dominiert die Ich-Identität. Aber auch dort kann die Befindlichkeit der Personen rasch wechseln. Wenn sich ein ansonsten sehr selbständig handelnder Mensch auf die Tribünen eines Fußballstadions begibt, dann kann es passieren, dass er sich von der Begeisterung der Menge anstecken lässt und völlig im Gruppengesang und Fangeschrei untertaucht und zu einem Teil der Menge wird, deren Emotionen er sich unterordnet. Auch im Herzen der Großstadt, wo kaum jemand über seinen Nachbarn Bescheid weiß und rationale Strukturen unabhängig von den persönlichen Stimmungen und Gefühlen den Tagesablauf organisieren, kann es sein, dass eine Person in einem Tanzclub sich völlig den Rhythmen hingibt und im Gruppentanz die Ich-Identität vorübergehend aufgibt. Solche Erscheinungen wirken entspannend und gelten als angenehme Freizeitbeschäftigung. Im Idealfall sucht man sie freiwillig auf und entscheidet selbst, wann man vom Ich-Gefühl zum Wir-Gefühl wechselt.

Louis Dumont[533] hat in seiner Studie über den Individualismus dargestellt, dass der Austritt aus dem holistischen Weltbild in Europa neue Gefahren mit sich brachte, die in der Vergangenheit etwa die Entstehung rassistischer und faschistischer Bewegungen begünstigt haben. Die Herauslösung der Individuen aus den traditionalen Strukturen erzeugte Ängste, die durch exklusive und naturwissenschaftlich unterfütterte Rassentheorien sowie durch die Verschmelzung mit einem auserwählten Kollektiv bewältigt werden sollten. Wenn man nicht mehr weiß, wo man dazugehört, dann scheint es sehr erleichternd, diese Entscheidungen der Evolution oder körperlichen Merkmalen zu überlassen. Ergänzend dazu erfüllten die rituell gestalteten Performances des Faschismus die Bedürfnisse nach körperlich fühlbarer Communitas. Die Warenkultur war in den dreißiger Jahren des vergangenen Jahrhunderts noch nicht so weit entwickelt, dass sie diese Aufgabe hätte übernehmen können. Nach Pasi Falks Theorie können Waren in der genügend entwickelten Konsumgesellschaft jedoch die Rolle von kompensatorisch wirkenden Übergangsobjekten einnehmen. Große Veranstaltungen mit großen Gefühlen finden dann zwar allenthalben dort statt, wo auch bestimmte Waren oder Dienstleistungen verkauft werden sollen, aber die Inhalte wechseln mit den Moden. Die Marketing-These, dass «Event zieht – Inhalt bindet»[534], bezweifle ich sehr. Geht es doch gerade in der so genannten Spaßgesellschaft darum, dass die Inhalte so rasch wechseln wie im Fernsehen das Programm. Heute besuchen wir eine Astrologin, morgen eine Kinesiologin und übermorgen ein Weinseminar. Die Bedeutung von Markenwaren tritt dabei deutlich zutage. Sie stützen als fixe Orientierungspunkte das Selbst in Zeiten von Krisen. Bei Stress, Zeitmangel oder psychischen Belastungen wie etwa beruflichen oder privaten Enttäuschungen und narzisstischen Kränkungen hält man sich gern am Altbekannten wie an einer Rettungsboje fest. Markenwaren können Tag für Tag eine Wir-Identität stärken, indem sie die Konsumenten imaginär in die Gruppe der Markenträger einfügen und ihnen das Gefühl vermitteln, sie gehören dazu und wären integriert.

Weil Marken ebenso der Distinktion dienen, vermitteln sie paradoxerweise gleichzeitig auch den Eindruck von Individualität. Wenn dem Immobilienmakler der Konkurs droht, so fühlt er sich in seinem neuen BMW dennoch auf dem richtigen Kurs und tankt in seinem mobilen Gehäuse Energie, um das Schlimmste mit viel Selbstbewusstsein abzuwenden. Dabei muss er mit den anderen Käufern derselben Produkte gar keinen Kontakt aufnehmen. Die imaginäre Zugehörigkeit und Teilhabe am Image der Marke entsteht vor allem durch Werbung, das heißt also durch gelenkte Träume. Um Übergangsobjekte handelt es sich in solchen Fällen deshalb, weil sie die Phase der schmerzlichen Herauslösung aus einer Gruppenidentität (Mutter-Kind-Symbiose, Familie, Peer-group) ertragen helfen. Weniger positiv wird ihre Wirkung jedoch dadurch, dass sie keineswegs eine echte Lösung bieten, wie auf Dauer eine psychische Stabilität in der individualistischen Gesellschaft zu erreichen wäre. Vielmehr bleibt die Unsicherheit über den eigenen Status erhalten und muss immer wieder durch den Kauf neuer Objekte minimiert werden. Der Begriff des «Warenfetischs» von

Karl Marx wurde daher nachträglich durch die Psychoanalyse als zutreffend bestätigt. Ein Fetisch funktioniert nur in einem magischen Weltzusammenhang. Warenfetische entstehen also dort, wo der alte holistische Kosmos nicht aufgegeben werden kann und – obwohl er schon längst zersplittert ist – imaginär mit Waren zusammengehalten werden soll. Der Teufel, vor dem die Fetische ihre Besitzer beschützen sollen, versteckt sich in diesem Fall hinter der unbarmherzigen Rationalität der Ausdifferenzierung.

Dumont erklärt die faschistischen Bewegungen aus der Tatsache, dass «das Volk» eben nicht mehr fühlbar existierte, als Hitler es zur Glaubenskategorie ersten Ranges erhob. Dort, wo es noch starke traditionale Verbundenheit mit den entsprechenden rituellen Inszenierungen gab, hatte die faschistische Bewegung es schwerer, Anhänger zu finden. Die arbeitenden Menschen und die kleinen Gewerbetreibenden in den Städten fühlten sich als Individuen der Gleichgültigkeit kapitalistischer Wirtschaftslogik nicht gewachsen. Nach Dumont war die damit verbundene Herauslösung aus traditionalen Lebenszusammenhängen eine Voraussetzung für die Entstehung jener Massen, die einem Führer dann begeistert zujubelten. Beim Faschismus handelte es sich aus dieser Perspektive demnach um eine Flucht in die faschistische Wir-Identität, um der Ängste Herr zu werden. Die Außen-Feinde verstärkten das Zusammengehörigkeitsgefühl und förderten auch jene Opferbereitschaft, die ihrerseits die Gemeinschaft heiligen half. Wo Opfer sind, kommen Opfer dazu, denn das Feuer, in dem sie verbrennen, gibt der Gemeinschaft ein Zentrum. Eine überdimensional aufgeblähte Wir-Identität kann zum Moloch werden.

Walter Benjamin definierte die Menge als eine Ansammlung, die sich sowohl auf dem Markt als auch täglich auf der Straße oder rund um ein Verkehrsunglück «um die gemeinsame Sache» zusammenschließt. Totalitäre Staaten machen sich, so Benjamin, die Massierung ihrer Klienten zum Vorhaben. Voraussetzung dafür ist jedoch, dass die Marktwirtschaft die Menschen bereits seit dem 19. Jahrhundert je nach Interessen zufällig rund um ein Angebot zusammenführt, welches sie vermeintlich ein Schicksal und die Rasse fühlen lässt.[535] Benjamin stellte mit knappen Worten eine Beziehung zwischen der Marktwirtschaft und dem Totalitarismus her, die beide auf ihre spezifische Weise Menschenmassen zusammenführen und ihnen trotz ihrer individualisierten Privatinteressen das Gefühl geben, eine gemeinsame Sache und damit Gemeinschaft zu haben.[536] In diesem Sinne verkörpert auch die Konsumgesellschaft einen Moloch, der sämtliche produktive Energien verschlingt, ohne doch tatsächlich den Menschen jene stabile Ich-Wir-Balance aufbauen zu helfen, die sie brauchen, um weder totalitären Regimes noch den Tricks der Marketingstrategen auf den Leim zu gehen. Wenn Individuen im Idealfall sowohl autonom als auch gruppenbezogen leben könnten und fähig wären, den Weg zwischen diesen unterschiedlichen Ansprüchen selbst zu bestimmen, dann wären das ideale autonome Individuum und der mündige Bürger oder die mündige Bürgerin geboren. Einstweilen unternehmen aber jene, die von entwurzelten Individuen und ihren Ängsten profitieren, alles, damit diese Entwicklung zur Mündigkeit nicht stattfindet. Kreative Werbung, die nicht gezielt eine Schwäche der potentiellen Kunden ansprechen will, ist selten.

9.2 Erlebnisse ohne Erfahrung

Nach Walter Benjamin ruft das Leben in modernen Großstädten eine Überforderung durch Reize hervor, die traumatische Reaktionen erzeugen können. Eine der wichtigsten Fähigkeiten für moderne Individuen stellt daher die Schock-Abwehr dar, sie müssen sich vor zu vielen Reizen schützen. Unter weniger ausdifferenzierten Lebensbedingungen war das anders.

«Wo Erfahrung im strikten Sinn obwaltet, treten im Gedächtnis gewisse Inhalte der individuellen Vergangenheit mit solchen der kollektiven in Konjunktion. Die Kulte mit ihrem Zeremonial, ihren Festen ... führten die Verschmelzung zwischen diesen beiden

Materien des Gedächtnisses immer von neuem durch.»[537] Erfahrung entsteht laut Benjamin nur dort, wo neue Informationen sich mit älteren, früher erworbenen und von der sozialen Umwelt bestätigten verbinden. Sigmund Freud, dessen 1920 publizierte Schrift «Jenseits des Lustprinzips» Benjamin die Grundstruktur für die Schock-Theorie lieferte[538], bezeichnet in seiner Erklärung des psychischen Apparats das Ich als eine Vermittlungsinstanz zwischen Es und Außenwelt, die aus der Rindenschicht des Es entstanden sei. Er entwirft das Bild einer sich durch Erfahrung im Verlauf der ersten Lebensjahre bildenden psychischen Verkrustung, die das Es teilweise umhüllt und die Reize von außen aufnimmt oder auch abwehrt.[539] Das Ich entsteht aus der Auseinandersetzung mit der Realität, deren Reize es aber auch selektiv ignorieren muss, um nicht überfordert zu werden. In Freuds Beschreibung steht das Ich im Mittelpunkt, das sich bei dieser Tätigkeit erst konsolidiert und sich Autonomie erwirbt. In Benjamins Perspektive bestimmt eher die soziale Umwelt den Prozess der Verkrustung und damit die Formung des Ich.

Sigmund Freud hatte vermutlich noch das Ideal eines innengeleiteten Individuums vor Augen, wie David Riesman[540] es idealtypisch konstruiert hat. Das wären Menschen, die sich ihres Wertes und ihrer Ziele auch dann bewusst bleiben, wenn ihre Umwelt eine völlig andere Meinung vertritt. Das moderne außengeleitete Individuum wäre seit der Mitte des 20. Jahrhunderts laut Riesmann jedoch viel stärker davon abhängig, dem jeweiligen Mainstream zu folgen, es wäre biegsamer und anpassungsfähiger, dadurch aber auch unsteter in seinen Zielen und natürlich manipulierbarer. Diese letzte charakterliche Veränderung moderner Menschen, so sie zutrifft, konnte sich jedoch erst nach der Herauslösung aus den ständischen Gesellschaften und nach dem Prozess der Verinnerlichung bilden. Denn diese neuen, außengeleiteten Menschen entscheiden nicht im Sinne eines Kollektivs, dem sie angehören, sondern aus persönlichen Gründen. Allerdings, so vermutete schon Karl Marx, wäre es nicht weit her mit dieser

Entscheidungsfreiheit. «Diese Art individueller Freiheit ist daher zugleich die völligste Aufhebung aller individuellen Freiheit und die völlige Unterjochung der Individualität unter gesellschaftliche Bedingungen, die die Form von sachlichen Mächten, ja von übermächtigen Sachen – von den sich beziehenden Individuen selbst unabhängigen Sachen – annehmen.»[541] Zwar hatte Marx im 19. Jahrhundert vor allem scheinbare Sachzwänge wie Hunger und Obdachlosigkeit im Blick, aber Riesman zeigt, dass auch ein soziales Ranking, das sich in Hausgröße, Wohnviertel und Automarke ausdrückt, starken Druck ausüben und als Sachzwang wirken kann. Fest steht, dass die persönlichen Entscheidungen nie völlig autonom, sondern in Beziehung zu den Werten der Gesellschaft getroffen werden, in der man lebt.

Unter den modernen Lebensbedingungen, meinte Benjamin, sammeln die Individuen, die aus traditionalen Lebensgewohnheiten herausgelöst leben, zwar viele Informationen auf, aber sie verarbeiten sie nicht mehr. Nur selten werden sie älteren Erinnerungen zugeordnet, viel öfter bloß als Sensationen erlebt. Statt der Erfahrung sammeln moderne Menschen eher Ereignisse, die so aufgebaut sind, dass sie nur wenig bis gar keine bleibenden Spuren in der Psyche hinterlassen. Vor allem Großstädter müssen sich einerseits gegen einen Ansturm von Informationen wehren, die ihre psychische Integrität sonst auflösen würden, andererseits müssen sie aber auch plastischer reagieren. Als Teil der Masse der Passanten braucht es einerseits starke Reizabwehr, andererseits aber auch eine Art Radar um festzustellen, wohin die Trends die Massen gerade führen, damit man nicht gegen den Strom schwimmt. Unter solchen Lebensumständen käme jedoch die Vertikale, die von der Tiefe der Erinnerung und der Erfahrung einerseits zur bewussten Offenheit gegenüber der Kontingenz des noch nicht Gewesenen im Jenseits der Zukunft führte, abhanden. So genannte postmoderne Individuen, sollten sie wirklich in Reinform existieren, hätten keine widerspruchsfreie und zusammenhängende Lebensstrategie mehr, denn sie würde stören. Ohne die zweite Koordinate wären sie flexibler. Fast könnte man von der Wiederkehr eines flachen Charakters[542] sprechen, wie ihn wenig ausdifferenzierte Kulturen ohne Schrift schätzten. In den statischen Gesellschaften mit oralen Traditionen war persönliche Entwicklung nur geachtet, wenn sie mit den Normen übereinstimmte.

Heute befinden wir uns in einer Kultur, die die Schrift, so dominierend sie bei der Wissensvermittlung auch sein mag, bereits wieder auf wenige spezifische Bereiche der Datenvermittlung reduziert hat. Daher geht es nicht darum, eine traditional oder heroisch selbst bestimmte Position in einem holistischen Universum auszufüllen, sondern darum, als exklusives Individuum so flexibel wie möglich viele verschiedene und widersprüchliche Positionen einnehmen zu können und sich auch die Normen in vielen Fällen selbst zu setzen oder sie nach Bedarf zu ändern. In den Erzählungen oraler Kulturen waren die Charaktere der Protagonisten unwandelbar gut oder böse. In den heutigen Erzählungen des Kommerzfilms oder der Unterhaltungsliteratur ist das ebenso der Fall. Die Zuschauer können jedoch ungleich mehr von diesen Unterhaltungsprodukten konsumieren und passen sich dabei sehr schnell, wie etwa beim Zapping zwischen den Fernsehkanälen, dem neuen Setting der Charaktere an, ohne dabei viel zu lernen oder die konsumierten Geschichten eingehender zu verarbeiten. Eine vertikale Festlegung durch den Weg der Erfahrung kann bei diesem schnellen Wechsel nur stören. «Der Angelpunkt der postmodernen Lebensstrategie heißt nicht Identitätsbildung, sondern Vermeidung jeglicher Festlegung»[543], fasst Zygmunt Bauman diese Phänomene der modernen westlichen Welt zusammen, deren Bewohner er mit Pilgern vergleicht, die von einem Erlebnis zum anderen ziehen. Pilger auf der Suche nach ständig wechselnden Heiligtümern.

Nimmt man den Weltreligionen den Bezug zu ihren historischen Ursprüngen samt der zentralen Überlieferung und schließlich den ganzen mehr oder minder wissenschaftlichen Teil der ethischen und moralischen Auslegung der Texte, das heißt also auch Verhaltensvorschriften und Zukunftsentwürfe, dann bleiben nur jene Elemente übrig, auf denen z. B. der Erfolg des letzten Papstbegräbnisses und die ersten öffentlichen Auftritte des neuen Papstes beruhten: die Events. Sie sind öffentlich zugänglich und setzen die jeweilige soziale Verfasstheit mit symbolischen Mitteln in Szene. So unterschiedliche Erlebniswelten wie Disney-World oder der Wasserspielpark im steirischen Naturpark Eisenwurzen bieten den Teilnehmern eine Anzahl unterschiedlicher Rollen zum Mitspielen an. Während man in Disneyland in die Märchen der Warenwelt einsteigt, um etwa mit Kaffeekannen und niedlichen Haustieren in Menschengröße zu sprechen, versucht man in der Wasserwelt Flöße zu bauen und winzige Lebewesen unter dem Mikroskop zu betrachten. Beide Erlebnisparks bieten einen sicheren Rahmen für einen Ausstieg aus dem Alltag. Unabhängig von den Inhalten haben solche Ausstiege auch religiösen Charakter, weil sie liminale Räume eröffnen, die von der Fragmentierung des zweckrationalen Arbeitstages kurzfristig befreien. Das Religiöse existiert hier völlig unabhängig von den Inhalten im Wechsel zu einer Situation, die aus den alltäglichen Abläufen heraushebt und oft Festcharakter erhält. «Heute fahren wir etwas Schönes einkaufen.» oder «Heute gehen wir in die Wasserwelt und bewundern die Geheimnisse der Natur», lauten wohl die entsprechenden Aufrufe. Sowohl bei Risiko-Events wie z. B. Extremsportarten und Abenteuerurlaub als auch bei einfachen Volksfesten suchen die Teilnehmer die Transzendenz des Augenblicks, eine kurze Erlösung vom Ich. Beim Feuerwehr-Heurigen auf dem Land sorgen etwa der Wein und das gute Essen für eine gehobene Stimmung im Einklang mit den Festteilnehmerinnen und -nehmern. Bei Rave-Veranstaltungen in der Stadt kann es mit oder ohne Drogen zu einem hautnahen Gemeinschaftserlebnis kommen, das durch ekstatisches Tanzen und die alle Gedanken auslöschende Musik eine vorübergehende Verschmelzung mit den anderen Tanzenden spüren lässt. Moderne Veranstaltungen, die als Events vermarktet werden, sind typisch liminoide Inszenierungen, in denen sich die Funktionen von Festen, Kunst, Bildung, Ritualen, Spielen und Einkaufen vermischen.[544] Entgegen der bisherigen auf Emile Durkheim zurückgehenden Annahme, dass ein kollektives Bewusstsein Symbole enthalte, deren Bedeutungen von der Gemeinschaft festgelegt worden seien, konnte die neuere Kulturforschung zeigen, dass Symbole besonders in sozial heterogenen Gesellschaften Gemeinschaft erst schaffen können.[545] In der gemeinsamen Bezugnahme auf eine Veranstaltung, auf einen Star oder auf eine bestimmte Ware kann das Gefühl der Communitas entstehen, allerdings nur vorübergehend.

9.3 Dionysos und die Frauen

In den christlich geprägten Gesellschaften enthalten Vorstellungen von völlig egalitären Beziehungen zwischen den Geschlechtern nach wie vor bedrohliche Aspekte, die sich jedoch hinter oberflächlich nicht geschlechtsbezogenen Formulierungen verbergen. Der Widerstand gegen die Gleichstellung homosexueller Paare mit heterosexuellen zeigt z. B., dass die Geschlechterordnung immer noch eines der Fundamente der gesellschaftlichen Ordnung darstellt. Auf der symbolischen Ebene vermittelt die Einebnung der Geschlechtsrollenunterschiede eine Bedrohung der Ordnung überhaupt. Für Menschen, die mit der traditionellen auf Heterosexualität beruhenden Geschlechterordnung aufgewachsen sind, erscheint kaum etwas irritierender, als z. B. im Alltag einem Transvestiten zu begegnen, der sich einer eindeutigen Zuordnung zu einem bestimmten Geschlecht verweigert. In der Unterhaltungsbranche werden solche Menschen jedoch gern gesehen. Aufhebungen alltäglicher Normen und Cross-dressing waren auch in den alten Gesellschaften zumeist im Rahmen von Initiationsriten oder Festlichkeiten möglich. Transsexuelle galten in vielen Stammesgesellschaften als Personen, die vor allem für die Rolle des Schamanen geeignet erschienen, da sie durch ihre körperliche

Besonderheit grundsätzlich in einem liminalen Zustand, nämlich zwischen den oder außerhalb der Normen geboren waren. Die Tatsache, dass sie eben nicht einzuordnen waren, verlieh ihnen einen priesterlichen Status. Die zölibatären Priester der katholischen Kirche repräsentieren noch Reste dieser archaischen Auffassung vom Heiligen, da sie als Männer eine mütterliche Funktion in der Gemeinde erfüllen.[546] Die katholische Kirche verbietet homosexuellen Geschlechtsverkehr jedoch bis heute. Selbst Positionen beim Geschlechtsverkehr, welche die Unterordnung der Frau unter den Mann hätten in Zweifel ziehen können, wurden bis ins 20. Jahrhundert als Sünde betrachtet. Denn die gesellschaftliche Ordnung gilt der Kirche als von Gott gesetzt. Wer in seinen Handlungen diese Ordnung nicht beachtet, der begeht eine Sünde. «Diabolus», einer der vielen Namen des Teufels, heißt Durcheinanderwerfer. Der Widersacher Gottes bringt Unordnung in die Welt, um das Werk Gottes zu schmälern.

Doch jede Ordnung hat einmal eine andere abgelöst. Der Religionswissenschaftler Harald Biezais bezeichnete das als die «heilige Entheiligung des Heiligen»[547], die dazu führt, dass gerade das am meisten verdammt wird, was soeben noch am heiligsten war. Der Mythenforscher Robert von Ranke-Graves[548] las aus der reichhaltigen Überlieferung der griechischen Erzählungen heraus, dass die strenge patriarchale Ordnung des antiken Griechenland, die bis heute im christlichen Kulturkreis nachwirkt, sich erst nach Jahrhunderten der Konkurrenz mit älteren Kulturen festigte, die Frauen höher einschätzten. Reste dieser patriarchal überformten Kulte blieben aber als so genannte Frauenreligionen erhalten, als Riten, welche die Frauen in einem sehr engen Rahmen die nunmehr verbotenen weiblichen Charakterzüge dennoch befristet ausleben ließen.[549] Der Gott Dionysos gehörte zwar zum patriarchalen Götterhimmel, seine Taten weisen ihn aber in vieler Hinsicht als eine Figur des Übergangs vom alten, mehr die Stellung der Frau hoch schätzenden zu einem neuen, mehr sie abwertenden Weltbild aus. Um in den Olymp aufgenommen zu werden, musste Hestia, die

Göttin des Herdes, ihm ihren Platz überlassen. Als seine mächtigste Feindin galt die züchtige Hera, die Gattin des Zeus, welche das Oberhaupt der Götter einst bei einer Vergewaltigung geschwängert und dann zur Heirat gezwungen hatte. Während Dionysos mit Hestia symbolisch die zentrale Stellung der Frau in der Familie in den Hintergrund rückte, bedrohte ihn Hera, weil er mit seinen wilden Riten züchtige Ehefrauen in Furien verwandeln konnte. Aber erzeugt die Einschränkung der Frauenmacht nicht gleichzeitig verstärkte Bedürfnisse nach Ventilfunktionen, wie sie ekstatische Kulte in einer so strengen Geschlechterordnung erfüllten? Ist die Vorstellung der rasenden, gefährlichen Frau und später der Hexe nicht unter anderem auch das Ergebnis der erzwungenen Sittsamkeit? Die antike Dionysosverehrung war gekennzeichnet durch die rituelle Herbeiführung von ekstatischen Zuständen, weil man die Einführung des Weines auf ihn zurückführte. Es handelte sich um Feste, bei denen sich den ehrbaren Frauen, die sonst strengen sittlichen Regeln unterworfen waren, straffreie Möglichkeiten boten, bei allerlei Ausschweifungen zeitlich befristet aus ihren Rollen auszusteigen.

Der männliche Gott, Ergebnis eines Seitensprunges des Zeus mit der Mondgöttin Semele, war, nachdem die eifersüchtige Hera bei seiner Mutter eine Frühgeburt bewirkt hatte, in den Schenkel seines Vaters eingenäht und somit später aus einem Mann geboren worden. Andererseits war Dionysos nach seiner Geburt selbst in Stücke gerissen und in einem Kessel gekocht worden. Seine Großmutter Rhea setzte ihn jedoch lebendig wieder zusammen und ließ ihn nach dieser Transformation durch das weibliche Requisit des Kessels noch dazu als Mädchen erziehen, um ihn vor der eifersüchtigen Hera zu verstecken. Die Griechen bezeichneten ihn oft als weibisch, das heißt, sein Benehmen war weder typisch männlich noch weiblich. Aus diesem Grund und weil er seine Widersacher mit Wahnsinn bestrafte, zählen geschlechtliche Doppeldeutigkeit und das Durchbrechen von Ordnung zu seinen besonderen Kennzeichen. Die Mythen berichten davon, dass die vom göttlichen Wahnsinn ergriffenen Frauen sogar die eigenen Kinder zerrissen und roh verschlangen.[550] Die dionysischen Festteilnehmer in Rom glichen daher einer wilden Meute, die sich aus berauschten, selbstvergessenen Individuen zusammensetzte, welche jegliche Beschränkung durch Status, Geschlecht oder Sitten abgelegt hatten: Sie verkörperten das Chaos. Demnach haftet am Namen dieses Gottes bis heute etwas Verabscheuenswertes. Aber während die hellenistische Kultur ihm als Vertreter des Rausches und der Grenzüberschreitungen einen Platz unter den Gottheiten zuwies, war es ein besonderes Anliegen des Christentums, orgiastische Elemente von Anfang an aus der Kirche zu eliminieren. Der Selbstvergessenheit im Rausch wurde jede Auferstehungsmächtigkeit und damit die Möglichkeit zur Transformation und zur irdischen oder spirituellen Fruchtbarkeit abgesprochen. Nicht wenige Züge des Dionysos musste daher der Teufel übernehmen, der in Vorstellungen der lateinischen Christenheit angeblich im wilden Heer über die Landschaft brauste oder mit den Hexen am Blocksberg schmauste und Unzucht trieb. Auch Dionysos trug Hörner, die ihn als Sohn einer Mondgöttin auswiesen, welche zur Verehrung der weiblichen Fruchtbarkeit mahnte. Der christliche Teufel erhält, so wollen es Märchen und Legenden, eine Großmutter zur Seite und einen Kessel als Ausstattung seines unterirdischen Aufenthaltsortes: die matriarchalen Überreste wurden also in die Hölle verbannt. Das Märchen von Frau Holle erinnert noch an die Verknüpfung von Fruchtbarkeit und Unterwelt und weist darauf hin, dass die alltäglichen Haushaltsarbeiten wie Obstbau, Brot backen und Bettdecken ausschütteln durchaus noch mit Gold im Sinne von Glück zu tun haben können.

Orgien sind das Gegenteil einer geregelten Mahlgemeinschaft, ihr verkehrtes Spiegelbild. Die Kirchenlehrer wurden daher nicht müde zu predigen, dass solche ausgelassenen Feste die Menschen auf ihren animalischen Anteil, den es doch gerade zu überwinden galt, reduzierten. Christliche Darstellungen zeigen den Teufel durch die Jahrtausende als Tier oder mit Attributen von Tieren versehen, die für besonders unzüchtig gehalten wurden. Wie der christliche Gott, so konnte der mächtige Höllenfürst als ebenbürtiger Widersacher jedoch nur eindeutig männlich vorgestellt werden, während die gelehrten Traktate zur Hexenverfolgung seine Anhängerinnen vor allem für weiblich hielten. Der Teufel dirigierte angeblich ein Heer williger Frauen, die eben aufgrund geringerer intellektueller Fähigkeiten (selbst Georg Simmel[551] vertrat noch diese Meinung) als Einfallstor des Teufels galten. Hinter der Böswilligkeit der Hexen vermutete man den teuflischen Willen ihres Herrn.

Vergleicht man nun, wie das heute oft geschieht, die Verführungen des Konsums mit teuflischen Plänen, dann kommt das alte christliche Erbe wieder zutage. Die Warenhölle, ein beliebter Begriff, scheint mit teuflischer Raffinesse die Menschen zu Konsumorgien zu verleiten, sie verlieren dabei jedes Maß und Ziel und geraten immer tiefer in Schulden. Der Kaufrausch oder die Kaufsucht gelten als überwiegend weibliche Phänomene[552], die bereits im 19. Jahrhundert zeitgleich mit dem Einsatz moderner Verkaufsstrategien in Warenhäusern auftraten. Man kommt nicht umhin, sich den Teufel, der die Fäden spinnt, um arme Frauen zu solchen Orgien zu verführen, männlichen Geschlechts vorzustellen, zumal bis heute nur etwa einstellige Prozentzahlen der Mitglieder der oberen Managementetagen weiblich sind.[553] Wie schon in den frühneuzeitlichen Darstellungen von Hexenfesten erwähnt, so gesellen sich zu den Konsumentinnen auch heute die Kinder, deren Kaufkraftpotential bereits erkannt und in den letzten Jahrzehnten auch mit wachsendem Erfolg vom Markt gewürdigt worden ist. Bei der Masse der Konsumenten handelt es sich daher eigentlich um Konsumentinnen. Die Marketingfachleute suchen manipulierbare Opfer, charakterschwache Individuen, die sich gerne etwas einreden lassen. Aktive und passive Tätigkeiten sind klar verteilt und somit auch die Geschlechterrollen. Die Marktforscherin Faith Popcorn[554] behauptet, dass der größte Teil der Kaufentscheidungen in den USA heute von Frauen und Kindern getroffen würde. Der amerikanische Journalist Thomas Hine gibt an, dass in den USA 73% aller Einkäufe in Supermärkten von Frauen durchgeführt werden.[555] Frauen sind in den Konsumgesellschaften die Masse, deren Geld in Massenartikel umgesetzt wird, um der Massenkultur zu frönen. Darunter stellt man sich nichts geistig Hochstehendes vor, sondern eben Nichtigkeiten, trivialen Konsum von Modeartikeln, Möbeln oder Haushaltsgeräten. Den zum größten Teil männlichen Entscheidungsträgern der Wirtschaft jedoch, die vom Verkauf der «Banalitäten» leben, billigt man Kreativität und Willensstärke zu, denn sie verdienen Geld, statt es auszugeben. Verkaufsstrategien und Markenführung werden sogar an Universitäten gelehrt, die Fachbücher darüber füllen Bibliotheken. Wie man richtig einkauft, erfährt man hingegen aus Artikeln in Frauenzeitschriften oder aus kleineren Beiträgen in Tageszeitungen unter der Rubrik «Leben». Bestenfalls kümmern sich staatlich geförderte Institute um den Konsumentenschutz und die Konsumenteninformation (die Konsumierenden werden hier jeweils als passive Klientel vorgestellt), aber Professorentitel sind bei dieser Sozialarbeit kaum zu erlangen. Von wissenschaftlicher Seite stammen entweder Untersuchungen über die ökologischen Auswirkungen bestimmter Produkte oder über die soziologische und psychische Verfasstheit der Konsumenten und Konsumentinnen, wobei sehr oft auch Gesellschaftskritik mitschwingt. Solche Wissenschaftler vertreten dann jene Standpunkte, die vor der Aufklärung von Klerikern ausgesprochen wurden. Sie predigen im Grunde Askese.[556] Kann es sein, dass die Massenkultur etwas ist, das ohne Kreativität der Masse entsteht?[557] David Miller hat dem in seinem Hausfrauenlob glaubhaft widersprochen. Die Grundlage dieser Auffassung von der scheinbar unkreativen, herdenhaft lenkbaren und vornehmlich weiblichen Masse liegt wohl in der Abwertung des Dionysischen im Christentum, das aus männlicher Perspektive die stets drohende Verführbarkeit der Menschen zum Ausstieg aus sittlichen Normen auf die Frauen projizierte.[558]

Roger Caillois befasste sich in den 50er-Jahren mit der Bedeutung der Spiele für die Menschen. Er unterteilte die Spiele in vier Kategorien: Wettkampf, Glücksspiel, Maske und Rausch (*agon, alea, mimicry* und *illinx*). In nicht marktindustriellen Kulturen herrschen, so glaubte er zu erkennen, Maske und Rausch vor. Ihre Ablösung durch eine Kombination von Leistungs- und Glücksspielen hielt er für einen zivilisatorischen Schritt. Es gibt seiner Meinung nach «primitive» Gesellschaften des Tohuwabohus mit *mimicry* und *illinx* und vorangeschrittenere mit Buchführung, bei denen geregelte Spiele der Kategorien *agon* und *alea* vorherrschen.[559] Das Hoffen auf Glück allein ohne entsprechende Leistung (z. B. Glücksspiel) und die Sucht nach Rausch (z. B. Einnahme von Drogen) hält Caillois für unproduktiv.[560] Unter *mimicry* versteht er die Kunst der Verstellung und die Fähigkeit zur List, welche zwar produktiv sein können, weil sie neue und mithin auch künstlerische Ausdrucksweisen hervorbringen, aber in der Verbindung mit Leistung trete, so Callois, kein so großer Vorteil zutage wie in der Verbindung mit dem Risiko, das sich hinter *alea* verbirgt. Wettstreiter spielen zwar die Rolle von Heroen, werden Repräsentanten von Tugenden und stehen vor einem Publikum, aber das Rollenspiel fördere bestenfalls die Konkurrenz, die er immerhin als positiv sieht. Die wettbewerbsorientierten Gesellschaften westlicher Prägung scheinen ihm deshalb evolutionär den anderen Gesellschafen voraus zu sein, weil sie versuchen, sich mit ihren Leistungen der Zufälligkeit der Umwelt zu widersetzen. Chancen werden aktiv aufgegriffen und genützt, statt sie passiv als Glück oder Missgeschick zu deuten. Im Gegensatz zu einem reinen Glücksspieler bereitet sich der Wettkämpfer intensiv vor, um dann mit starkem Willen seinen vom Schicksal festgesetzten Widersachern entgegenzutreten. Es ist klar, dass Caillois, der in seinem Werk eine unverhohlene Faszination für diese Art der Spiele zeigt, weibliche Formen in seiner Ausdrucksweise vermeidet. Sind es doch die traditionell männlichen Eigenschaften, die er an den Wettkämpfern so schätzt. Unproduktive Spiele, wie etwa eine Verbindung von unüberlegter Improvisation *(mimicry)* und Schicksalsergebenheit *(alea)* gelten in seinem Sinne als Zeichen eines noch nicht vollzogenen evolutionären Schrittes. Aber er hat hierbei etwas übersehen. Die so genannten produktiven Kategorien, *agon* und *mimicry*, stehen zu *alea* und *illinx* in einer gewissen Spannung. Denn der Impuls zum Spiel, der Impuls, den Zufall herauszufordern, kommt doch aus diesen abgründigen Bereichen. Selbst anstrengender Leistungssport, die Extremvariante von Wettkampfspielen, bezieht seine Attraktivität aus der Suche nach Zuständen des Außer-sich-Seins oder nach Flow-Erlebnissen, die oft erst nach extremer Verausgabung eintreten.[561] An diesen Gipfelerlebnissen kippt der *agon* in die Sphäre des Rausches und der Ekstase. Der Sieg bestätigt das Ego, aber die Glücksgefühle entstehen auch aus dem Tun, nicht nur aus dem Denken. Anerkennung finden die Gipfelstürmer jedoch nur für ihre Vorleistungen, nur für ihre asketische Performance. Das Dionysische, der andere und ebenso wichtige Teil des Vorgangs, bleibt außer Acht, weil er nicht als Leistung gilt. Theoretisch ist es bereits seit mehr als zweihundert Jahren so weit, dass jene Zeit, die nicht der Arbeit dient, nur als notwendige Reproduktion im Dienste des Wirtschaftswachstums betrachtet wird. Praktisch bedeutet das keineswegs, dass Frauen, die den größten Teil der unbezahlten, weil angeblich unproduktiven Tätigkeiten im Alltag ausführen, weniger arbeiten.[562] Die Statistiken belegen eher das Gegenteil. Aber so wie Dionysos seine Kollegin Hestia aus der Chefetage verdrängte, ohne dass deshalb die Herdfeuer erloschen wären, so gelten Freizeit und Konsum als bedeutende Wirtschaftsfaktoren, ohne dass deshalb die Bedürfnisse nach einem Leben in gemeinsamen Haushalten und in der körperlichen Nähe zu Partnern und Kindern aufgehört hätten zu existieren. Dionysos liefert Ausstiege aus der leistungsbetonten Arbeitswelt, aber eine im Alltag lebbare Ordnung und soziale Einbindung liefert er nicht.

Die neue Konsumkultur mit ihrer Wendung hin zu Erlebnissen statt nur zum Erwerb konkreter Dinge verhilft der Wirtschaft zu wachsenden Einkünften im Unterhaltungssektor. Die Freizeit ist zum großen Geschäft geworden und schafft neue Berufsgruppen. Wo die einen sich gehen lassen, müssen die anderen arbeiten. In Einkaufsstraßen, Shopping Malls, Urlaubsparadiesen und Wallfahrtsorten, aber auch in Opernhäusern, Theatern und Museen erzeugen Veranstaltungsprofis gezielt jenen außeralltäglichen Rahmen, der die Teilnehmer und -nehmerinnen in eine gehobene Stimmung versetzen soll. Selbst das Fernsehen setzt mit Fanfarenmusik und jubelnder Vorankündigung auf den Eventcharakter filmischer Genüsse. Es ist klar, dass die Kundinnen und Kunden bei so vielen Events langsam abstumpfen. Wenn jedes Landgasthaus einen Erlebnisurlaub bietet, dann beginnt man sich zu fragen, wo das Heilige und Außeralltägliche nicht stattfindet. Vielleicht bei einem entspannenden Aufenthalt im Kloster? Die Inflation von Festen und Ausstiegsmöglichkeiten erzeugt neuen Stress. Wenn selbst die Freizeit Warencharakter annimmt, entstehen neue Konkurrenzen und kostspielige Bedürfnisse. Dionysos versetzt die überdisziplinierten modernen Individuen in den Warenwelten in Raserei, während Hestia, wie Ranke-Graves schreibt, froh ist, den eifersüchtigen Zänkereien im Olymp zu entgehen[563], gilt doch ihr Feuer als friedliches Zentrum, an dem sich die Gemeinschaft alltäglich erneuert, mit und ohne Waren. Aber Zeit und Raum dafür werden knapper.

9.4 Wiedergeburt aus der Masse

Es gibt eine Tradition[564] in der westeuropäischen Soziologie von Emile Durkheim über Ferdinand Tönnies bis zur Gegenwart, die die Gemeinschaft der Gesellschaft entgegenstellt und explizit (wie etwa Tönnies[565]) oder implizit (wie etwa Ulrich Beck[566]) die Gemeinschaft als weiblichen, gefühlsbetonten Bereich von der Gesellschaft als männlichem und rational strukturiertem Bereich unterscheidet. «Weibliche» Sozialstrukturen werden den «männlichen» gegenübergestellt, ohne dass dies vordergründig sofort fassbar wäre. Ulrich Beck kritisiert diese geschlechtsspezifische Zuteilung[567] zwar, wertet aber die so genannten weiblichen Bereiche insofern ab, als für ihn kein Zweifel darüber besteht, dass Frauen sich die männliche, individualisierte Lebensweise aneignen wollen und sollen, weil sie die attraktivere und wertvollere sei. Auch der französische Soziologe Michel Maffesoli gibt der dionysischen Masse, die er in den modernen europäischen Gesellschaften untersucht, weibliche Attribute und bezeichnet sie als Matrix und nährenden Untergrund des politischen Bereiches der Individuen.[568] Maffesoli spricht von einem *esprit du corps*[569], der Gruppen mit direkter, spontaner Kommunikation eigen sei. Die Individualisierung verhindert seiner Meinung nach Gefühle der Geborgenheit in der Masse, die ihrerseits jedoch mit einem Identitätsverlust drohe. Andererseits könne sich, und damit kommt er Victor Turners Ausführungen recht nahe, eine Gesellschaft nur in Auseinandersetzung mit ihrem orgiastischen Untergrund erneuern und am Leben erhalten.

Mit seiner Beschreibung einer mysteriösen *puissance*, einer Macht, die im vitalen Urgrund der Masse wurzle, stellt Maffesoli sich in die Tradition Durkheims. Denn er bezeichnet diese dionysische Masse als unsterblich und daher heilig, aber auch als Matrix allen sozialen Lebens.[570] Zusätzlich übernimmt Maffesoli von Georges Bataille[571] den Begriff der Verausgabung für das Massenerlebnis. Das Fest hat für Bataille unter anderem auch einen beabsichtigten zerstörerischen Aspekt, weil es Überschüsse vernichtet und einer rationalen Haushaltung entzieht. Wenn dies jedoch in einem geordneten Rahmen geschieht, dann verbindet das Fest die Gemeinschaft immer wieder mit ihren Wurzeln, die Bataille in Gewalt und Chaos sieht, von denen die Menschen sich distanzieren müssen, obwohl sie aus der sinnlosen Vergeudung auch Kraft und Sinn schöpfen. Nur die Aufhebung der Nützlichkeit könne, so Bataille, ein Bewusstsein begreifbar machen, das nichts mehr zum Gegenstand hat.[572] Nutzloser Verzehr bestätige daher die Anerkennung der Existenz als solcher und stelle die wichtigste religiöser Tätigkeit dar.[573] Feste können und sollen zu Gefühlen der Communitas verhelfen, sie heben den Alltag auf und bieten mittels Nahrung, Drogen, Gesang und Tanz den Ausstieg aus dem isolierten Ich und den Anschluss an ein Wir. Der dunkle Aspekt solcher außerordentlicher Zustände liegt in ihrer Unberechenbarkeit: Die Zerstörung kann überhand nehmen, der rituelle Rahmen kann, sofern überhaupt vorhanden, zerbrechen. Obgleich in der Masse jegliche Individualitäten eingeschmolzen werden, hofft Maffesoli, dass jedes Individuum nach dem Bad in diesem Schmelztiegel wieder neu geboren und transformiert hervortreten werde. Das klingt nach sozialer Alchemie im besten Sinne, allerdings auch nach einer Hoffnung auf gleichsam «natürliche» Prozesse bei Entwicklungen, die eben von Menschen erzeugt und daher nicht natürlich sind. Außerdem erhält das so vorgestellte Natürliche weibliche Züge. In diesen soziologischen Diskursen zeigt sich die alte Tradition, Bereiche des unstrukturierten Heterogenen als weiblich aufzufassen, es dem Unheimlichen bei Freud anzunähern. Das Bild der identitätslosen brodelnden Masse erinnert durchaus an eine Hexenküche, in der das Vergängliche und Emotionale verkocht, bis sich etwas Neues herauskristallisiert. Struktur und Form gelten auch heute noch, ganz im aristotelischen Sinn, als männlich und dauerhaft, Emotionen und Einfühlungsvermögen werden den Frauen zugeschrieben.[574] Obwohl Maffesoli der Masse ein kreatives Potential zugesteht, hebt er diese symbolische Ordnung der Geschlechter nicht auf, weil diese Kreativität unbewusst und ohne Absicht zu Tage tritt. Wo sie sich zeigt, hat sie jedoch schon Struktur und hebt sich aus der Masse heraus.

Diese soziologischen Beschreibungen transportieren mehr oder weniger deutlich Gefühle eines Verlustes, was die Auflösung von Gemeinschaften wie etwa Familie und Dorfgemeinschaft durch die industrielle Produktionsweise und die Individualisierung betrifft. Dabei wird das Vormoderne in Bezug auf das Moderne ebenfalls als weiblicher angesehen. Oder aber die gesellschaftlichen Veränderungen erwecken, wie im Fall von Maffesoli, Hoffnungen auf neue Arten von Gemeinschaften, die ebenfalls emotionale Geborgenheit und face-to-face-Kontakte ermöglichen werden. Einmal verorten die Soziologen intensive, unmittelbare Gemeinschaftsgefühle in einer Idylle aus der Vergangenheit, ein anderes Mal sieht man glückliche Eingebundenheit am Horizont winken. Der Unterschied zwischen männlicher Individualität und weiblicher Gemeinschaft bleibt in den Darstellungen das Grundmuster. Während Maffesoli notiert: «Die Masse braucht die Feststellung der (individuellen, nationalen, sexuellen) Identität nicht»[575], bemerkt Beck: «Individualisierung (im Sinne marktvermittelter Existenzführung) bestärkt männliches Rollenverhalten.»[576] Der über- oder asexuellen Masse, in die man zur Entspannung eintauchen kann (hier scheinen Mutterbilder eingeflossen zu sein), steht die «Vereinzelung in gegen- und auseinander laufenden Wegen»[577] gegenüber. Aber Ulrich Beck sieht noch eine Gefahr: Während die halbmoderne «Geschlechtsständeordnung»[578], wie er sie nennt, zumindest einem Geschlecht, eben dem männlichen, ökonomische Selbstständigkeit bei gleichzeitiger Eingebundenheit in eine Familie ermöglichte (also gemeinschaftliche und gesellschaftliche Bedürfnisse erfüllte), droht nun den Individuen beiderlei Geschlechts zunehmende Abhängigkeit von den Strukturen der Arbeitsgesellschaft bei gleichzeitiger Standardisierung durch arbeitsmarktstrategische Anforderungen und die Einflussnahme der Medien. Damit sieht er das über die Marktabhängigkeit und die Medien geschaffene Wir keinesfalls so positiv wie Maffesoli, sondern eher vom Profitdenken bestimmt. Die Menschen brauchen Wir-Gefühle, aber der Markt schlachtet diese Bedürfnisse nun strategisch aus, ohne sie tatsächlich befriedigen zu können.

Wenn man die proletarischen Haushalte außer Acht lässt[579], wurden diese Sehnsüchte nach ganzheitlicher Einbindung in bürgerlichen Schichten ehemals von der Hausfrau im Rahmen der von ihr betreuten Familie gestillt. Eine Annäherung an die Gleichberechtigung der Geschlechter mittels Individualisierung führt also vorerst zu einem allgemeinen Mangel an Gemeinschaftserlebnissen für beide Geschlechter, so Beck. Damit gibt er zu verstehen, dass jene positiven Erlebnisse, die Turner als Communitas bezeichnete, vor allem in der Gemeinschaft der Frauen, in den Nischen des Erwerbslebens zu finden waren. Maffesoli hingegen sieht die Möglichkeiten für Communitas wachsen, weil er durch die Öffnung traditioneller Familienstrukturen eine Zunahme persönlicher Interessengemeinschaften im Alltag feststellt, die er eher mit weiblichen Attributen versieht: wenig Struktur, wenig Hierarchien, aber viel Emotion. Das bisher Ausgeschlossene, das er mit dem Weiblichen identifiziert, soll also nun das Rettende sein.[580]

Was ich mit diesem kurzen Exkurs in die Soziologie zeigen wollte, ist, dass männliches Verhalten und positive Communitas im abendländischen Denken zwei gegensätzliche Pole zu bilden scheinen. Die wünschenswerte regenerative Communitas wird den traditionell als weiblich bezeichneten Bereichen zugeschrieben.

Im Modell vom «ganzen Haus» der alteuropäischen Ökonomik des Historikers Otto Brunner[581] stand die väterliche Führungsperson als einziges Individuum im modernen Sinne allen Mitgliedern des Haushalts vor. Der Sozialhistoriker war der Auffassung, dass diese Position aufgrund ökonomischer Spezialisierungen und einer Intensivierung der gesellschaftlichen Arbeitsteilung von innen und außen bedroht sei. Von innen durch die Leidenschaften einer zu gefühlvollen, nesthaften Familie[582] und von außen durch Eingriffe des Staates und der Marktwirtschaft. Sigmund Freud verwendete ein bürgerliches Haus mit Untergeschoß, Vorzimmer, Wohnzimmer und Dachgeschoß, um die Ausbildung des psychischen Apparates mit einem stabilen Ich zu verdeutlichen. In diesem Denkmodell soll das Ich im Wohnzimmer sich gegenüber dem Es in den unteren Räumen als Herr, aber nicht als Frau des Hauses durchsetzen. Individualität trägt eben, zumindest in der abendländischen Interpretation, Werte, die sich von einem eindeutig männlichen Lebensmodell ableiten, wie Beck sehr gut beschreibt.

Dieses Modell ist aber nun durch die Änderung der Produktionsprozesse ins Wanken geraten. Die Verlagerung der Produktion an die Peripherie der reichen kapitalistischen Gesellschaften beginnt, die Arbeitsbedingungen für Männer in letzteren zu «feminisieren». Der Begriff der «Feminisierung»[583] beschreibt die Ereignisse zutreffend. Frauen mussten bisher schlechtere Arbeitsbedingungen als Männer in Kauf nehmen, wenn sie trotz ihrer Haushaltsarbeit am finanziell einträglicheren Produktionsprozess beteiligt sein wollten. Diese schlechteren Arbeitsbedingungen mit wenig Aussicht auf unbefristete Anstellungen oder beruflichen Aufstieg müssen nun auch immer mehr Männer auf sich nehmen. Dienstleistungen, die nicht mehr dem produktiven Sektor zugerechnet werden können, nehmen einen immer größeren Teil der zur Verfügung stehenden Arbeitsmöglichkeiten ein, bieten aber weder gute Arbeitsbedingungen (betriebsinterne Weiterbildung, angenehme Hauptarbeitszeiten, freie Urlaubswahl etc.) noch gute Bezahlung. Die ökonomische Vormachtstellung des männlichen Geschlechts, seine Macht als Repräsentant der Homogenität im Sinne Batailles, die sich über Produktion definierte, ist bedroht. In den Termini von Bataille müsste man daher eine Machtübernahme des Heterogenen befürchten, das bald nicht mehr im Zaum gehalten werden könnte. Diese «Feminisierung» breiter Bevölkerungsschichten, ihr Abgleiten in immer weniger zielgerichtete biographische Muster und in gegenüber den politischen und wirtschaftlichen Verhältnissen passive Lebensstile, führt aber bei gleichzeitiger Auflösung kollektiv geteilter Lebensrhythmen zu instabilen Ich-Identitäten. Die einen heiraten früh, die anderen spät, manche fünfmal, andere nie. Ein abgeschlossenes Studium garantiert heute noch lange nicht für eine Karriere, während auch die fehlende Reifeprüfung nicht daran hindert, eine Firma zu gründen und Millionen zu verdienen. Auf dem Markt dominiert keine bestimmte ethische oder bildungsbürgerliche Strategie mehr, sondern man muss herausfinden, was sich verkaufen lässt.

Je mehr Individualität propagiert wird, umso weniger erscheint sie tatsächlich erstrebenswert. Schließlich bietet der Markt mit seinen Massenartikeln genau genommen nur eine Scheinindividualität. So wirbt das Wirtschaftsförderungsinstitut im Jahr 2005 mit dem Wort «Ich©». Es prangt in überdimensional großen Buchstaben im Zentrum des sonst fast leeren einfärbigen Covers der Broschüre mit den Kursangeboten für individuelle Weiterbildung. Nur ein Satz steht darunter: «Machen Sie mehr aus sich». Das Ich ist also nicht genug, es darf nur existieren, wenn es ständig mehr aus sich macht, sich selbst überschreitet und vermehrt. Dabei steht es völlig alleine in der Welt oder sogar im Weltraum oder in was auch immer die leere Fläche zu sein suggeriert. Diese Werbung soll Freiheit vermitteln und die Hoffnung, dass man alles machen kann. Aber wer will schon für seine Misere selbst verantwortlich sein, wenn die Strukturen einem gar keine Wahl lassen? Denn die moderne Individualität verdammt die Individuen zu ihrer Entscheidungsfreiheit, ohne ihnen eine Erfahrung zuzugestehen, die eine Basis ihrer Entscheidungen sein könnte. Am Wirtschaftsförderungsinstitut bietet man jene Weiterbildungen an, die gerade in den expansiven Bereichen der Wirtschaft gefragt sind. Das Individuum hat sich nach dieser Nachfrage auszurichten. Die meisten Entscheidungen sind in einer durchrationalisierten Umwelt ohnehin schon getroffen. Man kann noch so viel über Gentechnik diskutieren, die Entscheidungen über den Einsatz gentechnisch veränderter Nahrungsmittel wurden bereits vom Markt getroffen. Wer kann sich heute wirklich noch frei entscheiden, ob er oder sie ein Handy will oder nicht? Es geht nicht mehr ohne, wenn man seine soziale Einbindung nicht riskieren will. Gerade an dem oben angeführten Weiterbildungsinstitut wird vermittelt, dass man im Leben mehrmals umsatteln muss und dabei alte Erfahrungen schlicht wegwerfen kann, weil sie im neuen Berufsfeld nicht mehr gebraucht werden oder sogar stören. Gerade das Ich mit dem ©-Zeichen betont den Umstand, dass das jeweilige Ich Warencharakter annimmt und sich je nach Nachfrage auf dem Markt neu zu erfinden hat. Der Markt wird zu einem unbarmherzigen und unberechenbaren Gott, der einem nicht einmal mehr die Schöpfung abnimmt. Um genau diesem Zynismus zu entkommen, sucht man daher Trost in vorgefertigten Wir-Identitäten, die als konsumierbare Ereignisse angeboten werden. Das ist die Lage der so genannten Spaßgesellschaft.[584]

Maffesoli stellt das Hervortreten «dionysischer Massen» am Ende des zweiten Jahrtausends als eine Übergangserscheinung dar. Es handelt sich dabei seiner Meinung nach um Symptome einer Transformation der Gesellschaften, eben um eine liminale Phase im Übergang zu neuen Ordnungen, die er positiv bewertet. Aber inwieweit ist diese Masse der Konsumentinnen und Konsumenten wirklich mächtig? In den alten Gesellschaften dienten dionysische Riten unter der Anleitung erfahrener Schamanen oder Priester der Erhaltung des Status quo, warum sollten sie also heute zu einer gesellschaftlichen Transformation führen können? Selbst wenn man wie Victor Turner annimmt, dass Liminalität kreative Potentiale eröffnet, dann können sich letztere – soweit die Beispiele von Turner zeigen – nur dann konkret verwirklichen, wenn die neu gefundenen Elemente sich zu einer Ordnung verfestigen und dadurch die Liminalität beenden. Die gegenwärtige Entwicklung der Konsumgesellschaften führt jedoch das Gegenteil vor Augen: Die angebotenen liminoiden Ereignisse sollen keinesfalls zu neuen Einsichten führen. Die Voraussetzung für Erlebniskonsum ist die Abschirmung von Ereignissen, die Spuren in der Psyche hinterlassen könnten. Nur so ist es möglich, in den Konsumparadiesen ständig neue Erlebnisse zu suchen, ohne sich zu überfordern.[585]

Einem Individuum, das nicht nur außengelenkter Bestandteil einer Masse sein will, wird daher mehr Disziplin abverlangt denn je. Das ist aber genau der Punkt, den Norbert Elias in seiner letzten Publikation zur Individualisierung[586] angesprochen hat. Die so genannten Freiheiten des Individuums verlangen ein immer höheres Ausmaß an Disziplin, um den Ereignissen auch Erfahrungen abzugewinnen, anstatt im Teufelskreis der ewigen Wiederholungen die Besinnung zu verlieren.

10
Himmel, Hölle und Schlaraffenland

Sucht man den Begriff «Konsumhölle» im Internet, dann tauchen an die zweihundert Zitate auf, beim Stichwort «Konsumparadies» sogar siebenhundert. Neben Kathedralen, Tempeln und Palästen dienen auch die äußersten Bereiche des alten christlichen Kosmos dazu, Orte mit Verlockungen zum exzessiven Konsum zu umschreiben. Die Hochburgen des Konsums erfordern anscheinend Bezeichnungen der Extreme, die in den alten Gesellschaften für das Außeralltägliche und höchstens von Visionären Erblickte vorgesehen waren.

Der Himmel verweist auf die Möglichkeiten, sich in den Einkaufssphären für gute Taten zu belohnen und sich über die gewöhnlichen irdischen Begrenzungen hinaus zu erheben: «Nimm mehr!», sagt die Werbung, «Fühle dich göttlich!» Denn nur die Götter dürfen sich die Grenzen selber setzen, fernab von menschlichem Mittelmaß.

Die Bezeichnung «Konsumhölle» findet bei Kritikern Anwendung, die damit zum Ausdruck bringen wollen, dass die Konsumenten nicht nur dazu verdammt sind einzukaufen, sondern dass sie dabei auch ausgesuchte Qualen erdulden müssen: die Qual der Wahl, des Mangels, den es auszumerzen gilt, des Zeitverlusts beim Suchen, der Enttäuschung danach, vielleicht auch der Geldsorgen und schließlich der Überforderung im «Dschungel» der Angebote. Konsum steht hier im Zeichen eines aggressiven Marktes, der mit unvermeidbarer Plünderung und Bestrafung droht. Je dringender man eine Sache braucht, umso eher ist man dem höllischen Ungeheuer Markt ausgeliefert.

Himmel und Hölle entfalten in diesen Zusammenhängen jedoch vor allem ihre materialistischen und sinnlichen Aspekte. Beide Wortbildungen beruhen auf alten christlichen Jenseitsvorstellungen, welche kaum von Philosophen und Theologen, sondern zumeist eher von weniger gelehrten einfachen Menschen so bunt und grausam oder sanft und freundlich ausgemalt worden sind. Bevor in Europa die Gewissensbildung zur Intentionalethik und in weiterer Folge zur Abschaffung von Körperstrafen führte, wurden Belohnung und Strafe vor allem sinnlich und körperlich vorgestellt. Auch heute zeigt die Werbung im Fernsehen, welches mehr auf Bilder als auf Texte angewiesen ist, den Lottogewinner in erotischen und kulinarischen Genüssen schwelgend. Glück setzt sich in der Konsumgesellschaft allegorisch aus Waren und Dienstleistungen zusammen. Aber fehlt dabei nicht etwas?

10.1 Unterwelten und Zwischenwelten

Die Wurzeln der christlichen Hölle reichen in unterschiedliche Kulturkreise zurück. Schon lange vor dem Christentum existierten im Vorderen Orient und in den Kulturen der Mittelmeerwelt Vorstellungen von einer Unterwelt, in der die Verstorbenen nach ihrem Tode weiterlebten. Mesopotamische Texte belegen, dass man sich das Jenseits als einen schattenhaften und unerfreulichen Ort ausmalte, der alle Toten unabhängig von ihren guten oder bösen Taten aufnahm.[587] Finsternis und Hoffnungslosigkeit bestimmten diese Sphäre, aus der es kein Entrinnen mehr gab. Auch die Hethiter stellten sich die Totenwelt unerfreulich und düster vor, wobei jedoch gewisse Unterschiede zwischen guten Menschen und Übeltätern auftraten. So mussten die Verfluchten Kot essen und Urin trinken[588], eine Vorstellung, die auch in Ägypten existierte und später über viele Jahrhunderte in christlichen Höllendarstellungen fortlebte. Was sonst ausgeschieden wird, muss hier, am Ort der Ausgeschiedenen, eingenommen werden. Nach ägyptischem Glauben wurde das Herz jedes Toten als Organ seines Gedächtnisses gewogen um festzustellen, ob er aufgrund seiner Lebensführung zu den Seligen oder zu den Verdammten dürfe. Während die Freigesprochenen an angenehmen Orten in Gottesnähe weiterlebten, erwartete die Frevler ein schreckliches Schicksal. Eine Totenfresserin, ein aus Krokodil, Löwe und Nilpferd zusammengesetztes Untier, lauerte gierig darauf, sie zu verschlingen. Andere wurden in Kesseln gekocht oder in Feuerseen verbrannt.[589] Ziel aller Qualen war jedoch nicht Läuterung oder Rache, sondern die Vernichtung der bösen Seelen. Auch im Judentum liegt die Hölle im Bereich der chaotischen Mächte der Finsternis. Die *Scheol* gleicht einem unersättlichen Tier mit aufgerissenem Schlund (Num 16, 30 ff.; Jes 5, 14), sie ist ein Bereich der Gottferne. Zwar müssen alle Menschen in das Totenreich einziehen, das ursprünglich nicht weiter differenziert wurde, aber der Gerechte, so begann man im Lauf der Jahrhunderte zu hoffen, werde von Jahwe errettet werden. Davon ausgehend entwickelte sich im antiken Judentum die Vorstellung von einer Hölle als Instrument Gottes und Stätte der Verdammten.[590]

Die Schattenwelt der Griechen nahm ebenfalls unterschiedslos alle Verstorbenen auf. Nach griechischer Auffassung mussten nur die besonders verachtenswerten Frevler im Totenreich auch Strafen erleiden. So etwa Tantalos, den inmitten eines Gewässers gefesselt doch ewig dürstete, oder Sisyphos, der einen ungeheuren Felsblock den Berg hinaufrollen musste, um ihn jeweils knapp vor dem Ziel wieder entgleiten und hinabstürzen zu sehen. Nur wenige auserwählte Menschen wurden hingegen entrückt, um im *elysion* auf Dauer in einem paradiesischen Zustand zu leben. Dennoch: Hades und sein gleichnamiger Aufenthaltsort galten allgemein als unentrinnbar und freudlos. Selbst der große Achilles hielt laut Homer ein Sklavendasein für angenehmer als den Tod.[591] Etwa ab dem 5. Jahrhundert v. u. Z. sprachen sich jedoch die Philosophen gegen eine solche gleichgültige Totenwelt, wie Homer sie noch zeichnete, aus. Erlösungshoffnungen richteten sich auf die Mysterienkulte, die das erfreuliche Jenseits nun allen Menschen gleich welchen Standes zugänglich machen sollten, wenn sie eine Einweihung auf sich genommen hätten. Auch Platon erachtete es für wichtig, dass das Böse durch Strafen, die nach dem Tode verhängt werden, Ausgleichung findet.[592] Dramatiker und Dichter begannen ebenfalls, von einer Gerechtigkeit des Hades zu sprechen. Die Stoiker hielten die Existenz einer Hölle jedoch für unmöglich.

In Rom verehrte man zwar die Ahnen, besaß aber ursprünglich keine klaren Vorstellungen von einem persönlichen Fortleben nach dem Tode.[593] Erst durch den Kontakt mit hellenistischen Jenseitsvorstellungen malte man sich den jenseitigen Aufenthaltsort genauer aus. Der römische Dichter Vergil (70–19 v. u. Z.) ließ in seinem Epos «Äneis» den Helden ins Jenseits reisen und entwarf eine Unterwelt, die, obwohl heidnisch, die abendländischen Vorstellungen nachhaltig beeinflussen sollte. Auch bei ihm müssen die Verdammten im *tartaros* entsetzliche Qualen ertragen.

Die deutsche Bezeichnung «Hölle» leitet sich vom altnordischen Totenreich *hel* her, das kein Ort der Strafe, sondern nur der Aufenthaltsort jener war, die durch Krankheit, Unglück oder Alter ihr Leben verloren hatten.[594] Erst unter christlichem Einfluss verwandelte sich die germanische Hel zusehends in einen Ort der Strafe. Etymologisch gehört Hel zum althochdeutschen Verb *helan*, das «verbergen» bedeutet, und steht in Zusammenhang mit Kammern und Höhlen unter der Erde, die als Grabstätten ganzer Sippen dienten.[595] Die Toten wurden unsichtbar und lebten im Jenseits weiter. Auch die Kelten glaubten an ein Weiterleben nach dem Tode in einer anderen Welt und ebenso an eine Seelenwanderung.[596] Sie stellten den Tod aber dennoch als grausames Ungeheuer dar, als reißenden Löwen, Eber oder Wolf, der die Körper vernichtete.[597] Auch sie dachten sich die Totenwelt unter der Erde befindlich und entwickelten wie die Germanen eine Art von Walhalla, wo zumindest die Helden, die in allen Ehren mit ihren Waffen begraben worden waren, zusammen schmausten und tranken. Auch von elysischen Gefilden wusste man zu erzählen, lieblichen Orten, wo ewige Glückseligkeit herrschte.

Fasst man diese Vorstellungen aus Westen und Osten zusammen, so zeigen die Beschreibungen der jenseitigen Welten zumindest einige wenige Gemeinsamkeiten. Die andere Welt ist verborgen und zeitlos. Aber die Verstorbenen, gleich ob sie nun in Düsternis dahinvegetieren oder glücklich das ewige Leben genießen, müssen doch wie die Lebenden essen. Im Hades dürsten die Schatten nach Opferblut, in Ägypten versorgt man die Toten regelmäßig mit Nahrungsmitteln, auch an griechischen Gräbern wird Wein auf die Erde gegossen. Die *manes* der Römer, die Seelen der Verstorbenen, erhalten ihren Anteil von den Nahrungsmitteln, in Alt-Israel brachten die Familien ihren Verstorbenen Speisen an die Gräber. Neben der Mahlgemeinschaft der Verstorbenen mit lebenden Menschen existieren aber auch solche der Toten untereinander oder mit den Dämonen. Außerdem öffnet sich die Hölle oft selbst wie ein Schlund und nimmt die Gestalt eines monströsen Tieres an. Dieses Bild blieb über Jahrtausende bestehen und dominierte die christlichen Vorstellungen. So stellte man sich vor, dass die Unglücklichen in der Verdammnis oft zur Strafe Ekel erregende Speisen zu sich nehmen müssten oder den Bewohnern der Finsternis als Nahrung dienten. In den glücklicheren Gefilden hingegen stünden köstliche Nahrungsmittel bereit, ein ewiger Frühling oder Sommer beschere goldene Früchte und den besten Wein. Zu beachten bleibt ferner, dass Vorstellungen eines persönlichen Heils und einer persönlichen Strafe ab dem 6. Jahrhundert v. u. Z. in den mittelmeerischen Regionen zunahmen.[598] Im Judentum entstanden nach dem Exil präzisere Auffassungen darüber, wie die Ungerechten bestraft werden.

Das Christentum kam diesen Bedürfnissen nach individueller Vergeltung entgegen. Die apokryphe Petrus-Apokalypse aus dem zweiten nachchristlichen Jahrhundert entwarf zum ersten Mal eine Hölle mit allen Schrecken sämtlicher Höllen aus der vorchristlichen Zeit. Diese christlichen Schreckensbilder blieben bis ins 20. Jahrhundert, bis zum Verschwinden der Höllendrohung, als Disziplinierungsinstrument erhalten, sie waren allgemein bekanntes Kulturgut, das in jeder Epoche die Künstler inspirierte. Bereits im Neuen Testament quälen Finsternis, Würmer und Feuer die Toten

(z. B. Mt 5,22; Mk 9, 43; Lk 3,17; Hebr 10,27), aber der unbekannte Verfasser der Petrus-Apokalypse beschrieb nicht mehr wahllos die verschiedenen Strafen, die den Sündern drohten, sondern er stellte erstmals deutliche Verbindungen bestimmter Sünden zu bestimmten Strafen her.[599] Dabei wurden zumeist jenes Organ oder jener Körperteil zerstört, welche an der Sünde maßgeblich beteiligt gewesen waren. Gotteslästerer wurden über lodernden Flammen an der Zunge aufgehängt. Frauen, welche mit ihren schönen Haaren Männer verführt hatten, baumelten an eben diesen Locken über kochendem Schlamm, ihre Beischläfer hingen an den Füßen mit dem Kopf nach unten in einer stinkenden Kloake. Mörder stieß man in Schluchten, wo giftiges Gewürm sie wie eine dunkle Wolke umfing. Frauen, die Abtreibungen durchgeführt hatten, mussten bis zum Hals in Exkrementen stehen, während die Föten ihnen mit Blitzen die Augen zerstachen. Hatten sie ihre Kinder jedoch nach der Geburt ausgesetzt, dann floss nun Muttermilch aus ihren Brüsten, um in stinkenden Bächen zu erstarren, aus denen kleine, Fleisch fressende Tiere entstanden, welche sich auf die schuldigen Eltern stürzten. Wucherer mussten in kochenden Abwässern aus Blut und Schlamm verharren und dergleichen mehr.

Solche präzisen und anschaulich ausgedachten Foltern lassen Schlüsse auf die Gerichtsstrafen der Entstehungszeit der Texte zu. Vor allem aber scheinen starke Wünsche nach Rache zu überwiegen. Es genügt nicht, die Sünder bestraft zu wissen, sondern man will sich ihre konkrete Qual und die körperliche Zerstörung vor Augen führen. Jene sekundäre Befriedigung, die oft daraus erwächst, dass man sich den Gesetzen notwendig unterwirft, aber dann auf die Selbstbeherrschung stolz ist, scheint dem Autor dieses Textes nicht zugänglich oder nicht ausreichend gewesen zu sein. Außerdem handelt es sich aus einem seelsorgerischen Blickwinkel betrachtet zusätzlich darum, den Gläubigen Angst zu machen und sie so zur Einhaltung der Gesetze zu bewegen. Obwohl der Text nicht in den Kanon der anerkannten Literatur aufgenommen wurde, blieb er doch von großem Einfluss auf christliche Schriftsteller.

Die Hölle war nun als Sphäre der ewigen Folter und Verdammung definiert, zu denen die Theologen und Dichter der nachfolgenden Jahrhunderte noch neue Aspekte hinzufügten. So erwähnt die Paulus-Apokalypse aus dem vierten Jahrhundert n. u. Z. Strafen, die der Petrus-Apokalypse stark ähneln, sexualethische Verfehlungen sind sogar beträchtlich erweitert worden[600] und steigern sich z. B. im Pseudo-Titus-Brief aus dem 5. Jahrhundert n. u. Z. ins Sexualpathologische.[601] Die Göttliche Komödie von Dante Alighieri greift im Hochmittelalter die frühchristlichen Entwürfe wieder auf.[602] Die Hölle blieb der negative Teil des Jenseits, tief in die Erde verbannt, welche den tierischen Anteil der Menschen beherrschte. Daher überwiegen bei den Höllenstrafen auch Maßnahmen, die speziell jene Körperteile malträtieren, die der oralen oder sexuellen Triebhaftigkeit dienen: Mund, Genitalien, Anus und Brüste. Dem Teufel wurde die vergängliche Welt und die Materie zugeordnet. Der Himmel stand der Hölle als Bereich des Geistes gegenüber. Aber diese geistigen Gefilde wurden niemals so genau ausgemalt wie die Abgründe. Außer den Erlebnismystikern überlegte sich niemand, welche psychischen Lustbarkeiten der Lohn für Keuschheit oder Mildtätigkeit sein würden oder mit welchen glückseligen Gefühlen die freiwillige Armut und die Demut einst vergolten würden. Die Mystiker heben die Unsagbarkeit erlebter Glückszustände hervor, oft genug verwenden aber auch sie Bilder körperlichen Genusses. Glückseligkeit außerhalb des Sinnlichen hat keine klare Gestalt. Die Bestrafungen jedoch, welche Seelsorger, Prediger und andere Kleriker sich für die kleinen und großen Fehltritte einfallen ließen, sind Legion. Seit dem 6. Jahrhundert n. u. Z. entstanden Bußbücher, in denen alle erdenklichen Sünden beschrieben und mit der zugehörigen Buße je nach Ausmaß der Vergehen hierarchisch geordnet wurden.[603] Jede Gesetzesübertretung erhielt eine Buße zugedacht, jede unerlaubte Begierde das angemessene Leid gegenübergestellt. Es ging um Ausgleich. Die Heilsgeschichte vollendete sich in einem Kosmos, dessen Gleichgewicht durch Buße ständig wieder hergestellt werden musste. Denn die Hölle bedeutete Chaos und Verkehrung. Schon bei den mediterranen Hochkulturen hatte sie die typischen Kennzeichen verkehrter Zustände aufgewiesen. Die Verdammten mussten menschliche Ausscheidungen essen, tierische Dämonen kochten die Menschen in Kesseln, um sie zu fressen. In abendländischen Verkehrungen aßen die Hexen Kinder, statt, wie doch für Frauen üblich, sie auf die Welt zu bringen und zu ernähren. In allen Erzählungen vom Hexensabbat und den schwarzen Messen bis ins 19. Jahrhundert bleiben diese Verkehrungen erhalten.[604] Die Teufelsanhänger küssen ihren Herrn auf den Anus statt auf den Mund, das Gold des Teufels verwandelt sich in Dreck.

Hieronymus Bosch, einer der bekanntesten Höllenmaler der westlichen Christenheit, hielt die Jenseitsqualen, vor denen sich die Christen zu fürchten hatten, in phantasievollen Bildern fest. Boschs Höllen sind oft nichts anderes als mit Dämonen durchsetzte Alltagsszenen, teilweise als verkehrte Welt gestaltet, teilweise monströs deformiert. Er unterteilte die Hölle sogar ständespezifisch. Auf dem dreiteiligen Gemälde «Das tausendjährige Reich» finden sich auf dem rechten Innenflügel z. B. Höllenbereiche für Mönche, für Ritter und für Spieler.[605] Grundsätzlich galt Satan als Prinz der Welt, wo er die Menschen zu materiellen Ausschweifungen verführte, um ihre Seelen an die vergänglichen Lüste zu fesseln und damit dem Untergang zu weihen. So zählte man nicht nur die Künstler, welche sich anmaßten schöne Statuen oder Gemälde herzustellen, zu den gefährdeten Seelen, sondern ebenso auch Wissenschaftler, die sich für allzu weise hielten. Der erfolgreiche barocke Dramatiker und Jesuit Jakob Bidermann (1578–1639) ließ in seinem Stück «Cenodoxus» einen großen Gelehrten der Pariser Universität zur Hölle fahren, weil sein Wissen ihn zu gotteslästerlichem Hochmut verführt hatte. Aber auch Musiker, Tänzer und Schauspieler schienen mehr dem Teufel als den lieben Gott zugeneigt, weil sie die Menschen von der Arbeit weg zu allerlei weltlichen Vergnügungen und Narrheiten ablenkten.

Narren, die beliebten Figuren der nachreformatorischen Epoche, sollten den Menschen einen Spiegel vorhalten. Denn waren nicht alle jene Narren, welche sich von weltlichen Äußerlichkeiten blenden ließen, anstatt allein auf Gott zu vertrauen? So steht auch der Narr in der Welt zwischen Gott und Teufel, genau in der Kluft, die sich zwischen der irdischen und der jenseitigen Welt aufgetan hat. Welcher soll er sich zuwenden? Noch ist er nicht verurteilt, sondern ein Grenzgänger zwischen gut und böse, zwischen Verdammung und Erlösung. Die Figur des Narren lässt das Erdenleben als Übergangszeit erscheinen, wo alle sozialen Positionen beweglich werden. Die Ordnung, auf welcher ein Großteil der menschlichen Handlungen beruht, wirkt, wenn man sie von einer rein spirituellen christlichen Warte aus betrachtet, auf den Kopf gestellt. Wenn nur das Jenseits zählt, dann sind alle Bemühungen, sich ein genussvolles Leben im Diesseits einzurichten, verkehrt. Menschen sind Wanderer durch die Welt auf der Suche nach dem endgültigen Ziel. Während des dreißigjährigen Krieges stellte man sich darunter Gott vor, der jedoch nur mehr im eigenen Herzen gefunden werden konnte. Der Romanheld Simplicius Simplicissimus, über weite Strecken seines Lebens bloß ein Narr im Trubel des Weltgeschehens, kommt daher in einer Eremitenklause ans Ziel, weit weg von allen Versuchungen.

Insgesamt repräsentiert der Teufel alle irdischen Freuden und steht damit im Widerspruch zum spirituellen Himmelreich. Seine vielfältigen Tiergestalten und sein Bocksfuß weisen darauf hin, dass die animalischen Leidenschaften seiner Herrschaft unterstehen. Die Tarotkarte «Der Teufel» im Kartensatz von Arthur Edward Waite zeigt einen Mann und eine Frau, beide unbekleidet und mit einem längeren Schwanz versehen an den Thron des Teufels gekettet. Irdische Leidenschaften – der Schwanz und der nackte Körper verweisen auf das Animalische – fesseln an die Materie. Im Christentum trat der Teufel außerdem das Erbe der alten Unterweltgötter an, die auch für die Fruchtbarkeit zuständig gewesen waren. Unzucht, Völlerei und Gier in jeder Form führen in die Hölle. So wie Saturn, der alte Gott des Ackerbaues und des unterirdischen Wachstums, einst nach der Erntezeit mit Festen der verkehrten Welt geehrt worden war, meinte man nun, dass die teuflischen Feste ebenfalls den Alltag verkehren würden. Obwohl man den Teufel in den Tiefen der Erde vermutete, war er doch nicht von dieser Welt. Obwohl er die Menschen zu sexuellen Werken verleitete, hielt man ihn selbst doch für unfruchtbar. Die Dominikanerinquisitoren und Autoren des «Hexenhammers» (1486) widmeten etliche Seiten ihres Werkes dem Problem der zauberisch erzeugten Unfruchtbarkeit und der Impotenz der Männer.[606] Thomas von Aquin meinte, dass der Teufel Dämonen in Frauengestalt, so genannte *succubi*, benütze, welche Männern beilägen, um mit dem so erhaltenen Samen Hexen zu schwängern.[607] Besonders Missernten, fehlende Fruchtbarkeit bei Menschen, Tieren und Ackerpflanzen, das Versiegen der Milch bei Tieren und stillenden Müttern wurden dem Teufel und seinen Helfershelfern angelastet.

Seit dem Spätmittelalter beschäftigten sich die europäischen Christen immer intensiver mit den Möglichkeiten der Höllenqualen. Die zunehmend merkantilen Gesellschaften waren komplexer geworden, als die Moral es vorsah. Die Durchlässigkeit ständischer Normen und die Vervielfältigung der Handlungsmuster in urbanen Bereichen vermehrten die Grauzone zwischen gesetzeskonformem und ungesetzlichem Verhalten und damit auch die Schuldgefühle. Die Theologen schoben daher das Fegefeuer[608] zwischen Verdammung und Rettung, um den Menschen noch eine letzte Gnadenfrist mit zusätzlichen Bußmöglichkeiten zu eröffnen. Sie erweiterten sozusagen den Kreditrahmen. Ab 1400 stieg die Zahl der Hexenprozesse kontinuierlich an, um am Ende des 17. Jahrhunderts in Westeuropa wieder abzuebben. Parallel zum verbotenen Pakt mit dem Satan häuften sich Fälle von Leidensmystik. Sie stellten eine erlaubte Variante des Kontaktes von Laien mit der anderen Welt dar. Auch in diesen Bereichen des erlaubten, jedoch oft tödlichen Umgangs mit Gott überwogen die Frauen.[609] Besonders betroffen vom Hexenwahn waren die Gebiete nördlich der Alpen. In den Niederlanden, der mächtigsten Wirtschaftsmacht in dieser Epoche, endeten die Verfolgungen allerdings bereits um 1600, in den peripher gelegenen Ländern wie Schweden, Polen oder Neuengland erst im 18. Jahrhundert.[610]

Die Zweifel an der Hexerei und an teuflischen Mächten scheinen parallel zur Intensivierung kapitalistischer Produktionsmethoden gewachsen zu sein.[611] Im neuen Weltbild schienen magische Zusammenhänge weniger glaubwürdig, aber vor allem auch weniger mächtig als die Zusammenhänge, welche die Waren- und Geldströme herstellten. Gerade im damaligen Holland, das seinen Reichtum dem Seehandel verdankte und wo die Bauern für den Markt anbauten, an Geldverkehr gewöhnt waren und nicht selten auch ihre Äcker verließen, um sich in der Stadt anzusiedeln, herrschte kein geschlossenes Weltbild mehr vor, das bei Veränderungen der Sündenböcke bedurfte. Zwar erlebten Magie und Astrologie vom Spätmittelalter bis zur Aufklärung in ganz Europa eine Hochblüte, aber wo der Übergang von einer holistischen in eine ausdifferenzierte Gesellschaftsordnung ohne größere Hungersnöte und ohne existenzbedrohende Statusverluste für breite Schichten vor sich ging, dort suchte man auch weniger nach Schuldigen. Ethnologische Studien belegen z. B. eine Zunahme des Teufelsglaubens in südamerikanischen Regionen im Zuge des Übergangs von subsistenzwirtschaftlichen zu profitwirtschaftlichen Arbeitsverhältnissen.[612] Ähnliches geschieht zur Zeit auf dem afrikanischen Kontinent, wo mangelnde staatliche Rechtsstrukturen zusammen mit den grausam fühlbaren Veränderungen, die westliche Handelsbeziehungen und westliche Medien seit Jahrzehnten bewirkt haben, die Menschen mangels besseren Wissens beim alten Hexenglauben und bei der Angst vor bösen Geistern Zuflucht nehmen lassen.[613] Gesellschaften, die an der Schwelle zur kapitalistischen Gesellschaftsordnung stehen, interpretieren die Zusammenhänge immer noch in Begriffen ihrer alten Weltvorstellungen. Das magische Weltbild erscheint weniger bedrohlich als das globale. Reste dieser Vorgangsweise finden sich in den modernen Konsumgesellschaften bis heute, wie die Reden von Konsumtempeln, Fetischen und dem Tanz um das goldene Kalb beweisen. Solche Umschreibungen vermitteln, dass zumindest der Teufel noch für eine nachvollziehbare und verlässliche Reziprozität sorgt, die der ferne Gott schon aufgegeben hat. Sie vermitteln, dass es den meisten Menschen immer noch lieber ist, magische Beziehungen zum Teufel zu unterhalten, als völlig allein den Mechanismen einer undurchschaubaren Welt ausgeliefert zu sein. Oder aber, wie die romantische Erzählung «Das kalte Herz» von Wilhelm Hauff nahe legt, man hält die neuen rationalen Lebensbedingungen selbst für eine Erfindung des Teufels, der sich sukzessive die Seelen gegen Geld erhandelt und damit die Erde in einen Aufenthaltsort der Verdammten verwandelt.

10.2 In Teufels Küche

Max Horkheimer und Theodor W. Adorno verfassten bereits vor dem Ende des Zweiten Weltkrieges eine Kritik der Konsumgesellschaft, die wenig zu hoffen übrig ließ. Nachdem sie dem Faschismus entkommen waren, sahen sie sich dem System der Warenkultur ausgeliefert, das ihnen noch unentrinnbarer schien. Die «Dialektik der Aufklärung» beurteilt die damals in den USA bereits fortgeschrittene Kommerzialisierung der Freizeit, der Unterhaltung und der Kunst völlig pessimistisch. «In der Kulturindustrie ist das Individuum illusionär nicht bloß wegen der Standardisierung ihrer Produktionsweise. Es wird nur so weit geduldet, wie seine rückhaltlose Identität mit dem allgemeinen außer Frage steht.»[614] Unter kapitalistischen Bedingungen ist das Individuum also ein solches nur zum Schein. Ein Standpunkt, den schon Karl Marx vertreten hat.[615] Die späteren Direktoren des Frankfurter Instituts für Sozialforschung hielten das gute Leben in einer reichen

Konsumgesellschaft für das falsche, für eine Lüge der Produktionsverhältnisse, die sich mittels dieser Erfindung perpetuierten. «Das Individuum», so schreibt Adorno in «Minima Moralia», «verdankt seine Kristallisation den Formen der politischen Ökonomie, insbesondere dem städtischen Marktwesen. Noch als Opponent des Drucks der Vergesellschaftung bleibt es deren eigenstes Produkt und ihr ähnlich.»[616] Bereits Georg Simmel hat in seiner «Philosophie des Geldes» (1900) historisch nachzuvollziehen versucht, wie sehr die europäischen Individualisierungsprozesse mit der Marktwirtschaft verknüpft sind. Denn dank der beschleunigten Geldzirkulation war es möglich, die statischen sozialen Kreise aus ihrer Position zu ziehen und das hierarchische Gefüge des Feudalismus aufzulösen. Adorno fügte seiner Aphorismensammlung «Minima Moralia» den Untertitel: «Reflexionen aus dem beschädigten Leben» hinzu. Dem ersten Teil des Buches stellt er das Motto voran: «Das Leben lebt nicht.»

Adorno erkennt, dass der Entwurf vom autonomen Individuum in der Warenkultur vor allem dazu dient, den Einzelnen eine Verantwortung zuzuschieben, die sie unmöglich tragen können und doch müssen. Tatsächlich unterstellt man etwa Arbeitslosen, die aufgrund von Rationalisierungsmaßnahmen freigesetzt wurden, dass sie faul, ungebildet und unflexibel seien. Ebenso rät man den Konsumenten, sich doch besser zu informieren und psychisch zu wappnen, um beim Einkaufen nicht manipuliert oder mit minderwertigen Waren reingelegt zu werden. Der ungerechte Tausch geht zu Lasten der Konsumenten, die als Produzenten ohnehin schon übervorteilt worden sind. Bei der Supermarktkasse werden dann die Einkaufstaschen durchsucht, weil die Geschäftsinhaber ihre Kunden für potentielle Diebe halten. Diese Situation ist zynisch, spricht aber immerhin noch die Tatsache an, dass es um Plünderung geht. Sowohl die Geschäftsinhaber als auch die Kunden fühlen sich geplündert. Die Konsumgesellschaft ist auf dem Prinzip der Knappheit aufgebaut. Irgendetwas muss immer zu wenig sein, damit das Begehren und damit auch die Kauflust nicht erlöschen.

Irgendetwas fehlt. Symbolisch und imaginär aufgeladene Objekte bieten sich als Erfüllungshilfen an, aber sie sind die falsche Nahrung für diesen Hunger. Nicht nur das Arbeiten für Geld, auch das Einkaufen stellt eine Sisyphos-Aufgabe dar, die niemals zu Ende gebracht wird. Die Waren in den endlosen Regalen zerlegen die menschlichen Begierden (und die Menschen gleich ebenso) in ihre zweckrational zu versorgenden Bestandteile. Diese Fürsorglichkeit ist höllisch, und zwar christlich höllisch, insofern dabei die Begierden samt dem Mangel verewigt werden. Die moderne Warenkultur ist durch eine große Diversität an käuflichen Objekten und Dienstleistungen gekennzeichnet, die einer ebensolchen analytischen Zerlegung menschlicher Bedürfnisse und Wünsche in Teil- und Splitteraspekte entsprechen. Kurz: Die Laster, welche die Bußkataloge einst aufzählten, um ihren Bußtarif festzustellen, werden nun für die ewige Fortsetzung des Ware-Geld-Tausches in Betrieb genommen. In der Bienenfabel von Bernard de Mandeville (1670–1733)[617] sollten die individuellen Laster immerhin noch dem Staat, jener großen väterlichen Gemeinschaft, dienen, als welche der soziale Zusammenhang in der Vorstellung entworfen wurde. Doch bereits der frühneuzeitliche Staat, den Mandeville vor Augen hatte, verdankte seine Entstehung dem internationalen Handel, der keineswegs einen sozialen Zusammenhang erzeugen wollte. Im 18. Jahrhundert galt England als das Herz des europäischen Kapitalismus, ein Herz, welches sich jedoch sicher nicht für die hungernden Lohnarbeiter der wachsenden englischen Großstädte erwärmte, geschweige denn für die Not leidenden Armen in Spanien oder Italien.

Adornos Analysen sind prägnant, seine Argumentation zwingend. Es scheint, dass diese kapitalistische Warengesellschaft ein geschlossenes System ist (und schon hierbei erinnert es an die Hölle), das bereits bei der Produktion der Waren jene armen Sünder mit herstellt, die dann verbrauchen müssen, was sie doch vorher abgelegt haben: das ungelebte Leben. Doch der Verbrauch garantiert nicht, dass man dabei lebendig wird. Waren ähneln «säkularisierten Reliquien»[618], Überresten von Verstorbenen. Beim Konsum sollte die Wiederaufnahme des Abgelegten den Übergriff des Jenseits auf das Diesseits als glückliches Leben zelebrieren. Geld als Medium dieses Übergriffs des Transzendentalen transportiert jedoch kein Weltbild mehr, das es zu materialisieren gälte. Da gerade bei der Lohnarbeit kein «Verkauf der Seele» vollzogen wird, können die Produkte dieser Arbeit von allen Bindungen frei der Zirkulation des Geldes anvertraut werden. Fließbandarbeiter verkaufen ebenso wenig wie Prostituierte ihre Gefühle. Jene Schwerarbeiter, die in Masttieranstalten täglich beim Schlachten von 50.000 Hühnern und beim Verladen der Kadaver helfen, müssen ihre Seele von diesem Blut rein halten. Es ist wichtig, bei dieser Arbeit keine Emotionen in ein Produkt hineinzulegen, über das man doch nie wird verfügen können. Auch die Freundlichkeit der Kassiererin, der Kellnerin, der Ärztin muss eine mechanische und unpersönliche bleiben, damit sie eben ihre echten Gefühle und ihre Seele noch vor dem Verkauf bewahren. Aber das Ergebnis ist dasselbe, es ist, als würde man bei dieser Distanzierung dennoch die Seele verlieren.[619] Das Leben zieht sich in sich selbst zurück. Aber weil solches Leben nicht mehr lebt, werden die Menschen laut Adorno zu lebenden Kadavern.[620]

Bereits in den ältesten Höllendarstellungen müssen die Verdammten Exkremente essen, also jene Stoffe, die dem lebenden Organismus nicht dienen konnten. Wucherer, die unrechtmäßig Zinseszins einforderten, stehen in der Petrus-Apokalypse in einem Morast aus Blut und Eiter. Hier kommt zum Schlamm das vitale Prinzip des Blutes dazu, welches die Geldgierigen gleichsam den Schuldnern vampirartig entzogen haben. Sich von Ausscheidungen oder von Abgeschiedenem zu ernähren, ergibt zweifellos einen geschlossenen Systemkreis, einen Teufelskreis ohne Entkommen. Mittelalterliche Darstellungen legen außerdem Kröten, Gewürm und Mist auf die Teller der Höllen-Tafelrunden.[621] Psychoanalytiker haben auf die enge Verbindung von Geld und Kot hingewiesen, die sich in Mythen, Märchen, Traumbildern und Phantasien seit Jahrtausenden nachweisen lässt. Solange ein Mensch lebt, bleibt auch sein Stoffwechsel in Gang. Neue Stoffe werden aufgenommen, von der Verdauung zersetzt, das Brauchbare wird ihnen entzogen und dem Körper zugeführt, das Unbrauchbare wird ausgeschieden. Diese Vorgänge zeugen von Lebendigkeit. Es handelt sich um einen Austausch mit der Umwelt, deren Produkte man aufnimmt und der man seine eigenen Produkte zurückgibt. Wildbeuterkulturen hinterlassen ihre Ausscheidungen ohne besondere Vorrichtungen in der Natur, die sie umschließt, und ziehen weiter. Sesshafte Menschen müssen bestimmte Orte für ihre Exkremente wählen, da ihr Terrain und somit die Aufnahmefähigkeit der Umwelt für Verdauungsprodukte begrenzt ist. In Städten, wo viele Menschen auf engem Raum leben, stellt die Entsorgung der Exkremente eine wichtige Aufgabe dar. Ein unterirdisches Labyrinth von Kanalrohren entsteht, das die ausgeschiedenen Substanzen sammelt und ableitet. Ströme von Kot und Urin fließen durch diese Unterwelten. Landete auf Bauernhöfen bis vor einigen Jahrzehnten der Aushub aus Senkgruben noch auf dem Misthaufen und später auf den Äckern, so stellt die konzentrierte Brühe heute zusammen mit Abwässern und Chemikalien eine Bedrohung des Grundwassers dar. Solche Ausscheidungen kann die Erde ohne Hilfe nicht mehr bewältigen, aus dem ehemaligen Dünger ist Gift geworden. Die Gabe der Menschen an die Erde, die sie ernährt, ist unannehmbar geworden, der ursprüngliche Kreislauf der Regeneration des Abgestorbenen somit unterbrochen.

Das erste und bedeutsamste Produkt eines Menschen sind jedoch seine Exkremente. Das Kind erhält Nahrung und Liebe und gibt seine Ausscheidungsprodukte an die Mutter zurück. Bei manchen Säugetieren lecken die Tiermütter die Ausscheidungen der Neugeborenen sogar auf. Erst beim Wechsel von Muttermilch zur Fremdnahrung beginnen die Windeln eines Kindes übel zu riechen und werden auch dementsprechend behandelt. Etwa zur selben Zeit, zu der ein Kind lernt, seine Schließmuskeln zu beherrschen und sich emotional von seinen ersten Produkten zu trennen, lernt es auch «Ich» zu sagen. Ein geschlossener Körper bildet sich in der Vorstellung, welcher nun sowohl sich selbst als auch die anderen aus Distanz betrachten kann. Leben heißt Aufnehmen, Verarbeiten und Abgeben. Das Abgegebene wird nach dem Vorbild der Exkremente heute weggeworfen oder gegen Geld eingetauscht. Geld stinkt nicht. In den magischen Heilverfahren der Antike und des Mittelalters waren körperliche Ausscheidungen wie Blut, auch Menstruationsblut, Muttermilch, Sperma, Urin und Kot von Menschen und Tieren selbstverständlich als Heilmittel in Verwendung.[622] Auch die heilsamen Reliquien sind echte körperliche Überreste. In der Neuzeit schiebt sich das quantifizierende Medium Geld zwischen jeden direkten Kontakt von ausgeschiedenen Objekten und Interessenten und stellt eine von persönlichen Beziehungen gereinigte, digitale Verbindung her. Nicht magisch konstruierte Analogien und auratische Ausdünstungen, sondern der Preis bezeichnet nun den Wert der Objekte oder Kompetenzen, die auf dem Markt angeboten werden. Das Geld nennt ein Äquivalent, ohne mit dem benannten Objekt in substanzieller Verbindung zu stehen. Gold stellte bis zur Erfindung des Papiergeldes noch eine Verbindung zwischen Kot und Geld her, da es symbolisch als Kot aus den Eingeweiden der Erde zu betrachten war.[623] Frau Holle, die Herrin der Unterwelt, beschenkt das fleißige Mädchen mit Goldtalern, das faule jedoch mit Pech, klebrigem Dreck. Das Gold ist im Märchen der raffiniertere Zustand der Grundsubstanz Erde, die ihre Schätze nur gegen Arbeit tauscht. Auch Gold konnte noch direkt als Heilmittel geschluckt werden, wie übrigens auch Kohle, die im Advent den Kindern als Gruß vom Krampus[624] gerne in die Schuhe gesteckt wurde. Beim Geld ist das nicht mehr der Fall. Gegenwärtig beruht der Wert des Geldes nur mehr auf menschlichen Übereinkommen und nicht mehr auf seiner wertvollen Substanz. Das Geld als Inbegriff von Wert hat keinen Körper. Der Dreck als Inbegriff von Wertlosigkeit gilt als Urbild der Materie schlechthin. Obzwar die Menschen noch zwischen einem rechtmäßig und einem unrechtmäßig verdienten Geld unterscheiden, sieht man es dem Geld nicht an und riecht auch nicht, woher es kommt oder wogegen es getauscht wurde.

Das neuzeitliche Individuum hat gelernt, seinen Körper so einzusetzen, dass er durch die Unterdrückung und Beherrschung seiner Regungen und Bedürfnisse zu einem Goldesel, modern gesprochen Geldesel, wird. Sowohl, was aus dem Mund kommt – Worte, Gedanken, Kommunikation –, als auch, was beim psychischen Stoffwechsel und bei der kreativen Auseinandersetzung mit der Umwelt produziert wird – handwerkliche, soziale und kognitive Fähigkeiten –, kann in Geld verwandelt werden. Was der Körper an Unverkäuflichem produziert, kommt in die Kloake. Je deutlicher in Europa im Verlauf der Neuzeit die Ausdifferenzierung mittels des Geldes die menschlichen Absonderungen in brauchbare und unbrauchbare unterschied, umso dringender wurden die Exkremente aus der Lebenswelt verbannt, an isolierten Örtchen geheim abgesondert und schnell weggespült. In den christlichen Tugendlehren bezieht sich der Begriff «Unreinheit» zumeist auf sexuelle Handlungen, weil diese nicht ohne körperliche Ausscheidungen vollzogen werden. Außer Blut und Tränen, die im Allgemeinen unter leidvollen Umständen abgesondert werden, gelten die Ausscheidungen des Körpers als unrein. Wundblut gilt im Unterschied zum Menstruationsblut als rein, da es frisch aus einer willkürlich erzeugten Wunde kommt, sich aber nicht im natürlichen Rhythmus des Körpers seinen Weg sucht und daher nicht mit einem Selbstreinigungsvorgang in Verbindung gebracht werden kann wie etwa die Aussonderungen aus Ohren, Mund und Nase. Da heute jedoch die Ansteckungsmöglichkeiten im Vordergrund stehen, erwartet man grundsätzlich von seinen Mitmenschen, dass sie ihre kleinen Blutungen recht bald stillen und die Wunden verbinden, wenn sie sich nicht ohnehin in ärztlichen Gewahrsam begeben müssen. Der Tränenfluss zeugt in den meisten Fällen von Schmerz oder er wird ebenfalls von Ereignissen bewirkt, die dem Körper von außen widerfahren und das Gemüt bewegen. Auch Tränen, die einem das Lachen abzwingt, werden eher in sehr privaten Situationen vergossen, in denen man sich gehen lässt, als ehrenvoll gelten sie nicht. Ökonomie und christliche Lehre stimmen in ihrer Abwertung der körperlichen Ausscheidungen überein. Sigmund Freud holte diese körperlichen Produkte jedoch wieder aus dem Verborgenen hervor und erklärte den Kot zum Urprodukt und zum Ausgangsmaterial aller menschlichen Produktivität. Laut Freud dient Kot nicht nur als erotischer Reizkörper im Mastdarm[625], sondern auch als Kind- und Penisersatz, der letztlich die Kastrationsangst des kleinen Jungen abzuwehren hilft. Mit dem Kot gelingt es dem Kinde sogar, sich in seiner Vorstellung selbst zu gebären.

Das ökonomische Potential eines Menschen, die Potenz eines Mannes können sich in Geld ausdrücken, denn wer Geld hat, der wird umworben. Weil Geld laut Freud eher durch Triebsublimierung verdient wird als durch das Ausleben der Triebe, stellt das Geldkapital den auf eine höhere Ebene transformierten menschlichen Samen dar. Der Kapitalismus macht Geld fruchtbar, es vermehrt sich durch den Antrieb, den der Besitzer ins Geld versenkt hat und der es von einer normalen Ware unterscheidet und den ungleichen Tausch rechtfertigt. Weil das Geld mit einem stets flüssigen männlichen Samen[626] identifiziert wird, der zur Vermehrung seiner selbst keiner weiblichen Hilfe bedarf, haben Frauen im christlichen Kulturkreis ein anderes Verhältnis zum Geld als Männer.[627] Ihre traditionelle Aufgabe ist es, das mit Männlichkeit identifizierte Potential zu materialisieren. Diese Tätigkeiten und ihre Ergebnisse, aber nicht der Besitz von Zahlungsmitteln galten in vorkapitalistischen Zeiten als Ursache der Vermehrung und des Zuwachses. Dem steht jedoch heute eine völlig andere Auffassung von Reichtum gegenüber. Die sinnliche Komponente der Umsetzung des abstrakten und daher unsterblichen Mediums (die Möglichkeit der Geldentwertung wird hier ausgeklammert) kommt einem Abstieg vom Himmel in die Niederungen des Körpers gleich. Die schönen Models, mit denen sich Millionäre oft in der Öffentlichkeit umgeben, sollen ihre Liquidität unterstreichen, die nur erhalten bleibt, wenn diese Männer sich nicht ans Materielle, symbolisiert durch eine Frau, binden. Die lustvolle Rückverwandlung des Geldpotentials in konkrete materielle Güter, die Heilige Hochzeit von Geist und Materie, wird aus kapitalistischer Sicht als Kastration interpretiert. Deshalb zeigen pornographische Filme nie einen nach der Ejakulation erschöpften Mann, sondern nur die überwältigte Frau, die für die unterworfene Materie steht und seine Potenz zum Ausdruck bringen soll.

In Europa landen Agrarprodukte, die am Weltmarkt nicht den entsprechenden Preis erzielen, manchmal auf dem Abfall. Die Stilllegung fruchtbarer Ackerböden wird sogar mit Prämien bezahlt. Geld ist auf dem Markt das am meisten nachgefragte Gut. Aus dieser Sicht repräsentiert Konsum dann einen Akt der Entsublimierung und ebenso eine Kastrationsdrohung. Trotzdem stellt Geld eine Totenmaske[628] dar, es beziffert ungelebtes Leben, das nicht konsumiert wurde. Alle himmlischen Freuden, die mit Geld assoziiert werden, bleiben Träume, die beherrschbarer sind als die Realität. Aber Hungergefühle, seien es nun physische oder psychische, stillen diese Träume nicht.

Nimmt man, wie die Autoren der «Dialektik der Aufklärung», Odysseus als Prototypen des neuzeitlichen Individuums, dann ist dieses männlich und durch Leid gekennzeichnet. Denn, so schreiben Horkheimer und Adorno: «Seine Selbstbehauptung aber ist wie in der ganzen Epopöe, wie in aller Zivilisation, Selbstverleugnung.»[629] Odysseus kommt nach dem Krieg um Troja nicht mehr nach Hause zurück, um dort seine Ländereien zu verwalten und ein ruhiges Leben mit seiner Familie zu führen, sondern er wird vom Schicksal immer wieder auf fremde Inseln verschlagen. Seine stärkste Waffe ist die List, mit der er sich gefährlichen Situationen zu entziehen weiß. Dennoch verliert er seine Kampfgefährten und reist allein, des Öfteren unter falschem Namen. Er wechselt seine Identitäten und führt, was man ein unstetes Leben nennt, auf der Suche nach einem schier unerreichbaren Ziel, das die Götter immer wieder in die Ferne rücken. Allein und ohne Heimat behauptet er sich dennoch und verdankt sein Überleben weit mehr seiner Klugheit und seiner Willenskraft als seiner Körperkraft. Aber Odysseus muss immer auf der Hut sein, er verweigert sich den Angeboten von Frauen, bei ihnen zu bleiben und sich einem friedlichen Leben zu ergeben. Diese Rast gönnt er sich nicht.

Damit das Denken die Realität beherrschen kann, schreiben Adorno und Horkheimer, braucht es Distanz zu ihr, die nur mit Hilfe von Askese hergestellt werden kann. Denken bedarf der Körperausschaltung, die allzu oft nur über Leid zu haben ist. Ein Teil des Lebens muss verleugnet und abgeschieden werden, damit der andere Teil sich darüber erheben kann. In der westlichen Tradition werden das Männliche und die Geisteskraft in eins gesetzt und erheben sich über das mit der Materie identifizierte Weibliche. Nicht die Hingabe ans Geschehen, sondern der Abstand dazu verhilft dem Individuum zu seiner Selbstbehauptung.

Was bedeutet das in einer Warenwelt? Bei seiner Auseinandersetzung mit den Werken von Charles Baudelaire, der die Großstadt Paris mit den Kaufhäusern und Boulevards im 19. Jahrhundert lyrisch beschrieb, hat Walter Benjamin zu erfassen versucht, wie das Verhältnis der Menschen zu den Dingen sich ändert, wenn die Produktionsverhältnisse sich ändern.[630] Benjamin hält die Passagen der modernen Großstadt, die im 19. Jahrhundert von Flaneuren und Prostituierten bevölkert waren und heute von Menschen auf dem Shopping-Trip durchwandert werden, für Übergangsorte. Die Prostituierten nähern sich dort den potentiellen Kunden nur über ihre Tauschwerte und vice versa. Denn Prostitution ist schließlich jede Art von Gelderwerb, der über die Arbeitsaufgaben zur Zerstückelung der Personen in verschiedene Kompetenzen führt. Die Hure verkauft ihren Unterleib, die Sekretärin ihr Organisationstalent, der Bauarbeiter seine Muskelkraft. Keine/r von ihnen gibt sich als ganzer Mensch der Arbeit hin, jede/r muss Ausstiegswege offen halten, wo er oder sie während oder nach der Arbeit die anderen Teilstücke der Person rettend aufbewahrt. Daher die Heiligung der Freizeit und ihre Annäherung an himmlische Sphären. Denn sie soll den zergliederten Menschen wieder ganz machen. Die Tauschsphäre gleicht laut Benjamin einem Übergang, sie besteht aus Schwellenzuständen zwischen Produktion und Verbrauch. Einkaufsstraßen der Großstadt sind Schwellen, welche die Mitglieder vormoderner Gesellschaften wohl nicht ohne entsprechende *rites de passage*, Übergangsriten, überschritten hätten. In der Moderne fallen diese Riten jedoch weg, der Schwellenzustand wird zur Lebenswelt. «Das Existieren im Spätkapitalismus ist ein dauernder Initiationsritus.»[631] Eine ganze Person, ein «ganzes Haus» und die Bewertung der Individuen auf der Basis ihrer Herkunft und ihres Rufes existieren dort nicht mehr. Flaneur und Hure befinden sich außerhalb der sozialen Kreise und bieten sich stückweise über einzelne Kompetenzen einer sozialen Einbindung an, dabei zersplittern sie in Waren: Hier der Unterleib, hier die Organisationsgabe, hier die Muskelkraft.

Diese leidvolle Prostitution ist laut Benjamin in der Moderne die Bedingung für Subjektivität, die erst im Jenseits, das heißt außerhalb der sozialen Einbindungen entsteht. Gerade weil eine Person vielfältige Rollen spielen muss, entsteht eine psychische Instanz, welche jeweils zum Spiel auf Distanz geht, aber von dorther die vielen Handlungsmuster betrachtet. Das innerste Innen, das ein Subjekt ausmacht, bleibt selbst jedoch asozial, denn es ist jener Teil, dem keine der vielen Rollen, die man in einer komplexen Gesellschaft erfüllen muss, gerecht wird. Die Individuen erleiden das Martyrium des Zerrissen-Werdens durch diese Rollenvielfalt und die Arbeitsteilung[632] und kommen daher im Jenseits, welches die Freizeit gegenüber der Arbeitszeit darstellt, in die Warenhöllen oder in die Konsumparadiese. Was die Odyssee chronologisch auffädelt, die Stationen der Reise des Odysseus zu seinem Heimatland, wo er seine soziale Position wieder einnehmen will, stellt sich beim modernen Individuum gleichzeitig her. Es wird bei lebendigem Leibe in arbeitsteilige Organe seziert, während die Seele flüchtet und die Ereignisse von außen betrachtet, konserviert wie das verkaufte Herz im Märchen von Wilhelm

Hauff. Auf diese Weise wird die Erde zur Hölle, wo jede Begierde, die an einem Partialobjekt haftet, sich als Folter auswirkt, weil sie den Zusammenhang aufhebt. Die Negation der Hingabe des Ich an das Dionysische führt ebenfalls zum Zerrissenwerden, jedoch bei vollem Bewusstsein. Der Preis für diese maskuline Individualität ist enorm. Dennoch können Adorno und Horkheimer auch der Masse nichts Positives abgewinnen. Sie halten sie für ein Konglomerat aus Pseudoindividuen, die der Unterhaltung frönen, um ihren Schmerz darüber zu vergessen, dass sie das wahre Leben nicht mehr fühlen können. Das ist wohl die schwärzeste aller Darstellungen der Konsumgesellschaft, das ist die Hölle.

10.3 Brot allein

Träume von glückseligen Ländern, wo es keinen Hunger, keine Arbeit und kein Alter gibt, sind Jahrtausende alt. Einerseits existierten Vorstellungen von glücklichen Gefilden, wo die Seelen von auserwählten Heroen oder Gerechten aus göttlicher Gunst weiterlebten, andererseits erzählten griechische und römische Mythen von einem goldenen Zeitalter am Anfang der Menschheitsgeschichte. Damals hätten die Menschen weder Krankheit noch Tod gekannt. Sie lebten in Frieden und ernteten ohne Mühe, was sie zum Leben brauchten. Hesiod (um 700 v. u. Z.) erzählt in seiner Theogonie von Zuständen vollkommener Zufriedenheit der ersten Menschen. Römische Mythen beschreiben das Zeitalter des Saturns ebenso als eine Epoche des Friedens und des einfachen, aber unbesorgten Lebens ohne Habgier, Lüge und Not. Die Menschen hätten jedoch begonnen, sich von diesem ursprünglichen Zustand fortzuentwickeln, um letztlich so verdorben zu werden, wie sie es heute sind. Ovid schildert in den «Metamorphosen» den glücklichen Anfang des Menschengeschlechts und die Schritte des sittlichen Abstiegs. Die christliche Erzählung vom Sündenfall im Paradies steht also in einer alten Tradition.

Obzwar der christliche Himmel wesentliche Elemente alter paradiesischer Wunschlandschaften[633] übernimmt, unterscheidet er sich doch stark von Entwürfen des goldenen Zeitalters. Was christliche Visionäre in prächtigen Farben schildern, hebt sich in wesentlichen Punkten von jenen Träumen, Erzählungen und Phantasien ab, die im Mittelalter in die Vorstellungen vom Schlaraffenland einflossen. Antike Erzählungen vom glückseligen Leben verbanden immer das Seelische mit dem Sinnlichen und stellten sich die Schönheit – Blumen, Sonnenschein, angenehme Gesellschaft – nicht ohne die Fruchtbarkeit vor – reife Früchte, wohlschmeckende Getränke, üppige Bankette. Es scheint, dass sich diese Vorstellungen vom glücklichen Leben im Christentum in eine theologisch anerkannte spirituelle Variante einerseits und in eine zwar populäre, aber bald verachtete sinnliche Variante andererseits aufgespaltet haben. So entstanden Beschreibungen des christlichen Paradieses, die sich auf glückliche seelische Zustände konzentrierten, und parallel dazu Wunschbilder äußerst sinnlicher Länder einer Anderswelt, in der alles in Hülle und Fülle vorhanden war, was nur dem leiblichen Glück dienen konnte. Die Gebrüder Grimm reihten die Erzählungen von gesottenen Schweinen, gebratenen Hühnern und fetten Würsten unter die Märchen ein. Ludwig Bechstein[634] veröffentlichte im 19. Jahrhundert eine von Obszönitäten gereinigte Variante dieser Gattung «für Weiber und für Kinder», bei denen er anscheinend wesentlich mehr Interesse für Geschichten vom Essen und von der Faulenzerei vermutete als bei den würdigen Ehemännern und Vätern, die sich wohl für «Höheres» zu interessieren hatten. Die zahlreichen kurzen und langen Erzählungen und Lieder des Mittelalters und der frühen Neuzeit, die sich mit dem Schlaraffenland beschäftigten, wandten sich jedoch ursprünglich an beide Geschlechter, des Öfteren – vor allem was die Beschreibung sexueller Lustbarkeiten betrifft – vorzüglich an Männer. Es handelte sich um Phantasien, die sich auf Essen, Trinken und sexuelle Freuden konzentrierten, kurz auf alles, was keine Arbeit war und Spaß machte. Also auch Tanzen,

Lustwandeln, Schlafen, Spielen und sich schön Kleiden. Aber vor allen anderen Tätigkeiten handelten diese Geschichten doch vom Essen. Sich einmal satt essen war eben bis zum Ende der Hungersnöte in Europa etwa ab 1800 (in Irland ein halbes Jahrhundert später) das Schönste, was man sich in den arbeitenden Schichten vorstellen konnte. Wie biographische Berichte beweisen, blieb der Hunger bis nach dem Zweiten Weltkrieg und dem Anbruch des Konsumzeitalters für lohnabhängige Arbeiterfamilien in vielen Regionen Europas bestimmend. Essen war teuer und daher knapp, wohlschmeckendes und abwechslungsreiches Essen blieb für die lohnabhängigen Schichten unerreichbar oder eine seltene Ausnahme. Die Armen konnten von den Leckerbissen der Reichen nur träumen.

Weil daher der christliche Himmel mit ewigem Gesang und der Lobpreisung Gottes in Zeiten der nagenden Not wenig attraktiv erschien, erfanden die Sänger und Possenreißer die viel unterhaltsameren Geschichten vom großen Fressen. Da solche Träume in Zeiten der Muße genossen wurden, in der Schenke, auf dem Marktplatz, nach einem Arbeitstag, vermischten sie sich außerdem mit Bildern der verkehrten Welt. Sie dienten der Unterhaltung, dem Ausstieg aus der unerfreulichen Gegenwart, die einfach zum Spaß auf den Kopf gestellt wurde. Denn eine Welt, in der Arbeit verboten ist und Faulenzerei belohnt wird, ist wahrlich das Gegenteil einer Realität, die sich im frühneuzeitlichen Europa immer unerbittlicher an der Produktion orientierte.[635] Menschen ohne Arbeit oder gar ohne festen Wohnsitz und Einkommen wurden seit dem 16. Jahrhundert nicht mehr für die Armen Gottes gehalten und mildtätig genährt. Vielmehr begann man im Zeichen der neuen Wirtschaftsweisen Armen- und Waisenhäuser zu errichten, wo diese Faulenzer nun für kargen Lohn mindestens zehn Stunden am Tag arbeiten sollten.[636] Während also schwere Arbeit und Hunger den Alltag prägten, schmückte man die Träume umso reicher mit dem Gegenteil aus.[637] Aber die christlichen Werte blieben erhalten. Hans Sachs, ein Schuhmachermeister, beschrieb die Menschen in dieser gefräßigen Welt des «Schlauraffen Landts» (1530) als derbe Grobiane, die sonst üblichen erotischen Elemente ließ der anständige Handwerker weg.[638] Dachte er dabei an seine Gesellen, die sich zu oft den «blauen Montag»[639] gönnen wollten?

«Wer tölpisch ist und nichssen kan,
Der ist im Land ein Edelman.
Wer also lebt wie obgenant,
Der ist gut ins Schlauraffen Landt,
Das von den Alten ist erdicht,
Zu straff der jugent zu gericht,
Die gwönlich faul ist und gefressig,
Ungeschickt, heylos und nachlessig.
Das mans weiß ins land zu Schlauraffn,
Damit ir schlüchtisch[640] weyß zu straffn,
Das sie haben auff arbeyt acht,
Weil faule weyß nye gutes bracht.»[641]

Hans Sachs schließt seine Erzählung mit der Lehre, die aus der verkehrten Welt zu ziehen sei: Es gibt kein Land der Faulenzerei, sondern alle, die gerne faul und gefräßig sind und andere schlechte Eigenschaften haben, mögen erkennen, dass man so nicht durchs Leben kommt. Die naiven Phantasien über maßlose Sättigung, sexuelle Freiheit und das Fehlen von Plage und Not standen zur neuen Arbeitsmoral der frühneuzeitlichen Staaten in Widerspruch. So zeigt sich in den immer neu veränderten und von den Autoren den Umständen angepassten Texten vom Schlaraffenland bald, dass die Faulenzer und Fresser dieser Welten aus Zuckerwerk und Braten keineswegs bewundernswert oder vornehm sind, sondern schlichtweg Fettsäcke, die sich den Bauch voll schlagen, ohne ihr Hirn oder feine Sitten zu gebrauchen: Nichtsnutze. Die bürgerliche Kritik findet ihren Eingang in die Träume der Arbeitenden und nur all zu oft Hungernden. Man kann die Schlaraffen nicht bewundern, sondern nur um das Essen beneiden. Man muss sie auslachen, ja sogar verachten, denn sie suhlen sich im materiellen Wohlbefinden wie die Schweine, bekannt für ihre animalische Triebhaftigkeit und ihre Vorliebe für Unrat. Auch bleibt das Leistungsprinzip nicht gänzlich von den Mauern aus süßem Brei ausgeschlossen. So berichtet eine Erzählung davon, dass die Männer für den Beischlaf belohnt würden. Für den Geschlechtsverkehr mit einer jungen schönen Frau erhielten sie 20 Gulden, mit einer alten das Doppelte, für den Verkehr mit einer Jungfrau hingegen sogar den vierfachen Lohn.[642] Über Begründungen für diese Tarife muss man nicht lange spekulieren, wenn man die gleichzeitig kursierenden wenig frauenfreundlichen Ehelehren[643] hinzuzieht. Aber wenn der größte Spaß am meisten Lohn einbringt, wie das in einer verkehrten Welt sein müsste, wo ansonsten Furzen und Schlafen in barer Münze abgegolten werden, dann entspricht die angeführte Bezahlung weniger einer verkehrten als vielmehr der leistungsorientierten misogynen Arbeitswelt des 16. Jahrhunderts.

Schlaraffenlandvorstellungen sind nicht logisch konstruiert und bringen keine schlüssige Ordnung zum Ausdruck, sondern passen sich den unterschiedlichsten Wünschen des Publikums an, so wie es auch die Werbung heute tut. In einer Welt, die geschlechtsspezifische Arbeits- und Lebensbereiche noch streng unterscheidet, erfindet man für Männer daher andere Freuden als für Frauen und Kinder. In der Traumwelt hat alles nebeneinander Platz. Selbst Martin Luther kam nicht umhin, das Himmelreich für seinen Sohn mit schlaraffischen Motiven auszuschmücken. Die Hoffnung auf süßes Obst und goldene Kleider sollte den Buben zum Beten anhalten.[644] In dieser Methodik unterschied sich der Reformer nicht wesentlich von den katholischen Amtsträgern, die sich den Eintritt ins Paradies mit Geld abkaufen ließen, nachdem sie mit der Hölle gedroht hatten. Die Verhaltensweise von Luther erscheint bloß mehr verkaufsorientiert als gewalttätig. Das Himmelreich muss jedenfalls schön sein, damit man all den Unbill in Kauf nimmt, den die Einhaltung der Gebote erfordert. Ob es nun schön ist, weil Schmerzen und Ängste aufhören oder weil Genüsse locken, hängt von der individuellen Lage der Träumenden ab. Die zweite Variante eignet sich wahrscheinlich eher für Menschen, denen es schon auf Erden nicht allzu schlecht geht. Aber dennoch gibt es beim christlichen Paradies nicht viel zu beschreiben, denn das Materielle fällt weg. Das Interieur des Himmels erscheint blass und fade, wenn es nicht einem Schlaraffenland ähneln soll. So erzählen zwar alle christlichen Jenseitsreisenden bis zum Mittelalter immerhin von grünen Wiesen, Blumen, Früchten und Honig.[645] Die geschlechtlichen Freuden werden jedoch völlig ausgeschlossen. Auch Dante Alighieri berichtet in der «Göttlichen Komödie» nur von strahlendem Licht, von der Freude und von der Schönheit der Himmelbewohner.

10.4 Der Konsum der Träume

Was den Unterhaltungswert betrifft, so erregten die Beschreibungen der Hölle mit Sicherheit mehr die Vorstellungskraft der einfachen Leute als jene des Himmels, denn immerhin durfte in der Hölle das Körperliche eine Rolle spielen. Bereits im Spätmittelalter dienten der Teufel und seine Kumpane als wesentliche Unterhaltungselemente in den Fastnachtsspielen.[646] Über seine Bosheit konnte man sich entsetzen, über seine Dummheit jedoch später sogar lachen, wenn der Auferstandene ihn besiegt hatte. Der umfangreiche Sammelband «Theatrum Diabolorum»[647] eines geschäftstüchtigen Verlegers aus Frankfurt fasste 1569 zwanzig der beliebtesten Werke über den Teufel zusammen und traf damit, wie die wiederholten Auflagen beweisen, den Publikumsgeschmack.[648] Für jedes Laster gab es einen Spezialteufel, nach dem auch die Kapitel angeordnet waren. Leserinnen und Leser konnten auswählen, welches Laster ihn am meisten interessierte: der «Eheteuffel», der «Sauffteuffel», der «Hurnteuffel» oder etwa der «Hosenteuffel». Letzterer verführte die Männer dazu, der damaligen Mode gemäß die jungen Damen mit «pludrichten Hosen» auf ihre Genitalien aufmerksam zu machen. Auch das Kapitel über den «Hoffarts Teuffel» formulierte Konsumkritik. Das Vergnügen am Bösen ging so weit, dass katholische Prediger schließlich gegen diese Unsitte des außerordentlichen Interesses am Gegenspieler Gottes zu predigen begannen. Sollte sich ein Christ nicht mehr für Gott und das Paradies interessieren als für die Verdammten? Nichtsdestotrotz blieben Teufelsbücher unterschiedlichsten Inhalts neben den Heiligenlegenden bis weit ins 18. Jahrhundert hinein Bestseller.[649] Die Menschen hatten gelernt, die Ängste vor dem Bösen zu genießen. Goethes «Faust» belegt das anhaltende Interesse. Im 19. Jahrhundert erfüllten dann Schauerromane die Aufgabe, Angstlust zu erzeugen.

Bereits die Trauerspiele des Barock zeigen den Umschwung von der Furcht vor dem Bösen in den Genuss der erregenden Szenen. Ihre ursprüngliche pädagogische Absicht war gewesen, durch die Darstellungen schaurigster Folterungen, welche Höllenstrafen vorwegnahmen, noch rechtzeitig zur Umkehr zu bewegen. Wer alles Unrecht im Namen Gottes geduldig hier auf Erden erlitt, der konnte mit dem Himmel rechnen. Wer jedoch seinen Leidenschaften frönte, der musste die Qualen dann nach dem Tod in alle Ewigkeiten auf sich nehmen. Aber gleichzeitig lernten die Zuschauer auch, sich anhand der vorgeführten bösen Leidenschaften und Perversionen recht ordentlich zu amüsieren. Wie Colin Campbell in seiner Entstehungsgeschichte der Konsumgesellschaft[650] anführt, begann hier der lustvolle Konsum der Gefühle, die man zu kontrollieren gelernt hatte. Die Angst konnte einer gewissen Sympathie Platz machen. Der arme Teufel, der lustige Teufel, der geprellte Teufel geriet in die Nähe des Hofnarren, dessen Possen der Souverän belachte. Ebenso nachsichtig sollte das souveräne Subjekt auf die Gestaltungen seiner Leidenschaften blicken, wissend, dass es allemal die Zügel in der Hand hielt.[651] Diese Souveränität musste jedoch mühevoll gelernt werden. «Es ist der Säkularisierung der Passionen im Drama des Barock nur angemessen», bemerkt Walter Benjamin in seiner Bearbeitung der barocken Trauerspiele, «wenn darin die beamtete Person den Platz des Teufels einnimmt.»[652] Politische Strategie und ökonomisches Kalkül schienen ein teuflisches Spiel zu eröffnen, das den letztendlichen Sieg, nämlich die Erringung des Himmelreiches, erschwerte. Der Beamte trat in den Theaterstücken die Nachfolge des Teufels an, der den alten Kosmos sprengte, indem er die Rationalität von den Fesseln der Moral befreite. Spätestens im 17. Jahrhundert trennte sich die Welt- von der Heilsgeschichte.[653] Ein Beamter musste sich völlig den Erfordernissen der Staatsräson unterordnen und sie nach außen vertreten, selbst wenn sie unmenschlich waren. Die Leidtragenden dieser Sozialdisziplinierung durften trotzdem nicht den Glauben verlieren, sondern mussten die schmerzvollen Einschränkungen – Nahrungsmittelknappheit, verlängerte Arbeitszeiten und Armut bei den Unterschichten; Affektkontrolle, Konkurrenz und stetiges Rollenspiel in der feinen Gesellschaft – geduldig ertragen. Zur Belohnung wartete dann das Glück im Jenseits. So hoffte man zumindest. Der christliche Himmel stand zum irdischen Genuss in Widerspruch, jedoch so, dass das Leid auf Erden in jenseitige Freuden verwandelt würde, während diesseitige Freuden im Jenseits in Leid verwandelt werden sollten. Die andere Welt war auch in diesem Fall eine Verkehrung der hiesigen. Indem also die hungernden Schichten der Bevölkerung vom Genuss köstlicher Speisen träumten, wie sie nur der Hof bei Schaubanketten auftischte, lernten sie genauso wie der mit Hofintrigen gequälte Adel und die bürgerlichen Beamten, sich an Träumen zu laben, aber vom irdischen Glück abzusehen.

Der Jesuit Balthasar Gracian (1601–1658) beschrieb bereits in der ersten Hälfte des 17. Jahrhunderts, wie man bei Hof, in seinem Fall dem spanischen[654], seine natürlichen Regungen kontrollieren musste. Auch hier wurde der Körper gepeinigt, jedoch weniger durch Hunger als durch Disziplin. Man spielte Rollen, verbarg seine Gefühle und kontrollierte seine Äußerungen, aber so, dass diese Gefasstheit zur zweiten Natur geriet. Man sollte weder die Wahrheit zum Ausdruck bringen noch vorsätzlich lügen, sondern inneren Abstand pflegen. Regel Nr. 3 seines Handorakels: «Über seine Absichten im Unklaren lassen.» Regel Nr. 43. «Denken wie die Wenigsten und reden wie die Meisten.» Regel Nr. 45: «Von der Schlauheit Gebrauch, nicht Missbrauch machen. Man soll sich nicht in ihr gefallen, noch weniger sie zu erkennen geben.» Regel Nr. 46: «Seine Antipathie meistern.»[655] Gracians Ratschläge für das Überleben bei Hof könnten heute ebenso in Ratgebern für Erfolg im Beruf gefunden werden. Sie scheinen keineswegs veraltet, sondern beschreiben die Notwendigkeit, sich in hierarchischen beruflichen Gruppierungen mit hohem Konkurrenzdruck strategisch vorteilhaft zu bewegen. Jedenfalls beweisen Gracians Schriften, dass, während der Körper in Ketten geschlagen wurde, der geistige Innenraum und die Vorstellungskraft sich umso beweglicher gebärden sollten. Der seelische Innenraum ermöglichte die Vorwegnahme negativer Erfahrungen mittels der Vorstellungskraft. Nur so war es möglich, zukünftige schlechte Erfahrungen vorauszusehen und sie erst gar nicht Realität werden zu lassen.

Ignatius von Loyola, der asketische Begründer des Jesuitenordens selbst, hatte die Kunst der lebendigen Vorstellung gelehrt. In seinen «Exerzitien» wies er die Gläubigen an, derart präzise sinnliche Bilder des Leidensweges Christi in innerer Schau zu entwerfen, dass alle Sinne darauf reagieren würden wie auf eine leibhaftige Erfahrung. Damit individualisierte und vergeistigte er fromme Praktiken, die bisher gemeinschaftlich mit realen, körperlichen Wahrnehmungen im kirchlichen Rahmen stattgefunden hatten.[656] Die Gläubigen mussten nicht mehr an einen fernen Gnadenort reisen, um Gott zu finden. Die ignatianischen Übungen können daher als «Wegweiser zur Heranbildung von Individualität» betrachtet werden[657], einer Individualität, die sich daraus entwickelte, dass man konkrete Körpererfahrungen durch kontrollierbare imaginäre ersetzen lernte. Die große Vorstellungskraft, was passieren könnte, wenn ..., treibt in Mme de Lafayettes Roman «La Princesse de Clèves» (1678) die gleichnamige Heldin zur Weltentsagung. Hat sie nicht schon alles in ihren kühnsten Träumen vorhergesehen? Daher verhindert sie, dass das Schlimmste Realität wird. Der Liebhaber wird sie niemals betrügen können, weil er gar nicht erst ihr Liebhaber wird.

Doch die Kontrolle fand nicht wirklich im Namen des Individuums statt. Denn wem diente Gracians Kunst der Selbstbeherrschung, wenn nicht dem Erhalt einer Macht, die nicht einmal der König selbst genießen konnte? Betrachtet man die Vorschriften des spanischen Hofzeremoniells oder liest man die Instruktionen für Fürsten des 17. Jahrhunderts[658], so wird verständlich, dass sich so mancher Herrscher wohl mehr für einen Märtyrer Gottes als für göttlich hielt. Daher auch die Märtyrerdramen dieser Epoche. Selbst wenn die Adeligen aufgrund ihres Reichtums Nischen fanden, um ihren Lastern zu frönen, so war ihre Pflicht zur ständischen Repräsentation doch eine harte Arbeit. Materielle Not litten sie zwar nicht, aber die enorme Selbstbeherrschung verschob den Mangel auf andere Ebenen. Freundschaft, Impulsivität und der Austausch von Gefühlen waren nur eingeschränkt möglich. Madame de Lafayette beschrieb in der «Princesse de Clèves» minutiös die Dramaturgie der erstickten Gefühle und der Einsamkeit, die schließlich im Rückzug ins Kloster ihren angemessenen Ausdruck findet. Obwohl es sich nur um eine Fiktion handelt, die ideale Handlungsweisen konstruiert, basiert die Geschichte doch auf einer realistischen Darstellung der strengen Etikette und der am Hofe des Sonnenkönigs hochgehaltenen Tugenden.[659] Hofintrigen erzeugen sinnlose Quälereien in einer geschlossenen Gesellschaft, die umso maßlosere Verschwendung übt, als sie sich durch die alte feudale Ordnung nicht mehr legitimieren kann. Die Tugenden, die eine soziale Gruppierung anerkennt, dienen in erster Linie dem Erhalt der bestehenden Machtverhältnisse und nicht unbedingt dem Vergnügen der wenigen, die scheinbar an den Schalthebeln der Macht sitzen. Sachzwänge verhindern den Genuss des Wohlstands.

Hofkritiker haben die höfische Lebensform, die von den Armen als Schlaraffenland phantasiert wurde, häufig mit der Hölle verglichen.[660] Allerdings dachten sie dabei nicht an die disziplinären Einschränkungen und die Vereinsamung der Einzelnen, sondern die bürgerlichen Schriftsteller hielten die Höfe vor allem für Schauplätze der Eitelkeit und des Lasters. Denn nirgendwo sonst wurde noch demonstrativ so luxuriös und verschwenderisch konsumiert wie an den Fürstenhöfen[661], wo die bürgerliche Mentalität der Sparsamkeit und des klugen Investierens erst langsam gegen Ende des 18. Jahrhunderts Fuß fasste. Im aufgeklärten Staat inszenierte sich die Macht dann nicht mehr über Schaubankette.

Schlaraffenland und Hölle stellen beide eine Anderswelt dar, in der das Materielle dominiert, aber jede sinnvolle Anordnung der Genüsse oder Grausamkeiten fehlt. Während der Schlaraffe zu viel des Guten zu sich nimmt, was selten wirklich zu Wohlbefinden führt, müssen die Verdammten ihre Körper den sadistischen Ideen der Teufel überlassen. Den Schlaraffen fehlt jedes soziale Muster, nach dem sie die Fülle genießen könnten. Sie stellen selbst nur Nahrungsmittel dar, welche Nahrungsmittel verschlingen. Die armen Sünder werden hingegen von den Höllenmonstern gefressen. In beiden Fällen entstehen kein sozialer Zusammenhang und keine sinnvoll zu deutende Lebenswelt.

10.5 Traum und Wirklichkeit

Als im 16. Jahrhundert der Überseehandel erstmals profitorientierte Unternehmen weit über Landesgrenzen hinaus agieren ließ, setzte Hans Sachs dem Traum vom glücklichen Leben in einer Anderswelt abwertende Anmerkungen hinzu. Träume vom Nichtstun und Fressen eignen sich nicht für fleißige Handwerker. Die Konkurrenz zwang nun auch die Zünfte zu leistungs- statt zu ständeorientierter Produktion, der Weltmarkt setzte neue Maßstäbe. Im 19. Jahrhundert, als Karl Marx bereits an seiner Kapitalismuskritik schrieb, zählten die Geschichten vom Schlaraffenland nur noch zu den Märchen, die man in reichen Bürgerhäusern aus schön gebundenen Werken jenen Personen vorlas, welchen man die bürgerlichen Tugenden des Wirtschaftens und Investierens sowie der Selbstdisziplinierung am wenigsten zutraute: Frauen und Kindern. Tatsächlich war der Großteil der Kunden in den ersten großen Einkaufshäusern der Metropolen Frauen, die sich den Träumen von einem irdischen Paradies gerne hingaben und versuchten, es in ihrem Heim Wirklichkeit werden zu lassen. Da ihnen die seriöse Arbeitswelt so wenige Entfaltungsmöglichkeiten bot, bauten sie die Nischen, welche ihnen die Gesellschaft zugewiesen hatte, aus. Und wenn das Geld fehlte, dann war immerhin noch Platz zum Träumen. Die Kaufhäuser nützten dieses Potential der Unzufriedenheit und verzahnten die Träume mit der Produktion. Zumindest in den Vorstellungen, aber manchmal auch real konnten die Ständebarrieren fallen. Dienstmädchen kleideten sich wie Bürgerfrauen mit preiswerten Modellen von der Stange. Die sozial höher Stehenden waren dann gezwungen, der Herausforderung mit neuer Ware zu begegnen. Und um die Träume nicht zu beenden, wechselten die Moden schneller.

Die Ausweitung des internationalen Handels und die industrielle Erzeugung von Gebrauchsgütern ermöglichten es Mittelstandshaushalten in der zweiten Hälfte des 19. Jahrhunderts nun erstmals, ihren Status ausführlicher mit Waren zu repräsentieren. Der Himmel ist immer oben, an der Spitze der Hierarchie, auf dem Gipfel des guten Geschmacks. Je weiter man auf der sozialen Leiter nach oben steigt, umso symbolischer wird der Konsum und entfernt sich von den Niederungen des Gebrauchswertes. Prestigekonsum ist zwar kein urbanes Phänomen, aber je mehr Menschen sich beobachten, umso stärker wird der Konkurrenzdruck. Zeitungsannoncen warben für Versandartikel. Plakate schmückten die Hauswände, um auf Produkte aufmerksam zu machen. Boulevards eigneten sich dazu, in Schaufenstern die Traumobjekte auszustellen und Begehrlichkeiten zu erwecken. Im 19. Jahrhundert lagen die Ausstiegsszenarien nicht mehr in den Händen der Kirchen, sondern sie wurden käuflich: Restaurants, Hotels, Theater, Hochzeiten, Geburtstage, Weihnachtsfeiern. Zu Beginn des 20. Jahrhunderts kam das neue Medium Film hinzu. Damit waren den Träumen keine Grenzen mehr gesetzt. Doch das Problem der Verwirklichung wuchs.

Piero Camporesi führte die vielfältigen Wunschträume vom Schlaraffenland, die im 16. und 17. Jahrhundert entstanden, auf die wiederkehrenden Hungersnöte zurück. Europa erfuhr alle Nachteile der Verwandlung der Subsistenz- in eine Profitwirtschaft. Mangelnde regionale Umverteilungsstrukturen, hohe Zölle und Stapelrechte sowie der profitorientierte überstaatliche Getreidehandel trugen das ihre dazu bei, dass auf Missernten Jahre des Hungers folgten.[662] Bettelnde Lohnarbeiter, landlose Bauern und ausgezehrte Handwerker träumten wie besessen von der nicht enden wollenden Sättigung, vom Völlern, das so lange dauern sollte wie ihr Hunger, nämlich ein ganzes Leben. Halluzinierte Fressexzesse entstanden laut Camporesi gleichzeitig mit dem Pauperismus. Je größer die Not, desto fetter die imaginären Ochsen und Kapaune, sie zu stillen. Dabei spiegelten sich die sozialen Zersetzungserscheinungen, die Hunger in einer Gesellschaft erzeugen, in den Jenseitsvorstellungen wider. Die nackte Gier nach Essen missachtet oft soziale Bande und führt zur Übertretung von Tabus. Die Menschen essen Unrat und werden zu Kannibalen, kennen weder Eltern noch Geschwister. Eine solche Situation führt nicht eben zur Erzeugung konstruktiver Utopien, zumal die Hungerkranken und von Hoffnungslosigkeit Zermürbten oft zu Drogen Zuflucht nahmen. Alkohol, halluzinogene Kräuter und Samen sowie der vielseitig nutzbare Schlafmohn konnten das kurze Leben erträglicher machen. Die Träume vom essbaren Jenseits waren selber betäubende Unterhaltungsmethoden, um sich mit einem Lachen aus der Realität zu entfernen. Daher liegt das Schlaraffenland nicht weit weg vom Land der Verstorbenen. Es scheint mehr eine ins Positive verkehrte Hölle zu sein als ein Himmel. Das Essen findet im Chaos statt, das alle irdischen Werte verkehrt. Es gibt keine Ethik, keine Liebe, kein höheres Ziel, aber auch keinen Krieg[663], sondern nur den alles verschlingenden Körper, der mit der Umwelt oral verschmilzt. Essen allein bewirkt noch keinen Zusammenhalt, sondern eine chemische Angleichung und letztlich die Auflösung aller Differenzen. Schlaraffenlandvorstellungen gehen daher den Weg der Menschwerdung zurück bis vor jenes Ereignis, als das erwachende Bewusstsein die Notwendigkeit von Ordnung erkannte. Im irdischen Paradies gibt es drei Äpfel, schreibt Claude Rivière, zuerst einfach Äpfel zum Essen, dann die Äpfel der Verführung und drittens die Zankäpfel.[664] Die Sättigung geht jeder sozialen Ordnung voraus. Nur wenn der gröbste Hunger gestillt ist, können Teilungsrituale aufrechterhalten und Bindungen gepflegt werden. Nimmt aber die Gütermenge zu, so beginnen die Spiele der Distinktion und des Neides. Wettbewerb entsteht erst in Gesellschaften, die über einen Überfluss an Ressourcen verfügen. Erst dort entwickeln sich symbolische Verzehrsmethoden, die eine neue Art von Hunger erzeugen, der nicht mehr körperlich ist: Hunger nach Prestige, nach Macht, nach Triumph.[665] Die Schlaraffenlandphantasien der reichen Konsumgesellschaften unterscheiden sich daher beträchtlich von jenen Fressorgien, die den verarmten Schichten der frühen Neuzeit das Warten auf die nächste Ernte ertragen halfen.

Eine österreichische Glücksspielwerbung entwirft z. B. das Bild eines Paschas in der Hängematte, der unter einem Baldachin döst und dabei von unterwürfigen Sklaven mit Frischluft und köstlichem Essen umsorgt wird. Das Thema lautet: Nie wieder arbeiten und nie wieder Befehle empfangen. Die Schlaraffenlandphantasien der Nachkriegszeit konzentrierten sich noch etwas mehr auf kulinarische Genüsse, waren aber bereits mit Sehnsüchten nach technischen Hilfsmitteln und schönen Wohnräumen durchsetzt. Die Werbungen der 1950er- und 1960er-Jahre präsentierten mit Leckerbissen gefüllte moderne Kühlschränke, Berge an Feinbackwaren auf einem schön gedeckten Tisch und letztlich bereits volle

Regale in endlos großen Supermärkten. Die Träume der Hausfrauen wurden mit Elektroherden und anderen Küchenmaschinen erfüllt. Männer durften von Autos träumen und ihre Wünsche nach mehr Mobilität mit den steigenden Löhnen auch wahr werden lassen. Später folgten dann Wünsche nach einem Eigenheim, nach Traumurlauben in exotischen Ländern, nach einem Zweitauto und einem Schiurlaub. Dazu kamen dann Fitness, Wellness und die Psychotherapie, die einem hilft, den Wunsch nach Selbstverwirklichung zu erfüllen. Doch die Träume sind der Realität immer mindestens um einen Schritt voraus. Um daher zu vergessen, was einem das Leben scheinbar ständig verweigert, stürzt man sich in noch mehr Träume, um sich abzulenken. Die so genannten Traumfabriken stellen erst gar keine Träume mehr her, die man verwirklichen müsste, sondern sie bieten den befristeten Ausstieg aus der Realität. In diesem Punkt erfüllen die vormodernen und die modernen Träume vom Schlaraffenland dieselbe Funktion: sie helfen, der Erfahrung realer Gegenwart aus dem Weg zu gehen. Daher träumen die Konsumenten und Konsumentinnen bereits vom Genuss der abrufbaren und wiederholbaren Träume. Auch Freizeitwelten, Einkaufsstraßen und Baumärkte bieten Traumlandschaften an, in denen man anhand von Waren wie auf Knopfdruck Phantasien entwickelt. Wer nicht träumen kann, der kann auch nicht einkaufen.

Mit der Beschleunigung der Warenzirkulation und des Geldes wurde die liminale Sphäre zur dominantesten unter den drei Phasen, die der Ritualforscher van Gennep bei Übergangsriten feststellte. Maurice Bloch und Victor Turner haben diesen Dreischritt auf alle gesellschaftlichen Prozesse übertragen, die jene beständige Transformation ausmachen, welche den Institutionen Dauer gewährt. Stabilität zu besitzen bedeutet, sich ständigen Veränderungen zu unterziehen. Denn die Jungen werden alt und nehmen die Positionen ihrer Mütter und Väter ein. In vorindustriellen Gesellschaften stellte die Schwellenphase zwar eine regelmäßig wiederkehrende Zeit dar, aber sie war nur das Scharnier zwischen dem abgelegten alten und dem daran anschließenden neuen Zyklus. In den kapitalistischen Gesellschaften dominiert jedoch die Schwellenzeit, während die Bindungen an Positionen und Rollen in aller Eile wechseln. Das Geld, welches doch Liminalität und damit auch frei fließende Phantasien am besten verkörpert, soll möglichst schnell wieder liquide sein, um sich in der nächsten Investition weiter zu vermehren. Der Stoff der Träume ist das Geld, doch sobald es ausgegeben wird, hören die Träume auf. Das führt zum Paradox der Konsumgesellschaft: Der konkrete Genuss scheint weniger attraktiv als die Omnipotenzgefühle in der liminalen Phase. Dennoch wird gekauft, aber die Enttäuschung folgt sofort. Niemals kann die Realität die Träume einholen. Daher müssen Käufe endlos wiederholt werden. Die Warenberge, die jährlich wachsen, legen, so gesehen, nicht unbedingt Zeugnis von der Verherrlichung der Materie ab, sondern stellen vielleicht im Gegenteil nur die notwendigen Mittel dar, ihr zu entfliehen.

11
Gelungener Verzehr

Ist der Warenkult also gar nicht materialistisch? Alle Konsumtheorien seit Thorstein Veblen[666] bestätigen letztlich dieselbe Sachlage. In einer satten Gesellschaft dienen die erworbenen Güter erst in zweiter Linie dem Gebrauch, wenn überhaupt. In erster Linie statten sie die Besitzerinnen und Besitzer mit den Insignien ihres sozialen Status aus. Dass die Konsumenten bei ihren Einkäufen jedoch mit den Waren-Botschaften nicht «lügen» können, hat Pierre Bourdieu[667] hinlänglich bewiesen. Erweiterte Konsummöglichkeiten sorgen weder für mehr Demokratie noch für geniale Selbstkonstruktionen. In der Warenwahl zeichnet sich immer die soziale Wirklichkeit ab. Menschen bleiben soziale Wesen, die, ob sie wollen oder nicht, ihre Herkunft und Sozialisation mit sich tragen, selbst wenn sie von der Kellnerin zur Millionärin aufsteigen. Somit sind Waren, ihre Bedeutung und ihr Wert von dem sozialen System abhängig, in dem sie gehandelt werden. Marketing-Fachleute wissen das und bieten ihre Waren immer als Bausteine möglicher sozialer Konstruktionen an. Aber bauen müssen die Menschen selber. Daher sagt die Warenmenge noch nichts darüber aus, was auf einer symbolischen und sozialen Ebene damit hergestellt wird. Jede Gesellschaft findet ihre eigenen Wege, die Güter, die zur Verfügung stehen, konstruktiv einzusetzen. Aber in den Konsumgesellschaften scheint es ein Missverhältnis zwischen der Gütermenge und den Kapazitäten zum sinnvollen Verzehr zu geben. Man kann mit den herkömmlichen Verfahrensweisen die anspruchsvollen Gütermassen nicht mehr «verarbeiten». Das Ergebnis ist, dass die Konsumsphären zunehmen, während die Unzufriedenheit wächst. Die Warenberge wachsen uns über den Kopf, als müssten wir uns durch dicke Mauern aus süßem Brei durchessen. Maurice Bloch hat darauf hingewiesen, dass nur die Rückkehr aus diesen liminalen Zuständen, welche die Warensphären in der Moderne darstellen, eine soziale Gemeinschaft am Leben erhält. Die Einordnung der Waren ins Leben erfordert aber Gewalt in dem Sinne, dass wir die Materien gewissen Regeln unterwerfen müssen, damit sie sowohl körperlich als auch sozial nähren und zum Wachstum beitragen.

Ist der Warenkult dann überhaupt ein Kult? Vorindustrielle Gesellschaften trennten Heiliges und Profanes wesentlich deutlicher, als das heute der Fall ist. Vor dem Zeitalter der Massenproduktion umfasste das verfügbare Warensortiment einen Bruchteil des heutigen. Daher stellten Jahrmärkte und Messen, wo zahlreiche Produkte zusammenflossen, eine Herausforderung an jene einfach lebenden Menschen dar, die nur einmal im Jahr mit einem so großen Warenangebot konfrontiert wurden. Die Dinge fordern die menschliche Phantasie heraus. Die Gedanken nehmen sie auf, zeichnen sie nach, bauen sie spielerisch in Handlungen ein. Deshalb scheint es nicht verwunderlich, dass solche Märkte auch als gefährlich galten. Man bewegte sich in ihnen nicht wie im Alltag, sondern war vielmehr in einer Traumwelt, die unterhaltsam, verführerisch und faszinierend sein konnte. Ablenkung, Zerstreuung und Staunen erzeugten eine Atmosphäre, in der es die Diebe und Gauner leicht hatten, ihre Opfer zu finden. Der Markt konfrontierte die Besucher mit jenen Bereichen des Außerordentlichen und mit Grenzüberschreitungen, welche die Religion kaum kontrollieren konnte. Die Seelsorger rieten vielmehr, sich am besten fern zu halten. Aber Menschen sind neugierig und lieben Abwechslung.

Das Zusammentreffen der Christen bei ihrem Kult hatte einen ganz anderen Charakter als jenes der Marktteilnehmer. In den Kirchen versammelten sich die Menschen einer Region, die sich kannten und viel übereinander wussten, vor dem zentralen Altar. Sie betrachteten nicht fremde und neuartige Dinge, sondern nur das eine Wunder des verwandelten Brotes inmitten eines oft jahrhundertealten Interieurs. In der Kirche gibt es keine Auswahl oder Zerstreuung und keine Konkurrenz unter Göttern. Bis gegen Ende des 20. Jahrhunderts waren in Dorfkirchen die sozialen Ränge schon in der Anordnung der Sitzplätze festgeschrieben. So bot die Messe den Gläubigen die Ruhe ihrer Sinne, die Sicherheit ihrer Position und das Labsal der Wiederholung des Immergleichen beim Ritual.

Wenn nun ein Kult darin besteht, einen Mythos mit einem Ritual zu verbinden, um Glaubenswahrheiten dramatisch darzustellen, dann kann man beim Geschehen auf dem Markt zwar Verkaufsrituale und ihre Wiederholung feststellen, aber der Mythos fehlt. Am ehesten könnte man noch vom Mythos der Verflüssigung und der Zirkulation sprechen. Alle Wünsche und Arbeitsenergien sollen sich verflüssigen und im Wirtschaftskreislauf zirkulieren. Der Verbrauch und der Verzehr sind gar nicht mehr wichtig, sondern nur der Verkauf, der die Geldzirkulation in Bewegung hält. Walter Benjamin, der dem Kapitalismus eine religiöse Struktur zuerkannte, musste feststellen, dass er kein Dogma und keine Theologie hat, sondern nur aus einem Kulthandeln besteht, das seinen Mythos eher in die Zukunft entwirft, als ihn aus der Vergangenheit herzuleiten. Nicht Erlösung von der Schuld, sondern Bindung durch Schuld sei sein Thema.[668] Die wachsende Verschuldung der Privathaushalte scheint ihm Recht zu geben. Wer konsumieren will, der muss arbeiten, und zwar immer öfter für einen Genuss, der oft schon in der Vergangenheit liegt. Zuverlässige Menschen haben Schulden, ihre Zukunft ist festgelegt. So werden die Träume vom Ausstieg immer wichtiger, je weniger sie wahr werden können. Aber Träume sind auch schon ein Ausstieg.

Vielleicht handelt es sich beim kapitalistischen Warenkult weniger um einen Gegenkult zum asketischen christlichen Abendmahl als um den Versuch, jeglichem Kult zu entfliehen. Die Ressourcenteilung findet beim Konsum zumeist chaotisch und ohne Anknüpfung von Sozialbeziehungen statt. Wer schon einmal in der Stoßzeit in einem überfüllten Shopping-Center seine Weihnachtseinkäufe gemacht hat, weiß das. Der Verflüssigung des Lebens, das in die Form von dahinströmenden Gütern gegossen wird, entspricht dann das Potpourri der Waren. Engländer und Amerikaner nennen so einen unordentlichen Haufen «mess». Aber in welche Form wird dieser «Matsch»[669] gegossen? Obwohl die Regale nach thematischen Schwerpunkten befüllt sind (z. B. Tierfutter, Reformkost, Hygieneartikel etc.), hat man im Warenkorb doch immer eine bunte Mischung, aber keine Ordnung. Nach Victor Turner erzeugt das Zusammentreffen von Waren aus aller Herren Länder mit den potentiellen Käufern aus ebenso vielen Himmelsrichtungen «Anti-Struktur». In der Warenwelt ist die Auflösung und Aufhebung sämtlicher sozialer Differenzierungen und weltanschaulicher Unterschiede durchgesetzt. Zur Produktion sind klare Richtlinien nötig und auch der Verbrauch ordnet die Konsumierenden wieder in ihr soziales Umfeld ein, aber dazwischen herrscht befreiendes, spielerisches und kreatives Chaos, manchmal auch eine Warenhölle. Dionysische, ekstatische und chaotische Zustände können jedoch nicht dauerhaft sein, sondern immer nur die Einleitung zu einem Ritus der zurückschnellenden Gewalt, meint Maurice Bloch. Daher steht dieser Anti-Kult nicht für sich allein, sondern er ist Teil eines Prozesses, der wieder zum geordneten Leben und zur Produktion zurückführen sollte. In den anstrengenden Arbeitsprozessen verdient man Geld, welches einem zum Eintritt in die liminale Phase der Warenwahl verhilft, aus der man wieder zurückkehrt, um im geregelten Genuss die soziale Ordnung sicherzustellen. Nichts anderes dramatisierten die kirchlichen Feste im Jahreskreis.

Das Problem der Konsumgesellschaften ist nun, dass sie dazu neigen, die Phase des geregelten Verzehrs durch eine zusätzliche des chaotischen Festes zu ersetzen. Die Menschen pendeln oft zwischen Arbeit und dionysischen Erlebnissen, ohne eine Verbindung herstellen zu können. Der Kaufrausch ergänzt sich mit Arbeitswut, ohne die Balance zu finden. Sowohl die Produktions- als auch die Verkaufsstrukturen sind jedoch profitorientiert und wollen jegliche Hindernisse, die eine Tradition des Verzehrs ihnen entgegenstellen könnte, aus dem Weg räumen. Zwar steht die Geldsphäre selber in der Schuld sozialer Strukturen und in der Schuld einer Kultur des Vertrauens, die es zu seiner Fortbewegung benützt, aber die Erhaltung der sozialen Bindungen ist ihre Aufgabe nicht. Der Mythos der Verflüssigung verlangt die Auflösung von Traditionen, Identitäten und Ritualen. Sie verschwinden nicht, aber sie werden beliebig, individuell und beginnen ebenfalls zu zirkulieren. Baudrillard scheint mit seinem Begriff der «weißen Messe» ins Schwarze getroffen zu haben. Wenn man der schwarzen Messe ihre Farbe, nämlich die Bindung ans Materielle, nimmt, dann fehlt ihr sowohl der Gott als auch der Gegengott, das heißt die Vertikale im Koordinatensystem. Was bleibt, ist eine vom Spirituellen gereinigte, ortlose Traumwelt, die weder ein- noch ausschließt. Die Shopping-Mall in Down-Town Milwaukee sieht heute so aus wie jene im Zentrum von Wien: dieselben Waren, dieselben Träume, dieselbe Ratlosigkeit. Die kirchlichen Verzehrsvorschriften aus der alten mediterranen Welt scheinen den säkularen Europäern heute nicht akzeptabel, andererseits ist ein von jeder Tradition und Weltanschauung gereinigter automatisierter Verzehr sozial wirkungslos. Statt das Erworbene nach allen Regeln einer Kunst zu verzehren, haben die Menschen daher bei vollen Schüsseln die Gewohnheit angenommen, sich nach etwas zu verzehren.

Hans im Glück war da klüger.

Anmerkungen

[1] Benjamin: Das Kunstwerk, 16–20

[2] Diese strenge Trennung, die Religionswissenschaftler in der ersten Hälfte des 20. Jahrhunderts für unumstößlich hielten, wurde in den letzten Jahrzehnten stark relativiert. Das Heilige gilt als gemeinschaftlich festgelegt und daher auch veränderlich. Die Übergänge vom Heiligen zum Profanen sind daher oft fließend. Vgl. Baetke: Das Phänomen des Heiligen

[3] Die Zahl der Kirchengänger hat sich in Österreich seit 1950 um mehr als die Hälfte verkleinert (APA, Kirchliche Statistik). Demgegenüber hat der private Konsum allein von 1950 bis 1960 real 71 % zugenommen (Nemschak: Der private Konsum, 5) und stieg weiter bis zum Massenkonsum in den 1980er-Jahren. Zur Geschichte des privaten Konsums im 20. Jahrhundert vgl. Eder: Privater Konsum

[4] Herz: Sacrum commercium

[5] Burkert: Antike Mysterien, 54f.

[6] Knoblauch: Das strategische Ritual, 40

[7] Bataille: Die Aufhebung, 154

[8] Baudrillard: La Societé, 316

[9] «Il n'y a d'ailleurs aucune autre activité réligieuse, politique ou morale, à laquelle on le [l'individu] prépare de manière aussi complète, aussi savante et aussi coûteuse.» – Baudrillard: La Societé, 118. Der Autor zitiert hier ohne nähere Angaben John Kenneth Galbraith. Übersetzung von G. S.

[10] «C'est le corps du Christ en croix qui se change en femme pour obséder le moine qui a juré d'être chaste.» – Baudrillard: La Societé, 306. Übersetzung von G. S.

[11] Vgl. die Ausführungen von Esther Fischer-Homberger zur Geringschätzung der Mütter bei Sigmund Freud – Fischer-Homberger: Hunger – Herz – Schmerz – Geschlecht

[12] Freud: Das Unbehagen, 65–67

[13] Freud: Das Unbehagen, 65ff.

[14] Ich verweise hier auf Günter Dux, der die Verknüpfung von Leiblichkeit und Sinnhaftigkeit als Grundlage menschlicher Lebensführung konstatiert: «Sinn [...] muss in die sinnfreie Sphäre des Körpers zurückgeführt werden; anders wird das sinnhaft geführte Leben seiner selbst entfremdet. [...] Dass

nichts ist hinter aller Sinnhaftigkeit, ist das nicht eine Erfahrung, die unbedingt notwendig ist, um nicht verrückt zu werden unter den Anforderungen des Sinns?» – Dux: Geschlecht und Gesellschaft, 128f.

15 Vgl. Böhme: Leibsein als Aufgabe, 132ff.

16 Vgl. Zacharias: Satanskult

17 Vgl. die Ausführungen zum Teufelspakt bei Schild: Die Dimensionen der Hexerei, 32f.

18 Vgl. Kittsteiner: Die Entstehung

19 Le Goff: Die Erfindung des Fegefeuers. Vgl. ebenso Le Goff: Wucherzins

20 Vgl. die Ausführungen bei Jezler, Peter: Himmel, Hölle, Fegefeuer

21 1587 erschien das Volksbuch «Historia von D. Johann Fausten» erstmals in Druck. Christopher Marlowe konzipierte seinen «Dr. Faustus» etwa um 1594

22 Vgl. Wallerstein: Das moderne Weltsystem

23 Vgl. z. B. Ficino: Über die Liebe

24 Giry: Die Leben deren Heiligen, 761

25 Vgl. z. B. die lange Behinderung der kapitalistischen Wirtschaft in Europa durch die Verteufelung des Wuchers bei Salin: Volkswirtschaftslehre, sowie Braun: Vom Wucherverbot zur Zinsanalyse

26 Benjamin: Das Passagen-Werk, 1010f. Weitere Ausführungen zum Thema «Hölle» bei Benjamin siehe Schweppenhäuser: Infernalische Aspekte

27 Dumouchel/Dupuy: Die Hölle der Dinge

28 Vgl. den Überblick zur Nahrungsteilung bei Menschenaffen bei Knight: Blood Relations, 159–166

29 Douglas/Isherwood: The World of Goods, 61

30 Vgl. Claessens: Das Konkrete und das Abstrakte

31 Godelier: Rätsel der Gabe

32 Zu dieser Vorgangsweise der Vergegenständlichung des Transzendentalen vgl. ebenso Heintel: Was ist Geld?

33 Durkheim: Die religiösen Formen

34 Vgl. Hayden: Competition, Labor and Complex Hunter-Gatherers

35 Vgl. Otto: Das Heilige

36 Vgl. Anttonen: Rethinking the Sacred

37 Vgl. Anttonen: Rethinking the Sacred

38 Zit. nach Otto: Das Heilige, 122

39 Bataille: Struktur des Faschismus

40 Bataille: Struktur des Faschismus, 14

41 Bataille: Struktur des Faschismus, 17

[42] Parin/Morgenthaler/Parin-Matthey: Die Weißen denken zuviel, 548–552
[43] Erdheim:Unbewusstheit, 229–267
[44] Fildes: Breasts
[45] Falk: Consuming Body
[46] Douglas: Natural Symbols
[47] Douglas: Ritual, Tabu und Körpersymbolik, 99–123
[48] Falk, Pasi: The Consuming Body, 1. Vgl. Ebenso Demandt: Metaphern
[49] Freud: Abriss der Psychoanalyse, 9f.
[50] Freud: Unbehagen, 65ff.
[51] Freud: Unbehagen, 67. Vgl. ebenso die Zusammenfassung psychoanalytischer Theorien, die den Schmerz als Voraussetzung zur Entstehung des Ichs anführen: Auber: L'Elaboration du Concept de la Douleur, 256–262
[52] Freud: Das Ich und das Es, 266
[53] Freud: Das Ich und das Es, 265
[54] Vgl. Anttonen: Rethinking the Sacred
[55] Vgl. Kantorowicz: Die zwei Körper
[56] Anttonen: Rethinking the Sacred, 40
[57] Pulleyn: Prayer, 186
[58] Anttonen: Rethinking the Sacred, 43
[59] Bataille: Théorie de la Religion, 58–60
[60] Augustinus, Bekenntnisse 9,2,3. Bibliothek der Kirchenväter, 188
[61] Elias: Die Gesellschaft der Individuen
[62] Falk: The Consuming Body, 15
[63] Vgl. Barlösius: Soziologie des Essens
[64] Burkert: Anthropologie des religiösen Opfers, 26–33
[65] Siehe z. B. Carpenter: Protein and Energy; Dahlberg (Hg.): Woman the Gatherer; Adams: The Sexual Politics of Meat
[66] Knight weist darauf hin, dass die Forscher wohl allzu oft Handlungen der Menschenaffen als «kooperativ» bezeichneten, die eher als gewalttätige Auseinandersetzung zu betrachten gewesen wären. Sie projizierten menschliche Teilungsriten auf das Verhalten der Tiere. Knight: Blood Relations, 160
[67] Vgl. Zihlman: Women as Shapers. Vgl. ebenso den Überblick über die Jagd-Hypothesen bei Knight: Blood Relations, 162–199. Ebenso die ausführliche Darstellung von Luig: Egalitäre Gesellschaften
[68] Tanner: Wie wir Menschen wurden
[69] Claessens: Das Konkrete
[70] Claessens: Das Konkrete, 79
[71] Claessens: Das Konkrete, 61

72 Tanner: Wie wir Menschen wurden, 154f.

73 Tanner: Wie wir Menschen wurden, 169

74 Claessens: Das Konkrete, 231

75 Gladigow: Die Teilung des Opfers

76 Gladigow: Die Teilung des Opfers, 22

77 Baudy: Verteilung des Fleisches

78 Vernant: Der Mensch der griechischen Antike, 18

79 Walter Burkert erwähnt das Teilen von Nahrung zwischen Mutter und Kind nur in Bezug auf Schimpansen. Burkert: Anthropologie, 28

80 Claessens: Das Konkrete, 77–82

81 Claessens: Das Konkrete, 67

82 Vgl. Fiddes: Meat

83 Claessens: Das Konkrete, 60ff.

84 Bloch: Prey into Hunter

85 Gennep: Übergangsriten

86 Bloch: Prey into Hunter, 6

87 «This representation of continuing consumption of the vital by the transcendental is the way the spirit element can appear as permanent in a continually transforming living community, and how such social institutions, which are made up of transcendental persons, can therefore appear as present and alive.» Bloch: Prey into Hunter, 21. Übersetzung von G. S.

88 Bloch: Prey into Hunter, 79

89 Es gibt allerdings auch Opferformen, bei denen von der Gabe nichts überbleiben darf

90 Bloch: Prey into Hunter, 6

91 Siehe Claessens: Das Konkrete, 170–176. Und ebenso: Knauf: Der Staat als Männerbund

92 Tanner: Wie wir Menschen wurden, 149f.

93 Erdheim/Hug: Männerbünde

94 Ein Beispiel aus der Gegenwart: Im Geographiebuch für die Unterstufe der Mittelschule werden den Tätigkeiten der männlichen Jäger eines Indianerstammes aus dem Amazonastiefland doppelt so viele Zeilen mit fett gedruckten Hervorhebungen gewidmet als den Aufgaben der Frauen und Mädchen ohne fett gedruckte Begriffe. Benvenutti/Beran/Weilinger/Weisch: Der Mensch, 27

95 Burkert: Homo necans, 29

96 Vgl. die Artikel zu diesem Thema in Dahlberg (Hg.): Woman the Gatherer

97 Auch Sigmund Freud lässt in seinem Entwurf der Entstehung von Kultur,

Ressourcenteilung und Inzestverbot gleichzeitig entstehen. Vgl. Freud: Totem und Tabu

[98] Owen: From Brideprice to Dowry, 42

[99] Vgl. Fiddes: Meat. Ebenso Adams: The Sexual Politics of Meat

[100] Burkert weist auf die «unsagbare» Kastration des Opfertieres in griechischen Schlachtungsritualen hin. Burkert: Homo necans, 81. Moderne Jagdbücher umschreiben die möglichst sofort zu erfolgende Kastration der erlegten Tiere mit einer geheimnisvollen Jägersprache. Vgl. z. B. Rosenstingl: Behandlung erlegten Wildes, 410

[101] Burkert: Homo necans, 76

[102] Guettel Cole: Domesticating Artemis, 28f.

[103] Tapp: Virgin Daughter Sacrifice, 170f.

[104] Siehe z. B. auch Hunold: Sexualität in der Sprache

[105] Burkert. Homo necans, S. 76

[106] Steinberg: The Sexuality of Christ, 170

[107] Steinberg: The Sexuality, 324

[108] Vgl. z. B. die Beschreibung des höheren Eros bei Ficino: Über die Liebe

[109] Burkert: Homo necans, 117

[110] Vgl. Sorgo: Lebendige Reliquien

[111] Turner: Das Ritual

[112] Turner: Vom Ritual zum Theater, 180

[113] Bloch: Prey into Hunter, 21

[114] Bachtin: Rabelais

[115] Eine ausführliche Beschreibung von Übergangsriten im antiken Griechenland liefert z. B. Vidal-Naquet: Der schwarze Jäger, v. a. 113–117, 120f. und 136. Er spricht von organisierter Wildheit und Umkehrungen der gesellschaftlichen Ordnung in der Initiationszeit der jungen Männer

[116] An diesem Punkt der Beschreibung könnte man das Konzept von Communitas auch umdrehen und die geordneten Gesellschaftsgefüge als «Inseln» auf einem unbestimmbaren Urgrund auffassen, deren Verankerung ungewiss bleibt. Turner vermeidet jedoch diesen bedrohlichen Aspekt

[117] Turner scheint jedoch Ferdinand Tönnies, der Gemeinschaft und Gesellschaft in ähnlicher Weise, wenn auch mit anderer Absicht gegenübergestellt hat, nicht zu kennen. Vgl. Tönnies, Ferdinand: Gemeinschaft und Gesellschaft

[118] Girard: Das Heilige

[119] Bataille: Die psychologische Struktur des Faschismus, 19f.

[120] Foucault: Überwachen und Strafen. Vgl. ebenso van Dülmen, Richard: Theater des Schreckens

[121] Vgl. Bataille, Georges: Die psychologische Struktur, 29

[122] Zur «sozialen Ortlosigkeit» vgl. Luhmann: Liebe als Passion, 16

[123] Aglietta/Orléan (Hg.): La Monnaie Souveraine

[124] Alfred Lorenzer hat diese Prozesse in Westeuropa aus einem psychoanalytischen und soziologischen Blickwinkel verfolgt. Vgl. Lorenzer: Das Konzil der Buchhalter

[125] Turner: Vom Ritual zum Theater, 137

[126] Vgl. Sorgo: Imitatio Christi, 127–147

[127] Hofmann: Gesamtkunstwerk Wien, 90

[128] Heinrich: Der Untergang von Religion

[129] Vgl. z. B. die romantische Auffassung bei Wackenroder/Tieck: Herzensergießungen

[130] Vgl. ebenso die Stellungnahme von Bataille: Die Souveränität in Kunst und Literatur. In: ders.: Die psychologische Struktur, 73–86

[131] Vgl. Taylor: Duty-Free-Shopping

[132] Derda: Vita Communis, 30f.

[133] Bereits der Vorschlag Platons *(Politeia)* oder jener Zenons *(Politeia)*, dass alle Frauen und Kinder allen Männern «gehören» sollten, zeigt, ebenso wie die von den jüdischen Propheten geforderte «Brüderlichkeit» im Volke Israel, dass diese Ideale für eine männliche Gemeinschaft entworfen worden waren. Da Ideale immer reale Auswirkungen haben, scheint mir dieser patriarchale Zug an den *vita-communis*-Entwürfen nicht vernachlässigbar

[134] Klinghardt: «Nehmt und esst ...»

[135] Douglas: Ritual, 113

[136] Douglas: Ritual, 113

[137] Shepard Kraemer: Her Share of the Blessings

[138] Carroll: The Cult of the Virgin Mary, 78

[139] Vgl. Wieland (Hg.): Aufbruch – Wandel – Erneuerung

[140] Bauer/Fuchs (Hg.): Bernhard von Clairvaux, 5

[141] Ladner: *Homo viator*

[142] Vgl.Turner: Pilgrimage

[143] Assmann: Der zweidimensionale Mensch, 19

[144] Assmann: Der zweidimensionale Mensch, 17

[145] Assmann: Der zweidimensionale Mensch, 13

[146] Caillois: L'Homme et le Sacré

[147] Erdmann: Die Entstehung des Kreuzzugsgedankens, 283

[148] Erkens: Militia und Ritterschaft, 640

[149] Turner: Das Ritual, 137

[150] Holl: Der letzte Christ
[151] Ruh: Kleine Schriften. Bd. II., 129
[152] Siehe zu diesem Begriff: Herz: *Sacrum commercium*
[153] Benz: *Ecclesia Spiritualis*, 293
[154] Duby: Krieger und Bauern, 234
[155] Vgl. Bartlett: Die Geburt Europas, 33–36
[156] Vgl. Stock: Implications of Literacy, 241
[157] Vgl. Zumthor: Körper und Performanz, 703–713
[158] Vgl. Assmann/Assmann: Schrift – Kognition – Evolution, 18 ff.
[159] Vgl. Sprandel: Die Seele der Analphabeten, 97–193
[160] Zur besonderen Fruchtbarkeit dieser Metapher vgl. Ohly: Hohelied-Studien. Zu göttlichem Wort und weiblicher Seele siehe ebenda 238–241
[161] Augustinus verglich die Beziehung des geistigen Selbst zu seinem Fleisch mit der Beziehung des Mannes zu seiner Frau. Augustinus: De utilitate jejunii, 595ff.
[162] Zur selbstverständlichen Züchtigung der Frauen durch Männer im 17. Jahrhundert vgl. Schenda: Kulturkonflikte, 94
[163] Vgl. Illich: Genus
[164] Vgl. Rippmann: Frauenarbeit im Wandel, 46. Rippmann äußert sich widersprüchlich. Zwar hielt man die Frauen grundsätzlich nur für leichtere Arbeit geeignet und begründete damit den niedrigeren Lohn. Je nach Situation und Bedarf hatten Frauen dann aber doch schwere körperliche Arbeit zu verrichten
[165] Knoll: Zins und Gnade, 50–56
[166] Dass dieser Begriff selber zutiefst von der christlichen Tradition geprägt ist und als Produkt christlich-patriarchaler Utopien bezeichnet werden kann, zeigt vor allem Opitz: Neue Wege der Sozialgeschichte?
[167] Wunder: Normen und Institutionen, 74
[168] Vgl. Luhmann: Liebe als Passion
[169] McCracken: Culture and Consumption
[170] Braudel: Sozialgeschichte des 15.–18. Jahrhunderts, 81
[171] Irsigler: Jahrmärkte, 4f.
[172] Opll: Jahrmarkt oder Messe, 190
[173] Irsigler: Jahrmärkte, 23
[174] Mitterauer: Jahrmärkte in Nachfolge, 315
[175] Mitterauer: Jahrmärkte, 308
[176] Irsigler: Jahrmärkte, 10
[177] Brübach: Die Entstehung und die Frühzeit, 168

[178] Schlesinger: Der Markt als Frühform, 271
[179] Le Goff: Le Travail
[180] Zur Bewertung der Arbeit in der frühen Neuzeit vgl. Borscheid: Vom Leben in Arbeit
[181] Le Goff: Pour un Autre Moyen Age, 12f.
[182] Vgl. Geremek: Le Refus de Travail
[183] Paul: Deutsches Wörterbuch, 250
[184] Le Goff: Pour un Autre Moyen Age, 102f.
[185] Le Goff: Pour un Autre Moyen Age, 12f.
[186] Hohn: Die Zerstörung der Zeit, 107f.
[187] Über die Verdammung des Wuchers vgl. Kirshner: Raymond de Roover on Scholastic Economic Thought, 15–36
[188] Rausch: Jahrmärkte, Messen und Stadtentwicklung, 187
[189] Schlesinger: Der Markt, 266
[190] Contamine/Bompaire/Lebecq/Sarrazin: L'Economie Médiévale, 192
[191] Turner: Vom Ritual zum Theater, 61
[192] Schlesinger: Der Markt, 265. Schlesinger zitiert hier Quellen aus dem frühen 9. Jahrhundert, die belegen, dass die Märkte selbst außerhalb der Stadtmauern viel Volk anzogen, das keineswegs nur zum Einkaufen hinging
[193] Braudel: Der Handel, 92f.
[194] Braudel: Der Handel, 100f.
[195] Falk: The Scopic Regimes, 179
[196] «Symbolic inversion may be broadly defined as any act of expressive behaviour which inverts, contradicts, abrogates, or in some fashion presents an alternative to commonly held cultural codes, values and norms be they linguistic, literary or artistic, religious, social and political." Babcock (Hg.): The Reversible World, 14. Übersetzung von G. S.
[197] Vgl. Richter: Schlaraffenland, 184ff.
[198] Turner: Comments and Conclusions, 278
[199] Bringmann: Der Triumph des, 50–58.
[200] Versnel: Transition and Reversal, 143
[201] Versnel: Transition and Reversal, 144
[202] Petzold: Narrenfeste, 145f.
[203] Meuli: Der Ursprung der Fastnacht, 283–289
[204] Meuli: Der Ursprung der Fastnacht, 296
[205] Klauser: Die Cathedra im Totenkult, 175
[206] Brown: Die Heiligenverehrung, 50f
[207] Vgl. Kapitel 10

[208] Angenendt: Corpus incorruptum, 324
[209] Petzold: Narrenfeste, 147
[210] Zum Alkoholkonsum in Europa siehe die Artikel in Völger/von Welck (Hg.): Rausch und Realität. Sowie Jeggle: Alkohol und Industrialisierung, 78–94
[211] Le Goff, Jacques in «Die Zeit» vom 12. 4. 1994
[212] Kaelber: Schools of Asceticism, 118f.
[213] Sorgo: Lebendige Reliquien, 25–45
[214] Miri Rubin sieht in der verstärkten Seelsorge des 12. Jahrhunderts, die sich um Beichte und Buße bemühte, eine wesentliche Voraussetzung für das im 13. und 14. Jahrhundert in breiten Bevölkerungsschichten wachgerufene Interesse an der Eucharistie und der Inkarnation. Rubin: Corpus Christi, 84ff.
[215] Falk: The Scopic Regimes, 177
[216] Benjamin: Das Kunstwerk, 13–20
[217] Benjamin: Das Kunstwerk, 13
[218] Vgl. Artikel «Brandeum», In: Lexikon für Theologie und Kirche Bd. II, Sp. 519
[219] Das Oxford Dictionary of English Etymology, Oxford 1979, 114 verweist nur auf Brandzeichen und Stigma, eine lateinische Herkunft scheint nicht gegeben
[220] Godelier: Das Rätsel der Gabe, 237
[221] Marx: Das Kapital. Bd. I, 105
[222] Nau: Münzen und Geld, 94
[223] Noch sein Nachfolger Henri IV formulierte diese Auffassung deutlich gegenüber einer parlamentarischen Abordnung: «Je suis vostre Roy légitime, vostre chef, mon Royaume en est le corps; vous avés cest honneur d'en estre membres, d'obeir, et d'y apporter la chair, le sang, les os et tout ce qui en despend.» Zitiert nach Hinrichs: Fürstenlehre, 186
[224] Dupuy: De la monnaie publique, 43
[225] Luschin von Ebengreuth: Allgemeine Münzkunde, 243
[226] Nau: Münzen und Geld, 98f.
[227] North: Das Geld, 34
[228] Veit: Geheiligtes Geld, 51–64
[229] Rupin: Pince et fer à hosties
[230] Honorius Augustodunensis: Gemma Animae I., 555
[231] Kantorowicz: Die zwei Körper, 226
[232] Kantorowicz: Die zwei Körper, 195–204

[233] Anspach: Les fondements rituels, 54

[234] Marx: Das Kapital Bd. I, 105, Fußnote 90

[235] Vgl. Seibert: Die Frau, 39. Ebenso: Herodot: Geschichten und Geschichte, 111 (= Buch I, 199)

[236] Vgl. Gerlitz: Theologische Realencyklopädie Bd. 27. Berlin/New York 1997, 527–531, hier 527

[237] Vgl. Seibert: Die Frau, 39. Ebenso Moscati: Die Phönizier, 118

[238] Zum Stand der Forschung siehe Fauth, Wolfgang: Sakrale Prostitution im Vorderen Orient und im Mittelmeerraum. In: Jahrbuch für Antike und Christentum 31 (1988), 24–39. Zum umfassenden Thema der Heiligen Hochzeit und ihrer Entwertung durch die ökonomische Logik vgl. Hunger: Die Heilige Hochzeit. Sowie Svejda-Hirsch: Die indischen devadasis

[239] Mc Kraay: Schatzfunde, 204

[240] Vgl. hierzu Will: Überlegungen und Hypothesen, 213, sowie Orléan: La monnaie

[241] Kippenberg: Die Typik antiker Entwicklung, 31

[242] Mc Kraay: Schatzfunde, 206

[243] Vgl. hierzu Gladigow: Die Teilung des Opfers

[244] Michael Taussig beschreibt diese von Ethnologen immer wieder festgestellte Tatsache z. B. anhand der Proletarisierung in Südamerika. Taussig: The Devil and Commodity Fetishism

[245] Vgl. Salin: Volkswirtschaftslehre, 16f.

[246] Siehe hierzu Schmitt-Pantel: La Citè au Banquet. Ebenso Veyne: Brot und Spiele

[247] Godelier: Das Rätsel, 237

[248] Aus der unabsehbaren Literatur zu diesem Thema hier nur zwei Verweise: Rasch: Schuld als Religion. Sowie Rospabé: La dette de vie, Paris 1995. Zur geschlechtsspezifischen Perspektive verweise ich auf folgende Arbeit, die auch wichtige Thesen zum Umgang mit der Gabe und der zugehörigen Gesellschaftsorganisation aufgreift: Grubner, Barbara Anna: Gabe und Geschlecht

[249] Wergeld war eine Bußzahlung für einen getöteten Menschen. Vgl. Genzmer, Felix: Rache, Wergeld und Klage im altgermanischen Rechtsleben. Tübingen 1941, 288–292

[250] Veit: Die Münze, 103

[251] Veit: Die Münze, 103

[252] Vgl. Hausen: Wirtschaften mit der Geschlechterordnung. Ebenso Bock/Duden: Arbeit aus Liebe

[253] Anspach: Les fondements rituels, 58

[254] Beck: Risikogesellschaft, 174f.

[255] Siehe z. B. den jüngst erschienenen Artikel von Natasha Walter, in dem sie feststellt, dass die Position der Frauen in den westlichen Gesellschaften sich in den letzten Jahrzehnten nicht wirklich geändert hat und dass viele Formen von Gleichberechtigung bei schlechter Wirtschaftslage sofort wieder rückgängig gemacht werden, wobei man sich naturwissenschaftlich abzusichern versucht. Walter: Prejudice & Evolution

[256] Belk/Wallendorf: The Sacred Meanings

[257] Zu Fetisch und Übergangsobjekt in Zusammenhang mit der Warenkultur siehe Kaplan: Weibliche Perversionen. Kaplan definiert Warenfetische als Prothesen, die helfen, sich nicht mehr mit Glauben und Gemeinschaftssinn auseinander setzen zu müssen, sie führen daher in eine Erstarrung. Übergangsobjekte dienen jedoch als Brücken vom Vertrauten zum Unvertrauten und lassen Wachstum und Reifung zu

[258] Angenendt: Heilige und Reliquien

[259] Vgl. Welsch: Postmoderne Moderne, 53–63

[260] Benjamin: Zentralpark, 245

[261] Aber auch diese Verehrungsformen hatten bereits, wie Pfister beschreibt, eine jahrtausendealte Tradition

[262] Assmann: Herrschaft und Heil, 217–238

[263] Pfister: Reliquienkult, II. Halbbd., 445

[264] Polignac: Mediation, Competition, and Sovereignty. Ebenso Morris: Tomb Cult, 755f.

[265] Auguet: Cruelty and Civilization

[266] Decker: Die mykenische Herkunft. Sowie Malten: Leichenspiel

[267] Snoek: Medieval Piety, 9ff. u. 181f. Sowie Pfister: Reliquienkult. II. Halbbd., 430

[268] Ohly: Bemerkungen eines Philologen, 42

[269] Angenendt: Heilige und Reliquien, 114

[270] Giry: Die Leben deren Heiligen, 269

[271] Pfister: Reliquienkult. II. Halbbd., 458

[272] Pfister: Reliquienkult. II. Halbbd., 445–449

[273] Angenendt: Heilige und Reliquien, 160–166. Ebenso Snoek: Medieval Piety, 18

[274] Snoek: Medieval Piety, 23

[275] Pfister: Reliquienkult. II. Halbbd., 444

[276] Pfister: Reliquienkult. II. Halbbd., 534

[277] Dieser Behauptung von Pfister: Reliquienkult. II. Halbbd., 535 steht die Aussage von Snoek: Medieval Piety, 186 entgegen, dass die Notwendigkeit von Reliquien für einen Altar erst seit 1917 zwingend im Kirchengesetz verankert ist. Angenendt legt sich in dieser Frage zeitlich nicht fest, sondern spricht von einer allseits beachteten Praxis

[278] Raible: Der Tabernakel, 100

[279] Sauer: Symbolik des Kirchengebäudes, 175f. u. 192f.

[280] Snoek: Medieval Piety., 185f. u. 224. Sowie Pfister: Reliquienkult. II. Halbband, 430

[281] Kugler: Die Vorstellung der Stadt, 19

[282] Duby: Krieger und Bauern, 72f. Sowie Gilomen: Renten und Grundbesitz

[283] Ohly: Memoria, 29

[284] Snoek: Medieval Piety, 185f. Ebenso Legner: Reliquien. Der Autor beziffert die Objekte der Sammlung der regulierten Augustinerinnen im Monasterío de la Encarnación, das Margarete von Österreich in Madrid gegründet hat, mit 4000. Sie gilt als eine der größten überhaupt

[285] Bartlett: Die Geburt Europas, 33–36

[286] Snoek: Medieval Piety, 56

[287] Snoek: Medieval Piety, 59

[288] Mayer: Die heilbringende Schau, 244

[289] Braun: Die Reliquiare, 100ff

[290] Strauch: Margaretha Ebner, XL.

[291] Strauch: Margaretha Ebner, LXVI.

[292] Vgl. Dinzelbacher: Christliche Mystik, 89–98

[293] Duby: Frauen im 12. Jahrhundert, 51.

[294] Vgl. Kristeva: Der geschlossene Text

[295] Vgl. ebenso Illich: Im Weinberg des Textes, 34–37 und 127

[296] Vgl. Ohly: Vom geistigen Sinn des Wortes, 2

[297] Vgl. Ong: Oralität und Literalität, 152f.

[298] Illich/Sanders: Das Denken, 44

[299] Vgl. Wenzel: Hören und Sehen, 365–67

[300] Vgl. Stock: Implications of Literacy, 241

[301] Vgl. Delumeau: Angst im Abendland. Ebenso Dinzelbacher: Angst im Mittelalter

[302] Otte: Handbuch der kirchlichen Kunst, 240

[303] Otte: Handbuch der kirchlichen Kunst, 241

[304] Otte: Handbuch der kirchlichen Kunst, 241

[305] Sauer: Symbolik des Kirchengebäudes, 194

[306] Zu den antiken Zeugungstheorien vgl. Rousselle: Observation Féminine
[307] Raible: Der Tabernakel, 159
[308] Vgl. Schreiner: Maria, 289f.
[309] Zitiert nach Montanari: Der Hunger, 28
[310] Diesen Begriff übernehme ich von Detienne/Vernant: La Cuisine
[311] Vgl. Sorgo: Aus der christlichen Opferküche
[312] Artemidor
[313] Zur Verbindung des Frauenkörpers mit dem Grabmal in der abendländischen Kultur siehe: Treusch-Dieter: Die Heilige Hochzeit
[314] Raible: Der Tabernakel, 163
[315] Raible: Der Tabernakel, 165f.
[316] Raible: Der Tabernakel, 247. Sauer zitiert Honorius, Sicardus und Rabanus Maurus. Sauer: Symbolik des Kirchengebäudes, 165
[317] Franz: Benediktionen Bd. 2, 205
[318] Vgl. Barlösius/von Braun: Essen und Gesellschaft
[319] Röckerath: Psychoanalytische Überlegungen, 182f.
[320] Zu Fetisch und Übergangsobjekt in Zusammenhang mit der Warenkultur siehe Kaplan: Weibliche Perversionen, 76–121
[321] Zur anthropologischen und religionswissenschaftlichen Einschätzung von Opfern als Kontaktaufnahme mit den Gottheiten siehe Janowski (Hg.): Opfer. Zur Bedeutung der Märtyrer für die Konsolidierung des Christentums vgl. Brown: Die Heiligenverehrung. Zur Erzeugung von Einmütigkeit und sozialem Zusammenhalt durch Opfer vgl. Girard: Das Heilige
[322] Rubin: Corpus Christi, 213–287
[323] Mayer: Die heilbringende Schau, 256
[324] Vgl. z. B. Eder: Die «Deggendorfer Gnad»
[325] Rubin: Corpus Christi, 241f.
[326] Vgl. Dux: Geschlecht und Gesellschaft, 128f. Siehe Fußnote 14
[327] Vgl. Gugitz: Österreichs Gnadenstätten. Gugitz führt bei den großen Wallfahrtskirchen jeweils die noch vorhandenen Votivgaben an und berichtet über die Zuwendungen der Gläubigen, die manchmal in Büchern vermerkt wurden oder durch Brauch festgelegt waren
[328] Kroos: Opfer, Spende und Geld, 514
[329] Gladigow: Opfer und komplexe Kulturen, 86–107
[330] Angenendt: Heilige und Reliquien, 212f.
[331] Althoff: Der gemeinschaftsstiftende Charakter, 13–26
[332] Mac Mullen spricht von «business-cult-locality associations of migrants». Siehe Mac Mullen: Roman Social Relations, 85

[333] Eine ausführliche Beschreibung der antiken Vereinsmähler liefert Klinghardt: Gemeinschaftsmahl

[334] Oexle: Conjuratio

[335] Keller: Der Übergang

[336] Vgl. Hauck: Rituelle Speisegemeinschaften; Oexle: Die mittelalterlichen Gilden, 212f.

[337] Münch: Die Kosten der Frömmigkeit, 120

[338] Schneider: Wandel und Beharrung, 74

[339] Auf habsburgischem Gebiet verbot Kaiserin Maria Theresia 1771 die Errichtung neuer Bruderschaften, Josef II. hob sie 1783 ganz auf, zog ihr Vermögen ein und übergab es dem Religionsfonds. – Katzinger: Die Bruderschaften, 110f.

[340] Vgl. Struve: Die Entwicklung. Zur Entwicklung des Staatsbegriffes in Europa vgl. Weihnacht: Staat

[341] Vgl. Taylor: Die Formen des Religiösen

[342] Stark: Epidemics, 172

[343] Durkheim: Die elementaren Formen, 75

[344] Luckmann: Die unsichtbare Religion

[345] Luckmann: Die unsichtbare Religion, 182

[346] Die Studie von Rudolf Schlögl belegt diesen Umschwung innerhalb eines recht kurzen Zeitraumes am Ende des 18. Jahrhunderts. Schlögl: Glaube und Religion

[347] Hegel: Frühe Schriften I. Bd., 77

[348] Durkheim: Der Selbstmord, 241

[349] «Was dem Österreicher heilig ist», Umfrage der Market-Marktforschung, repräsentativ für die österreichische Bevölkerung ab 15. Erhebungszeitraum 28. 11. bis 22. 11. 2003. 76% aller Befragten nannten an erster Stelle die Familie und die Kinder

[350] Zulehner/Slama: Österreichs Männer, 66f. sowie 105

[351] Zulehner/Slama: Österreichs Männer, 91ff.

[352] Vgl. Douglas: In Defence of Shopping

[353] Die steigende Zahl von Frauen, die z. B. in Österreich einer Teilzeitarbeit nachgehen, beweist nach wie vor, dass Frauen Haushalt und Familie miteinander vereinbaren wollen, während Männer sich hierzu weniger verpflichtet fühlen. In den Jahren 1969–1981 hat die Teilzeitarbeit bei Männern 25% zugenommen, bei Frauen jedoch 40%. – Bartunek, Ewald: Daten über Entwicklung und Sonderformen der Arbeitszeit in Österreich. Hg. v. Bundesministerium für soziale Verwaltung 1982, 14. Von 1995 bis 2002 ist

die Zahl der teilzeitbeschäftigten Frauen weiter gestiegen. 2002 arbeiteten 31% der Frauen jedoch nur 3% der Männer in Teilzeit. – Aktuell 4/04

[354] Benjamin: Kapitalismus als Religion, 100–103

[355] Röckerath: Psychoanalytische Überlegungen, 183

[356] Vgl. die Notizen von Walter Benjamin zu den Schock-Erlebnissen in der modernen Warenwelt, welche Erfahrung eher verhindern. Benjamin: Gesammelte Schriften. Bd. I, 615

[357] http://www.literaturen.de/gespr.html , 31. 5. 2005

[358] Minichton: Die Veränderungen der Nachfragestruktur, 59

[359] Dülmen, Richard van: Entstehung des frühneuzeitlichen Europa 1550–1648. Frankfurt am Main 1982, 106–118

[360] Vgl. Löwe, Heinz-Dietrich: Teuerungsrevolten, Teuerungspolitik und Marktregulierung im 18. Jahrhundert in England, Frankreich und Deutschland. In: Saeculum 37 (1986), 291–312

[361] Vgl. Duchhardt: Das protestantische Herrscherbild, 32ff.

[362] Richarz: Oikos, 90

[363] Brunner: Das ganze Haus

[364] Vgl. die Kritik von Groebner: Außer Haus, 69–80

[365] Zum männlichen Fetisch «Produktion» vgl. Mattl: «Aufbau», 23

[366] Vgl. Opitz: Neue Wege der Sozialgeschichte?

[367] Mitterauer: Geschlechtsspezifische Arbeitsteilung

[368] Die Verkehrte Welt. Kupferstich, erste Hälfte des 17. Jahrhunderts, Staatliche Galerie Moritzburg, Halle. Reproduziert in Babcock: The Reversible World, 80

[369] Dallapiazza: Sorge um die Sicherung, 81

[370] Richarz: Oikos, 152

[371] Der Ritter von Turn. Von den Exempeln der Gotsfurcht un Erberkeit. Gedruckt bei Michael Furter, Basel 1493. Reproduktion des Holzschnittes in: Pawlak: Albrecht Dürer, [1297]

[372] Roper: Das fromme Haus, 46

[373] Roper: Das fromme Haus, 194

[374] Schlegel-Matthies: Die «geschickliche Wissenschaft», 119

[375] Hausen: Wirtschaften, 52

[376] Wunder: «Jede Arbeit», 36f.

[377] Hill: Von der Reformation, 138

[378] Minichton: Veränderungen der Nachfragestruktur, 66

[379] Reinhard, Wolfgang: Geschichte der Staatsgewalt. Eine vergleichende Verfassungsgeschichte Europas von den Anfängen bis zur Gegenwart. Mün-

chen 2000, 461. Der Autor schätzt, dass in den wohlhabenden oberdeutschen Städten des 16. Jahrhunderts ca. 20% Arme lebten, jedoch weitere 50% der Bevölkerung an der Armutsgrenze, unter die sie rasch absinken konnten

380 Vgl. z. B. Pallach: Hunger. Oder Medick: Teuerung

381 Richarz: Oikos, 88f.

382 Luhmann: Liebe als Passion

383 Die «asoziale» Paarbeziehung, die sich den traditionellen Heiratsregeln entgegenstellt, taucht in der abendländischen Literatur etwa ab dem 12. Jahrhundert als zentrales Thema auf. Zur Verurteilung erzwungener Ehen seit dem 18. Jahrhunderts siehe Stone: Der Wandel der Werte, 353

384 Budde: Des Haushalts «schönster Schmuck»

385 Budde: Des Haushalts «schönster Schmuck», 419

386 Haupt: Konsum und Geschlechterverhältnisse, 399

387 Brunner: Das «ganze Haus», 113

388 Vgl. die Analyse der Emma Bovary in Kaplan, Louise: Gestohlene Güter. Zum suchtartigen Konsumverhalten allgemein vgl. Haubl: Geld

389 Vgl. Godelier: Das Rätsel, 242–246

390 Ich folge hier der Definition von Malina: Rituale der Lebensexklusivität

391 Menschen konnten nach der Hingabe an eine Gottheit auch als Priester und Priesterinnen, als deren Hilfskräfte oder als Mönche, Nonnen, Hierodulen, Inklusen u. Ä. weiterleben, waren jedoch von profanen Bereichen durch strenge Verhaltensvorschriften und zumeist auch räumliche Einschränkungen ausgeschlossen

392 Strack: Der Blutaberglaube, 29f.

393 Strack: Der Blutaberglaube, 30 ff. Mit mentalitätsgeschichtlichem Hintergrund: Zika: Kannibalismus

394 Legner: Reliquien, 45–48

395 Das Abstrakte galt und gilt als religiöser Bereich schlechthin. Vgl. Claessens: Das Konkrete. Bataille: Theorie de la Réligion

396 Adolf Holl zeigt in einem fiktiven inneren Monolog des Augustinus, wie auch der Kirchenlehrer, dessen *Confessiones* unter Historikern als Dokument der frühen Entstehung eines selbstreflexiven Individuums im Rahmen des Christentums gelten, auf die vorweggenommene Gewalt gegen sich selbst setzt und diese Selbstbeschränkung als Fortschritt der Menschheit betrachtet. Holl: Spring herüber

397 Siehe dazu die ausführliche Theorie von Claessens: Das Konkrete

398 Sohn-Rethel: Warenform

[399] Siehe Kapitel 10.1

[400] Angelus Silesius: Cherubinischer Wandersmann, 139 (= Drittes Buch, Spruch 177)

[401] « . . . a struggle to define not what one is, but what one is not.» Douglas: In Defence, 30. Übersetzung von G. S.

[402] Siehe hierzu den Überblick über die Konsumtheorien bei Campbell: The Sociology

[403] Vgl. Jarnut: Konsumvorschriften

[404] Popcorn/Marigold: EVAlution. Bosshart: Die Zukunft

[405] Vgl. Klempt: Die Säkularisierung, 119

[406] Vgl. Le Goff, Jacques: Le Travail

[407] Über die Zusammenhänge von Schmerz und Arbeit vgl. Scarry: Der Körper

[408] Borscheid: Vom Leben in Arbeit, 32

[409] Der Pariser Theologe Johannes Michaelis verglich die Kaufleute erstmals mit Blutgefäßen, die die Nährstoffe verteilten. Michaelis: Anatome Corporis Politici, 40f. Thomas Hobbes verglich die durch Geldbezahlung beschleunigte Beweglichkeit der Waren mit dem ernährenden Blutkreislauf. Hobbes: Leviathan, 194. Jean-Jacques Rousseau bezeichnete die «öffentlichen Finanzen» als Blut des Staatskörpers. Rousseau: Politische Schriften Bd. 1, 14f.

[410] Miller: A Theory

[411] Siehe hierzu die ausführlichen Beschreibungen von Detienne/Vernant: La Cuisine

[412] Siehe auch Reisch: Symbols for Sale

[413] Douglas/Isherwood: The World of Goods, 41

[414] Campbell: The romantic ethic, 69f.

[415] Kittsteiner: Die Entstehung

[416] Campbell: The romantic ethic, 204ff.

[417] Vgl. Sorgo: Des Leidens dunkler Kelch

[418] Meyer: Soziales Handeln, 52

[419] Siehe Kapitel 10.5

[420] Dieses Bild von Anton Wierix (1555/59–1604) aus der Kupferstichserie Core Jesu amanti sacrum 1585–86 findet sich abgebildet bei Smith: Sensuous Worship, 36

[421] Luhmann: Funktion der Religion, 33

[422] Amberger-Lahrmann/Schmähl (Hg.): Gifte, 13

[423] Battegay: Die Hungerkrankheiten. Haubl: Geld. Zur Kleptomanie vgl. Kaplan: Weibliche Perversionen, 309–344

[424] Miller: Material Culture, 118
[425] Miller: Material Culture, 99
[426] Bourdieu: Die feinen Unterschiede
[427] Vgl. Attali/Guilleaume/de Maja: L'Anti-économique, 173
[428] Campbell: Shopping, Pleasure, hier 170
[429] «... she also commands the progressive activity by which consumption is used to extract culture as the selfconstruction of humanity from the intractable but essential institutions of the modern world, such as the market or bureaucracy.» – Miller: Consumption as the Vanguard, 34. Übersetzung von G. S.
[430] Siehe dazu: Burkert: Anthropologie. Sowie Baudy: Verteilung des Fleisches
[431] Bolte, Johannes/Polívka, Georg: Anmerkungen zu den Kinder- und Hausmärchen der Brüder Grimm Bd. 2. Leipzig 1915, 199–203
[432] Mandeville: Die Bienenfabel
[433] Vgl. Schmitt-Pantel: La Cité au Banquet
[434] Dass Männer für produktiver gehalten werden, zeigt sich auch am Lohnniveau: «Durchschnittlich erhalten weibliche vollbeschäftigte Angestellte um 33% weniger Gehalt als ihre männlichen Kollegen.» – Kompetenz, 25
[435] Burkert: Antike Mysterien, 21
[436] Burkert: Antike Mysterien, 48
[437] Burkert: Antike Mysterien, 46
[438] Kloft: Mysterienkulte, 85
[439] Burkert: Antike Mysterien, 18
[440] Vgl. Eisenstadt (Hg.): Kulturen der Achsenzeit I. Sowie ders. (Hg.): Kulturen der Achsenzeit II
[441] Vgl. Breuer: Kulturen der Achsenzeit, 30
[442] Vgl. Assmann A./Assmann, J.: Schrift – Kognition, 19f.
[443] Vgl. Sohn-Rethel, Alfred: Warenform und Denkform. Frankfurt am Main 1978
[444] Burkert: Antike Mysterien, 48–51
[445] Mau, A.: *cista*. In: Paulys Real-Encyclopädie, Sp. 2591–2506, hier 2591f.
[446] Burkert: Homo necans, 299
[447] Burkert: Homo necans, 297
[448] Lenormant, F.: *Cista Mystica*. In: Dictionnaire des Antiquités Grecques, 1205–1208, hier 1205
[449] Burkert: Antike Mysterien, 83
[450] Muth: Einführung, 275
[451] Burkert: Antike Mysterien, 13
[452] Kloft: Mysterienkulte, 27

[453] Burkert: Mysterienkulte, 55
[454] Burkert: Mysterienkulte, 23ff.
[455] Burkert: Antike Mysterien, 34
[456] Reallexikon für Antike und Christentum, Sp. 891f.
[457] Fernique, E.: *Cista, Cistella.* In: Dictionnaire des Antiquités, 1202–1205, hier 1202
[458] Grimm: Wörterbuch. Bd. 2, 477
[459] Hunold: 105
[460] Grimm: Wörterbuch. Bd. 11, 855
[461] Richarz: Oikos, 55 u. 153
[462] Paul: Deutsches Wörterbuch, 340
[463] Gamillschegg: Etymologisches Wörterbuch, 216 u. 174
[464] Grimm: Wörterbuch Bd. 11, 857
[465] Kroos: Opfer, Spende und Geld, 503
[466] Vgl. Kurnitzky: Triebstruktur, 96
[467] Bloch: Prey into Hunter, 8–23
[468] Kraemer: Her Share of the Blessings, 55
[469] Kraemer: Her Share of the Blessings, 26
[470] Bis ins 14. und 15. Jahrhundert konnten sich Schweineherden in Eichenwäldern selbst ernähren, dann wurde die Nutzung der Wälder der Allgemeinheit entzogen und die Schweine im Stall gemästet, was sie in Krisenzeiten zu Nahrungskonkurrenten der Menschen machte. Vgl. Montanari: Der Hunger und der Überfluss, 94f.
[471] Kroos: Opfer, Spende, Geld, 503
[472] Benjamin: Zentralpark <32a>, 177
[473] Angenendt: Heilige und Reliquien, 114f.
[474] Legner: Reliquien, 128
[475] Zur Bedeutung des Geldes als Denkform vgl. Sohn-Rethel: Warenform. Sowie Müller: Geld und Geist
[476] Paul: Deutsches Wörterbuch, 109
[477] Angelus Silesius: Cherubinischer Wandersmann, 50 (= Erstes Buch, Spruch 180)
[478] Kaufmann: Schmutzige Wäsche
[479] Im Jahr 2001 betrug in Österreich das mittlere Bruttoeinkommen aus unselbständiger Beschäftigung bei Frauen um 40% weniger als bei ihren männlichen Kollegen. Aktuell 4/04. Die Arbeiterkammerzeitung publizierte Ergebnisse der Statistik Austria
[480] Vgl. Haupt: Konsum und Geschlechterverhältnisse

[481] Man denke an Produkte der Hygiene wie Toilettenpapier, Tampons, Damenbinden, Deodorants oder Windeln, die der «plutonischen» Welt des Abfalls und der Verwesung angehören

[482] Vgl. Popcorn/Marigold: EVAlution

[483] Diese einfache, aber präzise Definition stammt von Luhmann: Die Wirtschaft, 203

[484] Zur Fürsorge als Frauensache vgl. Nussbaum: Konstruktion der Liebe

[485] Zur Diskussion darüber, welches geschlechtsspezifische Verhalten nicht anerzogen ist siehe Bischof-Köhler: Von Natur aus anders

[486] Vgl. Mitterauer: Geschlechtsspezifische Arbeitsteilung

[487] Vgl. DeVault: Feeding the Family

[488] Vgl. Lorber: Gender-Paradoxien, 235–249

[489] Vgl. Douglas: Wie Institutionen denken

[490] Vgl. Butler: Körper von Gewicht

[491] Siehe hierzu Roper: Das fromme Haus

[492] Zur Gleichheit, die vorerst nur für Männer Gültigkeit haben sollte, siehe Opitz: Aufklärung der Geschlechter

[493] Vgl. die trockene Untersuchung der Entstehungsbedingungen dieses neuen Liebesdiskurses von Luhmann: Liebe als Passion

[494] Casanova: Public Religions

[495] Nierenberg: Correcting Gender Myopia, 7

[496] Nierenberg: Gender Myopia, 24

[497] Vgl. Gessler: Faules Christentum

[498] Gardner/Assadourian/Sarin: Zum gegenwärtigen Stand des Konsums, 53

[499] Vgl. Beck: Schöne neue Arbeitswelt, 70

[500] Kloft: Mysterienkulte, 65 u. 93. Demgegenüber betont Walter Burkert, dass Mysterienkulte eher als Clubs für reichere Leute funktionierten. Burkert: Antike Mysterien, 48

[501] Kloft: Mysterienkulte, 106

[502] Gardner/Assadourian/Sardin: Stand des Konsums, 59

[503] Kraemer: Her Share of the Blessings, 60

[504] Elias: Die Gesellschaft der Individuen

[505] Girard: Das Heilige

[506] Bauman: Flaneure

[507] So vor allem Staal: Rules without meaning. Oder auch Grimes: Readings in Ritual Studies

[508] « . . . we are what we do, not what we think.» Kertzer: Ritual, Politics and Power, 68

509 Hier nur einige Beispiele, in denen sich Historiker nicht nur auf wirtschaftlich-funktionale Ursachen, sondern auch auf sozialanthropologische Erkenntnisse stützen: Freitag: Volks- und Elitenfrömmigkeit; Dupront: Anthropologie du Sacré; Daxelmüller: Volksfrömmigkeit; Châtellier: L'Europe des Dévots; Brückner: Zum Wandel des Religiösen; Habermas/Minkmar (Hg.): Das Schwein des Häuptlings.

510 Vgl. Isenberg/Sellmann (Hg.): Konsum als Religion? Sowie die religionssoziologischen Beiträge in Gebhardt/Hitzler/Pfadenauer (Hg.): Events.

511 Dies ist das gängige Urteil, so z. B. bei Burkert: Antike Mysterien, 11 u. 53ff.

512 Vgl. Knoblauch: Die Verflüchtigung der Religion

513 Smith: To Take Place

514 Smith: To Take Place, 108

515 Rubin: Corpus Christi, 248–260

516 Grimes: Reading, Writing, and Ritualizing, 21

517 Rubin: Corpus Christi, 248 ff.

518 Bowlby: Supermarket Futures, 106

519 Engelhard: Paradigmata des Konsumentenverhaltens, 250

520 Douglas: In Defence of Shopping. Douglas/Isherwood: The World of Goods. Bourdieu: Die feinen Unterschiede

521 Siehe Kapitel 6.2

522 Miller: Theory of Shopping, 131

523 «Shopping so far from being, as it is inevitably portrayed, the essence of ungodliness, becomes as a ritual the vestigial search for a relationship with God.» Miller: Theory of Shopping, 150. Übersetzung von G. S.

524 Steinecke: Auf dem Weg zum Hyperkonsumenten

525 Vgl. Tenkhoff: «Glockenklang im Laserlicht»

526 Miller: Theory of Shopping, 15–72

527 Es sind jedoch einige wenige Ausnahmen denkbar. Vgl. Belk/Wallendorf: The Sacred Meanings of Money

528 Quart: Branded

529 Gebhardt/Hitzler/Pfadenauer (Hg.): Events

530 Ebertz: Transzendenz im Augenblick, 352

531 Opaschowski: Kathedralen und Ikonen, 52

532 Elias: Die Gesellschaft der Individuen

533 Dumont: Individualismus, 160–191

534 Commandeur (Hg.): Event zieht – Inhalt bindet

535 Benjamin: Charles Baudelaire, 61

536 Vgl. Buck-Morss: Der Flaneur, der Sandwichman und die Hure, 104

537 Benjamin: Charles Baudelaire, 107

538 Benjamin: Charles Baudelaire, 108. Vgl. Stoessel: Aura, 34

539 Freud, Sigmund: Abriss der Psychoanalyse [1938]. Frankfurt am Main/Hamburg 1970, 9f.

540 Riesman, David/Denney, Reuel/Glazer, Nathan: Die einsame Masse. Eine Untersuchung der Wandlungen des amerikanischen Charakters. Darmstadt 1956

541 Marx, Karl: Grundrisse der Kritik der politischen Ökonomie. Berlin 1953, 545

542 Ein flacher Charakter besitzt unveränderliche, klar definierte Eigenschaften und entspricht den erwarteten Klischees, ohne abweichende Eigenheiten zu entwickeln. Anspruchslose Unterhaltungsliteratur arbeitet bis heute mit holzschnittartigen flachen Charakteren ohne Zwiespalt oder innere Widersprüche. Vgl. Ong: Oralität und Literalität, 152f.

543 Bauman: Flaneure, 146

544 Bormann: Eventmaschinerie,148

545 Bormann: Eventmaschinerie, 147

546 Vgl. Sorgo: Aus der christlichen Opferküche. Ausführlicher: Bynum: Jesus as Mother

547 Biezais: Die heilige Entheiligung

548 Ranke-Graves: Griechische Mythologie

549 Vgl. Kraemer: Her Share of the Blessings, vor allem 3–21

550 Ranke-Graves: Griechische Mythologie, 93

551 Simmel: Schriften zur Philosophie

552 Haubl: Geld

553 Zur Geschlechterungleichheit in den Berufsfeldern vgl. Vester, Michael/Gardemin, Daniel: Milieu, Klasse und Geschlecht

554 Popcorn/Marigold: EVAlution

555 Hine: I want that, 23

556 Vgl. z. B. das predigtähnliche Traktat des Sozialwissenschaftlers Gronemeyer: Die neue Lust

557 Vgl. Huyssen: Mass Culture as Woman

558 Zur Beschreibung des «tobenden Eros» siehe Maffesoli: Der Schatten des Dionysos, 113ff.

559 Caillois: Die Spiele, 96

560 Caillois: Die Spiele, 87

561 Csikszentmihalyi: Das Flow-Erlebnis, 1985

[562] Nur ein Drittel der Arbeitszeit von Frauen wird bezahlt, dagegen erhalten Männer jedoch für drei Viertel ihrer Arbeit einen Lohn. – Krebs: Arbeit und Liebe, 11. Vgl. ebenso Breuss, Susanne: Jede Frau kann zaubern

[563] Ranke-Graves: Griechische Mythologie, 93

[564] Lohauß: Moderne Identität, 144

[565] Tönnies: Gemeinschaft und Gesellschaft

[566] Beck: Risikogesellschaft. Ulrich Beck kann in seinem Buch trotz aller Befürwortung der Gleichberechtigung der Frauen keine Vorstellung darüber entwickeln, dass Männer sich oder andere emotional versorgen und eben Reproduktionsarbeit übernehmen könnten. Diese Aufgabe müssten seiner Meinung nach dann Institutionen übernehmen: Als Ergebnis werden die Individuen abhängiger. Individualisierung macht männliches Rollenverhalten auch für Frauen möglich. Aber wer erledigt dann die Schattenarbeit, die bisher den Frauen zugefallen ist? Dieser auf die Gesellschaft zukommende Mangel erfüllt ihn mit Sorge

[567] Beck: Risikogesellschaft, 181–204

[568] Maffesoli: The Time of the Tribes, 64

[569] Maffesoli: The Time of the Tribes, 69

[570] Maffesoli: The Time of the Tribes, 42f.

[571] Bataille: Die Aufhebung der Ökonomie

[572] Bataille: Die Aufhebung der Ökonomie, 233

[573] Bataille: Die Aufhebung der Ökonomie, 154

[574] Vgl. z. B. die Studie des Psychologen und Hirnforschers Baron-Cohen: Vom ersten Tag an anders

[575] «This mass has no need of the notion of (individual, national, sexual) identity ...» (Maffesoli: The Time of the Tribes, 65)

[576] Beck: Risikogesellschaft, 185

[577] Beck: Risikogesellschaft, 200

[578] Beck: Risikogesellschaft, 174f.

[579] Lebensbeschreibungen von Arbeiterkindern zeigen recht deutlich, dass die bürgerlichen Ideale vom «trauten Heim» von schwer arbeitenden Frauen nicht annähernd erfüllt werden konnten. Erst die Konsumgesellschaft ermöglichte auch breiteren Schichten die Nachahmung des bürgerlichen Ideals.

[580] Das Problem bei Maffesoli besteht darin, dass er eine idyllische Vorstellung vom Dionysischen entwickelt und bei der vergleichenden Heranziehung antiker frühchristlicher Sekten Beispiele zitiert, die historisch nicht haltbar sind. Denn die frühchristlichen Sekten rekrutierten sich weder

aus vorwiegend armen und ungebildeten Menschen, noch kann man bei diesen frühen Gemeinden davon sprechen, dass sich Netzwerke in einer Masse gebildet hätten. Ganz im Gegenteil haben sich Haushaltsverbände *(Oikoi)* vernetzt, die sowohl über ein funktionierendes Klientelsystem als auch über Bildung verfügten. Siehe hierzu die genaue Analyse von Ross Shepard Kraemer

581 Brunner: Das ganze Haus

582 Brunner: Das ganze Haus, 113

583 Beck: Schöne neue Arbeitswelt, 70

584 Vgl. Agamben: Kindheit und Geschichte, 27

585 Vgl. hierzu die ausführlichen Beschreibungen von Schulze: Die Erlebnisgesellschaft

586 Elias, Norbert: Die Gesellschaft der Individuen, 207–315

587 Minois: Die Hölle, 17–24

588 Soden, W. v.: Hölle. Religionsgeschichtlich. In: Die Religion, 402–403, hier 402

589 Hornung: Altägyptische Höllendarstellungen, 3

590 Bernstein: The Formation of Hell, 178–202

591 Homer: Odyssee 11, 489–491

592 Vgl. Gorgias, 523–527

593 Dumézil: La Religion Romaine, 357–362

594 Simek: Germanische Mythologie, 171

595 Simek, Germanische Mythologie, 173

596 De Vries: Keltische Religion, 252

597 De Vries: Keltische Religion, 253

598 Vgl. Eisenstadt: Die Bedingungen für die Entstehung, 13

599 Bernstein: The Formation of Hell, 284

600 Vorgrimler: Geschichte der Hölle, 113

601 Vorgrimler, Geschichte der Hölle, 114

602 Adam, A.: Hölle. Dogmengeschichtlich. In: Die Religion, 406–407, hier 406

603 Schmitz: Die Bußbücher. Bd. 2., 106ff.

604 Zu den Vorstellungen vom Hexensabbat vgl. Schild: Die Dimensionen der Hexerei, 105–118

605 So bezeichnet sie Fraenger: Hieronymus Bosch, 44–107.

606 Sprenger/Institoris: Der Hexenhammer, 127–145, 157f., sowie in zahlreichen weiteren Kapiteln

607 Vgl. Schild: Die Dimensionen der Hexerei, 62

[608] Vgl. Jezler/Ges. f. Schweizer. Landesmuseum (Hg.): Himmel, Hölle, Fegefeuer

[609] Vgl. den Überblick bei Dinzelbacher: Christliche Mystik

[610] Midelfort: Geschichte der abendländischen Hexenverfolgung

[611] Vgl. de Waardt: Rechtssicherheit, 129–152

[612] Vgl. Taussig: The Devil and Commodity fetishism

[613] Vgl. die Darstellung von Signer: Die Ökonomie der Hexerei, die jedoch der Hexerei wohl zu viel Bedeutung beimisst

[614] Horkheimer/Adorno: Dialektik der Aufklärung, 139

[615] Marx: Grundrisse

[616] Adorno: Minima Moralia, 195

[617] Mandeville: Die Bienenfabel

[618] Benjamin: Charles Baudelaire, 177

[619] Vgl. Hochschild: Das gekaufte Herz

[620] Adorno, Minima Moralia, 254

[621] Vgl. Bauer: In Teufels Küche

[622] Vgl. Hovorka/Kronfeld: Vergleichende Volksmedizin

[623] Vgl. Harsch: Die psychoanalytische Geldtheorie, 56

[624] In Österreich pflegt man diesen Brauch in der Nacht vom 5. zum 6. Dezember, an welchem das Fest des hl. Nikolaus, vermutlich des Bischofs von Myra im 4. Jahrhundert, gefeiert wird

[625] Vgl. die Zusammenfassung aller diesbezüglichen Stellen bei Freud von Harsch: Geldtheorie, 50–65

[626] Diese seminale Qualität wird zum ersten Mal vom Franziskanermönch Peter Olivi erwähnt. Vgl. Kirshner: Raymond de Roover, 28f.

[627] Vgl. Königswieser/Froschauer/Klipstein u. a.: Aschenputtels Portemonnaie

[628] Schacht: Die Totenmaske

[629] Horkheimer/Adorno: Dialektik der Aufklärung, 63

[630] Benjamin: Charles Baudelaire

[631] Horkheimer/Adorno: Dialektik der Aufklärung, 138

[632] Vgl. Sorgo: Imitatio Christi

[633] Vgl. Börsch-Supan: Paradiesmotive

[634] Bechstein, Ludwig: Deutsches Märchenbuch. Leipzig 1845, zit. nach Müller: Schlaraffenland, 150

[635] Vgl. Le Goff: Die Arbeitszeit

[636] Vgl. Steinert/Treiber: Die Fabrikation

[637] Vgl. Camporesi: Das Brot der Träume

638 Vgl. Richter: Schlaraffenland, 45
639 Stamm: Ursprünge der Wirtschaftsgesellschaft, 114
640 nichtsnutzig
641 Sachs: Fabeln und Schwänke, 8–11
642 Müller: Schlaraffenland, 57
643 Schnell (Hg.): Text und Geschlecht
644 Luther in einem Brief an seinen Sohn Hänschen 1530, abgedruckt bei Richter: Schlaraffenland, 225
645 Vgl. Russell: Geschichte des Himmels, 109f.
646 Vgl. Ohse: Die Teufelsliteratur, 9
647 Theatrum diabolorum
648 Ohse: Teufelsliteratur, 9
649 Ohse: Teufelsliteratur, 11
650 Campbell: The Romantic Ethic
651 Vgl. Barner: Barockrhetorik, 146
652 Benjamin: Trauerspiel, 134
653 vgl. Klempt: Die Säkularisierung
654 Vgl. Hofmann: Das Spanische Hofzeremoniell
655 Gracians Handorakel
656 Vgl. Smith: Sensuous Worship, 117
657 Bannasch/Butzer: Das Verschwinden des Anderen, 161
658 Vgl. Weber: Prudentia gubernatoria
659 Vgl. Krebs: Dissimulation, 166
660 Vgl. Kiesel: «Bei Hof, bei Höll»
661 Vgl. Camporesi: Der feine Geschmack. Ebenso Flandrin: Der gute Geschmack
662 Vgl. Abel: Massenarmut
663 Richter: Schlaraffenland, 73
664 Rivière: Les Rites Profanes, 190
665 Vgl. Hayden: Competition, Labor and Complex Hunter-Gatherers
666 Veblen: Theorie der feinen Leute
667 Bourdieu: Die feinen Unterschiede
668 Benjamin: Kapitalismus als Religion
669 Die Österreicher sagen «Matsch», in der Bundesrepublik sagt man «Mansch»

Bibliographie

Abel, Wilhelm: Massenarmut und Hungerkrisen im vorindustriellen Europa. Versuch einer Synopsis. Hamburg/Berlin 1974

Adams, Carol J.: The Sexual Politics of Meat. A Feminist Vegetarian Critical Theory. Oxford 1990

Adorno, Theodor W.: Minima Moralia. Reflexionen aus dem beschädigten Leben. Frankfurt am Main 1982

Agamben, Giorgio: Kindheit und Geschichte. Zerstörung der Erfahrung und Ursprung der Geschichte. Frankfurt am Main 1995

Aglietta, Michel/Orléan, André (Hg.): La Monnaie Souveraine. Paris 1998

Aktuell. Das Info-Service der Arbeiterkammer Nr. 4 (2004)

Althoff, Gerd: Der frieden-, bündnis- und gemeinschaftsstiftende Charakter des Mahles im früheren Mittelalter. In: Bitsch, Irmgard (Hg.): Essen und Trinken in Mittelalter und Neuzeit. Sigmaringen 1987, 13–26

Amberger-Lahrmann, Mechthild/Schmähl, Dietrich (Hg.): Gifte. Geschichte der Toxikologie. Wiesbaden 1993

Angelus Silesius: Cherubinischer Wandersmann. Stuttgart 1984

Angenendt, Arnold: Corpus incorruptum. In: saeculum 42 (1991), 320–348

Angenendt, Arnold: Heilige und Reliquien. Die Geschichte ihres Kultes vom frühen Christentum bis zur Gegenwart. München 1994

Anspach, Mark Rogin: Les fondements rituels de la transaction monétaire, ou comment remercier un bourreau. In: Aglietta, Michel/Orléan, André (Hg.): La Monnaie Souveraine. Paris 1998, 53–83

Anttonen, Veikko: Rethinking the Sacred: The Notions of «Human Body» and «Territory» in Conzeptualizing Religion. In: Indionopulos, Thomas/ Yonan, Edward A. (Hg.): The Sacred and Its Scholars. Comparative Methodologies for the Study of Primary Religious Data. Leiden/New York 1996, 37–64

Artemidor von Daldis: Das Traumbuch. Stuttgart 1965

Assmann, Aleida/Assmann, Jan: Schrift – Kognition – Evolution. Eric A. Havelock und die Technologie kultureller Kommunikation. In: Havelock, Eric A.: Schriftlichkeit. Das griechische Alphabet als kulturelle Revolution. Weinheim 1990, 1–35

Assmann, Jan: Der zweidimensionale Mensch: Das Fest als Medium kollektiven Gedächtnisses. In: Assmann, Jan/Sundermeier, Theo (Hg.): Das Fest und das Heilige: religiöse Kontrapunkte zur Alltagswelt. Gütersloh 1991, 13–30

Assmann, Jan: Herrschaft und Heil. Politische Theologie in Altägypten, Israel und Europa. München/Wien 2000, 217–238

Attali, Jacques/Guilleaume, Marc/de Maja, Denius: L'Anti-économique. Paris 1975

Auber, Annie: L'Elaboration du Concept de la Douleur chez Freud: La Douleur de Penser. Thèse du Doctorat, Université Paris VII 1992

Auguet, Roland: Cruelty and Civilization: The Roman Games. London 1979

Augustinus: Des heiligen Kirchenvaters Aurelius Augustinus ausgewählte Schriften Bd. VII. Übers. v. Alfred Hoffmann. Bibliothek der Kirchenväter. München o. J.

Augustinus: De utilitate jejunii (Vom Nutzen des Fastens). In: Etudes Augustiniennes (Hg.): Oevres de Saint Augustin Bd. 2. Paris 1948, 579–617

Babcock, Barbara A. (Hg.): The Reversible World. Symbolic Inversion in Art and Society. Ithaca/ London 1978

Bachtin, Michail: Rabelais und seine Welt. Volkskultur als Gegenkultur. Hg. von Renate Lachmann. Frankfurt am Main 1987

Baetke, Walter: Das Phänomen des Heiligen. Eine religionswissenschaftliche Grundlegung. In: Colpe, Carsten (Hg.): Die Diskussion um das Heilige. Darmstadt 1977, 337–379

Bannasch, Bettina/Butzer, Günter: Das Verschwinden des Anderen im Ich: Affektregulierung und Gedächtnisprägung in Meditation und Emblematik. In: Schabert, Ina/Boenke, Michaela (Hg.): Imaginationen des Anderen im 16. und 17. Jahrhundert. Wiesbaden 2002, 159–181

Barlösius, Eva/von Braun, Christina: Essen und Gesellschaft. Die Politik der Ernährung. Innsbruck 2000

Barlösius, Eva: Soziologie des Essens: eine sozial- und kulturwissenschaftliche Einführung in die Ernährungsforschung. Weinheim 1999

Barner, Wilfried: Barockrhetorik. Untersuchungen zu ihren geschichtlichen Grundlagen. Tübingen 2002

Baron-Cohen, Simon: Vom ersten Tag an anders. Das weibliche und das männliche Gehirn. Düsseldorf/Zürich 2004

Bartlett, Robert: Die Geburt Europas aus dem Geist der Gewalt. Eroberung, Kolonisierung und kultureller Wandel von 950 bis 1350. München 1996

Bataille, Georges: Die Aufhebung der Ökonomie. München 1985
Bataille, Georges: Die psychologische Struktur des Faschismus. Die Souveränität. München 1978
Bataille, Georges: Théorie de la Religion. Paris 1973
Battegay, Raymond: Die Hungerkrankheiten. Unersättlichkeit als krankhaftes Phänomen. Stuttgart 1982
Baudrillard, Jean: La Societé de Consommation. Paris 1970
Baudy, Gerhard J.: Hierarchie oder: Die Verteilung des Fleisches. Eine ethologische Studie über die Tischordnung als Wurzel sozialer Organisation, mit besonderer Berücksichtigung der altgriechischen Gesellschaft. In: Gladigow, Burkhard/Kippenberg, Hans G. (Hg.): Neue Ansätze in der Religionswissenschaft. München 1983, 131–174
Bauer, Dieter R./Fuchs, Gotthard (Hg.): Bernhard von Clairvaux und der Beginn der Moderne. Innsbruck 1996
Bauer, Gerd: In Teufels Küche. In: Bitsch, Irmgard (Hg.): Essen und Trinken im Mittelalter und Neuzeit. Sigmaringen 1990, 127–142
Bauman, Zygmunt: Flaneure, Spieler und Touristen. Essays zu postmodernen Lebensformen. Hamburg 1997
Bäuml, Franz H.: Varieties and Consequences of Medieval Literacy and Illiteracy. In: Speculum 55 (1980), 237–265
Beck, Ulrich: Risikogesellschaft. Auf den Weg in eine andere Moderne. Frankfurt am Main 1986
Beck, Ulrich: Schöne neue Arbeitswelt. Vision: Weltbürgergesellschaft. Frankfurt am Main/New York 1999
Belk, Russell W./Wallendorf, Melanie: The Sacred Meanings of Money. In: Journal of Economic Psychology 11 (1990), 35–67
Benjamin, Walter: Charles Baudelaire. Ein Lyriker im Zeitalter des Hochkapitalismus. Frankfurt am Main 1974
Benjamin, Walter: Gesammelte Schriften. Bd. I. Hg. v. Rolf Tiedemann und Hermann Schweppenhäuser. Frankfurt am Main 1985
Benjamin, Walter: Kapitalismus als Religion. In: ders.: Gesammelte Schriften. Hg. v. Rolf Tiedemann u. Hermann Schweppenhäuser. Bd. VI. Frankfurt am Main 1985, 100–103
Benjamin, Walter: Das Kunstwerk im Zeitalter seiner technischen Reproduzierbarkeit. Frankfurt am Main 1966
Benjamin, Walter: Das Passagen-Werk. Bd. 2. Frankfurt am Main 1983
Benjamin, Walter: Ursprung des deutschen Trauerspiels. Frankfurt am Main 1972

Benjamin, Walter: Zentralpark <32>. In: ders.: Charles Baudelaire. Ein Lyriker im Zeitalter des Hochkapitalismus. Frankfurt am Main 1974, 151–186

Benvenutti, Fritz/Beran, Arnulf/Weilinger, Hermann/Weisch, Waltraud: Der Mensch in Raum und Wirtschaft 1. Geographie und Wirtschaftskunde für die 5. Schulstufe. Wien 2004

Benz, Ernst: Ecclesia Spiritualis. Kirchenidee und Geschichtstheologie der franziskanischen Reformation. Stuttgart 1934

Bernstein, Alan E.: The Formation of Hell. Death and Retribution in the Ancient and Early Christian World. Ithaca/London 1993

Biezais, Harald: Die heilige Entheiligung des Heiligen. In: Duerr, Hans Peter: Alcheringa oder die beginnende Zeit. Studien zu Mythologie, Schamanismus und Religion. Frankfurt am Main 1989, 163–190

Bischof-Köhler, Doris: Von Natur aus anders. Die Psychologie der Geschlechtsunterschiede. Stuttgart 2002

Bloch, Maurice: Prey into Hunter. The Politics of Religious Experience. Cambridge/New York/Melbourne 1992

Bock, Gisela/Duden, Barbara: Arbeit aus Liebe – Liebe als Arbeit. Zur Entstehung der Hausarbeit im Kapitalismus. In: Gruppe Berliner Dozentinnen (Hg.): Beiträge zur Berliner Sommeruniversität für Frauen. Berlin 1977, 118–199

Böhme, Gernot: Leibsein als Aufgabe. Leibphilosophie in pragmatischer Hinsicht. Zug 2003

Borman, Regina: Eventmaschinerie Erlebnispark: Systemintegration durch performative Institutionen. In: Gebhardt, Winfried/Hitzler, Ronald/Pfadenauer, Michaela (Hg.): Events. Soziologie des Außergewöhnlichen. Opladen 2000, 137–160

Börsch-Supan, Eva: Garten-, Landschafts- und Paradiesmotive im Innenraum. Berlin 1967

Borscheid, Peter: Vom Leben in Arbeit zu Arbeit und Leben. Die Entwicklung der Lebensarbeitszeit aus sozialhistorischer Sicht. In: Pohl, Hans (Hg.): Die Entwicklung der Lebensarbeitszeit. Festschrift für Reinhart Freudenberg. Stuttgart 1992

Bosshart, David: Die Zukunft des Konsums. Wie leben wir morgen? Düsseldorf 1997

Bourdieu, Pierre: Die feinen Unterschiede. Kritik der gesellschaftlichen Urteilskraft. Frankfurt am Main 1993

Bowlby, Rachel: Supermarket Futures. In: Campbell, Colin/Falk, Pasi (Hg.): The Shopping Experience. London/Thousand Oaks/New Delhi 1997, 92–110

Braudel, Fernand: Sozialgeschichte des 15.–18. Jahrhunderts. München 1986

von Braun, Christina: Der Körper als Zeichen. In: Wiener Zeitschrift für die Geschichte der Neuzeit 8 (2/2004), 87–97

Braun, Christian: Vom Wucherverbot zur Zinsanalyse 1150–1700. Winterthur 1994

Braun, Joseph: Die Reliquiare des christlichen Kultes und ihre Entwicklung. Freiburg im Breisgau 1940

Breuss, Susanne: Jede Frau kann zaubern. Technik, Tempo und Fortschritt in der Küche. In: dies./Wien Museum (Hg.): Die Sinalco-Epoche. Essen, Trinken, Konsumieren nach 1945. Wien 2005, 110–119

Breuer, Stefan: Kulturen der Achsenzeit. Leistung und Grenzen eines geschichtsphilosophischen Konzepts. In: Saeculum 45 (1994), 1–33

Bringmann, Klaus: Der Triumph des Imperators und die Saturnalien der Sklaven in Rom. In: Schultz, Uwe (Hg.): Das Fest. Eine Kulturgeschichte von der Antike bis zur Gegenwart. München 1988

Brown, Peter: Die Heiligenverehrung. Ihre Entstehung und Funktion in der lateinischen Christenheit. Leipzig 1991

Brübach, Nils: Die Entstehung und die Frühzeit der Frankfurter Messen. In: Johanek, Peter/Stoob, Heinz (Hg.): Europäische Messen und Märktesysteme in Mittelalter und Neuzeit. Köln/Weimar/Wien 1996, 143–170

Brückner, Wolfgang: Zum Wandel der religiösen Kultur im 18. Jahrhundert. Einkreisungsversuche des «Barockfrommen» zwischen Mittelalter und Massenmissionierung. In: Hinrichs, Ernst/Wiegelmann, Günter (Hg.): Sozialer und kultureller Wandel in der ländlichen Welt des 18. Jahrhunderts. Wolfenbüttel 1982, 65–84

Brunner, Otto: Das ganze Haus und die alteuropäische Ökonomik. In: ders.: Neue Wege der Sozialgeschichte. Vorträge und Aufsätze. Göttingen 1956, 103–127

Buck-Morss, Susan: Der Flaneur, der Sandwichman und die Hure. Dialektische Bilder und die Politik des Müßiggangs. In: Bolz, Norbert/Witte, Bernd (Hg.): Passagen. Walter Benjamins Urgeschichte des neunzehnten Jahrhunderts. München 1984, 96–113

Budde, Gunilla-Friederike: Des Haushalts «schönster Schmuck». Die Hausfrau als Konsumexpertin des deutschen und englischen Bürgertums im 19. und frühen 20. Jahrhundert. In: Siegrist, Hannes (Hg.): Europäische Konsumgeschichte: zur Gesellschafts- und Kulturgeschichte des Konsums (18. bis 20. Jahrhundert). Frankfurt am Main/New York 1987, 411–440

Burkert, Walter: Anthropologie des religiösen Opfers. München 1983

Burkert, Walter: Antike Mysterien. Funktionen und Gehalt. München 1990
Burkert, Walter: Homo necans. Interpretationen altgriechischer Opferriten und Mythen. Berlin/New York 1997
Butler, Judith: Körper von Gewicht. Die diskursiven Grenzen des Geschlechts. Frankfurt am Main 1997
Bynum, Caroline Walker: Jesus as Mother. Studies in the Spirituality of the Higher Middle Ages. Berkeley 1982

Caillois, Roger: L'Homme et le Sacré. Edition augmenté de trois appendices sur le sexe, le jeu, la guerre dans leurs rapports avec le sacré. Paris 1950
Caillois, Roger: Die Spiele und die Menschen. Maske und Rausch. Stuttgart 1960
Campbell, Colin: The romantic ethic and the spirit of modern consumerism. Oxford/Cambridge Ma. 1994
Campbell, Colin/Falk, Pasi (Hg.): The Shopping Experience. London/Thousand Oaks/New Delhi 1997
Campbell, Colin: Shopping, Pleasure and the Sex War. In: ders./Falk, Pasi (Hg.): The Shopping Experience. London/Thousand Oaks/New Delhi 1997, 168–176
Campbell, Colin: The Sociology of Consumption. In: Miller, Daniel (Hg.): Acknowledging Consumption. A Review of New Studies. London/New York 1995, 96–126
Camporesi, Piero: Das Brot der Träume. Hunger und Halluzinationen im vorindustriellen Europa. Frankfurt am Main/New York 1990
Camporesi, Piero: Der feine Geschmack. Luxus und Moden im 18. Jahrhundert. Frankfurt am Main/New York 1992
Carpenter, Kenneth J.: Protein and Energy: A Study of Changing Ideas in Nutrition. Cambridge 1994
Carroll, Michael P.: The Cult of the Virgin Mary. Psychological Origins. Princeton 1986
Casanova, José: Public Religions in the Modern Worlds. Chicago/London 1994
Châtellier, Louis: L'Europe des Dévots. Paris 1987
Claessens, Dieter: Das Konkrete und das Abstrakte. Soziologische Skizzen zur Anthropologie. Frankfurt am Main 1993
Commandeur, Beatrix (Hg.): Event zieht – Inhalt bindet. Besucherorientierung auf neuen Wegen. Bielefeld 2004

Contamine, Philippe/Bompaire, Marc/Lebecq, Stéphane/Sarrazin, Jean-Luc: L'Economie Médiévale. Paris 1993

Csikszentmihalyi, Michail: Das Flow-Erlebnis. Jenseits der Angst und Langeweile: Im Tun aufgehen. Stuttgart 1985

Dahlberg, Frances (Hg.): Woman the Gatherer. New Haven/London 1981

Dallapiazza, Michael: Sorge um die Sicherung des Daseins und Haushalten in literarischen und ökonomischen Schriften des Mittelalters und der frühen Neuzeit. In: Richarz, Irmintraut (Hg.): Haushalten in Geschichte und Gegenwart. Göttingen 1994, 81–87

Daxelmüller, Christoph: Volksfrömmigkeit ohne Frömmigkeit. Neue Annäherungsversuche an einen alten Begriff. In: Eberhart, Helmut/Hörandner, Edith/Pöttler, Burkhard (Hg.): Volksfrömmigkeit. Wien 1990, 21–48

Decker, Wolfgang: Die mykenische Herkunft des griechischen Totenagons. In: Stadion VIII/IX (1982/83), 1–24

Delumeau, Georges: Angst im Abendland. Die Geschichte kollektiver Ängste im Europa des 14. bis 18. Jahrhunderts. Reinbek bei Hamburg 1985

Demandt, Alexander: Metaphern für Geschichte. Sprachbilder und Gleichnisse im historisch-politischen Denken. München 1978

Derda, Jürgen: Vita Communis. Studien zur Geschichte einer Lebensform in Mittelalter und Neuzeit. Köln/Weimar/Wien 1992

Detienne, Marcel/Vernant Jean-Pierre: La Cuisine du Sacrifice en Pays Grec. Paris 1979

Dictionnaire des Antiquités Grecques et Romaines d'après les Textes et les Monuments. Bd. I/2. Paris 1905–1906

Dinzelbacher, Peter: Angst im Mittelalter. Teufel-, Todes- und Gotteserfahrung. Mentalitätsgeschichte und Ikonographie. Paderborn/Wien 1996

Dinzelbacher, Peter: Christliche Mystik im Abendland. Ihre Geschichte von den Anfängen bis zum Ende des Mittelalters. Paderborn/München 1994

Douglas, Mary: In Defence of Shopping. In: Falk, Pasi/Campbell, Colin (Hg.): The Shopping Experience. London/Thousand Oaks/New Delhi 1997, 15–30

Douglas, Mary: Natural Symbols. New York 1970

Douglas, Mary/Isherwood, Baron: The World of Goods. Towards an Anthropology of Consumption. With a new introduction. London ²1996

Douglas, Mary: Wie Institutionen denken. Frankfurt am Main 1991

Douglas, Mary: Ritual, Tabu und Körpersymbolik. Sozialanthropologische Studien in Industriegesellschaft und Stammeskultur. Frankfurt am Main 1998

Duby, Georges: Frauen im 12. Jahrhundert. Frankfurt am Main 1999
Duby, Georges: Krieger und Bauern. Die Entwicklung der mittelalterlichen Wirtschaft und Gesellschaft bis um 1200. Frankfurt am Main 1984
Duchhardt, Heinz: Das protestantische Herrscherbild des 17. Jahrhunderts im Reich. In: Repgen, Konrad (Hg.): Das Herrscherbild im 17. Jahrhundert. Münster 1991, 26–42
Dülmen, Richard van: Theater des Schreckens. Gerichtsrituale und Strafpraxis der frühen Neuzeit. München 1985
Dumézil, Georges: La Religion Romaine Archaique. Paris 1966
Dumont, Louis: Individualismus. Zur Ideologie der Moderne. Frankfurt am Main/New York 1991
Dumouchel, Paul/Dupuy, Jean-Pierre: Die Hölle der Dinge. René Girard und die Logik der Ökonomie. [1979] Hg. von Erich Kitzmüller und Herwig Büchele. Thaur/Wien/München 1999
Dupront, Alphonse: Anthropologie du sacré et culte populaires. Histoire et vie du pèlerinage en Europe occidentale. In: Miscellanea Historiae Ecclesiasticae 5, Louvain 1974 (= Bibliothèque de la revue d`Histoire Ecclésiastique 61), 235–258
Dupuy, Claude: De la monnaie publique à la monnaie privée au bas Moyen Age (XIIIe et XIVe Siècles). In: Genèses 8 (1992), 25–59
Durkheim, Emile: Die elementaren Formen des religiösen Lebens. Frankfurt am Main ²1984
Durkheim, Emile: Der Selbstmord. [1897] Frankfurt am Main 1999
Dux, Günter: Geschlecht und Gesellschaft. Warum wir lieben. Frankfurt am Main 1994

Ebertz, Michael N.: Transzendenz im Augenblick. Über die «Eventisierung» des Religiösen – dargestellt am Beispiel der Katholischen Weltjugendtage. In: Gebhardt, Winfried/Hitzler, Ronald/Pfadenauer, Michaela (Hg.): Events. Soziologie des Außergewöhnlichen. Opladen 2000, 345–362
Eder, Franz X. (Hg.): Privater Konsum und Haushaltseinkommen im 20. Jahrhundert. In: ders./u. a. (Hg.): Wien im 20. Jahrhundert. Wirtschaft, Bevölkerung, Konsum. Innsbruck 2003, 201–285
Eder, Manfred: Die «Deggendorfer Gnad». Entstehung und Entwicklung einer Hostienwallfahrt im Kontext von Theologie und Geschichte. Stadt Deggendorf 1992
Eisenstadt, Shmuel N.: Die Bedingungen für die Entstehung und Institutionalisierung der Kulturen der Achsenzeit. In: Eisenstadt, N. Shmuel (Hg.):

Kulturen der Achsenzeit. Ihre Ursprünge und ihre Vielfalt. Teil I. Griechenland, Israel, Mesopotamien. Frankfurt am Main 1987, 10–40
Eisenstadt, Shmuel N. (Hg.): Kulturen der Achsenzeit I. 2 Bde. Frankfurt am Main 1987
Eisenstadt, Shmuel N. (Hg.): Kulturen der Achsenzeit II. 3 Bde. Frankfurt am Main 1992
Elias, Norbert: Die Gesellschaft der Individuen. Frankfurt am Main ⁴1999
Engelhard, Peter: Paradigmata des Konsumentenverhaltens: Die Rolle der Nachfrage im Innovationsprozess. Ein sozialökonomischer Beitrag zur subjektivistischen Theorie der Wahlhandlungen von Konsumenten. Berlin 1999
Erdheim, Mario; Die gesellschaftliche Produktion von Unbewusstheit. Eine Einführung in den ethnopsychoanalytischen Prozess. Frankfurt am Main 1982
Erdheim, Mario/Hug, Brigitta: Männerbünde aus ethnopsychoanalytischer Sicht. In: Völger, Gisela/von Welck, Karin (Hg.): Männerbande. Männerbünde. Zur Rolle des Mannes im Kulturvergleich. Bd. 1. Köln 1990, 49–58
Erdmann, Carl. Die Entstehung des Kreuzzugsgedankens. Darmstadt 1974
Erkens, Franz-Reiner: Militia und Ritterschaft. Reflexionen über die Entstehung des Rittertums. In: Historische Zeitschrift 258 (1994), 623–659

Facius, Friedrich: Wirtschaft und Staat. Die Entwicklung der staatlichen Wirtschaftsverwaltung in Deutschland vom 17. Jahrhundert bis 1945. Bopard am Rhein 1959
Falk, Pasi: The Consuming Body. London/Thousand Oaks/New Delhi 1994
Falk, Pasi: The Scopic Regimes of Shopping. In: Falk, Pasi/Campbell, Colin (Hg.): The Shopping Experience. London/Thousand Oaks/New Delhi 1997, 179–185
Feyrabend, Hieronymus (Hg.): Theatrum diabolorum, das ist: ein nützliches Buch, daraus ein jeder Christ zu lernen, wie daß wir in dieser Welt nicht mit Keysern, Königen etc. sondern mit dem Teuffel zu kempffen und zu streiten . . . Franckfurt am Mayn 1569
Ficino, Marsilio: Über die Liebe oder Platons Gastmahl. Hg. v. P. R. Blum. Hamburg 1984
Fiddes, Nick: Meat, a natural symbol. London, New York 1991
Fildes, A. Valerie: Breasts, Bottles and Babies. Edinburgh 1986
Fischer-Homberger, Esther: Hunger – Herz – Schmerz – Geschlecht. Brüche und Fugen im Bild von Leib und Seele. Bern 1997
Flandrin, Jean-Louis: Der gute Geschmack und die soziale Hierarchie. In: Ariès,

Philippe/Chartier, Roger (Hg.): Geschichte des privaten Lebens von der Renaissance bis zur Aufklärung. Bd. 3. Frankfurt am Main 1991, 269–311

Foucault, Michel: Überwachen und Strafen. Die Geburt des Gefängnisses. Frankfurt am Main 1977

Fraenger, Wilhelm: Hieronymus Bosch. Dresden 1999

Franz, Adolph: Die kirchlichen Benediktionen im Mittelalter. Freiburg im Breisgau 1909

Freitag, Wolfgang: Volks- und Elitenfrömmigkeit in der frühen Neuzeit. Marienwallfahrten im Fürstbistum Münster. Paderborn 1991

Freud, Sigmund: Abriss der Psychoanalyse. [1938] Frankfurt am Main/Hamburg 1970

Freud, Sigmund: Das Ich und das Es. Metapsychologische Schriften. [Wien 1923] Frankfurt am Main 1992

Freud, Sigmund: Jenseits des Lustprinzips. [1920] In: ders.: Das Ich und das Es. Metapsychologische Schriften. [Wien 1923] Frankfurt am Main 1992, 191–249

Freud, Sigmund: Totem und Tabu. Einige Übereinstimmungen im Seelenleben der Wilden und der Neurotiker. [1912–13] Frankfurt am Main 1987

Freud, Sigmund: Das Unbehagen in der Kultur. [1930] Frankfurt am Main/Hamburg 1970

Gamillschegg, Ernst: Etymologisches Wörterbuch der französischen Sprache. Heidelberg 1969

Gardner, Gary/Assadourian, Erik/Sarin, Radhika: Zum gegenwärtigen Stand des Konsums. In: Worldwatch Institute (Hg.): Zur Lage der Welt 2004. Die Welt des Konsums. Münster 2004, 39–68

Gebhardt, Winfried/Hitzler, Ronald/Pfadenauer, Michaela (Hg.): Events. Soziologie des Außergewöhnlichen. Opladen 2000

Gennep, Arnold von: Übergangsriten (Les Rites de Passage). [1909] Frankfurt am Main/New York 1999

Genzmer, Felix: Rache, Wergeld und Klage im altgermanischen Rechtsleben. Tübingen 1941

Gerlitz, Peter: Prostitution I. Religionsgeschichtlich. In: Theologische Realencyklopädie Bd. 27. Berlin/New York 1997, 527–531

Geremek, Bronislaw: Le Refus de Travail dans la Societé Urbaine du Bas Moyen Age. In: Hamesse, Jacqueline/Muraille-Samaran, Colette (Hg.): Le Travail au Moyen Age. Une Approche Interdisciplinaire. Louvain-la-Neuve 1990, 379–393

Gessler, Philipp: So entsteht nur ein faules Christentum. Interview mit Eugen Drewermann. http://www.taz.de/pt/2005/08/13/a0033.nf

Gilomen, Hans-Jörg: Renten und Grundbesitz in der Toten Hand – Realwirtschaftliche Probleme der Jenseitsökonomie. In: Jezler, Peter/Gesellschaft für das Schweizerische Landesmuseum (Hg.): Himmel, Hölle, Fegefeuer. Das Jenseits im Mittelalter. Katalog der Ausstellung des Schweizerischen Landesmuseums. Zürich 1994, 135–148

Girard, René: Das Heilige und die Gewalt. Zürich 1987

Giry, Franciscus: Die Leben deren Heiligen / Von welchen man den Jahrs = Lauff hindurch Das Officium, oder die Tags = Zeiten haltet / Samt denen Gesprächen über die Geheimnussen unseres Heylands / und seiner H. Mutter [. .]. Augsburg und Grätz 1730

Gladigow, Burkhard: Opfer und komplexe Kulturen. In: Janowski, Bernd/Welker, Michael (Hg.): Opfer. Theologische und kulturelle Kontexte. Frankfurt am Main 2000

Gladigow, Burkhard: Die Teilung des Opfers. Zur Interpretation von Opfern in vor- und frühgeschichtlichen Epochen. In: Frühmittelalterliche Studien. Jahrbuch des Institutes für Frühmittelalterforschung der Universität Münster, 18 (1984), 18–43

Godelier, Maurice: Das Rätsel der Gabe. Geld, Geschenke, heilige Objekte. München 1996

Gracians Handorakel und Kunst der Weltklugheit. Stuttgart 1938

Grimes, Ronald L.: Readings in Ritual Studies. Upper Saddle River 1996

Grimes, Ronald L.: Reading, Writing, and Ritualizing. Ritual in fictive, liturgical and public places. Washington DC 1993

Grimm, Jacob und Wilhelm: Wörterbuch. Bd. 2. München 1991 [1860], sowie Bd. 11. München 1991 [1860],

Groebner, Valentin: Außer Haus. Otto Brunner und die «alteuropäische Ökonomik». In: Geschichte in Wissenschaft und Unterricht 46 (1995), 69–80

Gronemeyer, Reimer: Die neue Lust auf Askese. Berlin 1998

Grubner, Barbara Anna: Gabe und Geschlecht. Versuch einer feministischen Analyse anthropologischer Tauschtheorien unter besonderer Berücksichtigung der Ethnographie des Amazonastieflandes. Diss. an der Univ. Wien 2004

Guettel Cole, Susan: Domesticating Artemis. In: Blundell, Sue/Williamson, Margaret (Hg.): The Sacred and the Feminine in Ancient Greece. London/New York 1998, 27–43

Gugitz, Gustav: Österreichs Gnadenstätten in Kult und Brauch. Bd. 1–5. Wien 1955–58

Habermas, Rebekka/Minkmar, Nils (Hg.): Das Schwein des Häuptlings. Sechs Aufsätze zur Historischen Anthropologie. Berlin 1992

Harsch, Wolfgang: Die psychoanalytische Geldtheorie. Frankfurt am Main 1995

Haubl, Rolf: Geld, Geschlecht und Konsum. Zur Pathologie des ökonomischen Alltagshandelns. Giessen 1998

Hauck, Karl: Rituelle Speisegemeinschaften im 10. und 11. Jahrhundert. In: Studium generale 3 (1950), 611–621

Haupt, Heinz-Gerhard: Konsum und Geschlechterverhältnisse. Einführende Bemerkungen. In: Siegrist, Hannes (Hg.): Europäische Konsumgeschichte: zur Gesellschafts- und Kulturgeschichte des Konsums (18. bis 20. Jahrhundert). Frankfurt am Main/New York 1987, 395–410

Hausen, Karin: Wirtschaften mit der Geschlechterordnung. Ein Essay. In: dies. (Hg.): Geschlechterhierarchie und Arbeitsteilung. Zur Geschichte ungleicher Erwerbschancen von Männern und Frauen. Göttingen 1993, 40–70

Hausen, Karin: Wirtschaften mit der Geschlechterordnung. In: dies. (Hg.): Geschlechterhierarchie und Arbeitsteilung: zur Geschichte ungleicher Erwerbschancen von Männern und Frauen. Göttingen 1993, 40–67

Hayden, Brian: Competition, Labor and Complex Hunter-Gatherers. In: Burch, Ernest S. Jr./Ellanna, Linda J. (Hg.): Key Issues in Hunter-Gatherer Research. Oxford/ Providence 1994, 224–239

Hegel, Georg W. F.: Frühe Schriften I. Bd. 1. Hg. v. Friedhelm Nicolin u. Gisela Schüler. Hamburg 1989

Heinrich, Klaus: Der Untergang von Religion in Kunst und Wissenschaft. In: ders.: Floß der Medusa: 3 Studien zur Faszinationsgeschichte. Basel/Frankfurt am Main 1995, 80–86

Heintel, Peter: Was ist Geld? In: Gerschlager, Caroline/Paul-Horn, Ina (Hg.): Gestaltung des Geldes. Marburg 2000, 23–60

Herodot: Geschichten und Geschichte. Buch 1–4. Übers. v. Walter Marg. Zürich/München 1973

Herz, Martin: Sacrum commercium. Eine begriffsgeschichtliche Studie zur Theologie der Römischen Liturgiesprache. München 1958

Hill, Christopher: Von der Reformation zur industriellen Revolution. Sozial- und Wirtschaftsgeschichte Englands 1530–1780. Frankfurt/New York 1977

Hinrichs, Ernst: Fürstenlehre und politisches Handeln im Frankreich Heinrichs IV. Untersuchungen über die politischen Denk- und Handlungsformen im Späthumanismus. Göttingen 1969

Hobbes, Thomas: Leviathan oder Stoff, Form und Gewalt eines kirchlichen und bürgerlichen Staates [1651]. Frankfurt am Main 1984

Hochschild, Arlie R.: Das gekaufte Herz. Zur Kommerzialisierung der Gefühle. Frankfurt am Main/New York 1990

Hofmann, Christina: Das Spanische Hofzeremoniell von 1500–1700. Frankfurt am Main/Bern/New York 1985

Hofmann, Werner: Gesamtkunstwerk Wien. In: Szeemann, Harald (Hg.): Der Hang zum Gesamtkunstwerk. Frankfurt am Main 1983, 84–92

Hohn, Hans-Willy: Die Zerstörung der Zeit. Wie aus einem göttlichen Gut eine Handelsware wurde. Frankfurt am Main 1984

Holl, Adolf: Der letzte Christ. Franz von Assisi. Stuttgart 2000

Holl, Adolf: Spring herüber. Metaphern einer exemplarischen Bekehrung. In: Sorgo, Gabriele: Askese und Konsum. Wien 2002, 13–22

Honorius Augustodunensis: Gemma Animae I. Cap. 35. In: PL 172, 541–738

Horkheimer, Max/Adorno, Theodor W.: Dialektik der Aufklärung. Philosophische Fragmente. Frankfurt am Main 1982

Hornung, Erik.: Altägyptische Höllendarstellungen. (= Abhandlungen der Sächsischen Akademie der Wissenschaften Bd. 59) Berlin 1968

Hovorka, O. v./Kronfeld, A.: Vergleichende Volksmedizin. Eine Darstellung volksmedizinischer Sitten und Gebräuche, Anschauungen und Heilfaktoren des Aberglaubens und der Zaubermedizin. 2 Bde. Stuttgart 1909

Hunger, Heinz: Die Heilige Hochzeit. Wiesbaden 1984

Hunold, Günther: Sexualität in der Sprache. Lexikon des obszönen Wortschatzes. München 1978

Huyssen, Andreas: Mass Culture as Woman: Modernism's Other. In: ders: After the Great Divide. Modernism, Mass Culture, Postmodernism. Bloomington/Indianapolis 1986, 44–62

Illich, Ivan: Genus: zu einer historischen Kritik der Gleichheit. Reinbek bei Hamburg 1983

Illich, Ivan: Im Weinberg des Textes. Als das Schriftbild der Moderne entstand. Frankfurt am Main 1991

Illich, Ivan/Sanders, Barry: Das Denken lernt schreiben. Lesekultur und Identität. Hamburg 1988

Irsigler, Franz: Jahrmärkte und Messesysteme im westlichen Reichsgebiet bis ca. 1250. In: Johanek, Peter/Stoob, Heinz (Hg.): Europäische Messen und Märktesysteme in Mittelalter und Neuzeit. Köln/Weimar/Wien 1996, 1–33

Isenberg, Wolfgang/Sellmann, Matthias (Hg.): Konsum als Religion? Über die Wiederverzauberung der Welt. Mönchengladbach 2000

Janowski, Bernd (Hg.): Opfer. Theologische und kulturelle Kontexte. Frankfurt am Main 2000

Jarnut, Jörg: Konsumvorschriften in Früh- und Hochmittelalter. In: Richarz, Irmintraut (Hg.): Haushalten in Geschichte und Gegenwart. Beiträge eines internationalen disziplinübergreifenden Symposions an der Universität Münster. Göttingen 1994, 119–128

Jeggle, Urs: Alkohol und Industrialisierung. In: Cancik, Hubert (Hg.): Rausch – Ekstase – Mystik. Grenzformen religiöser Erfahrung. Düsseldorf 1978

Jezler, Peter/Gesellschaft für das Schweizerische Landesmuseum (Hg.): Himmel, Hölle, Fegefeuer. Das Jenseits im Mittelalter. Katalog der Ausstellung des Schweizerischen Landesmuseums. Zürich 1994

Kaelber, Lutz: Schools of Asceticism. Ideology and Organization in Medieval Religious Communities. Pennsylvania 1998

Kantorowicz, Ernst H.: Die zwei Körper des Königs. Eine Studie zur politischen Theologie des Mittelalters. München 1990

Kaplan, Louise J.: Gestohlene Güter. In: dies.: Weibliche Perversionen. Von befleckter Unschuld und verweigerter Unterwerfung. Hamburg 1991, 309–344

Katzinger, Willibald: Die Bruderschaften in den Städten Oberösterreichs. In: Sydow, Jürgen (Hg.): Bürgerschaft und Kirche. Sigmaringen 1980, 97–112

Kaufmann, Jean-Claude: Schmutzige Wäsche. Zur ehelichen Konstruktion von Alltag. Konstanz 1995

Keller, Hagen: Der Übergang zur Kommune. Zur Entwicklung der italienischen Stadtverfassung im 11. Jahrhundert. In: Diestelkamp, Bernhard (Hg.): Beiträge zum hochmittelalterlichen Städtewesen. Köln/Wien 1982, 55–72

Kertzer, David: Ritual, Politics and Power. New Haven 1988

Kiesel, Helmut: «Bei Hof, bei Höll.» Untersuchungen zur literarischen Hofkritik von Sebastian Brant bis Friedrich Schiller. Tübingen 1979

Kippenberg, Hans G.: Die Typik antiker Entwicklung. In: ders. (Hg.): Die Entstehung der antiken Klassengesellschaft. Frankfurt am Main 1977, 9–60

Kirshner, Julius: Raymond de Roover on Scholastic Economic Thought. In: ders. (Hg.): Business, Banking, and Economic Thought in Later Medieval and Early Modern Europe. Selected Studies of Raymond de Roover. Chicago 1974, 15–36

Kittsteiner, Heinz D.: Die Entstehung des modernen Gewissens. Frankfurt am Main 1995

Klauser, Theodor: Die Cathedra im Totenkult der heidnischen und christlichen Antike. Münster 1927

Klempt, Adalbert: Die Säkularisierung der universalhistorischen Auffassung. Zum Wandel des Geschichtsdenkens im 16. und 17. Jahrhundert. Göttingen 1960

Klinghardt, Matthias: Gemeinschaftsmahl und Mahlgemeinschaft. Soziologie und Liturgie frühchristlicher Mahlfeiern. Tübingen/Basel 1996

Klinghardt, Matthias: «Nehmt und esst, das ist mein Leib.» Mahl und Mahldeutung im frühen Christentum. In: Schmidt-Leukel, Perry (Hg.): Die Religionen und das Essen. München 2000, 37–69

Kloft, Hans: Mysterienkulte der Antike. Götter, Menschen, Rituale. München 1999

Knauf, Ernst Axel: Der Staat als Männerbund – Religionsanthropologische Aspekte der politischen Evolution. In: Völger, Gisela/von Welck, Karin (Hg.): Männerbande. Männerbünde. Zur Rolle des Mannes im Kulturvergleich. Bd. 1. Köln 1990, 11–22

Knight, Chris: Blood Relations. Menstruation and the Origins of Culture. New Haven/ London 1991

Knoblauch, Hubert: Das strategische Ritual der kollektiven Einsamkeit. Zur Begrifflichkeit und Theorie des Events. In: Gebhardt, Winfried/Hitzler, Ronald/Pfadenauer, Michaela (Hg.): Events. Soziologie des Außergewöhnlichen. Opladen 2000, 33–50

Knoblauch, Hubert: Die Verflüchtigung der Religion ins Religiöse. In: Luckmann, Thomas. Die unsichtbare Religion. [1967] Frankfurt am Main 1991, 7–41

Knoll, August: Das Vater-Bild in der Barocksoziologie. In: ders.: Zins und Gnade. Studien zur Soziologie der christlichen Existenz. Neuwied/Berlin 1967, 61–74

Knoll, August: Zins und Gnade. Studien zur Soziologie der christlichen Existenz. Mit einem Nachwort von Gerd-Klaus Kaltenbrunner. Neuwied/Berlin 1967

Kompetenz. Zeitschrift der Gewerkschaft der Privatangestellten 10 (2005)

Königswieser, Roswitha/Froschauer, Ulrike/Klipstein, Barbara u. a.: Aschenputtels Portemonnaie. Frauen und Geld. Frankfurt/New York ²1992

Koselleck, Reinhart: Die Auflösung des Hauses als ständischer Herrschaftseinheit. Anmerkungen zum Rechtswandel von Haus, Familie und Gesinde in

Preußen zwischen der Französischen Revolution und 1848. In: Bulst, Neithard/Goy, Joseph/Hoock, Jochen (Hg.): Familie zwischen Tradition und Moderne. Studien zur Geschichte der Familie in Deutschland und Frankreich vom 16. bis zum 20. Jahrhundert. Göttingen 1981, 109–124

Krebs, Angelika: Arbeit und Liebe. Die philosophischen Grundlagen sozialer Gerechtigkeit. Frankfurt am Main 2002

Krebs, Jean-Daniel: Dissimulation und Kommunikation der Affekte in Madame de Lafayettes «Princesse de Clèves» und Zesens «Adriatische Rosenmund». In: ders. (Hg.): Die Affekte und ihre Repräsentation in der deutschen Literatur der Frühen Neuzeit. Bern/Berlin/Frankfurt am Main 1996, 163–173

Kristeva, Julia: Der geschlossene Text. In: Peter V. Zima (Hg.): Textsemiotik als Ideologiekritik. Frankfurt am Main 1977, 194–227

Kroos, Renate: Opfer, Spende und Geld im mittelalterlichen Gottesdienst. In: Frühmittelalterliche Studien (1985), 502–519

Kugler, Hartmut: Die Vorstellung der Stadt in der Literatur des deutschen Mittelalters. München 1976

Kurnitzky, Horst: Triebstruktur des Geldes. Ein Beitrag zur Theorie der Weiblichkeit. Berlin 1974

Ladner, Gerhart B.: *Homo viator*: Medieval Ideas on Alienation and Order. In: Speculum 42 (1967), 233–259

Legner, Anton: Reliquien in Kunst und Kult zwischen Antike und Aufklärung. Darmstadt 1995

Le Goff, Jacques: Die Arbeitszeit in der «Krise» des 14. Jahrhunderts. Von der mittelalterlichen zur modernen Zeit. In: ders.: Für ein anderes Mittelalter. Zeit, Arbeit und Kultur im Europa des 5.–15. Jahrhunderts. Frankfurt am Main/Berlin/Wien 1984, 29–42

Le Goff, Jacques: Die Erfindung des Fegefeuers. Stuttgart 1984

Le Goff, Jacques: Pour un Autre Moyen Age. Temps, Travail et Culture en Occident. Paris 1977

Le Goff, Jacques: Le Travail dans le Système de Valeur de l'Occident Médiéval. In: Hamesse, Jacqueline/Muraille-Samaran, Colette (Hg.): Le Travail au Moyen Age. Une Approche Interdisciplinaire. Louvain-la-Neuve 1990, 7–21

Le Goff, Jacques: Wucherzins und Höllenqualen: Ökonomie und Religion im Mittelalter. Stuttgart 1988

Lexikon für Theologie und Kirche Bd. II. Freiburg im Breisgau 1931

Lohauß, Peter: Moderne Identität und Gesellschaft. Theorien und Konzepte. Opladen 1995

Lorber, Judith: Gender-Paradoxien. Opladen 1999

Lorenzer, Alfred: Das Konzil der Buchhalter. Die Zerstörung der Sinnlichkeit. Eine Religionskritik. Frankfurt am Main 1981

Luckmann, Thomas: Die unsichtbare Religion. Mit einer Einleitung von Hubert Knoblauch. Frankfurt am Main 1991

Luhmann, Niklas: Funktion der Religion. Frankfurt am Main 1977

Luhmann, Niklas: Liebe als Passion. Frankfurt am Main 1982

Luhmann, Niklas: Die Wirtschaft der Gesellschaft. Frankfurt am Main 1996

Luig, Ute: Sind egalitäre Gesellschaften auch geschlechtsegalitär? Untersuchungen zur Geschlechterbeziehung in afrikanischen Wildbeutergesellschaften. In: Lenz, Ilse/Luig, Luise (Hg.): Frauenmacht ohne Herrschaft. Geschlechterverhältnisse in patriarchalischen Gesellschaften. Frankfurt am Main 1995, 88–169

Luschin von Ebengreuth, A.: Allgemeine Münzkunde und Geldgeschichte des Mittelalters und der neueren Zeit. München/Wien 1976

McCracken, Grant: Culture and Consumption. New Approaches to the Symbolic Character of Consumer Goods and Activities, Bloomington/Indianapolis 1988

Mc Kraay, Colin M.: Schatzfunde, Kleingeld und der Ursprung der Münzen. In: R.-Alföldi, Maria (Hg.): Methoden der antiken Numismatik. Darmstadt 1989, 180–210

Mac Mullen, Ramsay: Roman Social Relations. 5 B. C. to A. D. 284. New Haven/London 1974

Maffesoli, Michel: Der Schatten des Dionysos. Zu einer Soziologie des Orgiasmus. Frankfurt am Main 1986

Maffesoli, Michel: The Time of the tribes. The decline of Individualism in Mass Society. London/Thousand Oaks/New Dehli 1996

Malina, Bruce J.: Rituale der Lebensexklusivität. Zu einer Definition des Opfers. In: Janowski, Bernd/Welker, Michael (Hg.): Opfer. Theologische und kulturelle Kontexte. Frankfurt am Main 2000, 23–57

Malten, Ludolf: Leichenspiel und Totenkult. In: Mitteilungen des deutschen Archaeologischen Instituts. Röm. Abteilung. XXXVIII/XXXIX (1923/24), 301–340

Mandeville, Bernard: Die Bienenfabel oder private Laster als gesellschaftliche Vorteile. [1714] Leipzig/Weimar 1988

Market-Marktforschung: News. Jänner 04/01. Dokumentation der Umfrage P.BM208.0311.P3.F. Internet: www.market.at

Marx, Karl: Grundrisse der Kritik der politischen Ökonomie. Berlin 1953

Marx, Karl: Das Kapital. Kritik der politischen Ökonomie. Bd. I, Der Produktionsprozess des Kapitals. Frankfurt am Main/ Berlin 1969

Mattl, Siegfried: «Aufbau» – eine männliche Chiffre der Nachkriegszeit. In: Irene Bandhauer-Schöffmann/Ela Hornung (Hg.): Wiederaufbau weiblich, Wien/Salzburg 1992, 15–23

Mayer, Anton L.: Die heilbringende Schau in Sitte und Kult. In: Casel, Odo (Hg.): Heilige Überlieferung. Ausschnitte aus der Geschichte des Mönchtums und des heiligen Kultes. Münster 1938, 234–262

Morris, Ian: Tomb Cult and the 'Greek Renaissance': The Past in the Present in the 8th Century BC. In: Antiquity 62 (1988), 750–761

Medick, Hans: Teuerung, Hunger und «moralische Ökonomie von oben». Die Hungerkrise der Jahre 1816–17 in Württemberg. In: Beiträge zur historischen Sozialkunde 15/2 (1985), 39–48

Meuli, Karl: Der Ursprung der Fastnacht. In: ders.: Gesammelte Schriften. Bd. 1. Basel/Stuttgart 1975, 283–289

Meyer, Ulrich: Soziales Handeln im Zeichen des Hauses. Zur Ökonomik in der Spätantike und im frühen Mittelalter. Göttingen 1998

Michaelis, Johannes: Anatome Corporis Politici, sive Liber de Institutione Ecclesiastici, et Civilis ordinis, ... Paris 1564

Midelfort, H. C. Erik: Geschichte der abendländischen Hexenverfolgung. In: Sönke, Lorenz/Schmidt, Michael (Hg.): Wider alle Hexerei und Teufelswerk. Die europäische Hexenverfolgung und ihre Auswirkungen auf Südwestdeutschland. Ostfildern 2004

Miller, Daniel: Consumption as the Vanguard of History. In: ders. (Hg.): Acknowledging Consumption. A Review of New Studies. London/New York 1995, 1–57

Miller, Daniel: Material Culture and Mass Consumption. Oxford/Cambridge Ma. 1987

Miller, Daniel: A Theory of Shopping. Cambridge 1998

Minichton, Walter: Die Veränderungen der Nachfragestruktur von 1500 bis 1750. In: Europäische Wirtschaftsgeschichte. Bd. 2: Sechzehntes und siebzehntes Jahrhundert. Stuttgart/New York 1979, 51–111

Minois, George: Die Hölle. Zur Geschichte einer Fiktion. München 1994

Mitterauer, Michael: Geschlechtsspezifische Arbeitsteilung und Geschlechterrollen in ländlichen Gesellschaften Mitteleuropas. In: Martin, Jochen/

Zoepffel, Renate (Hg.): Aufgaben, Rollen und Räume von Frau und Mann. Bd. 2. Freiburg/ München 1992, 819–914
Mitterauer, Michael: Jahrmärkte in Nachfolge antiker Zentralorte. In: Mitteilungen des Instituts für österreichische Geschichtsforschung LXXV (1967), 237–321
Montanari, Massimo: Der Hunger und der Überfluss. Kulturgeschichte der Ernährung in Europa, München 1999
Moscati, Sabatino: Die Phönizier. Hamburg 1988
Müller, Martin: Schlaraffenland. Der Traum von Faulheit und Müßiggang. Wien 1984
Müller, Rudolf W.: Geld und Geist. Zur Entstehungsgeschichte von Identitätsbewusstsein und Rationalität seit der Antike. Frankfurt am Main 1977
Münch, Paul: Die Kosten der Frömmigkeit. Katholizismus und Protestantismus im Visier von Kameralismus und Aufklärung. In: Smolinsky, Heribert (Hg.): Volksfrömmigkeit in der frühen Neuzeit. Münster 1994, 107–120
Nierenberg, Danielle: Correcting Gender Myopia. Gender Equity, Women's Welfare and the Environment. (= Worldwatch Paper 161/Sept. 2002)
Muth, Robert: Einführung in die griechische und römische Religion. Darmstadt 1998

Nau, Elisabeth: Münzen und Geld in der Stauferzeit. In: Württembergisches Landesmuseum (Hg.): Die Zeit der Staufer. Geschichte – Kunst – Kultur. Ausstellungskatalog. Stuttgart 1977, 87–103
Nemschak, Franz: Der private Konsum in der wachsenden Wirtschaft (am Beispiel Österreichs). Wien 1961
North, Michael: Das Geld und seine Geschichte. Vom Mittelalter bis zur Gegenwart. München 1994
Nussbaum, Martha: Konstruktion der Liebe, des Begehrens und der Fürsorge. Drei philosophische Aufsätze. Stuttgart 2002

Oexle, Otto Gerhard: Conjuratio und Gilde im frühen Mittelalter. Ein Beitrag zum Problem der sozialgeschichtlichen Kontinuität zwischen Antike und Mittelalter. In: Schwineköper, Berent (Hg.): Gilden und Zünfte. Kaufmännische und Gewerbliche Genossenschaften im frühen und hohen Mittelalter. Sigmaringen 1985, 151–214
Oexle, Otto Gerhard: Die mittelalterlichen Gilden: Ihre Selbstdeutung und ihr Beitrag zur Formung sozialer Strukturen. In: Zimmermann, Albert (Hg.):

Miscellanea Mediaevalia 12/1. Soziale Ordnungen im Selbstverständnis des Mittelalters. Berlin/New York 1979, 203–226

Ohly, Friedrich: Vom geistigen Sinn des Wortes im Mittelalter. In: ders., Schriften zur mittelalterlichen Bedeutungsforschung. Darmstadt 1977, 1–31

Ohly, Friedrich: Hohelied-Studien. Grundzüge einer Geschichte der Hoheliedauslegung des Abendlandes bis um 1200. Wiesbaden 1958

Ohly, Friedrich: Bemerkungen eines Philologen zur Memoria. In: Schmid, Karl/Wollasch, Joachim (Hg.): Memoria. Der geschichtliche Zeugniswert des liturgischen Gedenkens im Mittelalter. München 1984, 9–68

Ohse, Bernd: Die Teufelliteratur zwischen Brant und Luther. Berlin 1961

Ong, Walter: Oralität und Literalität. Die Technologisierung des Wortes. Opladen 1987

Opaschowski, Horst W.: Kathedralen und Ikonen des 21. Jahrhunderts: Zur Faszination von Erlebniswelten. In: Steinecke, Albrecht (Hg.): Erlebnis und Konsumwelten. München/Wien 2000, 44–54

Opitz, Claudia: Aufklärung der Geschlechter. Revolution der Geschlechterordnung. Studien zur Politik- und Kulturgeschichte des 18. Jahrhunderts. Münster/New York/München 2002

Opitz, Claudia: Neue Wege der Sozialgeschichte? Ein kritischer Blick auf Otto Brunners Konzept des «ganzen Hauses». In: Geschichte und Gesellschaft. Zeitschrift für Historische Sozialwissenschaft 20 (1994), 88–99

Opll, Ferdinand: Jahrmarkt oder Messe? In: Johanek, Peter/Stoob, Heinz (Hg.): Europäische Messen und Märktesysteme in Mittelalter und Neuzeit. Köln/Weimar/Wien 1996, 189–204

Orléan, André: La monnaie comme lien social. Ètude de «Philosphie de l'argent» de Georg Simmel. In: Genèses 8 (1992), 86–107

Otte, Heinrich: Handbuch der kirchlichen Kunst. Kunst-Archäologie des deutschen Mittelalters. Bd. 1. Leipzig 1883

Otto, Rudolf: Das Heilige. Über das Irrationale in der Idee des Göttlichen und sein Verhältnis zum Rationalen. München 1979

Owen Hughes, Diane: From Brideprice to Dowry in Mediterranean Europe. In: Kaplan, Marion A. (Hg.): The Marriage Bargain: Women and Dowries in European History. 1985, 13–58

Oxford Dictionary of English Etymology, Oxford 1979

Pallach, Ulrich-Christian: Hunger. Quellen zu einem Alltagsproblem in Europa und der Dritten Welt. 17. bis 20. Jahrhundert. München 1986

Parin, Paul/Morgenthaler, Fritz/Parin-Matthey, Goldy: Die Weißen denken

zuviel. Psychoanalytische Untersuchungen bei den Dogon in Westafrika. Frankfurt am Main ³1983
Paul, Hermann: Deutsches Wörterbuch. Tübingen ⁶1966
Paulys Real-Encyclopädie der Classischen Altertumswissenschaft Bd. II. Stuttgart 1989
Pawlak, Manfred: Albrecht Dürer 1471 bis 1528. Das gesamte graphische Werk. Druckgraphik. Bd. 2. Herrsching o. J.
Petzold, Leander: Narrenfeste. Fastnacht, Fasching, Karneval in der Bürgerkultur der frühen Neuzeit. In: Schultz, Uwe (Hg.): Das Fest. Eine Kulturgeschichte von der Antike bis zur Gegenwart. München 1988, 140–152
Polignac, François de: Mediation, Competition, and Sovereignty: The Evolution of Rural Sanctuaries in Geometric Greece. In: Alcock, Susan E./Osborne, Robin (Hg.): Placing the Gods. Sanctuaries and Sacred Space in Ancient Greece. Oxford 1994, 3–18
Popcorn, Faith/Marigold L.: EVAlution. Die neue Macht des Weiblichen. Acht Strategien für frauenorientiertes Marketing. München 2001
Pulleyn, Simon: Prayer in Greek Religion. Oxford 1997

Quart, Alissa: Branded. Wie wir gekauft und verkauft werden. München 2003

Rasch, William: Schuld als Religion. In: Baecker, Dirk (Hg.): Kapitalismus als Religion. Berlin 2003, 249–264
Rausch, Wilhelm: Jahrmärkte, Messen und Stadtentwicklung in den habsburgischen Ländern Österreichs. In: Johanek, Peter/Stoob, Heinz (Hg.): Europäische Messen und Märktesysteme in Mittelalter und Neuzeit. Köln/Weimar/Wien 1996, 171–187
Raible, Felix: Der Tabernakel einst und jetzt. Eine historische und liturgische Darstellung der Andacht zur aufbewahrten Eucharistie. Freiburg im Breisgau 1908
Ranke-Graves, Robert von: Griechische Mythologie. Quellen und Deutung. Reinbek bei Hamburg 1984
Reallexikon für Antike und Christentum, Bd. II. Stuttgart 1954
Die Religion in Geschichte und Gegenwart. Handwörterbuch für Theologie und Religionsgeschichte. Bd. 3. Tübingen 1959
Reinhard, Wolfgang: Geschichte der Staatsgewalt. Eine vergleichende Verfassungsgeschichte Europas von den Anfängen bis zur Gegenwart. München 2000
Reisch, Lucia A.: Symbols for Sale: Funktionen des symbolischen Konsums.

In: Deutschmann, Christoph (Hg.): Die gesellschaftliche Macht des Geldes. 226–250
Richarz, Irmintraut: Oikos, Haus und Haushalt. Ursprung und Geschichte der Haushaltsökonomik. Göttingen 1991
Richter, Dieter: Schlaraffenland. Geschichte einer populären Utopie. Frankfurt am Main 1995
Rippmann, Dorothee: Frauenarbeit im Wandel. Arbeitsteilung, Arbeitsorganisation und Entlöhnung im Weinbau am Oberrhein (15./16. Jahrhundert). In: Wunder, Heide/Vanja, Christina (Hg.): Frauen in der ländlichen Gesellschaft, 1500–1800. Göttingen 1996, 26–59
Rivière, Claude: Les Rites Profanes. Paris 1995
Röckerath, Klaus: Psychoanalytische Überlegungen zum Reliquienkult. In: Legner, Anton (Hg.): Reliquien. Verehrung und Verklärung. Skizzen und Noten zur Thematik und Katalog der Ausstellung der Kölner Sammlung Louis Peters im Schnütgen-Museum. Köln 1989, 179–185
Roper, Lyndal: Das fromme Haus. Frauen und Moral in der Reformation. Frankfurt/New York 1995
Rospabé, Philippe: La dette de vie. Paris 1995
Rosenstingl, Herbert: Behandlung erlegten Wildes. In: Österreichischer Jagd- und Fischerei-Verlag (Hg.): Der neue Jagdprüfungsbehelf für Jungjäger und Jagdaufseher. Wien 1992, 407–416
Rousseau, Jean-Jacques: Politische Schriften Bd. 1. Paderborn 1977
Rousselle, Aline: Observation Féminine et Idéologie Masculine: Le Corps de la Femme d'après les Médecins Grecs. In: Annales 35/5 (1980), 1089–1115
Rubin, Miri: Corpus Christi. The Eucharist in Late Medieval Culture. Cambridge 1991
Ruh, Kurt: Kleine Schriften. Bd. II. Scholastik und Mystik im Spätmittelalter. Hg. v. Volker Mertens. Berlin/New York 1984
Rupin, Ernest: Pince et fer à hosties au Musée de Brive (Corrèze). In: Revie de l'Art Chretien 44 (1901), 281–288
Russell, Jeffrey Burton: Geschichte des Himmels. Wien/Köln/Weimar 1996

Sachs, Hans: Fabeln und Schwänke von Hans Sachs. Hg. v. Edmund Goetze. Halle 1893
Salin, Edgar: Geschichte der Volkswirtschaftslehre. Bern 1944
Sauer, Joseph: Symbolik des Kirchengebäudes und seiner Ausstattung in der Auffassung des Mittelalters. Freiburg i. Br. 1902

Scarry, Elaine: Der Körper im Schmerz. Die Chiffren der Verletzlichkeit und die Erfindung der Kultur. Frankfurt am Main 1992

Schacht, Joachim: Die Totenmaske Gottes. Zur Kulturanthropologie des Geldes. Ein Versuch. Salzburg 1967

Schenda, Rudolf: Kulturkonflikte in Kommunikationsweisen des 17. Jahrhunderts im westlichen Europa. In: Jabukowski-Tiessen, Manfred (Hg.): Krisen des 17. Jahrhunderts. Interdisziplinäre Perspektiven. Göttingen 1999, 89–124

Schild, Wolfgang: Die Dimensionen der Hexerei. Vorstellung – Begriff – Verbrechen – Phantasie. In: Sönke, Lorenz/Schmidt, Jürgen Michael (Hg.): Wider alle Hexerei und Teufelswerk. Die europäische Hexenverfolgung und ihre Auswirkungen auf Südwestdeutschland. Ostfildern 2004, 1–104

Schlegel-Matthies, Kirsten: Die «geschickliche Wissenschaft, recht Haus zu halten» in deutschen Ökonomiken. In: Richarz, Irmintraut (Hg.): Haushalten in Geschichte und Gegenwart. Göttingen 1994, 115–123

Schlesinger, Walter: Der Markt als Frühform der deutschen Stadt. In: Jankuhn Herbert/Schlesinger, Walter/Steuer, Heiko (Hg.): Vor- und Frühformen der europäischen Stadt im Mittelalter. Teil I. Göttingen 1973, 262–293

Schlögl, Rudolf: Glaube und Religion in der Säkularisierung. Die katholische Stadt – Köln, Aachen, Münster – 1700–1840. München 1995

Schmitt-Pantel, Pauline: La Citè au Banquet. Histoire des Repas Publics dans les Cités Grecques. Rom 1992

Schmitz, Hermann Josef: Die Bußbücher und das kanonische Bußverfahren nach handschriftlichen Quellen dargestellt. Die Bußbücher und die Bußdisziplin der Kirche Bd. 2. Düsseldorf 1898

Schneider, Bernhard: Wandel und Beharrung. Bruderschaften und Frömmigkeit in Spätmittelalter und früher Neuzeit. In: Smolinsky, Heribert (Hg.): Volksfrömmigkeit in der frühen Neuzeit. Münster 1994, 65–88

Schnell, Rüdiger (Hg.): Text und Geschlecht. Mann und Frau in Eheschriften der frühen Neuzeit. Frankfurt am Main 1997

Schreiner, Klaus: Maria. Jungfrau, Mutter, Herrscherin. München, Wien 1994

Schulze, Gerhard: Die Erlebnisgesellschaft. Kultursoziologie der Gegenwart. Frankfurt/New York 1992

Schweppenhäuser, Hermann: Infernalische Aspekte der Moderne. In: ders.: Ein Physiognom der Dinge. Aspekte des Benjaminschen Denkens. Lüneburg 1992, 153–170

Seibert, Ilse: Die Frau im Alten Orient. Leipzig 1973

Shepard Kraemer, Ross: Her Share of the Blessings. Women's Religions Among Pagans, Jews, and Christians in the Greco-Roman World. New York/Oxford 1992

Signer, David: Die Ökonomie der Hexerei. Oder warum es in Afrika keine Wolkenkratzer gibt. Wuppertal 2004

Simek, Rudolf: Lexikon der germanischen Mythologie. Stuttgart ²1995

Simmel, Georg: Schriften zur Philosophie und Soziologie der Geschlechter. Hg. v. H.-J. Dahme und K. Ch. Köhnke. Frankfurt am Main 1985

Smith, Jeffrey Chipps: Sensuous Worship. Jesuits and the Art of the Early Catholic Reformation in Germany. Princeton 2002

Smith, Jonathan Z.: To Take Place. Toward Theory in Ritual. Chicago/London 1992

Sohn-Rethel, Alfred: Warenform und Denkform. Frankfurt am Main 1978

Sorgo, Gabriele: Aus der christlichen Opferküche. In: Kaller-Dietrich, Martina/ Schweighofer-Brauer, Annemarie (Hg.): Frauen kochen. Geschichten zu Köchinnen, Küchen und Essen. Innsbruck 2001, 247–291

Sorgo, Gabriele: Imitatio Christi: Askese und Schöpferkraft. In: Bilstein, Johannes/ Winzen, Matthias (Hg.): Big Nothing. Die jenseitigen Ebenbilder des Menschen. Köln 2001, 127–147

Sorgo, Gabriele: Lebendige Reliquien. Über körperlichen Schmerz zur mystischen Innerlichkeit. In: Wiener Zeitschrift für die Geschichte der Neuzeit 8 (2/2004), 25–45

Sorgo, Gabriele: Des Leidens dunkler Kelch. Schmerz, Rausch und Ekstase im lateinischen Christentum. In: Paragrana 13 (2004/2), 62–76

Sprandel, Rolf: Die Seele der Analphabeten im Mittelalter. In: Jüttemann, Gerd/Sonntag, Michael/Wulf, Christoph (Hg.): Die Seele. Ihre Geschichte im Abendland. Weinheim 1991, 97–193

Sprenger, Jacob/Institoris, Heinrich: Der Hexenhammer (Malleus maleficarum). München 1997

Snoek, G. J. C.: Medieval Piety. From Relics to the Eucharist. A Process of Mutual Interaction. Leiden/New York/Köln 1995

Staal, Frits: Rules without meaning. New York/Bern 1989

Stamm, Volker: Ursprünge der Wirtschaftsgesellschaft. Geld, Arbeit und Zeit als Mittel von Herrschaft. Frankfurt am Main 1982

Stark, Rodney: Epidemics, Networks, and Rise of Christianity. In: Semeia 56 (1992), 159–175

Steinberg, Leo: The Sexuality of Christ in Renaissance Art and in Modern Oblivion. Second Edition, Revised and Expanded. Chicago/London 1984

Steinecke, Albrecht: Auf dem Weg zum Hyperkonsumenten. Orientierungen und Schauplätze. In: Isenberg, Wolfgang/Sellmann, Matthias (Hg.): Konsum als Religion? Über die Wiederverzauberung der Welt. Mönchengladbach 2000, 85–94

Steinert, Heinz/Treiber, Hubert: Die Fabrikation des zuverlässigen Menschen. Über die «Wahlverwandtschaft» von Kloster- und Fabriksdisziplin. München 1980

Stock, Brian: Implications of Literacy: Written Language and Models of Interpretation in the Eleventh and Twelfth Centuries. Princeton 1983

Stoessel, Marleen: Aura. Das vergessene Menschliche. Zu Sprache und Erfahrung bei Walter Benjamin. München/Wien 1983

Stone, Lawrence: Der Wandel der Werte in England 1660 bis 1770. Säkularismus, Rationalismus und Individualismus. In: Eisenstadt, N. Shmuel (Hg.): Kulturen der Achsenzeit II. Ihre institutionelle und kulturelle Dynamik. Teil 3. Buddhismus, Islam, Altägypten, westliche Kultur. Frankfurt am Main 1992, 341–357

Strack, Hermann: Der Blutaberglaube in der Menschheit. Blutmorde und Blutritus. München 1892

Strauch, Philipp: Margaretha Ebner und Heinrich von Nördlingen. Ein Beitrag zur Geschichte der deutschen Mystik. Freiburg/Tübingen 1882

Struve, Tilman: Die Entwicklung der organologischen Staatsauffassung im Mittelalter. Stuttgart 1978

Svejda-Hirsch, Lenka: Die indischen devadasis im Wandel der Zeit. Ehefrauen der Götter, Tempeltänzerinnen und Prostituierte. Bern/Berlin/Frankfurt am Main 1991

Tanner, Nancy M.: Wie wir Menschen wurden. Der Anteil der Frau an der Entstehung des Menschen. Frankfurt/New York 1994

Tapp, Anne M.: An Ideologie of Expendability: Virgin Daughter Sacrifice in Genesis 19.1–11, Judges 11.30–39 and 19.22–26. In: Bal, Mieke (Hg.): Anti-Covenant. Counter-Reading Women's Lives in the Hebrew Bible. Sheffield 1989, 157–174

Taussig, Michael T.: The Devil and Commodity Fetishism in South America. Chapel Hill 1980

Taylor, Charles: Die Formen des Religiösen in der Gegenwart. Frankfurt am Main 2002

Taylor, Marc C.: Duty-Free-Shopping. In: Grunenberg, Christoph/Hollein, Max (Hg.): Shopping. Ostfildern-Ruit 2002, 39–53

Tenkhoff, Markus: «Glockenklang im Laserlicht». Die Tanzkathedrale Dom. In: Isenberg, Wolfgang/Sellmann, Matthias (Hg.): Konsum als Religion? Über die Wiederverzauberung der Welt. Mönchengladbach 2000, 69–72

Tönnies, Ferdinand: Gemeinschaft und Gesellschaft. Grundbegriffe der reinen Soziologie. Leipzig 1935

Treusch-Dieter, Gerburg: Die Heilige Hochzeit. Studien zur Totenbraut. Pfaffenweiler 1997

Troeltsch, Ernst: Die Bedeutung des Protestantismus für die Entstehung der modernen Welt. München/Berlin 1911

Turner, Victor: Comments and Conclusions. In: Babcock, Barbara A. (Hg.): The Reversible World. Symbolic Inversion in Art and Society. Ithaca/London 1978, 276–296

Turner, Victor: Pilgrimage and Communitas. In: ders. (Hg.): Worship and Ritual. In Christianity and Other Religions. Rome 1974, 305–327

Turner, Victor: Das Ritual. Struktur und Anti-Struktur. Frankfurt am Main/New York 1989

Turner, Victor: Vom Ritual zum Theater. Der Ernst des menschlichen Spiels. Frankfurt am Main 1995

DeVault, Marjorie L.: Feeding the Family. The Social Organization of Caring as Gendered Work. Chicago/London 1991

Veblen, Thorstein: Theorie der feinen Leute: eine ökonomische Untersuchung der Institutionen. Köln 1958

Veit, Ludwig: Geheiligtes Geld – Münzvotive. In: Münzen in Brauch und Aberglauben. Schmuck und Dekor – Votiv und Amulett – Politische und religiöse Selbstdarstellung. Mainz am Rhein 1982, 51–64

Veit, Ludwig: Die Münze im Totenkult. In: Münzen in Brauch und Aberglauben. Schmuck und Dekor – Votiv und Amulett – Politische und religiöse Selbstdarstellung. Mainz am Rhein 1982, 94–105

Vernant, Jean-Pierre (Hg.): Der Mensch der griechischen Antike. Frankfurt, New York 1993

Versnel, H.S.: Transition and Reversal in Myth and Ritual. Leiden/New York/Köln [2]1994

Vester, Michael/Gardemin, Daniel: Milieu, Klasse und Geschlecht. Das Feld der Geschlechterungleichheit und die «protestantische Alltagsethik». In: Heintz, Bettina (Hg.): Geschlechtersoziologie. (= Sonderheft der Kölner Zeitschrift für Soziologie und Sozialpsychologie 41), Wiesbaden 2001, 455–486

Veyne, Paul: Brot und Spiele. Gesellschaftliche Macht und politische Herrschaft in der Antike. München 1994
Vidal-Naquet, Pierre: Der schwarze Jäger. Denkformen und Gesellschaftsformen in der griechischen Antike. Frankfurt/New York 1989
Völger, Gisela/von Welck, Karin (Hg.): Rausch und Realität. Drogen im Kulturvergleich. Bd. 1, Köln 1981
Vorgrimler, Herbert: Geschichte der Hölle. München 1993
De Vries, Jan: Keltische Religion. Stuttgart 1961

de Waardt, Hans: Rechtssicherheit nach dem Zusammenbruch der zentralen Gewalt. Rechtspflege, Obrigkeit, Toleranz der wirtschaftlichen Verhältnisse in Holland. In: Lorenz, Sönke/Bauer, Dieter R.: Das Ende der Hexenverfolgung. Stuttgart 1995, 129–152
Wackenroder, Wilhelm Heinrich/Tieck, Ludwig: Herzensergießungen eines kunstliebenden Klosterbruders. [1814] München 1949
Wallerstein, Immanuel: Das moderne Weltsystem. Kapitalistische Landwirtschaft und die Entstehung der europäischen Weltwirtschaft im 16. Jahrhundert. Frankfurt am Main 1986
Wallerstein, Immanuel: Mercantilism and the Consolidation of the European World-Economy 1600–1750. New York/London/Toronto 1980
Walter, Natasha: Prejudice & Evolution. In: Issue 111/June 2005. http://www.prospectmagazine.co.uk/printarticle.php?id=6903&category=132&issue=...
Weber, Wolfgang: Prudentia gubernatoria. Studien zur Herrscherlehre in der deutschen politischen Wissenschaft des 17. Jahrhunderts. Tübingen 1992
Weihnacht, Paul-Ludwig: Staat. Studien zur Bedeutungsgeschichte des Wortes von den Anfängen bis ins 19. Jahrhundert. Berlin 1968
Welsch, Wolfgang: Unsere postmoderne Moderne. Weinheim 1991
Wenzel, Horst: Hören und Sehen. Schrift und Bild. Kultur und Gedächtnis im Mittelalter. München 1995
Wieland, Georg (Hg.): Aufbruch – Wandel – Erneuerung. Beiträge zur Renaissance des 12. Jahrhunderts. Stuttgart/Bad Cannstatt 1995
Will, Edouard: Überlegungen und Hypothesen zur Entstehung des Münzgeldes. In: Kippenberg, Hans G. (Hg.): Die Entstehung der antiken Klassengesellschaft. Frankfurt am Main 1977, 205–222
Wunder, Heide: «Jede Arbeit ist ihres Lohnes wert.» Zur geschlechtsspezifischen Teilung und Bewertung von Arbeit in der Frühen Neuzeit. In: Hausen, Karin (Hg.): Geschlechterhierarchie und Arbeitsteilung. Zur Geschich-

te ungleicher Erwerbschancen von Männern und Frauen. Göttingen 1993, 19–39
Wunder, Heide. Normen und Institutionen der Geschlechterordnung am Beginn der Frühen Neuzeit. In: dies./Engel, Gisela (Hg.): Geschlechterperspektiven. Forschungen zur Frühen Neuzeit. Königstein/Taunus 1998, 57–78

Zacharias, Gerhard: Satanskult und schwarze Messe. München [4]1990
Zika, Charles: Kannibalismus und Hexerei: Die Rolle der Bilder im frühneuzeitlichen Europa. In: Röckelein, Hedwig (Hg.): Kannibalismus und europäische Kultur. Tübingen 1996, 75–114
Zihlman, Adrienne L.: Women as Shapers of the Human Adaptation. In: Dahlberg, Frances (Hg.): Woman the Gatherer. New Haven/London 1981, 75–120
Zulehner, Paul/Slama, Andrea: Österreichs Männer unterwegs zum neuen Mann? Wie Österreichs Männer sich selbst sehen und wie die Frauen sie einschätzen. Eine empirische Studie im Auftrag des Bundesministeriums für Umwelt, Jugend und Familie. Wien 1994
Zumthor, Paul: Körper und Performanz. In: Hans-Ulrich Gumbrecht/Ludwig K. Pfeiffer (Hg.), Materialität der Kommunikation. Frankfurt am Main 1988